Q文書

訳文とテキスト・注解・修辞学的研究

山田耕太

教文館

まえがき

　本書は，新約聖書で最初の三福音書が書かれる際に，マルコ福音書と並んで，マタイ福音書とルカ福音書が共通に用いたイエスの言葉資料"Q"（ドイツ語の「資料」という言葉"Quelle"の頭文字）に関する研究である。本書では一貫して「Q文書」と表記する（本書第3部第1章「Q文書の研究史」第1節参照）。本書は三部で構成されている。

　第1部では，Q文書の復元されたテキストを基本にしつつも若干修正の手を加えて日本語訳を試みた。Q文書の原初のテキストは残っていない。マタイ福音書とルカ福音書の重複する部分から，両者の共通部分を基にして，それぞれのマタイ的要素とルカ的要素を取り除いて，テキストの復元が試みられてきた。ヨーロッパと北アメリカでは，ハルナック以来の100年余りの研究成果が結晶して，2000年には「Q批評版」というQテキストの決定版が出版された。ドイツでは学生が手に取って読み，研究できる手軽な普及版が出ている。だが，日本ではまだ翻訳が試みられていない。第1部では，「Q批評版」を多少修正して翻訳をした。

　第2部では，Q文書の復元された「テキスト」の「訳文」に基づいて「注解」を試みた。各ペリコーペ（断片）毎に「訳文」と「関連箇所」を示し，「伝承史（様式史・編集史）的研究」のエッセンスに，新しい「修辞学的研究」のエッセンスを加え，マルコ福音書と重複する伝承がある箇所にはそれを示した上で，節毎にテキストを注解した。イギリスでは第二次世界大戦前に出て戦後に再版されたT. W. マンソンのQテキストの注解書があり，ドイツ語圏ではツェラーの簡便な『Q資料注解』があり，その邦訳も出ている。アメリカでは最近になってフレッダーマンの詳細な大著の注解書が出版された。本書では簡便になり過ぎず，また詳細になり過ぎないように，両者の中間を心掛けた。

　第3部は，Q文書の中の説教に焦点を絞って，その修辞学的研究を集めたものである。最初に「Q文書の研究史」を見渡した後で，「洗礼者ヨハネに

関する説教」，続いて「山上の説教」（マタイ）と「野の説教」（ルカ）が基づいている「宣教開始の説教」，マルコ福音書にも並行した伝承がある「弟子派遣の説教」，それに「思い煩いに関する説教」と「終末に関する説教」の修辞学的分析を試みた。そこにはユダヤ教のシナゴーグの「勧めの言葉」に由来する最初期のキリスト教の説教とも言うべき構造が見られ，また修辞学の初歩的テキストである「プロギュムナスマタ」などに見られるさまざまな説得の方法や文彩が多く用いられている。それはやがて最初期キリスト教の説教のスタイルに影響を与えたと思われる。

　著者は今まで新約聖書の修辞学的批評に携わってきたが，それは主としてパウロ書簡を始めとする書簡文学においてであった。本書では修辞学的分析の領域を福音書文学に移して，その最初の段階であるQ文書における修辞学的分析を試みた。

　こうして，『新約聖書と修辞学』（キリスト教図書出版社，2004年）と，『フィロンと新約聖書の修辞学』（新教出版社，2012年）と，本書の「修辞学的批評」の三部作で，新約聖書の新しい読み方を試みた（第3部第1章注44「新約学の新しい潮流」，第3部第2章注14「修辞学的批評の潮流」参照）。至らぬ点が多々あるが，新約聖書のテキストの理解に新しい光を当てて，イエスのオリジナルな思想と最初期のキリスト教の思想をより深く理解することができれば幸いである。

　なお，本書の出版に際して，日本学術振興会科学研究費研究成果公開促進費〔学術図書〕（JSPS科研費　課題番号JP17HP5053）ならびに敬和学園大学出版助成費の支援を受けたことを心から感謝したい。併せて，本書を具体的な形にして出版してくださった教文館社長の渡部満氏に深く感謝し，とりわけお手数をおかけした出版部本書担当の髙橋真人氏に心から御礼を申し上げたい。

2017年6月　新発田にて

山　田　耕　太

Q文書の配列と内容一覧，マタイ福音書の対照箇所

Q文書＝ルカ		マタイ

1. 洗礼者ヨハネとイエスの説教 (Q3:2b–7:35)

(1) 洗礼者ヨハネの説教

1	Q3:2b-3a, 7-9, 16b-17	洗礼者ヨハネの悔い改めの説教	3:7-10, 11-12

(2) イエスの誘惑物語

2	Q4:1-4, 9-12, 5-8, 13	イエスの誘惑物語	4:1-11

(3) 宣教開始の説教（野の説教・山上の説教）

3	Q6:20-23	弟子に対する幸いの言葉	5:2-3, 6, 4, 11-12
4	Q6:27-28, 35, 29-32, 34, 36	愛敵についての教え	5:44-45, 39b-40, 42, 7:12, 5:46, 48
5	Q6:37-42	裁きについての教え	7:1-2, 15:14, 10:24-25, 7:3-5
6	Q6:43-45	木と実の譬え	7:18, 12:33, 35
7	Q6:46-49	家を建てた人の譬え話	7:21, 24-27

(4) 百人隊長の子の癒し物語

8	Q7:1, 3, 6-9	百人隊長の子の癒し物語	7:28, 8:5-10

(5) 洗礼者ヨハネ称賛の説教

9	Q7:18-19, 22-23	洗礼者ヨハネの問い合わせ	11:2-6
10	Q7:24-28	イエスの弟子に対するヨハネ称賛の説教	11:7-11
11	Q7:31-35	広場の子供たちの譬え	11:16-19

Q文書＝ルカ		マタイ

2. 弟子派遣の説教と祈り (Q9:57-11:13)

(1) 弟子の覚悟

12	Q9:57-60	イエスに従うこと	8:19-22

(2) 弟子派遣の説教

13	Q10:2-12	弟子派遣の説教	9:37-38, 10:16, 9-10a, 7-8, 10b-15
14	Q10:13-15	ガリラヤの町々に対する災いの言葉	11:21-23
15	Q10:16	使者の権威	10:40
16	Q10:21-22	啓示に対する感謝	11:25-27
17	Q10:23-24	目撃証人に対する幸いの言葉	13:16-17

(3) 祈りについて

18	Q11:2-4	主の祈り	6:9-13
19	Q11:9-13	願い求めることについての教え	7:7-11

3. この時代に対抗して (Q11:14-52)

(1) 汚れた霊への非難の言葉

20	Q11:14-15, 17-20, 23	ベルゼブル論争物語	12:22-29, 30
21	Q11:24-26	汚れた霊の逆戻り	12:43-45

(2) 霊のしるし

22	Q11:16, 29-32	ヨナのしるし・南の女王とニネベの人々	12:38-42
23	Q11:33-35	ともし火と目	5:15, 6:22-23

	Q文書＝ルカ		マタイ
(3) 反対者への災いの言葉			
24	Q11:42, 39, 41, 43-44, 46, 52, 47-48	ファリサイ派・律法学者に対する災いの言葉	23:23, 25-26, 6-7, 27, 4, 13, 29-32
25	Q11:49-51	この時代に対する神の知恵	23: 34-36

4. 真の共同体について (Q12:2-13:35)

	Q文書＝ルカ		マタイ
(1) 告白と聖霊の助けについて			
26	Q12:2-9	告白についての教え	10:26-33
27	Q12:10-12	聖霊への冒瀆と助け	12:32, 10:19-20
(2) 思い煩いに関する説教			
28	Q12:22-31	思い煩いに関する説教	6:25-33
(3) 地の国についての譬え			
29	Q12:33-34	天に宝を蓄える譬え	6:20-21
30	Q12:39-40	家の主人と盗人の譬え	24:43-44
31	Q12:42-46	忠実な僕と不忠実な僕の譬え話	24:45-51
(4) 分裂と和解について			
32	Q12:49, 51, 53	分裂について	10:34-35
33	Q12:54-56	時のしるしの譬え	16:2-3
34	Q12:58-59	和解について	5:25-26
(5) 神の国についての譬え			
35	Q13:18-21	からし種の譬えとパン種の譬え	13:31-33
36	Q13:24, 23, 25-27	狭い門から入る譬え	7:13-14, 25:10-12, 7:22-23
37	Q13:29, 28	東から西から来る人々の宴会の譬え	8:11-12

	Q文書＝ルカ		マタイ
38	Q13:30	後になる人と先になる人	20:16

(6) エルサレムに対する非難の言葉

39	Q13:34-35	エルサレムに対する非難の言葉	23:37-39

5. 弟子の生活 (Q14:11-22:30)

(1) 弟子たること

40	Q14:11 = 18:14b	低い人を高める	23:12
41	Q14:16-17, 21, 23	大宴会の譬え話	22:2-3, 7-10
42	Q14:26-27, 17:33	十字架を負って従うこと	10:37-39
43	Q14:34-35	塩気を失くした塩の譬え	5:13
44	Q15:4-5, 7	失われた羊の譬え	18:12-13

(2) 弟子の信仰と生活倫理

45	Q16:13	神と富	6:24
46	Q16:16	神の国	11:13, 12
47	Q16:17	律法の一点一画	5:18
48	Q16:18	離婚の禁止	5:32
49	Q17:1-2	躓きについて	18:7, 6
50	Q17:3-4	赦しについて	18:15, 21-22
51	Q17:6	信仰について	17:20b

(3) 終末に関する説教

52	Q17:20-21, 23-24, 37, 26-27, 30, 34-35	人の子の到来について	24:23, 26-27, 37-41
53	Q19:12-13, 15-24, 26	ムナの譬え話	25:14-15, 19-29
54	Q22:28, 30	イスラエルに対する裁き	19:28b

Q文書

訳文とテキスト・注解・修辞学的研究

目　次

まえがき ·· 1
　Q文書の配列と内容一覧，マタイ福音書の対照箇所 ········ 3

第1部　Q文書の訳文とテキスト

　Q文書の復元されたテキストの訳文について ················ 15
　凡　例 ·· 18
　1. 洗礼者ヨハネとイエスの説教（Q3:2b-7:35）············ 20
　　（1）洗礼者ヨハネの説教 ·· 20
　　（2）イエスの誘惑物語 ··· 22
　　（3）宣教開始の説教（野の説教・山上の説教）············ 26
　　（4）百人隊長の子の癒し物語 ···································· 36
　　（5）洗礼者ヨハネ称賛の説教 ···································· 38
　2. 弟子派遣の説教と祈り（Q9:57-11:13）···················· 44
　　（1）弟子の覚悟 ·· 44
　　（2）弟子派遣の説教 ·· 46
　　（3）祈りについて ··· 58
　3. この時代に対抗して（Q11:14-52）························· 62
　　（1）汚れた霊への非難の言葉 ···································· 62
　　（2）霊のしるし ·· 66
　　（3）反対者への災いの言葉 ······································· 70
　4. 真の共同体について（Q12:2-13:35）······················· 76
　　（1）告白と聖霊の助けについて ································· 76
　　（2）思い煩いに関する説教 ······································· 80
　　（3）地の国についての譬え ······································· 84
　　（4）分裂と和解について ·· 90
　　（5）神の国についての譬え ······································· 96
　　（6）エルサレムに対する非難の言葉 ·························· 104
　5. 弟子の生活（Q14:11-22:30）································· 106
　　（1）弟子たること ·· 106
　　（2）弟子の信仰と生活倫理 ······································ 116
　　（3）終末に関する説教 ·· 130

第2部　Q文書の注解

1. 洗礼者ヨハネとイエスの説教（Q3:2b-7:35） ……… 141
　（1）洗礼者ヨハネの説教 ……… 141
　（2）イエスの誘惑物語 ……… 148
　（3）宣教開始の説教（野の説教・山上の説教） ……… 154
　（4）百人隊長の子の癒し物語 ……… 178
　（5）洗礼者ヨハネ称賛の説教 ……… 183

2. 弟子派遣の説教と祈り（Q9:57-11:13） ……… 193
　（1）弟子の覚悟 ……… 193
　（2）弟子派遣の説教 ……… 197
　（3）祈りについて ……… 210

3. この時代に対抗して（Q11:14-52） ……… 218
　（1）汚れた霊への非難の言葉 ……… 218
　（2）霊のしるし ……… 225
　（3）反対者への災いの言葉 ……… 230

4. 真の共同体について（Q12:2-13:35） ……… 239
　（1）告白と聖霊の助けについて ……… 239
　（2）思い煩いに関する説教 ……… 245
　（3）地の国についての譬え ……… 252
　（4）分裂と和解について ……… 258
　（5）神の国についての譬え ……… 262
　（6）エルサレムに対する非難の言葉 ……… 270

5. 弟子の生活（Q14:11-22:30） ……… 272
　（1）弟子たること ……… 272
　（2）弟子の信仰と生活倫理 ……… 282
　（3）終末に関する説教 ……… 290

第3部　Q文書の修辞学的研究

1. Q文書の研究史 ……… 305
　1.1. はじめに ……… 305
　1.2. 共観福音書問題とQ ……… 306

1.3 テキスト再構築の試み ················· 307
　　1.4. 資料研究 ································ 308
　　1.5. 様式史研究 ····························· 309
　　1.6. 編集史研究 ····························· 310
　　1.7. 社会学的・社会史的研究 ············ 315
　　1.8. 修辞学的研究 ··························· 316
　　1.9. 結びに ··································· 318
2. 「洗礼者ヨハネに関する説教」(Q3:2b-17, 7:18-35) の
   修辞学的分析 ···································· 319
　　2.1 はじめに ································· 319
　　2.2. 研究史瞥見 ····························· 319
　　2.3. Q文書の第一ブロックのマクロ構造 ······ 323
　　2.4.「洗礼者ヨハネの悔い改めの説教」のミクロ構造 ······ 324
　　2.5.「洗礼者ヨハネ称賛の説教」のミクロ構造 ······ 328
　　2.6. 結びに ··································· 334
3. 「宣教開始の説教」(Q6:20-49) の修辞学的分析 ······ 337
　　3.1. はじめに ································ 337
　　3.2. 研究史瞥見 ····························· 338
　　3.3.「宣教開始の説教」のミクロ構造 ······ 347
　　3.4. 結びに ··································· 357
4. 「弟子派遣の説教」(Q10:2-24) の修辞学的分析 ······ 360
　　4.1. はじめに ································ 360
　　4.2. 研究史瞥見 ····························· 360
　　4.3. Q文書第二ブロックのマクロ構造 ······ 368
　　4.4.「弟子派遣の説教」のミクロ構造 ······ 369
　　4.5. 結びに ··································· 375
5. 「思い煩いに関する説教」(Q12:22-31) の修辞学的分析 ··· 378
　　5.1. はじめに ································ 378
　　5.2. 研究史瞥見 ····························· 379
　　5.3. Q文書第四ブロックのマクロ構造 ······ 384
　　5.4.「思い煩いに関する説教」のミクロ構造 ······ 385
　　5.5. 結びに ··································· 388
6. 「終末に関する説教」(Q17:20-22:30) の修辞学的分析 ····· 390

- 6.1. はじめに ……………………………………………… 390
- 6.2. 研究史瞥見 …………………………………………… 390
- 6.3. Q文書第五ブロックのマクロ構造 ………………… 393
- 6.4. 「終末に関する説教」のミクロ構造 ……………… 394
- 6.5. 結びに ………………………………………………… 400
- 6.6. Q文書における「説教」の特徴 …………………… 401

補　遺

- **他文書との関連箇所一覧** …………………………………… 405
  - 旧約聖書引用箇所一覧 ……………………………… 405
  - ユダヤ・キリスト教文書関連箇所一覧 …………… 406
  - マルコ福音書重複箇所一覧 ………………………… 407
  - トマス福音書重複箇所一覧 ………………………… 408
- **Q文書コンコーダンス（分野別）** ………………………… 409
- **修辞学用語集（第3版）** …………………………………… 419
- **省略記号・略語表** …………………………………………… 428
- **Q文献一覧** …………………………………………………… 432

原題と初出一覧 ………………………………………… 454

装丁　桂川　潤

第1部

Q文書の訳文とテキスト

Q 文書の復元されたテキストの訳文について

　イエスの生涯と思想を描いた福音書の中で，ヨハネ福音書ではなく共観福音書（マタイ福音書・マルコ福音書・ルカ福音書）の方が資料として重要であることが明らかになったのは 19 世紀初頭であった。さらに，共観福音書の中で，マタイ福音書でなく，マルコ福音書が先に書かれたというマルコ優先説が確立し，それとマタイ福音書とルカ福音書が共通に用いたイエスの言葉による「Q 資料」（ドイツ語「資料」"Quelle" の頭文字）を共に用いたという二資料説が 19 世紀初めに唱えられ[1]，19 世紀後半に確立した[2]。その後，1945 年に 2 世紀中頃に成立したと思われるトマス福音書が発見され[3]，その形式ばかりでなく内容も Q 資料と重なる部分が 3 分の 1 近くあることから，Q 資料は仮説ではなく実在した文書であり「Q 文書」と呼ばれるようになり，さらに共観福音書やヨハネ福音書の物語福音書に対して言葉福音書として「Q 福音書」と呼ぶ人々も現れた[4]。

　20 世紀初頭から Q 文書の範囲とそのオリジナルのギリシア語テキストを復元する作業が試みられたが[5]，それを確定するのは困難であり，しばしばルカ福音書とマタイ福音書の該当箇所のギリシア語テキスト対照表を用いて

---

1) C. H. Weisse, *Die evangelische Geschichte kritisch und philosophisch bearbeitet*, Leipzig, Breitkopf & Hartel 1838.
2) H. J. Holzmann, *Die synoptischen Evangelien: Ihr Ursprung und geschichtlicher Charakter*, Leipzig: Wilhelm Engelmann, 1863.
3) 荒井献『トマスによる福音書』講談社学術文庫，1994 年参照。
4) Mack, *The Lost Gospel*.
5) Harnack, *Sayings of Jesus*; W. Bussmann, *Synoptische Studien: 2 Heft Zur Redenquelle*, Halle: Buchhandrung des Waisenhauses, 1929; Schulz, *Q*; A. Polag, *Fragmenta Q: Textheft zur Logienquelle*, Neukiechen-Vluyn: Neukirchener Verlag, 1979; W. Schenk, *Synopse zur Redequelle der Evangelien: Q-Synopse und Rekonstruktion in deutscher Übersetzung mit kurzen Erläuterungen*, Düsseldorf: Patmos Verlag, 1981.

きた[6]。しかし，1989年にJ. M. ロビンソンとJ. S. クロッペンボルグが中心になって「国際Qプロジェクト」（International Q Project）を立ち上げ，共観福音書の本文研究，編集史研究，トマス福音書の研究成果等を用いて，オリジナル版Qテキストの復元作業に取り掛かり，その成果は「国際Qプロジェクト・テキスト」（the International Q Project text：「IQP版」）として公表された[7]。それに基づいてJ. M. ロビンソン，P. ホフマン，J. S. クロッペンボルグが編集者となって改訂版を出したのが「Q批評版」（the Critical Edition of Q）というQ文書のギリシア語オリジナル・テキストを復元した決定版である[8]。以下では，F. ネイリンクがIQP版とQ批評版を見開きで並置した対照テキストを見ながら，主としてQ批評版に基づいて日本語訳を試みた[9]。

　しかし，両者で一致せず確定できない一部の流動的なテキストについては，必ずしもQ批評版によらないでIQP版に従って，削除した[10]。反対に，Q批評版の方がIQP版より蓋然性がある場合には，IQP版を削除したり，Q批評版を採用したりした[11]。さらに，極めて根拠が弱いので，Q批評版とIQP版の両方とも採用しなかった箇所もある[12]。

---

6) J. S. Kloppenborg, *Q Palallels: Synopsis, Critical Notes & Concordance*, Somona, California: Poleridge Press, 1988. J. S. Kloppenborg, *et al.*, *Q-Thomas Reader*, Somona: Polebridge Press, 1990 ＝ クロッペンボルグ他『Q資料・トマス福音書』日本基督教団出版局，1996年。

7) *JBL* 109（1990），499-501；*JBL* 110（1991），494-498；*JBL* 111（1992），500-508；*JBL* 112（1993），500-506；*JBL* 113（1994），495-499；*JBL* 114（1995），475-485；*JBL* 116（1997），521-525.

8) J. M. Robinson, P. Hoffmann, & J. S. Kloppenborg, *The Critical Edition of Q: Synopsis Including the Gospels of Matthew and Luke, Mark and Thomas, with English, German & French of Q and Thomas*, Leuven: Peeters／Minneapolis: Fortress, 2000. Cf. P. Hoffmann & C. Heil (eds.), *Die Spruchquelle Q: Studienausgabe Griechisch und Deutsch*, Darmstadt: Wissenschaftliche Buchgesellschaft／Leuven: Peeters Publishers, 2002.

9) F. Neirynck, "The Reconstruction of Q and IQP/CritEd Parallels," *Q and the Historical Jesus*, 53-147.

10) Q3:21-22（イエスの受洗），QMt5:41（2ミリオンの同行），Q7:29-30（洗礼者ヨハネの洗礼に対する徴税人とファリサイ派・律法学者の反応），Q15:8-10（失くした銅貨の譬え）は根拠が弱いので削除した。

11) IQP版のQ11:21-22（強い盗賊の譬え）とQ14:5（安息日の牛の救出）は削除し，Q批評版のQ17:20-21（神の国はあなたがたの只中に）は採用した。

12) Q4:16（ナザラ［ナザレ］）の1単語のみは，根拠が極めて弱い。

以下は，約200年間に亘るQ研究の集大成ともいうべきQ文書のギリシア語オリジナル・テキストを復元した日本語訳の最初の試みである。マルコ福音書よりも20年近く前に書かれたと想定される最古の「失われた福音書」とも言うべきテキストを日本語に訳して，イエスの思想の原点に近づく道を開きたい[13]。

　なお，Q文書に各断片（ペリコーペ）につけた通し番号，それぞれの断片の小見出し，いくつかの断片をまとめた中見出し，ならびに大きなブロック分けとその大見出しは，訳者が便宜上に付けたものである。

13）本訳は，既に公表した拙稿「Q文書（ギリシア語テキスト決定版）の日本語訳 (1), (2)」『敬和学園大学研究紀要』第21号（2012年），241-252頁，同第22号（2013年），209-221頁の訳語を統一して，訳文を大幅に直した改訂版である。

凡　例

1. 訳文の〔　　〕，ギリシア語テキストの〚　　〛は，やや根拠が弱い部分である。
2. 訳文の ……，ギリシア語テキストの … は，未定の部分である。
3. 訳文の〈　　〉，ギリシア語テキストの <　　> は，マタイ福音書からでもなく，ルカ福音書からでもなく，仮説として扱われる部分である。
4. 訳文の《　　》，ギリシア語テキストの «　　» は，マタイ福音書かルカ福音書のどちらか一方にしか存在しない部分である。
5. 訳文の（　　）は，訳者が言葉を補った部分である。
6. 訳文のゴチック体，ギリシア語テキストのイタリック体は，旧約聖書の引用箇所である。
7. Q文書の章節は，慣例に従ってルカ福音書の章節による。
8. Q批評版のテキストの根拠についての議論は，cf. P. Hoffmann, "Anmerkungen zur Textekonstruktion der *Critical Edition of Q*," P. Hoffmann & C. Heil (eds.), *Die Spruchquelle Q: Studienausgabe Griechisch und Deutsch*, Darmstadt: Wissenschaftliche/Leuven: Peeters Publishers, 2002, 115-149.
9. テキストの復元の歴史と過程の概要については，本書第3部第1章「Q文書の研究史」参照。
10. 注解の中での聖書箇所（旧約聖書続編を含む）の引用は，「（私訳）」と注記のない限り，すべて新共同訳による。
11. トマス福音書の引用は，原則として荒井献『トマスによる福音書』講談社学術文庫，1994年による。その場合は訳者名を省略する。

IQP版・Q批評版と本書のQテキスト採用の異同一覧

内　容	聖書箇所	IQP版	Q批評版	本　書
イエスの受洗	Q3:21-22	×	○	×
ナザラ（＝ナザレ）	Q4:16	○	○	×
2ミリオンの同行	QMt5:41	×	○	×
徴税人とファリサイ派の反応	Q7:29-30	×	○	×
強い盗賊の譬え	Q11:21-22	○	×	×
地上の宝	Q12:33-34	○	QMt6:19	○
安息日の牛の救出	Q14:5	○	×	×
失くした銅貨の譬え	Q15:8-10	×	○	×
神の国はあなたがたの只中に	Q17:20-21	×	○	○

1. 洗礼者ヨハネとイエスの説教

(1) 洗礼者ヨハネの説教

Q1　洗礼者ヨハネの悔い改めの説教　(Q3:2b-3a, 7-9, 16b-17)

2b 〈……〉ヨハネは……

3a 〈……〉ヨルダン川の周辺地方すべてで〈……〉。

7a 洗礼を〔受けるために〕〔来〕た〔群衆に対して〕〔言った〕。

  b 「蝮の末裔たちよ,

  c 誰が差し迫った御怒りから逃れられるとあなたがたに示したのか。

8a むしろ悔い改めにふさわしい実を結べ。

  b 私たちの父祖にはアブラハムがいると, 独り言を言おうと思ってもみるな。

  c というのは, 私はあなたがたに言う。
　神はこのような石ころからでさえも, アブラハムの子孫を起こすことができるからだ。

9a だが, 斧は既に木の根元に置かれている。

  b 良い実を結ばない木はすべて, 切り倒されて火に投げ入れられる。

16b 私はあなたがたに水〔で〕洗礼を授ける。

  c だが, 私の後に来たるべき方は私よりも強い。

  d 私はその方の履物（サンダル）を〔持ち運ぶ〕のにも値しない。

  e その方こそ, あなたがたに〔聖なる〕霊と火で洗礼を授けるであろう。

17a 彼は脱穀の熊手を手に持ち, 脱穀場を隈なく掃き清めて, 穀物を倉に集めるであろう。

  b だが, もみ殻は消えることのない火で焼き尽くされるであろう。」

1. 洗礼者ヨハネとイエスの説教

(1) 洗礼者ヨハネの説教

Q1　洗礼者ヨハネの悔い改めの説教（Q3:2b-3a, 7-9, 16b-17）

2b 　<...> Ἰωάννῃ ...
3a 　<...> πᾶσα ... ἡ ... περίχωρο ... τοῦ Ἰορδάνου <...>.
7a 　⟦εἶπεν⟧ τοῖς ⟦ἐρχ⟧ομένο<ι>ς ⟦ὄχλοις⟧ βαπτισ⟦θῆναι⟧·
　b 　γεννήματα ἐχιδνῶν,
　c 　τίς ὑπέδειξεν ὑμῖν φυγεῖν ἀπὸ τῆς μελλούσης ὀργῆς;
8a 　ποιήσατε οὖν καρπὸν ἄξιον τῆς μετανοίας
　b 　καὶ μὴ δόξητε λέγειν ἐν ἑαυτοῖς· πατέρα ἔχομεν τὸν Ἀβραάμ.
　c 　λέγω γὰρ ὑμῖν ὅτι δύναται ὁ θεὸς ἐκ τῶν λίθων τούτων ἐγεῖραι τέκνα τῷ Ἀβραάμ.
9a 　ἤδη δὲ ἡ ἀξίνη πρὸς τὴν ῥίζαν τῶν δένδρων κεῖται·
　b 　πᾶν οὖν δένδρον μὴ ποιοῦν καρπὸν καλὸν ἐκκόπτεται καὶ εἰς πῦρ βάλλεται.
16b 　ἐγὼ μὲν ὑμᾶς βαπτίζω ⟦ἐν⟧ ὕδατι,
　c 　ὁ δὲ ὀπίσω μουἐρχόμενος ἰσχυρότερός μού ἐστιν,
　d 　οὗ οὐκ εἰμὶ ἱκανὸς τ⟦ὰ⟧ ὑποδήματ⟦α⟧ ⟦βαστά⟧σαι·
　e 　αὐτὸς ὑμᾶς βαπτίσει ἐν πνεύματι ⟦ἁγίῳ⟧ καὶ πυρί·
17a 　οὗ τὸ πτύον ἐν τῇ χειρὶ αὐτοῦ καὶ διακαθαριεῖ τὴν ἅλωνα αὐτοῦ καὶ συνάξει τὸν σῖτον εἰς τὴν ἀποθήκην αὐτοῦ,
　b 　τὸ δὲ ἄχυρον κατακαύσει πυρὶ ἀσβέστῳ.

（2） イエスの誘惑物語

Q2　イエスの誘惑物語（Q4:1-4, 9-12, 5-8, 13）

1　だが，イエスは，霊に〔よって〕荒野〔に〕〔導か〕れて〔いった〕。
2　悪魔によって試みを〔受けるため〕であった。そして，40日間……飢えていた。
3a　すると，悪魔は彼に言った。
 b　「もしもお前が神の子ならば，これらの石がパンに成るように言え。」
4a　すると，イエスは〔彼に〕答えた。
 b　「次のように書かれている。
　　『人はパンのみで生きるのではない $\binom{申命記}{8:3b}$。』」
9a　〔悪魔は〕彼をエルサレムに連れて行き，神殿の頂きの上に立たせて彼に言った。
 b　「もしもお前が神の子ならば，自分の身を下に投げてみよ。」
10　次のように書かれているからだ。
　　『お前のために彼の天使らに命じであろう。
11　すると彼らは両手でお前を引き上げ，お前の足は石を打つことは決してない $\binom{詩編\ 91:11a,\ 12}{(=LXX90:11a,\ 12)}$。』」
12a　イエスは彼に〔答えて〕言った。
 b　「次のように書かれている。
　　『あなたの主なる神を試みてはならない $\binom{申命記}{6:16}$。』」
5a　悪魔は彼を〔極めて高い〕山に連れて行き，
bc　彼に世界の国々とその繁栄を見せた。
6a　そして，彼に言った。
7　「もしもお前が私に跪くならば，
6b　これらすべてをお前に与えよう。」
8a　イエスは彼に〔答えて〕言った。

（次ページに続く）

(2) イエスの誘惑物語

Q2 イエスの誘惑物語 （Q4:1-4, 9-12, 5-8, 13）

1   ⟦ὁ⟧ δὲ Ἰησοῦς ⟦ἀν⟧ή⟦χθη⟧ ⟦εἰς⟧ τὴ⟦ν⟧ ἔρημ⟦ον ὑπὸ⟧ τ⟦οῦ⟧ πνεύ-
    μα⟦τος⟧
2   πειρα⟦σθῆναι⟧ ὑπὸ τοῦ διαβόλου. καὶ ... ἡμέρας τεσσεράκοντα, ...
    ἐπείνασεν.
3a καὶ εἶπεν αὐτῷ ὁ διάβολος·
 b Εἰ υἱὸς εἶ τοῦ θεοῦ, εἰπὲ ἵνα οἱ λίθοι οὗτοι ἄρτοι γένωνται.
4a καὶ ἀπεκρίθη ⟦αὐτ<ῷ>⟧ ὁ Ἰησοῦς·
 b γέγραπται ὅτι *οὐκ ἐπ' ἄρτῳ μόνῳ ζήσεται ὁ ἄνθρωπος.*
9a παραλαμβάνει αὐτὸν ⟦ὁ διάβολος⟧ εἰς Ἰερουσαλὴμ καὶ ἔστησεν
    αὐτὸν ἐπὶ τὸ πτερύγιον τοῦ ἱεροῦ καὶ εἶπεν αὐτῷ·
 b εἰ υἱὸς εἶ τοῦ θεοῦ, βάλε σεαυτὸν κάτω.
10 γέγραπται γὰρ ὅτι *τοῖς ἀγγέλοις αὐτοῦ ἐντελεῖται περὶ σοῦ*
11 καὶ *ἐπὶ χειρῶν ἀροῦσίν σε, μήποτε προσκόψῃς πρὸς λίθον τὸν πόδα σου.*
12a καὶ ⟦ἀποκριθεὶς⟧ εἶπεν αὐτῷ ὁ Ἰησοῦς·
 b γέγραπται· *οὐκ ἐκπειράσεις κύριον τὸν θεόν σου·*
5a καὶ παραλαμβάνει αὐτὸν ὁ διάβολος εἰς ὄρος ⟦ὑψηλὸν λίαν⟧
 b καὶ δείκνυσιν αὐτῷ πάσας τὰς βασιλείας τοῦ κόσμου
 c καὶ τὴν δόξαν αὐτῶν
6a καὶ εἶπεν αὐτῷ·
 b ταῦτά σοι πάντα δώσω,
7   ἐὰν προσκυνήσῃς μοι.
8a καὶ ⟦ἀποκριθεὶς⟧ ὁ Ἰησοῦς εἶπεν αὐτῷ·

（次ページに続く）

b 「次のように書かれている。

『あなたの主なる神に跪きなさい。そして，彼のみを拝しなさい $\binom{申命記}{6:13}$ 。』」

13 　すると悪魔は彼を離れて行った。

b γέγραπται· *κύριον τὸν θεόν σου προσκυνήσεις καὶ αὐτῷ* μόνῳ *λατρεύσεις.*

13   καὶ ὁ διάβολος ἀφίησιν αὐτόν.

(3) 宣教開始の説教（野の説教・山上の説教）

Q3　弟子に対する幸いの言葉（Q6:20-23）

20a 〈……〉そして彼（イエス）は〔目を〕〔上げ〕て，弟子たちに〔向かって〕言った。
  b 「貧しい人々は幸いである。
　　神の国は〔あなたがたのもの〕だからである。
21a 飢えている人々は幸いである。
　　〔あなたがたは〕満ち足りるようになるからである。
  b 〔嘆き悲しむ〕人々は幸いである。
　　〔〈あなたがたは〉慰められるようになる〕からである。
22a あなたがたは幸いである。
　　人の子のゆえに，人々があなたがたを罵り，〔迫害〕し，
  b あなたがたに〔対して〕〔あらゆる〕悪口を〔言った〕時には。
23a あなたがたは喜び，〔歓びなさい〕。
  b 天においてあなたがたの報いは多いからである。
  c というのは，このようにして彼らはあなたがたより以前の預言者を〔迫害した〕からである。

(3) 宣教開始の説教（野の説教・山上の説教）

Q3　弟子に対する幸いの言葉（Q6:20-23）

20a　<…> καὶ 〚ἐπάρ〛ας το〚ὺς ὀφθαλμοὺς〛 αὐτοῦ 〚εἰς τοὺς〛 μαθητὰ〚ς〛 αὐτοῦ …λέγ…·

b　μακάριοι οἱ πτωχοί, ὅτι 〚ὑμετέρα〛 ἐστὶν ἡ βασιλεία τοῦ θεοῦ.

21a　μακάριοι οἱ πεινῶντες, ὅτι χορτασθήσ〚εσθε〛.

b　μακάριοι οἱ 〚πενθ〛ο〚ῦ〛ντες, ὅτι 〚παρακληθήσ<εσθε>〛

22a　μακάριοί ἐστε ὅταν ὀνειδίσωσιν ὑμᾶς καὶ 〚διώξ〛ωσιν

b　καὶ 〚εἴπ〛ωσιν〚πᾶν〛 πονηρὸν 〚καθ᾽〛 ὑμῶν ἕνεκεν τοῦ υἱοῦ τοῦ ἀνθρώπου.

23a　χαίρετε καὶ 〚ἀγαλλιᾶσθε〛,

b　ὅτι ὁ μισθὸς ὑμῶν πολὺς ἐν τῷ οὐρανῷ·

c　οὕτως γὰρ 〚ἐδίωξαν〛 τοὺς προφήτας τοὺς πρὸ ὑμῶν.

Q4　愛敵についての教え （**Q6:27-28, 35, 29-32, 34, 36**）

27　あなたがたの敵を愛しなさい。
28　〔そして〕あなたがたを〔迫害〕する人々のために祈りなさい。
35a　こうしてあなたがたの父の子と成るためである。
　b　彼（父）は悪人の上にも〔善人の上にも〕太陽を昇らせ
　c　〔正しい人の上にも正しくない人の上にも雨を降らせ〕る。
29a　あなたの頬を〔平手で打つ人〕には,
　b　もう一方の頬をも〔彼に〕振り向けなさい。
　c　〔あなたを訴えて〕下着を〔取ろう〕とする人には,
　d　上着をも〔(取ら)させなさい〕。
30a　あなたに求める人には与え,
　b　〔貸し〈ている〉人から〕返してもらわないようにしなさい。
31a　このようにして, 人があなたがたにして欲しいと望むように,
　b　あなたがたも彼らに行いなさい。
32a　……もし〔も〕……あなたがたを愛する人たちを愛したとしても,
　b　どんな報いがあろうか。
　c　徴税人でさえも同じことを行っているではないか。
34a　もしも〔あなたがたが取り戻すつもりで貸すのであれば,
　b　どんな〈報いがあろう〉か。〕
　c　〔異邦〕人でも同じことを行っているではないか。
36b　あなたがたの父が憐れみ深い……ように,
　a　あなたがたも憐れみ深く〔成〕りなさい。

Q4 愛敵についての教え （Q6:27-28, 35, 29-32, 34, 36）

27 ἀγαπᾶτε τοὺς ἐχθροὺς ὑμῶν

28 ⟦καὶ⟧ προσεύχεσθε ὑπὲρ τῶν ⟦διωκ⟧όντων ὑμᾶς,

35a ὅπως γένησθε υἱοὶ τοῦ πατρὸς ὑμῶν,

b ὅτι τὸν ἥλιον αὐτοῦ ἀνατέλλει ἐπὶ πονηροὺς

c καὶ ⟦ἀγαθοὺς καὶ βρέχει ἐπὶ δικαίους καὶ ἀδίκους⟧.

29a ⟦ὅστις⟧ σε ⟦ῥαπίζει⟧ εἰς τὴν σιαγόνα,

b στρέψον ⟦αὐτῷ⟧ καὶ τὴν ἄλλην·

c καὶ ⟦τῷ θέλοντί σοι κριθῆναι καὶ⟧ τὸν χιτῶνά σου ⟦λαβεῖν,

d ἄφες αὐτῷ⟧ καὶ τὸ ἱμάτιον.

30a τῷ αἰτοῦντί σε δός,

b καὶ ⟦ἀπὸ⟧ τ⟦οῦ δανι<ζομένου>, τὰ⟧ σ⟦ὰ⟧ μὴ ἀπ⟦αίτει⟧.

31a καὶ καθὼς θέλετε ἵνα ποιῶσιν ὑμῖν οἱ ἄνθρωποι,

b οὕτως ποιεῖτε αὐτοῖς.

32a ... ε⟦ἰ⟧ ... ἀγαπ⟦ᾶ⟧τε τοὺς ἀγαπῶντας ὑμᾶς,

b τίνα μισθὸν ἔχετε;

c οὐχὶ καὶ οἱ τελῶναι τὸ αὐτὸ ποιοῦσιν;

34a καὶ ἐὰν ⟦δανίσητε παρ' ὧν ἐλπίζετε λαβεῖν,

b τί<να μισθὸν ἔχε>τε⟧;

c οὐχὶ καὶ ⟦οἱ ἐθνικ⟧οὶ τὸ αὐτὸ ποιοῦσιν;

36a ⟦γίν⟧εσθε οἰκτίρμονες

b ὡς ... ὁ πατὴρ ὑμῶν οἰκτίρμων ἐστίν.

Q5 裁きについての教え (Q6:37-42)

37a ……あなたがたは裁いてはいけない。……（そうすれば）あなたがたは裁かれない。

b 〔なぜならば，あなたがたが裁く裁きによって，裁かれるからである。〕

38 〔また，〕あなたがたが量る秤によって量られるからである。

39a 果たして盲人が盲人を手引きすることができようか。

b 両者とも穴に落ちるのではないか。

40a 弟子は教師を越えることはない。

b 〔弟子が〕教師のように成れば〔十分である〕。

41a だが，なぜあなたの兄弟の目にある塵を見ながら，

b 自分の目にある梁に気づかないのか。

42a どうしてあなたの兄弟に……あなたの兄弟の目にある塵を取り出すことを許してくださいと（言えようか）。

b しかも見よ，あなたの目にある梁があるではないか。

c 偽善者よ，最初に自分の目から梁を取り出しなさい。

d そしてその後で，あなたの兄弟の目から……塵を取り出すために，はっきりと見なさい。

Q5 裁きについての教え (Q6:37-42)

37a ... μὴ κρίνετε, ... μὴ κριθῆτε·
b ⟦ἐν ᾧ γὰρ κρίματι κρίνετε κριθήσεσθε,⟧
38 ⟦καὶ⟧ ἐν ᾧ μέτρῳ μετρεῖτε μετρηθήσεται ὑμῖν.
39a μήτι δύναται τυφλὸς τυφλὸν ὁδηγεῖν;
b οὐχὶ ἀμφότεροι εἰς βόθυνον πεσοῦνται;
40a οὐκ ἔστιν μαθητὴς ὑπὲρ τὸν διδάσκαλον·
b ⟦ἀρκετὸν τῷ μαθητῇ ἵνα γένη⟧ται ὡς ὁ διδάσκαλος αὐτοῦ.
41a τί δὲ βλέπεις τὸ κάρφος τὸ ἐν τῷ ὀφθαλμῷ τοῦ ἀδελφοῦ σου,
b τὴν δὲ ἐν τῷ σῷ ὀφθαλμῷ δοκὸν οὐ κατανοεῖς;
42a πῶς ... τῷ ἀδελφῷ σου· ἄφες ἐκβάλω τὸ κάρφος ⟦ἐκ⟧ τ⟦οῦ⟧ ὀφθαλμ⟦οῦ⟧ σου,
b καὶ ἰδοὺ ἡ δοκὸς ἐν τῷ ὀφθαλμῷ σου;
c ὑποκριτά, ἔκβαλε πρῶτον ἐκ τοῦ ὀφθαλμοῦ σου τὴν δοκόν,
d καὶ τότε διαβλέψεις ἐκβαλεῖν τὸ κάρφος ... τ... ὀφθαλμ... τοῦ ἀδελφοῦ σου.

Q6　木と実の譬え（Q6:43-45）

43a 　……良い木が悪い実を結ぶことはない。
　b 　また〔再び〕悪い木が良い実を結ぶこともない。
44a 　なぜならば，木はその実から知られるからである。
　b 　茨からいちじくを集めるだろうか，アザミからぶどうを集めるだろうか。
45a 　善い人は善い倉から善い物を取り出し，
　b 　悪い〔人〕は悪い〔倉〕から悪い物を取り出す。
　c 　なぜならば，〔彼の〕口は心から溢れ出ることを語るからである。

Q6 木と実の譬え (Q6:43-45)

43a ... οὔ<κ> ἐστιν δένδρον καλὸν ποιοῦν καρπὸν σαπρόν,

b οὐδὲ ⟦πάλιν⟧ δένδρον σαπρὸν ποιοῦν καρπὸν καλόν.

44a ἐκ γὰρ τοῦ καρποῦ τὸ δένδρον γινώσκεται.

b μήτι συλλέγουσιν ἐξ ἀκανθῶν σῦκα ἢ ἐκ τριβόλων σταφυλ⟦άς⟧;

45a ὁ ἀγαθὸς ἄνθρωπος ἐκ τοῦ ἀγαθοῦ θησαυροῦ ἐκβάλλει ἀγαθά,

b καὶ ὁ πονηρὸς ⟦ἄνθρωπος⟧ ἐκ τοῦ πονηροῦ ⟦θησαυροῦ⟧ ἐκβάλλει πονηρά·

c ἐκ γὰρ περισσεύματος καρδίας λαλεῖ τὸ στόμα ⟦αὐτοῦ⟧.

Q7　家を建てた人の譬え話（Q6:46-49）

46a　なぜあなたがたは……主よ，主よ，と私を呼んで，
　b　私が言うことを行わないのか。
47a　私の言〔葉〕……を聞いて，
　b　それらを行う人はすべて，
48b　岩の上に〔自分の〕家を建てた
　a　人に似ている。
　c　雨が降り，川が（溢れて）来て，
　d　〔風が巻き起こり，〕
　e　その家に打ち当たっても，
　f　それは倒れなかった。
　g　なぜならば，岩の上に土台が据えられていたからである。
49a　〔私の言葉を〕聞いて，
　b　〔それらを〕行わない人は〔すべて〕，
　d　砂の上に〔自分の〕家を建てた
　c　人に似ている。
　e　雨が降り，川が（溢れて）来て，
　f　〔風が巻き起こり，〕
　g　その家を打ちつけると，
　h　それはすぐに倒れた。
　i　しかも〔その倒れ方は〕ひどかった。」

Q7 家を建てた人の譬え話 (Q6:46-49)

46a τί ... με καλεῖτε· κύριε κύριε,
 b καὶ οὐ ποιεῖτε ἃ λέγω;
47a πᾶς ὁ ἀκούων μου τ... λόγ...
 b καὶ ποιῶν αὐτούς,
48a ὅμοιός ἐστιν ἀνθρώπῳ,
 b ὃς ᾠκοδόμησεν ⟦αὐτοῦ τὴν⟧ οἰκίαν ἐπὶ τὴν πέτραν·
 c καὶ κατέβη ἡ βροχὴ καὶ ἦλθον οἱ ποταμοὶ
 d ⟦καὶ ἔπνευσαν οἱ ἄνεμοι⟧
 e καὶ προσέπεσαν τῇ οἰκίᾳ ἐκείνῃ,
 f καὶ οὐκ ἔπεσεν,
 g τεθεμελίωτο γὰρ ἐπὶ τὴν πέτραν.
49a καὶ ⟦πᾶς⟧ ὁ ἀκούων ⟦μου τοὺς λόγους⟧
 b καὶ μὴ ποιῶν ⟦αὐτοὺς⟧
 c ὅμοιός ἐστιν ἀνθρώπῳ
 d ὃς ᾠκοδόμησεν ⟦αὐτοῦ τὴν⟧ οἰκίαν ἐπὶ τὴν ἄμμον·
 e καὶ κατέβη ἡ βροχὴ καὶ ἦλθον οἱ ποταμοὶ
 f ⟦καὶ ἔπνευσαν οἱ ἄνεμοι⟧
 g καὶ προσέκοψαν τῇ οἰκίᾳ ἐκείνῃ,
 h καὶ εὐθὺς ἔπεσεν
 i καὶ ἦν ⟦ἡ πτῶσις⟧ αὐτῆς μεγά⟦λη⟧.

（4）百人隊長の子の癒し物語

Q8　百人隊長の子の癒し物語（Q7:1, 3, 6-9）

1a 〔そして〕これらの言葉を……〔話し終えると〕
b カファルナウムに入って行った。
3a 〈　〉彼のところに百人隊長が来て，
b 彼に懇願して〔言った〕。
c 「〔私の〕子が〔病気です。〕」
d すると彼に言った。
e 「〔私が〕行って彼を治しましょうか。」
6a だが，百人隊長が答えて言った。
b 「主よ，我が屋根の下にお入り頂くのに値しません。
7 むしろお言葉を言ってください。そうすれば，私の子は癒され〔ます〕。
8a というのは，私も権威の下にある人間で，
b 私の下に兵士たちがいるからです。
c そして，この人に『行け』と言えば行きます。
d もう一方の人に『来い』と言えば来ます。
e 私の僕に『これを行え』と言えば行います。」
9a だが，イエスは〔これらを〕聞いて驚かれ，
b 従っている人々に言った。
c 「私はあなたがたに言う。イスラエルの中にこのような信仰を一度も見出したことがない。」

(4) 百人隊長の子の癒し物語

Q8 百人隊長の子の癒し物語 (Q7:1, 3, 6-9)

1a ⟦καὶ ἐγένετο ὅτε⟧ ἐ⟦πλήρω⟧σεν ... τοὺς λόγους τούτους,
b εἰσῆλθεν εἰς Καφαρναούμ.
3a < > ἦλθεν αὐτῷ ἑκατόνταρχ⟦ο⟧ς
b παρακαλῶν αὐτὸν ⟦καὶ λέγων·⟧
c ὁ παῖς ⟦μου κακῶς ἔχ<ει>.
d καὶ λέγει αὐτῷ·
e ἐγώ⟧ ἐλθὼν θεραπεύσ⟦ω⟧ αὐτόν;
6a καὶ ἀποκριθεὶς ὁ ἑκατόνταρχος ἔφη·
b κύριε, οὐκ εἰμὶ ἱκανὸς ἵνα μου ὑπὸ τὴν στέγην εἰσέλθῃς,
7 ἀλλὰ εἰπὲ λόγῳ, καὶ ἰαθή⟦τω⟧ ὁ παῖς μου.
8a καὶ γὰρ ἐγὼ ἄνθρωπός εἰμι ὑπὸ ἐξουσίαν,
b ἔχων ὑπ' ἐμαυτὸν στρατιώτας,
c καὶ λέγω τούτῳ· πορεύθητι, καὶ πορεύεται,
d καὶ ἄλλῳ· ἔρχου, καὶ ἔρχεται,
e καὶ τῷ δούλῳ μου· ποίησον τοῦτο, καὶ ποιεῖ.
9a ἀκούσας δὲ ὁ Ἰησοῦς ἐθαύμασεν
b καὶ εἶπεν τοῖς ἀκολουθοῦσιν·
c λέγω ὑμῖν, οὐδὲ ἐν τῷ Ἰσραὴλ τοσαύτην πίστιν εὗρον.

(5) 洗礼者ヨハネ称賛の説教

Q9　洗礼者ヨハネの問い合わせ（Q7:18-19, 22-23）

18　……ヨハネは〔これらのことをすべて聞いて〕送っ〔た〕彼の弟子たちによって，

19a　彼に〔言った〕。

b　「あなたこそ来たるべき方ですか，それとも私たちは〔他の〕方を待つべきでしょうか。」

22a　すると彼（イエス）は彼らに答えて言った。

b　「行って，あなたがたが聞いていることや見ていることをヨハネに伝えなさい。

c　　　盲人は目が開かれ，足萎えは歩き回り $\left(\begin{array}{l}\text{イザヤ 29:18,}\\ \text{35:5-6, 42:7, 18, 61:1}\end{array}\right)$，

d　　　らい病人は清められ，耳しいは聞こえるようになり $\left(\begin{array}{l}\text{イザヤ 29:18,}\\ \text{35:5, 42:18}\end{array}\right)$，

e　　　そして死者は甦り，貧しい人々は福音を聞いている $\left(\begin{array}{l}\text{イザヤ 26:19,}\\ \text{29:19, 61:1}\end{array}\right)$。

23　そして，私に躓かない人は幸いである。」

(5) 洗礼者ヨハネ称賛の説教

Q9　洗礼者ヨハネの問い合わせ （Q7:18-19, 22-23）

18　... ὁ ... Ἰωάννης ⟦ἀκούσας περὶ πάντων τούτων⟧ πέμψ ⟦ας⟧ διὰ τῶν μαθητῶν αὐτοῦ

19a　⟦εἶπεν⟧ αὐτῷ·

b　σὺ εἶ ὁ ἐρχόμενος ἢ ⟦ἕτερ⟧ον προσδοκῶμεν;

22a　καὶ ἀποκριθεὶς εἶπεν αὐτοῖς·

b　πορευθέντες ἀπαγγείλατε Ἰωάννῃ ἃ ἀκούετε καὶ βλέπετε·

c　*τυφλοὶ ἀναβλέπουσιν καὶ χωλοὶ περιπατοῦσιν,*

d　λεπροὶ καθαρίζονται *καὶ κωφοὶ ἀκούουσιν,*

e　*καὶ νεκροὶ ἐγείρονται καὶ πτωχοὶ εὐαγγελίζονται·*

23　καὶ μακάριός ἐστιν ὃς ἐὰν μὴ σκανδαλισθῇ ἐν ἐμοί.+

Q10 イエスの弟子に対するヨハネ称賛の説教 (Q7:24-28)

24a だが，彼らが立ち去った後で，ヨハネについて群衆に言い始めた。
 b 「あなたがたは何を眺めるために，荒野に出て行ったのか。
 c 風に揺らぐ葦か。
25a そうでなければ，何を見るために出て行ったのか。
 b 豪奢な服を纏った人か。
 c 見よ，豪奢な服で着飾った人々は，王家の家々にいる。
26a そうでなければ，何を見るために出て行ったのか。
 b 預言者か。
 c そうだ，私はあなたがたに言う，預言者よりも優れた人である。
27a この人については，このように書かれている。
 b 　　見よ，〔私は〕私の使いをあなたの面前に派遣する（出エジプト記23:20）。
 c 　　彼はあなたの道をあなたの前に備えるであろう（マラキ3:1）。
28a 私はあなたがたに言う。
 b 女たちから生まれた人の中でヨハネよりも大きい人は現れなかった。
 c だが，神の国の中で最も小さい人も彼よりは大きい。

Q10　イエスの弟子に対するヨハネ称賛の説教（Q7:24-28）

24a τούτων δὲ ἀπελθόντων ἤρξατο λέγειν τοῖς ὄχλοις περὶ Ἰωάννου·
b τί ἐξήλθατε εἰς τὴν ἔρημον θεάσασθαι;
c κάλαμον ὑπὸ ἀνέμου σαλευόμενον;
25a ἀλλὰ τί ἐξήλθατε ἰδεῖν;
b ἄνθρωπον ἐν μαλακοῖς ἠμφιεσμένον;
c ἰδοὺ οἱ τὰ μαλακὰ φοροῦντες ἐν τοῖς οἴκοις τῶν βασιλέων εἰσίν.
26a ἀλλὰ τί ἐξήλθατε ἰδεῖν;
b προφήτην;
c ναὶ λέγω ὑμῖν, καὶ περισσότερον προφήτου.
27a οὗτός ἐστιν περὶ οὗ γέγραπται·
b *ἰδοὺ ⟦ἐγὼ⟧ ἀποστέλλω τὸν ἄγγελόν μου πρὸ προσώπου σου,*
c *ὃς κατασκευάσει τὴν ὁδόν σου ἔμπροσθέν σου.*
28a λέγω ὑμῖν·
b οὐκ ἐγήγερται ἐν γεννητοῖς γυναικῶν μείζων Ἰωάννου·
c ὁ δὲ μικρότερος ἐν τῇ βασιλείᾳ τοῦ θεοῦ μείζων αὐτοῦ ἐστιν.

Q11　広場の子供たちの譬え　(Q7:31-35)

31a　この時代を何に譬えようか。
　b　それは何に似ているか。
32b　〔他の人々〕に呼びかけて（このように）言う，
　a　広〔場〕に座っている子供たちに似ている。
　c　私たちはあなたがたに笛を吹いたが，あなたがたは踊らなかった。
　d　私たちは喪に服したが，あなたがたは泣かなかった。
33a　なぜならば，ヨハネが来て，……食べも飲みもしないと，
　b　『彼は悪霊に憑かれている』とあなたがたは言い，
34a　人の子が来て，食べも飲みもすると，
　b　『見よ，彼は大食漢で大酒飲み，徴税人と罪人の友だ』とあなたがたは言うからだ。
35　だが，知恵はその子らから正しいと認められた。」

Q11 広場の子供たちの譬え （Q7:31-35）

31a τίνι ... ὁμοιώσω τὴν γενεὰν ταύτην

b καὶ τίνι ἐ<στ>ὶν ὁμοί<α>;

32a ὁμοία ἐστὶν παιδίοις καθημένοις ἐν 〚ταῖς〛 ἀγορ〚αῖς〛

b ἃ προσφωνοῦντα 〚τοῖς ἑτέρ〛οις λέγουσιν·

c ηὐλήσαμεν ὑμῖν καὶ οὐκ ὠρχήσασθε,

d ἐθρηνήσαμεν καὶ οὐκ ἐκλαύσατε.

33a ἦλθεν γὰρ Ἰωάννης μὴ ... ἐσθίων μήτε πίνων,

b καὶ λέγετε· δαιμόνιον ἔχει.

34a ἦλθεν ὁ υἱὸς τοῦ ἀνθρώπου ἐσθίων καὶ πίνων,

b καὶ λέγετε· ἰδοὺ ἄνθρωπος φάγος καὶ οἰνοπότης, τελωνῶν φίλος καὶ ἁμαρτωλῶν.

35 καὶ ἐδικαιώθη ἡ σοφία ἀπὸ τῶν τέκνων αὐτῆς.

2. 弟子派遣の説教と祈り

(1) 弟子の覚悟

Q12　イエスに従うこと（Q9:57-60）

57a　ある人が彼（イエス）に言った。
　b　「あなたがどこに立ち去られようとも，私はあなたに従いましょう。」
58a　イエスは彼に言った。
　b　「狐には巣穴があり，
　c　空の鳥には巣がある。
　d　だが，人の子には頭を横にする所がない。」
59a　また，他の人が彼に言った。
　b　「主よ，私に戻らせてください。
　c　最初に，立ち去って，私の父を埋葬するために。」
60a　だが，彼に言った。
　b　「私に従いなさい。
　c　また，死者を埋葬することを死者に任せなさい。」

2. 弟子派遣の説教と祈り

(1) 弟子の覚悟

Q12　イエスに従うこと　(Q9:57-60)

57a　καὶ εἶπέν τις αὐτῷ·
  b　ἀκολουθήσω σοι ὅπου ἐὰν ἀπέρχῃ.
58a　καὶ εἶπεν αὐτῷ ὁ Ἰησοῦς·
  b　αἱ ἀλώπεκες φωλεοὺς ἔχουσιν
  c　καὶ τὰ πετεινὰ τοῦ οὐρανοῦ κατασκηνώσεις,
  d　ὁ δὲ υἱὸς τοῦ ἀνθρώπου οὐκ ἔχει ποῦ τὴν κεφαλὴν κλίνῃ.
59a　ἕτερος δὲ εἶπεν αὐτῷ·
  b　κύριε, ἐπίτρεψόν μοι
  c　πρῶτον ἀπελθεῖν καὶ θάψαι τὸν πατέρα μου.
60a　εἶπεν δὲ αὐτῷ·
  b　ἀκολούθει μοι
  c　καὶ ἄφες τοὺς νεκροὺς θάψαι τοὺς ἑαυτῶν νεκρούς.

(2) 弟子派遣の説教

Q13　弟子派遣の説教（Q10:2-12）

2a　彼（イエス）の弟子たちに……言う。
 b　「収穫は多いが，働き人が少ない。
 c　それゆえ，収穫の主に願い求めよ，
 d　その収穫のために働き人を送り出してもらうために。
3　行きなさい。見よ，私はあなたがたを狼の真中に（送られる）羊のように派遣する。
4a　〔財布も〕，頭陀袋も，
 b　履物（サンダル）も，杖も持っていくな。
 c　また，道の途上で誰にも挨拶をするな。
5a　もしも家の中に入るならば，
 b　〔初めに〕あなたがたは，〔この家に〕平和（があるように）と言いなさい。
6a　もしもそこに平和の子がいるならば，
 b　あなたがたの平和が彼の上に来るであろう。
 c　もし〔も〕いなかったならば，
 d　あなたがたの平和があなたがたに〔戻って来るように〕。
7a　だが，あなたがたは〔同じ家に〕留まりなさい。
 b　《彼らからのものを飲み食いしなさい。》
 c　なぜならば，働き人はその報いにふさわしいからである。
 d　〔家から家へと移動し回らないように。〕
8a　町の中に〔入って〕，彼らがあなたがたを受け入れるならば，
 b　〔《あなたがたに出されたものを食べなさい。》〕
9a　そして病んで〔いる人々〕を癒し，
 c　神の国はあなたがたに近づいた……と
 b　〔彼らに〕言いなさい。

（次ページに続く）

(2) 弟子派遣の説教

Q13　弟子派遣の説教（Q10:2-12）

2a　… λεγε… τοῖς μαθηταῖς αὐτοῦ·
 b　ὁ μὲν θερισμὸς πολύς, οἱ δὲ ἐργάται ὀλίγοι·
 c　δεήθητε οὖν τοῦ κυρίου τοῦ θερισμοῦ
 d　ὅπως ἐκβάλῃ ἐργάτας εἰς τὸν θερισμὸν αὐτοῦ.
3　ὑπάγετε· ἰδοὺ ἀποστέλλω ὑμᾶς ὡς πρόβατα ἐν μέσῳ λύκων.
4a　μὴ βαστάζετε ⟦βαλλάντιον⟧, μὴ πήραν,
 b　μὴ ὑποδήματα, μηδὲ ῥάβδον·
 c　καὶ μηδένα κατὰ τὴν ὁδὸν ἀσπάσησθε.
5a　εἰς ἣν δ' ἂν εἰσέλθητε οἰκίαν,
 b　⟦πρῶτον⟧ λέγετε· εἰρήνη ⟦τῷ οἴκῳ τούτῳ⟧.
6a　καὶ ἐὰν μὲν ἐκεῖ ᾖ υἱὸς εἰρήνης,
 b　ἐλθάτω ἡ εἰρήνη ὑμῶν ἐπ' αὐτόν·
 c　ε⟦ἰ⟧ δὲ μή,
 d　ἡ εἰρήνη ὑμῶν ⟦ἐφ'⟧ ὑμᾶς ⟦ἐπιστραφήτω⟧.
7a　⟦ἐν αὐτῇ δὲ τῇ οἰκίᾳ⟧ μέν⟦ε⟧τε
 b　«ἐσθίοντες καὶ πίνοντες τὰ παρ' αὐτῶν»·
 c　ἄξιος γὰρ ὁ ἐργάτης τοῦ μισθοῦ αὐτοῦ.
 d　⟦μὴ μεταβαίνετε ἐξ οἰκίας εἰς οἰκίαν.⟧
8a　καὶ εἰς ἣν ἂν πόλιν εἰς ⟦ἔρχησθε⟧ καὶ δέχωνται ὑμᾶς,
 b　⟦«ἐσθίετε τὰ παρατιθέμενα ὑμῖν»⟧
9a　καὶ θεραπεύετε τοὺς ἐν αὐτῇ ἀσθεν⟦οῦντας⟧
 b　καὶ λέγετε ⟦αὐτοῖς⟧
 c　… ἤγγικεν ἐφ' ὑμᾶς ἡ βασιλεία τοῦ θεοῦ.

（次ページに続く）

10a 　町の中に入って，彼らがあなたがたを受け入れないならば，
　b 　〔その町の〕〔外へ〕出て〔行って〕，
11 　あなたがたの足の埃を払い落としなさい。
12a 　あなたがたに言う。
　b 　ソドムの方がその日にはその町よりも耐えられるであろう。

10a εἰς ἣν δ' ἂν πόλιν εἰσέλθητε καὶ μὴ δέχωνται ὑμᾶς,
 b ἐξε⟦ρχόμενοι ἔξω⟧ τ⟦ῆς πολέως ἐκείνης⟧
11 ἐκτινάξατε τὸν κονιορτὸν τῶν ποδῶν ὑμῶν.
12a λέγω ὑμῖν ⟦ὅτι⟧
 b Σοδόμοις ἀνεκτότερον ἔσται ἐν τῇ ἡμέρᾳ ἐκείνῃ ἢ τῇ πόλει ἐκείνῃ.

Q14　ガリラヤの町々に対する災いの言葉（Q10:13-15）

13a　災いだお前，コラジンよ。災いだお前，ベツサイダよ。
　c　なぜならば，お前たちの中で起こった力ある業が
　b　ツロとシドンで起こったならば，
　d　彼らはとうの昔に荒布と灰をかぶって悔い改めただろうからである。
14　しかしながら，裁きの時にはツロとシドンの方がお前たちよりも耐えられるであろう。
15a　カファルナウムよ，お前は天にまで挙げられるであろうか。
　b　ハデスにまで落とされるであろう（イザヤ書 14:15）。

Q14 ガリラヤの町々に対する災いの言葉 (Q10:13-15)

13a οὐαί σοι, Χοραζίν· οὐαί σοι, Βηθσαϊδά·
b ὅτι εἰ ἐν Τύρῳ καὶ Σιδῶνι
c ἐγενήθησαν αἱ δυνάμεις αἱ γενόμεναι ἐν ὑμῖν,
d πάλαι ἂν ἐν σάκκῳ καὶ σποδῷ μετενόησαν.
14 πλὴν Τύρῳ καὶ Σιδῶνι ἀνεκτότερον ἔσται ἐν τῇ κρίσει ἢ ὑμῖν.
15a καὶ σύ, Καφαρναούμ, μὴ ἕως οὐρανοῦ ὑψωθήσῃ;
b ἕως τοῦ *ᾅδου καταβήσῃ*.

Q15　使者の権威（Q10:16）
　16a　あなたがたを受け入れる人は，私を受け入れるのであり，
　　b　〔また〕私を受け入れる人は，私を派遣した方を受け入れるのである。」

Q15　使者の権威（Q10:16）

16a　ὁ δεχόμενος ὑμᾶς ἐμὲ δέχεται,

b　⟦καὶ⟧ ὁ ἐμὲ δεχόμενος δέχεται τὸν ἀποστείλαντά με.

Q16 啓示に対する感謝 （Q10:21-22）

21a ……その時，彼は言った。
 b 「父よ，天と地の主よ，私はあなたに感謝します。
 c なぜならば，あなたはこれらのことを賢い人や知性ある人に隠して
 d それらを幼い人に現したからです。
 e そうです，父よ，このようにしてあなたの前で御心が成ったのです。
22a すべては私の父によって私に委ねられています。
 b しかし，父以外に御子を誰も知りません。
 cd また，御子と御子が現そうとした人以外に，父を〔誰も知りません〕。

Q16 啓示に対する感謝 (Q10:21-22)

21a ἐν ... εἶπεν·
b ἐξομολογοῦμαί σοι, πάτερ, κύριε τοῦ οὐρανοῦ καὶ τῆς γῆς,
c ὅτι ἔκρυψας ταῦτα ἀπὸ σοφῶν καὶ συνετῶν
d καὶ ἀπεκάλυψας αὐτὰ νηπίοις·
e ναὶ ὁ πατήρ, ὅτι οὕτως εὐδοκία ἐγένετο ἔμπροσθέν σου.
22a πάντα μοι παρεδόθη ὑπὸ τοῦ πατρός μου,
b καὶ οὐδεὶς γινώσκει τὸν υἱὸν εἰ μὴ ὁ πατήρ,
c οὐδὲ τὸν πατέρα ⟦τις γινώσκει⟧ εἰ μὴ ὁ υἱὸς
d καὶ ᾧ ἐὰν βούληται ὁ υἱὸς ἀποκαλύψαι.

Q17 目撃証人に対する幸いの言葉 （Q10:23-24）

23　あなたがたが見ていることを……見ている眼は，幸いである。

24a　なぜならば，私はあなたがたに言う。多くの預言者と王は，

　b　あなたがたが見ていることを見たがっていたが，見なかったからである。

　c　あなたがたが聞いていることを聞きたがっていたが，聞かなかったからである。」

Q17　目撃証人に対する幸いの言葉（Q10:23-24）

23　μακάριοι οἱ ὀφθαλμοὶ οἱ βλέποντες ἃ βλέπετε ... .

24a　λέγω γὰρ ὑμῖν ὅτι πολλοὶ προφῆται καὶ βασιλεῖς ...ησαν

b　ἰδεῖν ἃ βλέπετε καὶ οὐκ εἶδαν,

c　καὶ ἀκοῦσαι ἃ ἀκούετε καὶ οὐκ ἤκουσαν.

(3) 祈りについて

Q18　主の祈り（Q11:2-4）

2a　あなたがたが祈る〔時には〕，〔あなたがたは（こう）言いなさい〕。
 b　「父よ，
 c　あなたの御名が聖とされますように。
 d　あなたの御国が来ますように。
3 　私たちに必要なパンを今日お与えください。
4a　私たちの負債を赦してください。
 b　私たちに負債ある人を私たちが赦したように。
 c　私たちを試みに遭わせないでください。」

(3) 祈りについて

Q18 主の祈り (Q11:2-4)

2a 〚ὅταν〛 προσεύχ〚η〛σθε 〚λέγετε〛·

b πάτερ,

c ἁγιασθήτω τὸ ὄνομά σου·

d ἐλθέτω ἡ βασιλεία σου·

3 τὸν ἄρτον ἡμῶν τὸν ἐπιούσιον δὸς ἡμῖν σήμερον·

4a καὶ ἄφες ἡμῖν τὰ ὀφειλήματα ἡμῶν,

b ὡς καὶ ἡμεῖς ἀφήκαμεν τοῖς ὀφειλέταις ἡμῶν·

c καὶ μὴ εἰσενέγκῃς ἡμᾶς εἰς πειρασμόν.

Q19　願い求めることについての教え　(Q11:9-13)

9a　あなたがたに言う。
 b　「求めなさい，そうすればあなたがたに与えられるであろう。
 c　探し求めなさい，そうすれば見出すであろう。
 d　叩きなさい，そうすればあなたがたに開かれるであろう。
10a　なぜならば，すべて求める人は取り，
 b　探し求める人は見出し，
 c　叩く人に開かれるであろうからである。
11a　……あなたがたの誰が，パンを求める自分の子に
 b　石を与えるだろうか。
12a　あるいは，魚を求めるのに，
 b　蛇を与えるだろうか。
13a　それゆえ，もしもあなたがたが悪い人であっても
 b　あなたがたの子らに，善い贈り物を与えることを知っているならば，
 cd　天の父は，求める人々にどれほどはるかに善いものを与えるであろうか。」

Q19 願い求めることについての教え (Q11:9-13)

9a λέγω ὑμῖν,
b αἰτεῖτε καὶ δοθήσεται ὑμῖν,
c ζητεῖτε καὶ εὑρήσετε,
d κρούετε καὶ ἀνοιγήσεται ὑμῖν·
10a πᾶς γὰρ ὁ αἰτῶν λαμβάνει
b καὶ ὁ ζητῶν εὑρίσκει
c καὶ τῷ κρούοντι ἀνοιγήσεται.
11a … τίς ἐστιν ἐξ ὑμῶν ἄνθρωπος, ὃν αἰτήσει ὁ υἱὸς αὐτοῦ ἄρτον,
b μὴ λίθον ἐπιδώσει αὐτῷ;
12a ἢ καὶ ἰχθὺν αἰτήσει,
b μὴ ὄφιν ἐπιδώσει αὐτῷ;
13a εἰ οὖν ὑμεῖς πονηροὶ ὄντες
b οἴδατε δόματα ἀγαθὰ διδόναι τοῖς τέκνοις ὑμῶν,
c πόσῳ μᾶλλον ὁ πατὴρ ἐξ οὐρανοῦ
d δώσει ἀγαθὰ τοῖς αἰτοῦσιν αὐτόν.

3. この時代に対抗して

(1) 汚れた霊への非難の言葉

Q20　ベルゼブル論争物語（Q11:14-15, 17-20, 23）

14a　そして，彼（イエス）はおしの悪霊を追い〔出し〕た。
　b　そして，悪霊が追い出されると，おしがしゃべった。
　c　すると，群衆が驚いた。
15a　だが，ある人々が言った。
　b　「彼は悪霊の支配者ベルゼブルによって
　c　悪霊を追い出しているのだ。」
17a　だが，彼（イエス）は彼らの思惑を知って，彼らに言った。
　b　「内部〔で〕分裂した国はすべて荒れ果てる。
　c　内部で分裂した家はすべて立ちゆかないであろう。
18a　もしもサタンが内部で分裂しているならば，
　b　どうしてその国は立ちゆくのか。
19a　また，もしも私がベルゼブルによって悪霊を追い出しているならば，
　b　あなたがたの息子たちは何によって追い出しているのか。
　c　それゆえ，彼ら自身があなたがたを裁く人になるだろう。
20a　だが，もしも私が神の指によって悪霊を追い出しているならば，
　b　その時，神の国はあなたがたのところに到来したのである。
23a　私に味方しない人は，私に反対する人であり，
　b　私と共に集めない人は，まき散らすのである。」

3. この時代に対抗して

(1) 汚れた霊への非難の言葉

Q20　ベルゼブル論争物語（Q11:14-15, 17-20, 23）

14a　καὶ ἐ⟦<ξέ>⟧βαλ⟦<εν>⟧ δαιμόνιον κωφόν·
  b　καὶ ἐκβληθέντος τοῦ δαιμονίου ἐλάλησεν ὁ κωφὸς
  c　καὶ ἐθαύμασαν οἱ ὄχλοι.
15a　τινὲς δὲ εἶπον·
  b　ἐν Βεελζεβοὺλ τῷ ἄρχοντι τῶν δαιμονίων
  c　ἐκβάλλει τὰ δαιμόνια.
17a　εἰδὼς δὲ τὰ διανοήματα αὐτῶν εἶπεν αὐτοῖς·
  b　πᾶσα βασιλεία μερισθεῖσα ⟦καθ'⟧ ἑαυτῆ⟦ς⟧ ἐρημοῦται
  c　καὶ πᾶσα οἰκία μερισθεῖσα καθ' ἑαυτῆς οὐ σταθήσεται.
18a　καὶ εἰ ὁ σατανᾶς ἐφ' ἑαυτὸν ἐμερίσθη,
  b　πῶς σταθήσεται ἡ βασιλεία αὐτοῦ;
19a　καὶ εἰ ἐγὼ ἐν Βεελζεβοὺλ ἐκβάλλω τὰ δαιμόνια,
  b　οἱ υἱοὶ ὑμῶν ἐν τίνι ἐκβάλλουσιν;
  c　διὰ τοῦτο αὐτοὶ κριταὶ ἔσονται ὑμῶν.
20a　εἰ δὲ ἐν δακτύλῳ θεοῦ ἐγὼ ἐκβάλλω τὰ δαιμόνια,
  b　ἄρα ἔφθασεν ἐφ' ὑμᾶς ἡ βασιλεία τοῦ θεοῦ.
23a　ὁ μὴ ὢν μετ' ἐμοῦ κατ' ἐμοῦ ἐστιν,
  b　καὶ ὁ μὴ συνάγων μετ' ἐμοῦ σκορπίζει.

Q21　汚れた霊の逆戻り（Q11:24-26）

24a　汚れた霊が人から出て行く時に，
　b　水のない場所を行き巡り，
　c　休む所を探し求めるが見つからない。
　d　〔その時〕言う。「私が出て来た私の家に戻って来よう。」
25　　そして，行くとそれが掃除され整頓されているのを見つける。
26a　その時，出かけて行って自分と共に
　b　自分より悪い他の七つの霊を連れて来て，
　c　入り込んでそこに住まう。
　d　すると，その人の最後は，
　e　最初より悪く成る。

3. この時代に対抗して (Q11:14-52)

Q21 汚れた霊の逆戻り (Q11:24-26)

24a ὅταν τὸ ἀκάθαρτον πνεῦμα ἐξέλθῃ ἀπὸ τοῦ ἀνθρώπου,

b διέρχεται δι' ἀνύδρων τόπων

c ζητοῦν ἀνάπαυσιν καὶ οὐχ εὑρίσκει.

d ⟦τότε⟧ λέγει· εἰς τὸν οἶκόν μου ἐπιστρέψω ὅθεν ἐξῆλθον·

25 καὶ ἐλθὸν εὑρίσκει σεσαρωμένον καὶ κεκοσμημένον.

26a τότε πορεύεται καὶ παραλαμβάνει μεθ' ἑαυτοῦ

b ἑπτὰ ἕτερα πνεύματα πονηρότερα ἑαυτοῦ

c καὶ εἰσελθόντα κατοικεῖ ἐκεῖ·

d καὶ γίνεται τὰ ἔσχατα τοῦ ἀνθρώπου ἐκείνου

e χείρονα τῶν πρώτων.

(2) 霊のしるし

Q22　ヨナのしるし・南の女王とニネベの人々　(Q11:16, 29-32)

16　〔だが〕ある人々が彼（イエス）からしるしを探し求めていた。
29a　そこで〔彼が〕……〔言った〕……。
　b　「この時代は悪い時代……である。
　c　しるしを探し求める（とは）。
　d　しかし，ヨナのしるし以外にはしるしは与えられないであろう。
30a　すなわち，ヨナがニネベの人々にとってしるしとなったよう〔に〕
　b　人の子〔も〕この時代に対して同じように成るであろう。
31a　南の女王はこの時代の裁きの時に甦り，
　b　それを裁くであろう。
　c　なぜならば，彼女は地の果てから来て
　d　ソロモンの知恵を聞いたからである。
　e　見よ，ここにソロモンより大きい方がいる。
32a　ニネベの男たちはこの時代の裁きの時に復活し，
　b　それを裁くであろう。
　c　なぜならば，彼らはヨナの宣教で悔い改めたからである。
　d　見よ，ここにヨナより大きい方がいる。」

(2) 霊のしるし

Q22 ヨナのしるし・南の女王とニネベの人々 （Q11:16, 29-32）

16   τινὲς ⟦δὲ⟧ ... ἐζήτουν παρ' αὐτοῦ σημεῖον.

29a   ⟦ὁ⟧ δὲ ... ⟦εἶπεν⟧ ... ·

   b   ἡ γενεὰ αὕτη γενεὰ πονηρὰ ... ἐστιν·

   c   σημεῖον ζητεῖ,

   d   καὶ σημεῖον οὐ δοθήσεται αὐτῇ εἰ μὴ τὸ σημεῖον Ἰωνᾶ.

30a   ⟦καθ⟧ὼς γὰρ ἐγένετο Ἰωνᾶς τοῖς Νινευίταις σημεῖον,

   b   οὕτως ἔσται ⟦καὶ⟧ ὁ υἱὸς τοῦ ἀνθρώπου τῇ γενεᾷ ταύτῃ.

31a   βασίλισσα νότου ἐγερθήσεται ἐν τῇ κρίσει

   b   μετὰ τῆς γενεᾶς ταύτης καὶ κατακρινεῖ αὐτήν,

   c   ὅτι ἦλθεν ἐκ τῶν περάτων τῆς γῆς

   d   ἀκοῦσαι τὴν σοφίαν Σολομῶνος,

   e   καὶ ἰδοὺ πλεῖον Σολομῶνος ὧδε.

32a   ἄνδρες Νινευῖται ἀναστήσονται ἐν τῇ κρίσει

   b   μετὰ τῆς γενεᾶς ταύτης καὶ κατακρινοῦσιν αὐτήν,

   c   ὅτι μετενόησαν εἰς τὸ κήρυγμα Ἰωνᾶ,

   d   καὶ ἰδοὺ πλεῖον Ἰωνᾶ ὧδε.

Q23　ともし火と目（Q11:33-35）

33a　誰もランプを灯して，〔隠れた所に〕置かない。
　b　むしろランプ台の上に置く。
　c　〔そして，家の中にいる人々すべてを照らし出す。〕
34a　体のランプは目である。
　b　……あなたの目が健やかであれば，
　c　あなたの体全体は光で輝いてい〔る〕。
　d　……だが，あなたの目が悪ければ，
　e　あなたの体全体は闇のように暗い。
35a　それ故，もしもあなたの中にある光が暗ければ，
　b　その暗さはどれほどか。

3. この時代に対抗して（Q11:14-52）

Q23　ともし火と目（Q11:33-35）

33a　οὐδεὶς καί‹ει› λύχνον καὶ τίθησιν αὐτὸν ⟦εἰς κρύπτην⟧
b　ἀλλ' ἐπὶ τὴν λυχνίαν,
c　⟦καὶ λάμπει πᾶσιν τοῖς ἐν τῇ οἰκίᾳ⟧.
34a　ὁ λύχνος τοῦ σώματός ἐστιν ὁ ὀφθαλμός.
b　...αν ὁ ὀφθαλμός σου ἁπλοῦς ᾖ,
c　ὅλον τὸ σῶμά σου φωτεινόν ἐστ⟦ιν⟧·
d　...ὰν δὲ ὁ ἀφθαλμός σου πονηρὸς ᾖ,
e　ὅλον τὸ σῶμά σου σκοτεινόν.
35a　εἰ οὖν τὸ φῶς τὸ ἐν σοὶ σκότος ἐστίν,
b　τὸ σκότος πόσον.

(3) 反対者への災いの言葉

Q24　ファリサイ派・律法学者に対する災いの言葉（Q11:42, 39, 41, 43-44, 46, 52, 47-48）

42a 「あなたがたファリサイ派の人々〔は〕災いである。
　b あなたがたはミントやイノンドやクミンの10分の1を献げるが，
　c 裁きや憐れみや信仰を〔疎んじる〕からである。
　d だが，これらは行わなければならないが，それらも〔疎んじ〕てはならない。
39b あなたがたファリサイ派の人々〔は〕災いである。
　c あなたがたは杯や皿の外側を清めるが，
　d 内側は貪欲と放縦に満ちて〔いる〕からである。
41a 杯の内側を……〔清めなさい〕，
　b ……そして……その外側は清い。……
43a あなたがたファリサイ派の人々は災いである。
　b あなたがたは〔宴会では上席を，
　c また，〕会堂では上座を，
　d 広場では挨拶を好むからである。
44a あなたがた〔ファリサイ派の人々〕は災いである。
　b あなたがたはまだ何も記されていない墓〔のよう〕で，
　c その上を歩く人々は（それを）知らないからである。

46a 〔また，〕あなたがた〔律法学者〕たちは災いである。
　b あなたがたは重荷を〔負わせ〕，
　c 〔人間の両肩の上に置くからである〕。
　d 〔だが〕あなたがた自身が，あなたがたの指でそれらを〔動かそうとは〕〔し〕ない。

（次ページに続く）

(3) 反対者への災いの言葉

Q24　ファリサイ派・律法学者に対する災いの言葉（Q11:42, 39, 41, 43-44, 46, 52, 47-48）

42a　οὐαὶ ὑμῖν ⟦τοῖς⟧ Φαρισαίοι⟦ς⟧,
b　ὅτι ἀποδεκατοῦτε τὸ ἡδύοσμον καὶ τὸ ἄνηθον καὶ τὸ κύμινον
c　καὶ ⟦ἀφήκατε⟧ τὴν κρίσιν καὶ τὸ ἔλεος καὶ τὴν πίστιν·
d　ταῦτα δὲ ἔδει ποιῆσαι κἀκεῖνα μὴ ⟦ἀφιέ⟧ναι.

39b　οὐαὶ ὑμῖν, ⟦<τ>οῖ<ς>⟧ Φαρισαίοι⟦<ς>⟧,
c　ὅτι καθαρίζετε τὸ ἔξωθεν τοῦ ποτηρίου καὶ τῆς παροψίδος,
d　ἔσωθεν δὲ γέμ⟦ουσιν⟧ ἐξ ἁρπαγῆς καὶ ἀκρασίας.

41a　⟦καθαρίς<ατε>⟧ ... τὸ ἐντὸς τοῦ ποτηρίου,
b　... καὶ ... τὸ ἐκτὸς αὐτοῦ καθαρόν ... .

43a　οὐαὶ ὑμῖν τοῖς Φαρισαίοις,
b　ὅτι φιλ<εῖτε> ⟦τὴν πρωτοκλισίαν ἐν τοῖς δείπνοις
c　καὶ⟧ τὴν πρωτοκαθεδρίαν ἐν ταῖς συναγωγαῖς
d　καὶ τοὺς ἀσπασμοὺς ἐν ταῖς ἀγοραῖς.

44a　οὐαὶ ὑμῖν, ⟦<τοῖς> Φαρισαίοι<ς>,⟧
b　ὅτι ⟦ἐς⟧τὲ ⟦ὡς⟧ τὰ μνημεῖα τὰ ἄδηλα,
c　καὶ οἱ ἄνθρωποι οἱ περιπατοῦντες ἐπάνω οὐκ οἴδασιν.

46a　⟦καὶ⟧ οὐαὶ ὑμῖν τοῖς ⟦νομικ⟧οῖς,
b　ὅτι ⟦δεσμεύ⟧<ετε> φορτία ...
c　⟦καὶ ἐπιτίθ⟧<ετε> ⟦ἐπὶ τοὺς ὤμους τῶν ἀνθρώπων⟧,
d　αὐτοὶ ⟦δὲ⟧ τῷ δακτύλῳ ὑμῶν οὐ ⟦θέλ⟧<ετε> ⟦κινῆσαι⟧ αὐτά.

（次ページに続く）

52a　あなたがた〔律法学者〕たちは災いである。
　bc　あなたがたは〔人間の前で神の〕〔国を〕閉ざしているからである。
　d　あなたがた自身も入らず,
　e　入りに来た人々が入ることを〔も〕許さ〔ない〕。
47a　あなたがたは災いである。
　b　あなたがたは預言者たちの墓を建てているからである。
　c　だが, あなたがたの父祖が彼らを殺したのである。
48　……あなたがた自身で, あなたがたの父祖の子孫であることを証している。……」

3. この時代に対抗して (Q11:14-52)

52a οὐαὶ ὑμῖν τοῖς ⟦νομικ⟧οῖς,
 b ὅτι κλείετε ⟦τὴν βασιλείαν⟧ τ⟦<οῦ θεοῦ>
 c ἔμπροσθεν τῶν ἀνθρώπων⟧·
 d ὑμεῖς οὐκ εἰσήλθατε
 e ⟦οὐδὲ⟧ τοὺς εἰσερχομένους ἀφίετε εἰσελθεῖν.
47a οὐαὶ ὑμῖν,
 b ὅτι οἰκοδομεῖτε τὰ μνημεῖα τῶν προφητῶν,
 c οἱ δὲ πατέρες ὑμῶν ἀπέκτειναν αὐτούς.
48 ... μαρτυρ⟦εῖτε ἑαυτοῖς ὅτι υἱοί⟧ ἐστε τῶν πατέρων ὑμῶν. ...

Q25　この時代に対する神の知恵　(Q11:49-51)

49a　それゆえ，知恵も……言った。

b　「私は預言者や知恵ある人々を彼らの〔ところに〕派遣するであろう。

c　彼らは彼らの中の（ある人々）を殺害して迫害するであろう。

50a　預言者すべての血が求められた〔からである〕。

b　世界の創造の時以来流されてきた（血が）

c　この時代から（も求められる）。

51ab　アベルの血から祭壇や家の間で滅ぼされたゼカルヤの血に至るまで。

c　そうだ，あなたがたに言う。この時代から求められるであろう。」

Q25　この時代に対する神の知恵（Q11:49-51）

49a　διὰ τοῦτο καὶ ἡ σοφία ... εἶπεν·

b　ἀποστελῶ ⟦πρὸς⟧ αὐτοὺς προφήτας καὶ σοφούς,

c　καὶ ἐξ αὐτῶν ἀποκτενοῦσιν καὶ διώξουσιν,

50a　⟦ἵνα⟧ ἐκζητηθῇ τὸ αἷμα πάντων τῶν προφητῶν

b　τὸ ἐκκεχυμένον ἀπὸ καταβολῆς κόσμου

c　ἀπὸ τῆς γενεᾶς ταύτης,

51a　ἀπὸ αἵματος Ἅβελ ἕως αἵματος Ζαχαρίου

b　τοῦ ἀπολομένου μεταξὺ τοῦ θυσιαστηρίου καὶ τοῦ οἴκου·

c　ναὶ λέγω ὑμῖν, ἐκζητηθήσεται ἀπὸ τῆς γενεᾶς ταύτης.

4. 真の共同体について

（1）告白と聖霊の助けについて

Q26　告白についての教え（Q12:2-9）

2a 「覆われているもので露わにされないものはなく，
 b 隠されたもので知られるようにならないものはない。
3a 私があなたがたに暗闇の中で言うことをあなたがたは光の中で言い，
 b あなたがたが耳の中で聞くことを屋根の上で宣べ伝えるであろう。
4a そして，体を殺す人を恐れてはならない，
 b 魂を殺すことができないからである。
5b だが，魂も体もゲヘナで滅ぼすことができる方を
 a あなたがたは恐れなさい。
6a 〔5〕羽の雀は，〔2〕アサリオンで売られているではないか。
 b しかし，それらの中の1羽ですら〔あなたがたの父〕の意思なしに地には落ちない。
7a 〔だが，〕あなたがたの髪の毛はすべて数えられ〔ている〕。
 b 恐れてはならない。あなたがたは多くの雀より優っているからである。
8ab 人間の前で私〔について〕告白する人はすべて，
 cd 天使たちの前で〔人の子〕も彼を告白〔する〕……。
9a 人間の前で私を否定する人は，
 b 天使たちの前で否定〔される〕。

4. 真の共同体について

(1) 告白と聖霊の助けについて

Q26 告白についての教え（Q12:2-9）

2a οὐδὲν κεκαλυμμένον ἐστὶν ὃ οὐκ ἀποκαλυφθήσεται
b καὶ κρυπτὸν ὃ οὐ γνωσθήσεται.
3a ὃ λέγω ὑμῖν ἐν τῇ σκοτίᾳ εἴπατε ἐν τῷ φωτί,
b καὶ ὃ εἰς τὸ οὖς ἀκούετε κηρύξατε ἐπὶ τῶν δωμάτων.
4a καὶ μὴ φοβεῖσθε ἀπὸ τῶν ἀποκτε⟦ν⟧νόντων τὸ σῶμα,
b τὴν δὲ ψυχὴν μὴ δυναμένων ἀποκτεῖναι·
5a φοβεῖσθε δὲ. τὸν δυνάμενον
b καὶ ψυχὴν καὶ σῶμα ἀπολέσαι ἐν τ<ῇ> γεέννῃ.
6a οὐχὶ ⟦πέντε⟧ στρουθία πωλοῦνται ἀσσαρί⟦ων δύο⟧;
b καὶ ἓν ἐξ αὐτῶν οὐ πεσεῖται ἐπὶ τὴν γῆν ἄνευ τοῦ ⟦πατρὸς ὑμῶν⟧.
7a ὑμῶν ⟦δὲ⟧ καὶ αἱ τρίχες τῆς κεφαλῆς πᾶσαι ἠρίθμη⟦μέναι εἰσίν⟧.
b μὴ φοβεῖσθε· πολλῶν στρουθίων διαφέρετε ὑμεῖς.
8a πᾶς ὃς ⟦ἂν⟧ ὁμολογής⟦ῃ⟧ ἐν ἐμοὶ
b ἔμπροσθεν τῶν ἀνθρώπων,
c κα⟦ὶ ὁ υἱὸς τοῦ ἀνθρώπου⟧ ὁμολογής⟦ει⟧ ἐν αὐτῷ
d ἔμπροσθεν τῶν ἀγγέλων ... ·
9a ὃς δ' ἂν ἀρνήσηταί με ἔμπροσθεν τῶν ἀνθρώπων,
b ἀρνη⟦θήσεται⟧ ἔμπροσθεν τῶν ἀγγέλων ... .

Q27　聖霊への冒瀆と助け（Q12:10-12）

10ab　人の子に反対する言葉を言う人は赦されるだろう。
　cd　だが，聖なる霊に反対することを〔言う〕人は赦されないだろう。
11a　だが，彼らがあなたがたを会堂の〔中に〕導き入れる時に，
　b　あなたがたは何をどう言おうかと思い煩うな。
12　〔聖なる霊〕が，その時刻にあなたがた〔が〕何を言うべきかを……〔教えるだろう〕からである。」

Q27 聖霊への冒瀆と助け (Q12:10-12)

10a καὶ ὃς ἐὰν εἴπῃ λόγον εἰς τὸν υἱὸν τοῦ ἀνθρώπου

b ἀφεθήσεται αὐτῷ·

c ὃς δ' ἂν ⟦εἴπ⟧ῃ εἰς τὸ ἅγιον πνεῦμα

d οὐκ ἀφεθήσεται αὐτῷ.

11a ὅταν δὲ εἰσφέρωσιν ὑμᾶς ⟦<εἰς>⟧ τὰς συναγωγάς,

b μὴ μεριμνήσητε πῶς ἢ τί εἴπητε·

12 ⟦τὸ⟧ γὰρ ⟦ἅγιον πνεῦμα διδάξει⟧ ὑμ⟦ᾶς⟧ ἐν ...ῃ τῇ ὥρᾳ τί εἴπ<ητε>.

(2) 思い煩いに関する説教

Q28　思い煩いに関する説教（Q12:22–31）

22a　それゆえ，私はあなたがたに言う。
  b　「あなたがたの命のことで何を食べようか，
  c　あなたがたの体のことで何を着ようかと思い煩うな。
23a　命は食べ物よりも大切であり，
  b　体は着物よりも大切ではないか。
24a　カラスのことをよく考えてみなさい。
  b　なぜならば，種も蒔かず，刈り取りもせず，
  c　倉に集めもしない。
  d　しかし，神はそれらを養ってくださる。
  e　あなたがたは鳥たちよりもはるかに優っているではないか。
25a　あなたがたの中で誰が思い煩ったからといって，
  b　自分の寿命に日を加えることができようか……。
26　また，着物についてなぜ思い煩うのか。
27a　野の花がどのように育〔つ〕かよく観て〔学び〕なさい。
  b　働〔き〕もせず，紡〔ぎ〕もしない。
  c　だが，私はあなたがたに言う。
  d　あらゆる栄華を（極めた）ソロモンでさえ
  e　これらの一つほどにも装っていなかった。
28a　今日は野にあって
  b　明日は炉に投げ入れられる野の草でさえ，
  c　神がこのように着飾って〔くださる〕。
  d　あなたがたははるかに（優っている）ではないか，信仰の薄い人々よ。

（次ページに続く）

(2) 思い煩いに関する説教

Q28　思い煩いに関する説教（Q12:22-31）

22a　διὰ τοῦτο λέγω ὑμῖν·
　b　μὴ μεριμνᾶτε τῇ ψυχῇ ὑμῶν τί φάγητε,
　c　μηδὲ τῷ σώματι ὑμῶν τί ἐνδύσησθε.
23a　οὐχὶ ἡ ψυχὴ πλεῖόν ἐστιν τῆς τροφῆς
　b　καὶ τὸ σῶμα τοῦ ἐνδύματος;
24a　κατανοήσατε τοὺς κόρακας
　b　ὅτι οὐ σπείρουσιν οὐδὲ θερίζουσιν
　c　οὐδὲ συνάγουσιν εἰς ἀποθήκας,
　d　καὶ ὁ θεὸς τρέφει αὐτούς·
　e　οὐχ ὑμεῖς μᾶλλον διαφέρετε τῶν πετεινῶν;
25a　τίς δὲ ἐξ ὑμῶν μεριμνῶν δύναται
　b　προσθεῖναι ἐπὶ τὴν ἡλικίαν αὐτοῦ πῆχυν ... ;
26　　καὶ περὶ ἐνδύματος τί μεριμνᾶτε;
27a　κατα⟦μάθε⟧τε τὰ κρίνα πῶς αὐξάν⟦ει⟧·
　b　οὐ κοπι⟦ᾷ⟧ οὐδὲ νήθ⟦ει⟧·
　c　λέγω δὲ ὑμῖν,
　d　οὐδὲ Σολομὼν ἐν πάσῃ τῇ δόξῃ αὐτοῦ
　e　περιεβάλετο ὡς ἓν τούτων.
28a　εἰ δὲ ἐν ἀγρῷ τὸν χόρτον ὄντα σήμερον
　b　καὶ αὔριον εἰς κλίβανον βαλλόμενον
　c　ὁ θεὸς οὕτως ἀμφιέ⟦ννυσιν⟧,
　d　οὐ πολλῷ μᾶλλον ὑμᾶς, ὀλιγόπιστοι;

（次ページに続く）

29b 『私たちは何を食べよう〔か〕。〔あるいは〕何を飲もうか。〔あるいは〕何を装おう〔か〕』
　a 　と言って，思い煩うな。
30a 　これらのものはすべて異邦人たちが切に求めているからである。
　b 　あなたがたの父はあなたがたがこれらのもの〔すべて〕を必要としていることをご存知だ〔からである〕。
31a 　だが，あなたがたは神の国を探し求めなさい。
　b 　これらのもの〔すべて〕はあなたがたに加えられるであろう。」

29a μὴ ⟦οὖν⟧ μεριμνήσητε λέγοντες·
 b τί φάγωμεν; ⟦ἤ⟧· τί πίωμεν; ⟦ἤ⟧· τί περιβαλώμεθα;
30a πάντα γὰρ ταῦτα τὰ ἔθνη ἐπιζητοῦσιν·
 b οἶδεν ⟦γὰρ⟧ ὁ πατὴρ ὑμῶν ὅτι χρῄζετε τούτων ⟦ἁπάντων⟧.
31a ζητεῖτε δὲ τὴν βασιλείαν αὐτοῦ,
 b καὶ ταῦτα ⟦πάντα⟧ προστεθήσεται ὑμῖν.

(3) 地の国についての譬え

Q29　天に宝を蓄える譬え（Q12:33-34）

33a 「むしろ，あなたがたの宝を天〔に〕積みなさい。

　b そこは虫によってもサビによっても朽ち果てず，

　c 盗人たちが壁に穴を掘って盗み出せないところである。

34a なぜならば，あなたの宝があるところに，

　b あなたの心があるからである。

(3) 地の国についての譬え

Q29　天に宝を蓄える譬え （Q12:33-34）

33a　θησαυρίζετε δὲ ὑμῖν θησαυρο... ἐν οὐραν⟦ῷ⟧,
 b　ὅπου οὔτε σὴς οὔτε βρῶσις ἀφανίζει
 c　καὶ ὅπου κλέπται οὐ διορύσσουσιν οὐδὲ κλέπτουσιν·
34a　ὅπου γάρ ἐστιν ὁ θησαυρός σου,
 b　ἐκεῖ ἔσται καὶ ἡ καρδία σου.

Q30　家の主人と盗人の譬え（**Q12:39-40**）

39a　だが，あなたがたは〔次のこと〕を知りなさい。
　b　もしも家の主人は盗人がいつ来るのかを知っていれば，
　c　彼の家（の壁）に穴を掘ら〔させ〕ないであろう。
40a　あなたがたは備えを成していなさい。
　b　人の子はあなたがたが思いもかけない時刻に来るからである。

Q30 家の主人と盗人の譬え （Q12:39-40）

39a ⟦ἐκεῖν⟧ο δὲ γινώσκετε
 b ὅτι εἰ ᾔδει ὁ οἰκοδεσπότης ποίᾳ φυλακῇ ὁ κλέπτης ἔρχεται,
 c οὐκ ἂν ⟦εἴας⟧εν διορυχθῆναι τὸν οἶκον αὐτοῦ.
40a καὶ ὑμεῖς γίνεσθε ἕτοιμοι,
 b ὅτι ᾗ οὐ δοκεῖτε ὥρᾳ ὁ υἱὸς τοῦ ἀνθρώπου ἔρχεται.

Q31　忠実な僕と不忠実な僕の譬え話（Q12:42-46）

42a　それでは，忠実で〔また〕賢い僕は誰か。
　b　主人に家の者たちの管理を委ねられ，
　c　定められた時刻に〔彼らに〕食事を与える人とは。
43b　主人が来た時にこのようにしているのを見られる。
　a　このような僕は幸いである。
44a　〔まことに〕あなたがたに言う，
　b　彼は自分の財産すべてを彼に委ねるであろう。
45a　だが，もしもその僕が心の中で
　b　『私の主人は遅れて来る』と言って，
　c　〔彼の仲間の僕たち〕を殴りつけ始めて，
　d　酒飲み〔たち〕と飲〔み〕食〔い〕するならば，
46ab　その僕の主人は予期せぬ日に知らぬ時刻にやって来て，
　c　彼を厳しく罰し，
　d　彼の受ける分を不忠実な人々の分と共に仕分けるであろう。」

Q31 忠実な僕と不忠実な僕の譬え話 (Q12:42-46)

42a τίς ἄρα ἐστὶν ὁ πιστὸς δοῦλος ⟦καὶ⟧ φρόνιμος
 b ὃν κατέστησεν ὁ κύριος ἐπὶ τῆς οἰκετείας αὐτοῦ
 c τοῦ δο⟦ῦ⟧ναι ⟦αὐτοῖς⟧ ἐν καιρῷ τὴν τροφήν;
43a μακάριος ὁ δοῦλος ἐκεῖνος,
 b ὃν ἐλθὼν ὁ κύριος αὐτοῦ εὑρήσει οὕτως ποιοῦντα·
44a ⟦ἀμὴν⟧ λέγω ὑμῖν
 b ὅτι ἐπὶ πᾶσιν τοῖς ὑπάρχουσιν αὐτοῦ καταστήσει αὐτόν.
45a ἐὰν δὲ εἴπῃ ὁ δοῦλος ἐκεῖνος ἐν τῇ καρδίᾳ αὐτοῦ·
 b χρονίζει ὁ κύριός μου,
 c καὶ ἄρξηται τύπτειν τοὺς ⟦συνδούλους αὐτοῦ⟧,
 d ἐσθί⟦ῃ⟧ δὲ καὶ πίν⟦ῃ μετὰ τῶν⟧ μεθυ⟦όντων⟧,
46a ἥξει ὁ κύριος τοῦ δούλου ἐκείνου
 b ἐν ἡμέρᾳ ᾗ οὐ προσδοκᾷ καὶ ἐν ὥρᾳ ᾗ οὐ γινώσκει,
 c καὶ διχοτομήσει αὐτὸν
 d καὶ τὸ μέρος αὐτοῦ μετὰ τῶν ἀπίστων θήσει.

(4) 分裂と和解について

Q32　分裂について　(Q12:49, 51, 53)

49　「〔《私は地上に火を投じるために来たのである，既に火が灯されていたならばといかに願うことか。》〕

51a　あなたがたは私が地上に平和を投じるために来たと〔思って〕いる。
　b　平和ではなく，むしろ剣を投じるために来たのだ。

53a　なぜならば，私は対立させるために来たからである。
　　　息子が父に〔対して〕，
　b　娘が母に〔対して〕，
　c　嫁が姑に〔対して〕（ミカ書7:6a）。

(4) 分裂と和解について

Q32 分裂について（Q12:49, 51, 53）

49 〚«πῦρ ἦλθον βαλεῖν ἐπὶ τὴν γῆν, καὶ τί θέλω εἰ ἤδη ἀνήφθη.»〛

51a 〚δοκεῖ〛τε ὅτι ἦλθον βαλεῖν εἰρήνην ἐπὶ τὴν γῆν;
 b οὐκ ἦλθον βαλεῖν εἰρήνην ἀλλὰ μάχαιραν.

53a ἦλθον γὰρ διχάσαι **υἱὸν** 〚κατὰ〛 **πατρ**〚ὸς〛
 b 〚καὶ〛 **θυγατέρα** 〚κατὰ〛 **τῆ**〚ς〛 **μητρ**〚ὸς〛 **αὐτῆς**,
 c 〚καὶ〛 **νύμφην** 〚κατὰ〛 **τῆ**〚ς〛 **πενθερᾶ**〚ς〛 **αὐτῆς**.

Q33　時のしるしの譬え（**Q12:54-56**）

〔54〕a 〔……夕方になってあなたがたは言う。
　　b （明日は）好天だ。なぜならば空が夕焼けだからである。〕
〔55〕a 〔明け方に（あなたがたは言う）。
　　b 今日は悪天候だ。なぜならば空が暗く朝焼けだからである。〕
　56a 〔あなたがたは空模様を見分けることを知っているのに，
　　b 瞬時を（見分けることが）できないのか。〕

Q33 時のしるしの譬え (Q12:54-56)

〚54〛a 〚... ὀψίας γενομένης λέγετε·
  b εὐδία, πυρράζει γὰρ ὁ οὐρανός·〛
〚55〛a 〚καὶ πρωΐ·
  b σήμερον χειμών, πυρράζει γὰρ στυγνάζων ὁ οὐρανός·〛
  56a 〚τὸ πρόσωπον τοῦ οὐρανοῦ οἴδατε διακρίνειν,
  b τὸν καιρὸν δὲ οὐ δύνασθε;〛

Q34 和解について（Q12:58-59）

58a ……〔まで〕あなたに反対する人と共に行く道の途上で，
 b 彼と和解することに努めなさい。
 c 〔反対する人が〕あなたを裁判官に，
 d 裁判官が下役に引き渡し，
 e 〔下役があなたを〕獄に投〔げ〕入〔れ〕ないためである。
59a 私はあなたに言う，あなたは決してそこから出て来られない。
 b 最後の〔1クァドランス〕を支払うまでは。」

Q34 和解について (Q12:58-59)

58a 〚ἕως ὅτου〛 ... μετὰ τοῦ ἀντιδίκου σου ἐν τῇ ὁδῷ,
b δὸς ἐργασίν ἀπηλλάχθαι ἀπ' αὐτοῦ,
c μήποτέ σε παραδῷ 〚ὁ ἀντίδικος〛 τῷ κριτῇ
d καὶ ὁ κριτὴς τῷ ὑπηρέτῃ
e καὶ 〚ὁ <ὑπηρέτης> σε〛 β〚α〛λ〚εῖ〛 εἰς φυλακήν.
59a λέγω σοι, οὐ μὴ ἐξέλθῃς ἐκεῖθεν,
b ἕως τὸ〚ν〛 ἔσχατον 〚κοδράντην〛 ἀποδῷς.

(5) 神の国についての譬え

Q35　からし種の譬えとパン種の譬え（Q13:18-21）

18a 「神の国は何に似ているか，

　b それをどのように譬えようか。

19a （それは）からし種に似ている，

　b 人はそれを取り，自分の〔庭〕に蒔く。

　c すると成長して，樹木と成り，

　d 空の鳥がその枝に巣をつくる（ダニエル 4:9, 18, 詩編 104:12a（＝LXX103:12a））。

20a 〔そして，再び〕

　b 私は神の国を何に譬えようか。

21a （それは）イースト菌に似ている。

　b 女がそれを取って，3サトンの小麦粉の中に混ぜる，

　c 全体がイースト菌で膨らむまで。

(5) 神の国についての譬え

Q35　からし種の譬えとパン種の譬え（Q13:18-21）

18a　τίνι ὁμοία ἐστὶν ἡ βασιλεία τοῦ θεοῦ

　b　καὶ τίνι ὁμοιώσω αὐτήν;

19a　ὁμοία ἐστὶν κόκκῳ σινάπεως,

　b　ὃν λαβὼν ἄνθρωπος ἔβαλεν εἰς ⟦κῆπ⟧ον αὐτοῦ·

　c　καὶ ηὔξησεν καὶ ἐγένετο εἰς δένδρον,

　d　καὶ *τὰ πετεινὰ τοῦ οὐρανοῦ κατεσκήνωσεν* ἐν τοῖς κλάδοις αὐτοῦ.

20a　⟦καὶ πάλιν⟧·

　b　τίνι ὁμοιώσω τὴν βασιλείαν τοῦ θεοῦ;

21a　ὁμοία ἐστὶν ζύμῃ,

　b　ἣν λαβοῦσα γυνὴ ἐνέκρυψεν εἰς ἀλεύρου σάτα τρία

　c　ἕως οὗ ἐζυμώθη ὅλον.

Q36　狭い門から入る譬え（Q13:24, 23, 25-27）

24a　あなたがたは狭い門から入りなさい。
　b　多くの人々は入ることを探し求めているからである。
23　　だが，〔それを《通って入って来る》人々は〕少ない。
25a　〔家の主人〕が〔立ち上〕がって
　b　門〔を〕閉め〔る〕と，
　c　〔あなたがたは外に立って門を叩き始めて〕
　d　言う，
　　　『主よ，開けてください。』
　e　するとあなたがたに答えて言う，
　　　『私はあなたがたを知らない。』
26a　その時，あなたがたは言い始める。
　b　『私たちはあなたの前で飲み食いし，
　c　あなたは広い通りで私たちを教えました。』
27a　すると彼はあなたがたにこう言うであろう。
　　　『私はあなたがたを知らない。
　b　私から離れなさい，不法を働く人々よ （詩編 6:9）。』

Q36 狭い門から入る譬え (Q13:24, 23, 25-27)

24a εἰσέλθατε διὰ τῆς στενῆς θύρας,

b ὅτι πολλοὶ ζητήσουσιν εἰσελθεῖν

23 καὶ ὀλίγοι ⟦εἰσὶν οἱ «εἰσέρχοντες δι'» αὐτῆ<ς>⟧.

25a ἀφ' οὗ ἂν ⟦ἐγερθῇ⟧ ὁ ⟦οἰκοδεσπότης⟧

b καὶ κλείσ⟦ῃ τ⟧ὴ⟦ν⟧ θύρα⟦ν⟧

c ⟦καὶ ἄρξησθε ἔξω ἑστάναι καὶ κρούειν τὴν θύραν⟧

d λέγοντες· κύριε, ἄνοιξον ἡμῖν,

e καὶ ἀποκριθεὶς ἐρεῖ ὑμῖν· οὐκ οἶδα ὑμᾶς,

26a τότε ἄρξεσθε λέγειν·

b ἐφάγομεν ἐνώπιόν σου καὶ ἐπίομεν

c καὶ ἐν ταῖς πλατείαις ἡμῶν ἐδίδαξας·

27a καὶ ἐρεῖ λέγων ὑμῖν· οὐκ οἶδα ὑμᾶς·

b *ἀπόστητε ἀπ' ἐμοῦ* ⟦*οἱ*⟧ *ἐργαζόμενοι τὴν ἀνομίαν.*

Q37　東から西から来る人々の宴会の譬え（Q13: 29, 28）

29　〔多くの人々が〕東からも西からもやって来て，

28a　アブラハムやイサクやヤコブと共に神の国で食卓につくであろう。

　bc　だが，〔あなたがたは〕より外側の〔暗闇の中に〕追い出〔されるであろう〕。

　　d　そこには激しく泣く人と歯がみする人がいるであろう。

Q37　東から西から来る人々の宴会の譬え （Q13: 29, 28）

29　〚καὶ πολλοὶ〛 ἀπὸ ἀνατολῶν καὶ δυσμῶν ἥξουσιν καὶ ἀνακλιθήσονται

28a　μετὰ Ἀβραὰμ καὶ Ἰσαὰκ καὶ Ἰακὼβ ἐν τῇ βασιλείᾳ τοῦ θεοῦ,

b　〚ὑμ<εῖ>ς〛 δὲ ἐκβλ〚ηθής<εσθε>

c　εἰς τὸ σκότος τὸ〛 ἐξώ〚τερον〛·

d　ἐκεῖ ἔσται ὁ κλαυθμὸς καὶ ὁ βρυγμὸς τῶν ὀδόντων.

Q38　後になる人と先になる人（Q13:30）

30a 〔……最後の人々は最初になり，
 b 　最初の人々は最後に（なる）。〕」

Q38　後になる人と先になる人（Q13:30）

30a 〚... ἔσονται οἱ ἔσχατοι πρῶτοι
 b 　καὶ οἱ πρῶτοι ἔσχατοι.〛

(6) エルサレムに対する非難の言葉

Q39　エルサレムに対する非難の言葉（Q13:34-35）

34a 「エルサレムよ，エルサレムよ，（お前は）預言者を殺し，
　b 　そこに派遣された人々を石打ちの刑にした。
　de めん鳥がひなを翼の下に集めるやり方で，
　c 　私は何度もあなたの子らを集めようとしたが，
　f 　あなたがたは（それを）望まなかった。
35a 見よ，あなたがたの家はあなたがたに見棄てられる。
　b 　私は……あなたがたに言う。あなたがたは決して私を知らない。
　c 　『主の御名によって来たるべき方に祝福あれ！ $\binom{詩編\ 118:26}{(=LXX117:26)}$ 』と
　　あなたがたが言う〔時がやって来る〕まで。」

(6) エルサレムに対する非難の言葉

Q39　エルサレムに対する非難の言葉（Q13:34-35）

34a　Ἰερουσαλὴμ Ἰερουσαλήμ, ἡ ἀποκτείνουσα τοὺς προφήτας

b　καὶ λιθοβολοῦσα τοὺς ἀπεσταλμένους πρὸς αὐτήν,

c　ποσάκις ἠθέλησα ἐπισυναγαγεῖν τὰ τέκνα σου,

d　ὃν τρόπον ὄρνις ἐπισυνάγει τ⟦ὰ⟧ νοσσία αὐτῆς

e　ὑπὸ τὰς πτέρυγας,

f　καὶ οὐκ ἠθελήσατε.

35a　ἰδοὺ ἀφίεται ὑμῖν ὁ οἶκος ὑμῶν.

b　λέγω ... ὑμῖν, οὐ μὴ ἴδητέ με ἕως ⟦ἥξει ὅτε⟧ εἴπητε·

c　*εὐλογημένος ὁ ἐρχόμενος ἐν ὀνόματι κυρίου.*

5. 弟子の生活

(1) 弟子たること

Q40 低い人を高める (Q14:11 = 18:14b)
  11a 「〔自分自身を高くする人はすべて低くされ,
    b 自分自身を低くする人は高くされるであろう。〕

5. 弟子の生活

(1) 弟子たること

Q40　低い人を高める（Q14:11 = 18:14b）
11a 〚πᾶς ὁ ὑψῶν ἑαυτὸν ταπεινωθήσεται,
　b 　καὶ ὁ ταπεινῶν ἑαυτὸν ὑψωθήσεται.〛

Q41　大宴会の譬え話（Q14:16-17, 21, 23）

16　ある人が〔大〕宴会を催して，〔多くの人々を招いた。〕
17a　そして，彼の僕を〔宴会の時刻に〕派遣して，
　b　招かれた人々に言った。
　c　『来なさい。既に準備が整いました。』
18　……畑……
19?　……
20?　……
21a　《そして〈　〉，僕は〈　〉，その家の主人にこれらのことを……。》
　b　その時，主人は怒って僕に言った。
23a　『道に出て行きなさい。
　b　招いた人を多く見つけて
　c　私の家を満たすためである。』

Q41 大宴会の譬え話 (Q14:16-17, 21, 23)

16   ἄνθρωπός τις ἐποίει δεῖπνον ⟦μέγα, καὶ ἐκάλεσεν πολλοὺς⟧
17a καὶ ἀπέστειλεν τὸν δοῦλον αὐτοῦ ⟦τῇ ὥρᾳ τοῦ δείπνου⟧
  b εἰπεῖν τοῖς κεκλημένοις·
  c ἔρχεσθε, ὅτι ἤδη ἕτοιμά ἐστιν.
18   ... ἀγρόν ...
19? ...
20? ...
21a «καὶ < > ὁ δοῦλος < > τῷ κυρίῳ αὐτοῦ ταῦτα.»
  b τότε ὀργισθεὶς ὁ οἰκοδεσπότης εἶπεν τῷ δούλῳ αὐτοῦ·
  c ἔξελθε εἰς τὰς ὁδοὺς
  d καὶ ὅσους ἐὰν εὕρ<ῃς> καλές<ον>,
23c ἵνα γεμισθῇ μου ὁ οἶκος.

Q42 十字架を負って従うこと （Q14:26-27, 17:33）

26a 父と母を憎まない〔人は〕
 b 私の弟子となることはできない。
 c 息子と娘を憎まない〔人は〕
 d 私の弟子となることはできない。
27a ……自分の十字架を負って私に従わない人は，
 b 私の弟子となることはできない。
33a 自分の命を見出〔そうとする人〕は
 b それを失い，
 c 〔私のために〕自分の命を〔失う人〕は
 d それを見出すであろう。

Q42　十字架を負って従うこと　(Q14:26-27, 17:33)

26a 〚<ὃς>〛 οὐ μισεῖ τὸν πατέρα καὶ τὴν μητέρα

b οὐ <δύναται εἶναί> μου <μαθητής>,

c καὶ 〚<ὃς>〛 <οὐ μισεῖ> τ<ὸ>ν υἱὸν καὶ τ<ὴν> θυγατέρα

d οὐ δύναται εἶναί μου μαθητής.

27a … ὃς οὐ λαμβάνει τὸν σταυρὸν αὐτοῦ καὶ ἀκολουθεῖ ὀπίσω μου,

b οὐ δύναται εἶναί μου μαθητής.

33a 〚ὁ〛 εὑρ〚ὼν〛 τὴν ψυχὴν αὐτοῦ

b ἀπολέσει αὐτήν,

c καὶ 〚ὁ〛 ἀπολέσ〚ας〛 τὴν ψυχὴν αὐτοῦ 〚ἕνεκεν ἐμοῦ〛

d εὑρήσει αὐτήν.

Q43 塩気を失くした塩の譬え（**Q14:34-35**）

　34a　塩は〔良い〕。
　　b　だがもしも塩が塩気をなくしたなら，何によって塩味を〔取り戻す〕のであろうか。
　35a　それは地面にもごみ捨て場にも〔役に立た〕ず，
　　b　（人々は）外に投げ棄てる。

Q43 塩気を失くした塩の譬え （Q14:34-35）

34a 〚καλὸν〛 τὸ ἅλας·

b ἐὰν δὲ τὸ ἅλας μωρανθῇ, ἐν τίνι 〚ἀρτυ〛θήσεται;

35a οὔτε εἰς γῆν οὔτε εἰς κοπρίαν 〚εὔθετόν ἐστιν〛,

b ἔξω βάλλουσιν αὐτό.

Q44 失われた羊の譬え（**Q15:4-5, 7**）

4a　あなたがたの誰かが100匹の羊を飼っていて，
 b　そのうちの1匹を〔見失うと〕，
 c　99匹を〔山に残して〕，
 d　〔見失った〕ものを〔探し求めに〕行くのではないだろうか。
 5　そしてもしもそれを見つけると，
7a　私はあなたがたに言う。
 bc　彼は迷わなかった99匹より，はるかにその1匹について喜ぶ。」

Q44 失われた羊の譬え （Q15:4-5, 7）

4a τίς < > ἄνθρωπος ἐξ ὑμῶν < > ἔχ< > ἑκατὸν πρόβατα

b καὶ 〚ἀπολέσας〛 ἓν ἐξ αὐτῶν,

c οὐ〚χὶ ἀφήσ〛ει τὰ ἐνενήκοντα ἐννέα 〚ἐπὶ τὰ ὄρη〛

d καὶ πορευ〚θεὶς ζητεῖ〛 τὸ 〚ἀπολωλός〛;

5 καὶ ἐὰν γένηται εὑρεῖν αὐτό,

7a λέγω ὑμῖν

b ὅτι χαίρει ἐπ' αὐτῷ μᾶλλον

c ἢ ἐπὶ τοῖς ἐνενήκοντα ἐννέα τοῖς μὴ πεπλανημένοις.

(2) 弟子の信仰と生活倫理

Q45　神と富（Q16:13）

13a 「誰も 2 人の主人に仕えることはできない。
　b　なぜならば，一方を憎み，他方を愛するだろうからである。
　c　あるいは一方に忠誠を尽くし，他方を軽蔑するだろうからである。
　d　あなたがたは神とマモンに仕えることはできない。

（2）弟子の信仰と生活倫理

Q45　神と富（Q16:13）

13a　οὐδεὶς δύναται δυσὶ κυρίοις δουλεύειν·

　b　ἢ γὰρ τὸν ἕνα μισήσει καὶ τὸν ἕτερον ἀγαπήσει,

　c　ἢ ἑνὸς ἀνθέξεται καὶ τοῦ ἑτέρου καταφρονήσει.

　d　οὐ δύνασθε θεῷ δουλεύειν καὶ μαμωνᾷ.

Q46　神の国（Q16:16）

16a　律法と預言者は，ヨハネ〔まで〕である。
 b　その時から，神の国に力を尽くして入ろうとし，
 c　力を尽くす人たちがそれを奪い取っている。

Q46　神の国 （Q16:16）

16a 　ὁ ... νόμος καὶ οἱ προφῆται 〚ἕως〛 Ἰωάννου·
b 　ἀπὸ τότε ἡ βασιλεία τοῦ θεοῦ βιάζεται
c 　καὶ βιασταὶ ἁρπάζουσιν αὐτήν.

Q47　律法の一点一画（Q16:17）

　17b　〔だが,〕天と地が過ぎ去る〔方が〕
　　c　律法の〔一点〕一画が〔廃れるよりも〕,
　　a　〔容易である〕。

Q47 律法の一点一画 (Q16:17)

17a 〚εὐκοπώτερον δέ ἐστιν
 b τὸν〛 οὐρανὸ〚ν〛 καὶ 〚τὴν〛 γῆ〚ν〛 παρελθ〚εῖν
 c ἢ ἰῶτα ἓν ἢ〛 μία〚ν〛 κεραία〚ν〛 τοῦ νόμου 〚πεσεῖν〛.

Q48　離婚の禁止（Q16:18）

　18a　自分の妻と離婚して〔別の女と結婚する〕人はすべて姦淫するのであり，

　　b　離婚された女と結婚する人も姦淫〔する〕のである。

Q48 離婚の禁止 (Q16:18)

18a πᾶς ὁ ἀπολύων τὴν γυναῖκα αὐτοῦ ⟦καὶ γαμῶν <ἄλλην>⟧ μοιχεύει,
b καὶ ὁ ἀπολελυμένην γαμῶν μοιχ⟦εύει⟧.

Q49　躓きについて（Q17:1-2）

1a　躓きが来ることは避けられない。
 b　しかしながら，それをもたらす人は災いである。
2d　これらの小さな人の1人を躓かすよりは，
 b　その首の周りに挽き臼を巻きつけられて
 ac　湖に投げ込まれてしまう方が〔ましである〕。

Q49 躓きについて（Q17:1-2）

1a ἀνάγκη ἐλθεῖν τὰ σκάνδαλα,

b πλὴν οὐαὶ δι' οὗ ἔρχεται.

2a λυσιτελεῖ αὐτῷ

b 〚εἰ〛 λίθος μυλικὸς περίκειται περὶ τὸν τράχηλον αὐτοῦ

c καὶ ἔρριπται εἰς τὴν θάλασσαν

d ἢ ἵνα σκανδαλίσῃ τῶν μικρῶν τούτων ἕνα.

Q50 赦しについて (Q17:3-4)

3a　もしもあなたの兄弟が〔あなたに対して〕罪を犯すならば，彼を非難しなさい，

b　またもしも〔悔い改めたら〕，彼を赦しなさい。

4a　またもしもあなたに対して一日に7度罪を犯すならば，

b　7度彼を赦しなさい。

Q50 赦しについて （Q17:3-4）

3a ἐὰν ἁμαρτήσῃ 〚εἰς σὲ〛 ὁ ἀδελφός σου, ἐπιτίμησον αὐτῷ,

b καὶ ἐὰν 〚μετανοήσῃ〛, ἄφες αὐτῷ.

4a καὶ ἐὰν ἑπτάκις τῆς ἡμέρας ἁμαρτήσῃ εἰς σὲ

b καὶ ἑπτάκις ἀφήσεις αὐτῷ.

Q51　信仰について（Q17:6）

6a　あなたがたがからし種ほどの信仰を持っているならば，
bc　この桑の木に『根を引き抜いて，湖の中に植われ』と言えば，
 d　あなたがたに聞き従うであろう。」

Q51 信仰について (Q17:6)

6a εἰ ἔχετε πίστιν ὡς κόκκον σινάπεως,
b ἐλέγετε ἂν τῇ συκαμίνῳ ταύτῃ·
c ἐκριζώθητι καὶ φυτεύθητι ἐν τῇ θαλάσσῃ·
d καὶ ὑπήκουσεν ἂν ὑμῖν.

(3) 終末に関する説教

Q52 人の子の到来について （Q17:20-21, 23-24, 37, 26-27, 30, 34-35）

20a 〔《だが，神の国はいつ来るのか，と尋ねられたので，
　b 　彼（イエス）は彼らに答えて言った。
　　　「神の国は見える形で来るのではない。》〕
21a 〔……見よ，ここにある，あるいは……
　b 《なぜならば，見よ，神の国はあなたがたの中にあるからである。》〕
23a もしも彼らが『見よ，荒野にある』とあなたがたに言うならば，『出て行くな』。
　b 『見よ，屋内にある』（と言うならば），『後を追うな』。
24a なぜならば，稲妻が東（の空）から出て来て，
　b 西（の空）まできらめき渡るように，
　c 〔その日には〕〔人の〕子も同じようになるであろう。
37 死体がある所に，はげ鷹が集まってくるであろう。
26a ノアの時に〔起こったように〕，
　b 人の子〔の日に〕もこのようになるであろう。
27a 〔なぜならば，その時には〕
　c ノアが箱舟に入る日まで，
　b 食べたり飲んだりし，娶ったり娶られた〔りして〕，
　d 洪水が来て，すべてが流されたからである。
30 人の子が現れる日にもこのようになるであろう。
34a 私はあなたがたに言う。
　b 〔畑に〕2人がいると，
　c 1人（男性形）は取り上げられ，1人（男性形）は残される。
35a 粉を挽くために小屋に2人がいると，
　b 1人（女性形）は取り上げられ，1人（女性形）は残される。

(3) 終末に関する説教

Q52　人の子の到来について　(Q17:20-21, 23-24, 37, 26-27, 30, 34-35)

20a 〚«ἐπερωτηθεὶς δὲ πότε ἔρχεται ἡ βασιλεία τοῦ θεοῦ
 b ἀπεκρίθη αὐτοῖς καὶ εἶπεν· οὐκ ἔρχεται ἡ βασιλεία τοῦ θεοῦ μετὰ παρατηρήσεως,»〛
21a 〚... ἰδοὺ ὧδε ἤ· ...
 b «ἰδοὺ γὰρ ἡ βασιλεία τοῦ θεοῦ ἐντὸς ὑμῶν ἐστιν.»〛
23a ἐὰν εἴπωσιν ὑμῖν· ἰδοὺ ἐν τῇ ἐρήμῳ ἐστίν, μὴ ἐξέλθητε·
 b ἰδοὺ ἐν τοῖς ταμείοις, μὴ διώξητε·
24a ὥσπερ γὰρ ἡ ἀστραπὴ ἐξέρχεται ἀπὸ ἀνατολῶν
 b καὶ φαίνεται ἕως δυσμῶν,
 c οὕτως ἔσται 〚ὁ〛 υἱὸ〚ς〛 τοῦ ἀνθρώπου 〚ἐν τῇ ἡμέρᾳ αὐτοῦ〛.
37 ὅπου τὸ πτῶμα, ἐκεῖ συναχθήσονται οἱ ἀετοί.
26a ... 〚καθὼς〛 ... 〚ἐγένετο ἐν τ〛αῖ〚ς〛 ἡμέραι〚ς〛 Νῶε,
 b οὕτως ἔσται 〚ἐν τ<ῇ> ἡμέρ<ᾳ>〛 τοῦ υἱοῦ τοῦ ἀνθρώπου.
27a 〚ὡς γὰρ ἦσαν ἐν ταῖς ἡμέραις ἐκείναις〛
 b τρώγοντες καὶ πίνοντες, γαμοῦντες καὶ γαμίζ〚οντες〛,
 c ἄχρι ἧς ἡμέρας εἰσῆλθεν Νῶε εἰς τὴν κιβωτόν,
 d καὶ ἦλθεν ὁ κατακλυσμὸς καὶ ἦρεν ἅπαντας,
30 οὕτως ἔσται καὶ ᾗ ἡμέρᾳ ὁ υἱὸς τοῦ ἀνθρώπου ἀποκαλύπτεται.
34a λέγω ὑμῖν,
 b ἔσονται δύο 〚ἐν τῷ ἀγρῷ〛,
 c εἷς παραλαμβάνεται καὶ εἷς ἀφίεται·
35a δύο ἀλήθουσαι ἐν τῷ μύλῳ,
 b μία παραλαμβάνεται καὶ μία ἀφίεται.

Q53　ムナの譬え話（Q19:12-13, 15-24, 26）

12　……ある人が旅に出ようとしていた。
13a　自分の10人の僕を呼んで，彼らに10ムナを与えて，
　b　〔彼らに『私が出掛けている時に，あなたがたは商売しなさい』と言った〕。
15a　〔多くの時間を経て〕主人がかの僕たちのところに来て，
　b　彼らと清算をした。
16a　初めの人が〔来て〕言った。
　b　『主よ，あなたの1ムナを10ムナに増やしました。』
17a　すると彼に言った。
　b　『よくやった，善い僕よ，僅かのものに忠実であったので，多くのものを任せよう。』
18a　〔二番目の〕人が来て言った。
　b　『主よ，あなたの1ムナを5ムナにしました。』
19a　〔彼に〕言った。
　b　『〔よくやった，善い僕よ，僅かのものに忠実であったので，〕多くのものを任せよう。』
20a　もう1人の僕が来て言った。
　c　『主よ，あなたは蒔かない所から刈り取り，
　d　散らさない所から集める
　b　厳しい人であるのを〔知って〕，
21a　恐ろしく〔なって退いて〕，〔あなたのムナを地面の〕中に隠しました。
　b　ご覧ください，あなたのものを持っています。』
22a　彼に言った。
　b　『悪い僕よ，
　c　私が蒔かない所から刈り取り，
　d　散らさない所から集めることを知っていたのか。

（次ページに続く）

Q53　ムナの譬え話（Q19:12-13, 15-24, 26）

12　… ἄνθρωπός τις ἀποδημῶν

13a　ἐκάλεσεν δέκα δούλους ἑαυτοῦ καὶ ἔδωκεν αὐτοῖς δέκα μνᾶς

　b　⟦καὶ εἶπεν αὐτο<ῖ>ς· πραγματεύσασθε ἐν ᾧ ἔρχομαι⟧.

15a　… ⟦μετὰ⟧ … ⟦πολὺν χρόνον⟧ ἔρχεται ὁ κύριος τῶν δούλων ἐκείνων

　b　καὶ συναίρει λόγον μετ' αὐτῶν.

16a　καὶ ⟦<ἦ>λθ<εν>⟧ ὁ πρῶτος λέγων·

　b　κύριε, ἡ μνᾶ σου δέκα προσηργάσατο μνᾶς.

17a　καὶ εἶπεν αὐτῷ·

　b　εὖ, ἀγαθὲ δοῦλε, ἐπὶ ὀλίγα ἦς πιστός, ἐπὶ πολλῶν σε καταστήσω.

18a　καὶ ἦλθεν ὁ ⟦δεύτερος⟧ λέγων·

　b　κύριε, ἡ μνᾶ σου ἐποίησεν πέντε μνᾶς.

19a　εἶπεν ⟦αὐτ⟧ῷ·

　b　⟦εὖ, ἀγαθὲ δοῦλε, ἐπὶ ὀλίγα ἦς πιστός,⟧ ἐπὶ πολλῶν σε καταστήσω.

20a　καὶ ἦλθεν ὁ ἕτερος λέγων·

　b　κύριε, ⟦ἔγνων⟧ σε ὅτι σκληρὸς εἶ ἄνθρωπος,

　c　θερίζων ὅπου οὐκ ἔσπειρας

　d　καὶ συνάγων ὅθεν οὐ διεσκόρπισας,

21a　καὶ φοβ⟦ηθεὶς ἀπελθὼν⟧ ἔκρυψα ⟦<τὴν μνᾶν> σου⟧ ἐν ⟦τῇ γῇ⟧·

　b　ἴδ⟦ε⟧ ἔχεις τὸ σόν.

22a　λέγει αὐτῳ·

　b　πονηρὲ δοῦλε, ᾔδεις

　c　ὅτι θερίζω ὅπου οὐκ ἔσπειρα

　d　καὶ συνάγω ὅθεν οὐ διεσκόρπισα;

（次ページに続く）

23a 〔それでは,あなたは〕私のお金〔を〕
　b　銀行〔に預けて（おかなければならなかった）〕。
　c　そうすれば,私が行って利子と共に私のものを払い戻せただろう。
24a　あなたがたは彼からその1ムナを取り上げて,
　b　10ムナ持っている人に与えなさい。
26a　〔なぜならば,〕持っている人にすべて与えられるであろう。
　b　だが,持っていない人は,彼が持っているものさえも取り上げられるであろう。』

23a ⟦ἔδει σε οὖν βαλεῖν⟧ τ⟦ὰ⟧ ἀργύρι⟦ά⟧ μου
 b ⟦τοῖς⟧ τραπεζ⟦ίταις⟧,
 c καὶ ἐλθὼν ἐγὼ ἐκομισάμην ἂν τὸ ἐμὸν σὺν τόκῳ.
24a ἄρατε οὖν ἀπ' αὐτοῦ τὴν μνᾶν
 b καὶ δότε τῷ ἔχοντι τὰς δέκα μνᾶς·
26a τῷ ⟦γὰρ⟧ ἔχοντι παντὶ δοθήσεται,
 b τοῦ δὲ μὴ ἔχοντος καὶ ὃ ἔχει ἀρθήσεται ἀπ' αὐτοῦ.

Q54　イスラエルに対する裁き（Q22:28, 30）

28　あなたがた……私に従った人々は，

30a　……王座〔に〕座り，

　b　イスラエルの12部族を裁くであろう。」

Q54 イスラエルに対する裁き （Q22:28, 30）

28 ὑμεῖς ... οἱ ἀκολουθήσαντές μοι
30a ... καθήσεσθε ἐπὶ θρόν⟦ους⟧
b κρίνοντες τὰς δώδεκα φυλὰς τοῦ Ἰσραήλ.

第 2 部

Q 文書の注解

1. 洗礼者ヨハネとイエスの説教

　第一ブロックでは，「洗礼者ヨハネの説教」（Q3:2b-17）は「序論」の役割を果たす。それに「イエスの誘惑物語」（Q4:1-13）を挟んで「本論」である「宣教開始の説教」（Q6:20-49）が続く。さらに「百人隊長の子の癒しの物語」（Q7:1-9）を挟んで，「結論」として「洗礼者ヨハネ称賛の説教」（Q7:18-35）が続く。こうして，「洗礼者ヨハネの説教」と「洗礼者ヨハネ称賛の説教」は，「イエスの誘惑物語」「宣教開始の説教」「百人隊長の子の癒し物語」を「包摂」して，「キアスム的シンメトリー」を構成する。

　その上，Q文書の冒頭の終末論的な「洗礼者ヨハネの説教」は，Q文書の末尾に置かれた「終末に関する説教」（Q17:20-35, 19:12-26, 22:28, 30）と合わせて，Q文書全体を「包摂」する。

（1）洗礼者ヨハネの説教

Q1　洗礼者ヨハネの悔い改めの説教（Q3:2b-3a, 7-9, 16b-17）

訳文

　2b　〈……〉ヨハネは……
　3a　〈……〉ヨルダン川の周辺地方すべてで〈……〉。
　7a　洗礼を〔受けるために〕〔来〕た〔群衆に対して〕〔言った〕。
　 b　「蝮の末裔たちよ，
　 c　誰が差し迫った御怒りから逃れられるとあなたがたに示したのか。
　8a　むしろ悔い改めにふさわしい実を結べ。
　 b　私たちの父祖にはアブラハムがいると，独り言を言おうと思ってもみるな。
　 c　というのは，私はあなたがたに言う。
　　　神はこのような石ころからでさえも，アブラハムの子孫を起こすこ

9a　だが，斧は既に木の根元に置かれている。
　b　良い実を結ばない木はすべて，切り倒されて火に投げ入れられる。
16b　私はあなたがたに水〔で〕洗礼を授ける。
　c　だが，私の後に来たるべき方は私よりも強い。
　d　私はその方の履物（サンダル）を〔持ち運ぶ〕のにも値しない。
　e　その方こそ，あなたがたに〔聖なる〕霊と火で洗礼を授けるであろう。
17a　彼は脱穀の熊手を手に持ち，脱穀場を隈なく掃き清めて，穀物を倉に集めるであろう。
　b　だが，もみ殻は消えることのない火で焼き尽くされるであろう。」

関連箇所

Q3:2b-3a, 7a, 8a
　マルコ 1:4-5：洗礼者ヨハネが荒れ野に現れて，罪の赦しを得させるために悔い改めの洗礼を宣べ伝えた。ユダヤの全地方とエルサレムの住民は皆，ヨハネのもとに来て，罪を告白し，ヨルダン川で彼から洗礼を受けた。

Q3:16b
　マルコ 1:7b-8：「私の後に私よりも強い方が来られる。私は彼の履物（サンダル）の紐を解くに値しない。私はあなたがたに水で洗礼を授けたが，彼はあなたがたに聖なる霊で洗礼を授けるであろう。」（私訳）

Q3:16c
　詩編 118:26（＝LXX117:26）：祝福あれ，主の御名によって来たるべき方に。（私訳）

伝承史（様式史・編集史）的分析

2b, 3a は導入部，説教は 7-9 節（ただし，8c-9「私はあなたがたに言う」

1. 洗礼者ヨハネとイエスの説教 (Q3:2b–7:35)　　　　　143

以下は追加部分）の前半に 16b-17 節の後半が後で加わったと考える立場もあれば（Bultmann, *Tradition*, 246; Hoffmann, *Studien*, 31-33; Jacobson, *The First Gospel*, 84-85），16b-17 節は Q の編集以前の伝承であるという立場もある（Kloppenborg, *Formation*, 104-105; Tuckett, *Q and History*, 116-125)。「火で」(16e) が元来の裁きの言葉であり，「霊と」はペンテコステ以降に追加された言葉であると思われる（Polag, *Christologie*, 155; Kloppenborg, *Formation*, 106-107; ツェラー『注解』27-30）。

　この箇所は，マタイ版の方が Q の順序をそのまま保存し，ルカ版では前半と後半の間に 3:10-15 の 6 節分を挿入する。「群衆」(7a) は，マタイ版 (3:7) では「ファリサイ派やサドカイ派の人々」に変え，「実」(単数，8a) は，ルカ版 (3:8) では「実」(複数) に変え，「独り言を言おうと思ってもみるな」(8b) は，ルカ版 (3:8) では「独り言を言い始めるな」(直訳) に変えている。

修辞学的分析

　「洗礼者ヨハネの悔い改めの説教」は，「助言的弁論」の類型に分けられる倫理的勧告の強い内容の説教である。Q3:2b-3a, 7-9, 16-17 の修辞学的構造は以下の通りである。

　　　2b-3a, 7ab　「序論」(exordium)
　　　　　　7c　「命題」(propositio)
　　　　　　 8　「論証」(argumentatio)：「議論」(argumentatio) による
　　　　　　 9　「結論」(peroratio)：「隠喩」(metaphora) による
　　　　　　16　「結論」(peroratio)：「比較」(comparatio) による
　　　　　　17　「結論」(peroratio)：「隠喩」(metaphora) による

　状況の設定 (2b-3a) の後に，説教の「序論」が始まる。その導入句 (3:7a) に続いて「蝮の末裔たち」(7b) と強い「非難」の言葉で「アブラハムの子孫」に呼びかける。「蝮の末裔たち」は「アブラハムの子孫」(8c) と「対置」する。「誰が……示したのか」(7c) は「修辞疑問」。それに対して「実を結べ」(8a) という肯定の命令法と「思ってもみるな」(8b) という否定の命令法で応答する。「起こすことができるからだ」(8c) は後者に対する「理由」を説

明する。9ab は前半の「結論」である。「実を結べ」（8a）と「実を結ばない」（9b）は「対置」し，また「私たちの父祖にはアブラハムがいる」（8b）と「神は……アブラハムの子孫を起こすことができる」（8c）は「対置」する（Sato, *Prophetie*, 209）。

　「洗礼者ヨハネ」と「来たるべき方」が「比較」される。「水で洗礼を授ける」（16b）と「霊と火で洗礼を授けるであろう」（16e）が「対置」し，「私よりも強い」（16c）と「……値しない」（16d）が「対置」する。さらに，3:16cd という比較級と否定文で，両者の優劣の関係が明らかにされる。これらの「対置」と「比較」（否定）で用いられている議論は「小から大へ」（a minore ad maius）の「類比」である。3:17a の関係代名詞節の三つの表現で，「その方」（16e）について補足される。「だが，……焼き尽くされるであろう」（17b）で後半の「比較」の結論が示される。終末の裁きは，園丁の収穫後の果樹園での描写（9ab）と農夫の収穫期の脱穀場での描写（17ab）の「隠喩」で表現され，互いに並行関係にあるが，それぞれ「火」（9b, 16e, 17b）で結び合わされている。

マルコ福音書との比較

　マルコ福音書 1:2-8 に見られる預言書の成就句の引用（1:2-3。ヨハネ 1:23 参照），エリヤの再来を暗示する洗礼者ヨハネの外貌と食生活（1:6），「罪の赦し（を得させる洗礼）」（1:4），「罪の告白」（1:5）への言及は，Q には見られない。

　だが，「ヨルダン川」（マルコ 1:5, Q3:3a）という活躍の場所，「悔い改めの洗礼」（マルコ 1:4, Q3:3a, 16b），「後に来たるべき方」の「履物（サンダル）を持ち運ぶに値しない」という趣旨の優劣関係の比較（マルコ 1:7, Q3:16cd。ヨハネ 1:27, 使徒 13:25 参照）は両者に見られる。

　反対に，Q3:7-9, 16b-17 の「洗礼者ヨハネの悔い改めの説教」はマルコ福音書には見られない。Q3:16c「私の後に来たるべき方は私より強い」で「来たるべき方」という分詞を用いたメシア称号と表現は，マルコ福音書 1:7「私の後に私より強い方が来られる」で「来る」という動詞表現に変えられ，

Q3:16e「聖なる霊と火」による洗礼はマルコ福音書1:8では「聖なる霊」（ヨハネ1:33参照）の洗礼に変えられている（Walter, "Mk 1,1-8 und 'die Agreements'". ただし, Laufen, *Doppelüberlieferungen*, 93-125に反して）。

注解

2b, 3a：Qでは洗礼者ヨハネの活躍の場所が「ヨルダン川の周辺地方すべてで」, すなわちペレア地方とされている。ヨハネ福音書のようにペレア地方の「ベタニア」（1:28）や「アイノン」（3:23）などの特定の地名に限定されてはいない。また「群衆」も「ヨルダン川の周辺地方すべて」から出てきているが, マルコ福音書のように「ユダヤの全地方とエルサレムの住民」（1:5）にまで拡大されてはいない。

7：Qの洗礼者ヨハネの説教の聴衆は「群衆」である。「群衆」はマルコ福音書ほど頻繁にではないが, Qでも時折登場する（Q7:24, 11:14）。ここでは「群衆」は悔い改めの対象である（7a）。

彼らは自分たちこそ「父祖にはアブラハムがいる」「アブラハムの子孫」（8bc）であると自認しているが, 洗礼者ヨハネは彼らに向かって「蝮の末裔たちよ」すなわち「毒蛇の子らよ」と語りかける（7b。マタイ12:34, 23:33参照）。

洗礼者ヨハネの神は「最後の審判」を下す正義の神であり, 終末の「神の怒り」について語り, たとえアブラハムの子孫であれ, 不正や悪徳を行うものは, 「差し迫った御怒り」から逃れられないことを宣言する（7c）。終末の神の怒りは, 裁きの「火」（9b, 16e, 17b）に象徴されている。

8：「御怒り」を逃れる方法は「悔い改め」のみである。そこで,「悔い改め」を迫り, 果樹の「実」という「隠喩」で, それにふさわしい生活と実践を求め（8a）, 神の民として選ばれたという特権的感情に対して, 自己弁護のための弁解の余地を与えない（8b）。「実」や「木」は, 具体的には, 当時のパレスティナで当時から栽培されていたいちじくやぶどう（Q6:44）, オリーブ

やなつめやしなどがイメージされているが,「実」は「正義」や「憐れみ」などの行為を象徴する。「実を結ぶ」(8a, 9b) は直訳すると「実を作る・実を行う」(Q6:43 参照)。ユダヤ人「であること」という「人種的根拠」ではなく,神の民としてふさわしく行動「すること」という「実践的根拠」を求める。ここには行動規範という倫理的基準に基づいて,預言者と同様に終末論的思考により民族主義を越えていく視点が見られる。その点に関して,Q では「悔い改め」を求めることが一貫して見られる (10:13, 11:32, 17:3)。

このような「であること」にあぐらをかいている群衆に対して「すること」を求め,言葉を改めて終末論と密接に結びつく創造論の立場から,無から有を,「土」から「人」を創造した神の創造の力により,「石 (λίθος)」からですら「民 (λαός)」を創り出すことができることを明らかにする (8c)。

9：終末の裁きが間近であることは,果樹の「実」(8a) に対応して,果樹の「木」の根元に置かれた「斧」の隠喩で語られる (9a)。すなわち,園丁が収穫後に果樹園で働いている光景から取られた隠喩「良い実を結ばない木はすべて,切り倒されて火に投げ入れられる」で,畳み掛けて語られる (9b。マタイ 7:19 では Q3:9b を繰り返して強調)。ここでは「良い木が悪い実を結ぶことはない。また悪い木が良い実を結ぶこともない」(Q6:43, マタイ 12:33 では Q6:43 の趣旨を繰り返して強調) という倫理的基準が前提になっている。

16：洗礼者ヨハネはヨルダン川の水で洗礼を授けるが (16b。マルコ 1:8, ヨハネ 1:26 参照),それに対して「来たるべき方」は「霊と火で」洗礼を授ける (16e)。

「来たるべき方」(16c。マルコ 1:7, ヨハネ 1:27, 使徒 13:25 参照) は,詩編 118:26 (＝LXX117:26a) に由来する古いメシア称号の一つ (Q7:19, Q13:35c → マルコ 11:9 並行箇所＝ヨハネ 12:13 比較。ヨハネ 1:15, 27, 3:31, 6:14, 11:27, ヘブライ 10:37, 黙示録 1:4, 8, 4:8 参照)。「私より強い」は「来たるべき方」というメシアの具体的な本質を明らかにしている。「私の後に来たるべき方は私より強い」(16c) は,「私の後に私よりも強い方が来られる」(マルコ 1:7

と同様に「強さ」を強調している。力強さはメシアの特徴の一つ（イザヤ 9:5-6, ソロモンの詩編 17:23-31。マルコ 3:27 比較）。それは具体的には, 主人の履物（サンダル）を持ち運ぶ僕（奴隷）という関係以上の差があることで示される（16d）。

ここでは「来たるべき方」の洗礼が「霊と火」によることが述べられる。「霊と火」は「霊すなわち火」という二つのものが同一であるという「二詞一意（ヘンディアデュオイン）」（hendiadyoin）という修辞法による表現である。だが, 実際に洗礼者ヨハネは霊による洗礼を知らなかったことが, ヨハネの弟子たちの言葉から示唆される（使徒 19:2）。また, 洗礼による霊の付与は, ペンテコステ以降の初代教会の現象であったので（使徒 1:5, 8, 2:1-4, 8:17, 10:44, 11:16）,「霊」を強調するのは後の付加であったかもしれない（ただし, イザヤ 32:15 他参照）。「来たるべき方」の洗礼とは, 元来裁きの「火」（9b, 17b）の方が前面に出されていたと思われる。預言者は神の怒りを象徴する「火」により「裁き」と「悔い改め」を迫っていたからである。

17:「来たるべき方」のイメージは, 脱穀の熊手を手にして脱穀場で風に飛ばして穀物の「実」と「もみ殻」を分けて脱穀し倉に納める, という農夫が収穫期に畑で働いている光景を隠喩として用いて語られる（17ab）。その結論の「実」のない「もみ殻」が焼き尽くされる場面は, 最後の審判を暗示する。脱穀場での「火」は「（ゲヘナの）消えることのない火」（マルコ 9:43 参照）に変容し, T. W. マンソンによれば「烈火の怒り」（ソロモンの詩編 15:5, 後藤光一郎訳）に象徴される最後の審判のイメージと結びついている（Manson, *Sayings of Jesus*, 40; ソロモンの詩編 15:6-7, 10-15）。

（2）イエスの誘惑物語

Q2　イエスの誘惑物語（Q4:1-4, 9-12, 5-8, 13）

訳文

1　だが，イエスは，霊に〔よって〕荒野〔に〕〔導か〕れて〔いった〕。
2　悪魔によって試みを〔受けるため〕であった。そして，40日間……飢えていた。
3a　すると，悪魔は彼に言った。
 b　「もしもお前が神の子ならば，これらの石がパンに成るように言え。」
4a　すると，イエスは〔彼に〕答えた。
 b　「次のように書かれている。
　　『人はパンのみで生きるのではない（申命記 8:3b）。』」
9a　〔悪魔は〕彼をエルサレムに連れて行き，神殿の頂きの上に立たせて彼に言った。
 b　「もしもお前が神の子ならば，自分の身を下に投げてみよ。」
10　次のように書かれているからだ。
　　『お前のために彼の天使らに命じであろう。
11　すると彼らは両手でお前を引き上げ，お前の足は石を打つことは決してない（詩編 91:11a, 12（＝LXX90:11a, 12））。』」
12a　イエスは彼に〔答えて〕言った。
 b　「次のように書かれている。
　　『あなたの主なる神を試みてはならない（申命記 6:16）。』」
5a　悪魔は彼を〔極めて高い〕山に連れて行き，
 bc　彼に世界の国々とその繁栄を見せた。
6a　そして，彼に言った。
7　「もしもお前が私に跪くならば，
6b　これらすべてをお前に与えよう。」
8a　イエスは彼に〔答えて〕言った。

1. 洗礼者ヨハネとイエスの説教（Q3:2b–7:35）

b 「次のように書かれている。
『あなたの主なる神に跪きなさい。そして，彼のみを拝しなさい$\binom{申命記}{6:13}$。』」
13　すると悪魔は彼を離れて行った。

関連箇所

Q4:1-2, 13

マルコ 1:12-13：するとすぐに，霊は彼を荒野に追い出した。そして，荒野で 40 日間，サタンによって試みを受けた。そして，彼は獣たちと共にいたが，天使たちが彼に仕えていた。（私訳）

伝承史（様式史・編集史）的分析

　誘惑物語は，Q7:27 以外に Q 文書で唯一「次のように（このように）書かれている」という引用定式を用いて七十人訳聖書が引用されている箇所である（4b, 10, 12b, 8b）。また，Q7:24-28 以外にここでしか用いられていない 3 組の問答形式（3-12）を用い，「神の子」（3b, 9b）というメシア称号と「悪魔」（2, 3a, 9a, 5a, 13）という言葉を用いている点などから，後のヘレニズム・ユダヤ人キリスト教の編集段階で挿入されたと考えられている（Bultmann, *Tradition*, 328; ツェラー『注解』31-39; Kloppenborg, *Formation*, 246-248; Sato, *Prophetie*, 35-36; Tuckett, "The Temptation Narrative in Q," 480-481; Jacobson, *The First Gospel*, 90-91）。

　誘惑物語の類型について，イエスの悪魔の対話は論争物語と見做す立場（Bultmann, *Tradition*, 256; Schulz, *Q*, 184; ツェラー『注解』34），ハガッダ的ミドラシームと理解する立場（Bultmann, *Tradition*, 254, Polag, *Christologie*, 146），マルコ福音書のような伝記的物語へと傾斜していると見做す立場（Robinson, *Trajectories*; Kloppenborg, *Formation*, 256-262）などがある。また，申命記の三つの引用を核にして，対話の場面が後から生まれたと考える立場（Jacobson, *The First Gospel*, 92）もある。三つの誘惑物語は，別々の伝承ではなく，申命記からの連続した 3 箇所の引用箇所から推定されるように，一つの伝承で

あったと考えられる（Jacobson, *The First Gospel*, 92-94; Catchpole, *Quest*, 12）。

その「生活の座」と執筆の目的は，申命記の引用に見られるイスラエルに対する批判でもなく，マルコ福音書に見られる奇跡を行う「神の人」キリスト論に対する批判（Schultz, *Q*, 182, 187）でもなく，第三の誘惑は熱心党などの熱狂主義的なメシア主義に対する批判（Hoffmann, "Versuchungsgechichte," 213-214）でもない。また，内部の熱狂主義的傾向や黙示的傾向を抑える（Jacobson, *The First Gospel*, 90）のでもなく，内部の知恵の教師の資格をテストするもの（Kloppenborg, *Formation*, 256-262）でもない。それは神の子イエスにも妥当し，また信徒の倣うべき模範を示すための「範例」である（ツェラー『注解』35-39; Jacobson, *The First Gospel*, 92; Tuckett, "The Temptation Narrative in Q," 494）。誘惑物語はQでは他には見られない物語形式で枠取られている。マルコ福音書の序論（1:1-13/1:1-15）やヨハネ福音書の序論（1:1-18）がそれぞれの福音書の他の部分と形式が異なるのと同じように，誘惑物語はQの他の内容と密接に関連して序論の役割を果たしている（Tuckett, "The Temptation Narrative in Q," 486-489）。

マタイ4:4では申命記8:3cの引用を加えているが，これはマタイの追加である。誘惑物語の三つの問答は，マタイの順序がオリジナルであり，ルカ文書では神殿が重要な場所を占めるので（ルカ1:5-23, 2:22-38, 41-51, 24:53, 使徒2-4章他）ルカは第二と第三の問答を入れ替えて，神殿を最後の場面にもってきている。

修辞学的分析

誘惑物語は，序論と結論（1, 13）の間に挟まれて，「悪魔は彼に言った」で導入される悪魔の問い（2-3, 9-11, 5-7）と「イエスは彼に答えて言った」で導入されるイエスの答え（4, 12, 8）で構成される3組の対話の「トリコーロン」による「クレイア」である。

「クレイア」というエピソードでは，状況設定の導入部の後で，対話形式の問答があり，問答の答えのパンチ・ワードを引き出す。第一問答は，「イエスは……導かれて……悪魔によって試みを受けるため」（1-2）で導入され

るが，第二問答，第三問答では「悪魔は彼を……に連れて行き」(9a, 5) という導入句が「繰り返し」て用いられる。

    1　「序論」(exordium)
  2-4　「第一問答」(prima interrogatio et subiectio)
        2　導入
        3　問い
        4　答え（引用句）
  9-12　「第二問答」(secunda interrogatio et subiectio)
        9a　導入
     9b-11　問い（引用句）
       12　答え（引用句）
  5-8　「第三問答」(tertium interrogatio et subiectio)
        5　導入
      6-7　問い
        8　答え（引用句）
   13　「結論」(peroratio)

第一と第二の悪魔の問いでは，「もしもお前が神の子ならば……」(3b, 9b) と同じ仮定文が「繰り返し」て用いられ，第三の問いでは「もしもお前が私に跪くならば……」(7) で「クライマックス」に達する。それに対して，イエスの第一と第二の答えでは「人はパンのみで生きるのではない」(4b)，「あなたの主なる神を試みてはならない」(4b, 12b) という否定命令文が用いられ，第三の答えでは「あなたの主なる神に跪きなさい」「そして，彼のみを拝しなさい」(8b) という肯定命令文が繰り返されて「クライマックス」に達する。

そして，最初と最後に「のみ」(4b, 8b) が用いられ最後の二つの答えで「あなたの主なる神」(12b, 8b) が繰り返されて強調される。また，イエスの答えは「……と書かれている」(4b, 12b, 8b) という導入語によって，申命記からの引用句が3回繰り返されるが，悪魔も第二の問いでイエスの答えを真似て「……と書かれているからだ」(10) によって詩編の引用句を用いて問う。

マルコ福音書との比較

　誘惑物語の導入は，Qとマルコ福音書1:12-13では対照的である。Qでは「霊によって……導かれて」（4:1）断食した後で試みを受けるが（4:3以下），マルコ福音書では「霊に追い出されて」（1:12），試みを受ける（1:13a）。また，Qでは「悪魔」（4:2, 3a, 9a, 5a, 13）が試みるが，マルコ福音書では「サタン」（1:13a）が試みる。

　しかし，イエスが「荒野」で「40日間」留まったのはQもマルコ福音書も同じである（マルコ1:12, 13a; Q4:1, 2）。だが，マルコ福音書にはQの誘惑物語の核心をなす，神の言葉を用いた3組の問答（Q4:3-4, 9b-12, 6-8）はない。誘惑物語の結論も，Qの「悪魔は彼を離れて行った」（4:13）のと，マルコ福音書の「彼は獣たちと共にいたが，天使たちが彼に仕えていた」（1:13bc, イザヤ11:6-9, 65:25参照）は，対照的である。誘惑物語は，悔い改めた人々がイエスを模範とすべき範例物語となっている。

注解

　1：「霊」は，イエスの受洗に伴って霊が下ってきたことを前提にしている（Robinson, "The Sayings Gospel Q," 385）のではない。そもそもQではイエスの受洗が前提にされていないからである（Robinson, "The Sayings Gospel Q," 386では，Q批評版で採用されているQ3:22の存在を前提にしているが，それは極めて少数意見である）。「霊」は「人の子」に優る権威ある導き手であり（Q12:10, 12），「荒野」は人の住まうところではなく，悪霊の住まうところと想定されていた（Q11:24）。

　2：「悪魔」という言葉は，Qでは誘惑物語でしか用いない。Qでは他に悪霊の頭「ベルゼブル」（11:15, 19）や「サタン」（11:18）という表現を用いる。それは神や（聖なる）霊とは対極の存在である。「40日間」の断食は，モーセ（出エジプト記34:28, 申命記9:9, 18）やエリヤ（列王記上19:8）の断食と「比較」される。「試み」は，アダムとエバの「誘惑」（創世記3:13），アブラハムの「試み」（創世記22:1），イスラエルの民の荒野での「試み」（出

エジプト記 17:7），「悪魔」によるヨブの「試み」（ヨブ記 1-2 章）に通じる。イエスの「試み」では，アブラハムやヨブの「試み」と同様に，神への信仰と忠誠心が問われる。その背景にあるのは二心のない一つの神への信仰を表明した「シェマー」の精神である（Gerhardsson, "The Shema' in Early Christianity," *Four Gospels*, 278-281）。

3：第一の誘惑。空腹になったところで「神の子」としてのしるしを問う。「神の子」というメシア称号は，Q では「もしもお前が神の子ならば」（3b, 9b）という 1 文でしか用いられていない。Q では，イエスは神を「父」と呼び（10:21[2 回], 22, 11:2），神と人との関係を「父」と「子」の関係として捉え（6:35, 10:22[2 回], 11:13），人々に対しても神を「あなたがたの父」と呼ぶ（6:36, 12:6, 30）。

イエスに対して「石がパンに成るように言え」と言葉による奇跡を要求する。神が石をユダヤ人に変えることができる奇跡的表現（3:8c）参照。Q では，奇跡物語は例外的であり（7:1, 3, 6-9），奇跡は前提にされているのではあるが（7:22, 11:14-15, 19），奇跡に対しては否定的な態度を取る（11:29-30）。

4：第一の応答。「人はパンのみで生きるのではない」は，七十人訳聖書による申命記 8:3b の引用である。それは，「荒野」で「40 年間」旅したユダヤ人が，マナによって生かされたばかりでなく，モーセの与える神の言葉によって生かされた経験から学んだ神への忠誠心を，改めて表明した言葉である。目に見える物質を求めて生きるのではなく，目に見えない神の国を求めて生きるべきなのである（Q12:22-31）。

9-11：第二の誘惑。悪魔は，荒野とは対極的な場所で，神の住まうところと想定されたエルサレムの神殿に連れて行く（9a）。神の力が発揮される聖なる場所で，飛び降りてみよ，と勧める（9b）。「もしもお前が神の子ならば」とイエスの信仰を逆手に取って，詩編 91:11a, 12（＝LXX90:11a, 12）の神の約束の言葉を信頼してみよ，天使が助けに来るかどうか見てみよう，と

勧める（10-11）。

12：第二の応答。「あなたの主なる神を試みてはならない」は，七十人訳聖書による申命記 6:16 の引用である。モーセに反逆した民がマサやメリバ（出エジプト記 17:1-7, 民数記 20:2-13, 詩編 81:7, 95:8）で神を試みた苦い経験から学んだ言葉である。神や聖霊の領域を侵して，試みることは人間には許されていない（Q12:10）。

5-7：第三の誘惑。悪魔は，天に近い高い山に連れて行き，「神の国」と対照的な「世界の国々」の繁栄を見せて（5），「私に跪くならば」物質的な繁栄のすべてを与えようと約束する（6-7）。

8：第三の応答。「あなたの主なる神に跪きなさい。そして，彼のみを拝しなさい」は，七十人訳聖書の申命記 6:13 の引用である。だが，その中の一つの動詞「（あなたの主なる神を）恐れなさい」は慣用句の「跪き，仕える」（申命記 6:13 アレキサンドリア写本，4:19, 5:9, 8:19 他）に影響され，直接的には，6 節の「（私に）跪く（ならば）」から取られて「（あなたの主なる神に）跪きなさい」に置き換えられている。「跪きなさい」は未来形で書かれているが，直説法未来形で命令や禁止を意味するのは七十人訳聖書にみられるセム語的表現の一つである（C. F. D. Moule, *An Idiom Book of the New Testament*, Cambridge: Cambridge University Press, 1953, 178-179）。このように命じられているのは，地上の繁栄の象徴であるこの時代の「富」と「神」は相容れないからである（Q16:13）。

13：悪魔はイエスを離れる。後でその支配は，神の支配の到来によって抑えられていく（Q11:20）。

(3) 宣教開始の説教（野の説教・山上の説教）

　「弟子に対する幸いの言葉」（Q6:20-23）は「宣教開始の説教」全体の「序論」であり，本論の「愛敵についての教え」（Q6:27-28, 35, 29-32, 34, 36）と「裁きについての教え」（Q6:37-42）の対比的な教えが「宣教開始の説教」の核心である。すなわち，前半では「神に倣うこと」（imitatio Dei）が説かれ，後半では教師である「主に倣うこと」（imitatio Domini）が説かれる。最後に「木と実の譬え」（Q6:43-45）と「家を建てた人の譬え話」（Q6:46-49）で，言葉を実行することが「結論」として語られる。それに「百人隊長の子の癒し物語」（Q7:1, 3, 6-9）が続き，イエスの言葉を行う人の信仰が強調される。

　ルカ福音書では，「弟子に対する幸いの言葉」「愛敵についての教え」「裁きについての教え」「木と実の譬え」「家を建てた人の譬え話」で構成されたイエスの「宣教開始の説教」は，「災いの言葉」（ルカ6:24-26）を付け加えていることを除いて，原型を保っている。「幸いの言葉」に「災いの言葉」が付け加えられたのは，「結論」の「家を建てた人の譬え話」がイエスの言葉を行う人と行わない人に対する「祝福と呪い」の性格を持っていることに対応している。

　それに対してマタイ福音書は，「幸いの言葉」を大幅に付加し（5:3-12），「地の塩，世の光」（5:13-16）をマルコ福音書から，「律法について」（5:17-20）をマタイ特殊資料から追加して新しい生き方の方針を示す。続いて六つの反対命題（5:21-26, 27-30, 31-32, 33-37, 38-42, 43-48）が立てられ，その中で「愛敵についての教え」が「復讐の禁止」と分けられて最後の二つの反対命題に取り入れられている。それに続いて，ユダヤ人の重要な宗教生活に関して，「施しについて」（6:1-4），「祈りについて」（6:5-15），「断食について」（6:16-18）が語られる。さらにキリスト者の経済と生活に関して，「富について」（6:19-24），「思い煩いに関する説教」（6:25-34），「願い求めることについての教え」（7:7-12），「狭い門から入る譬え」（7:13-14, 21-23）が語られ，「狭い門から入る譬え」の中にQから「木と実の譬え」（7:15-20）が挟み込まれ，Qの「家を建てた人の譬え話」（7:24-27）で結ばれる。

Q3　弟子に対する幸いの言葉（Q6:20-23）

訳文

20a 〈……〉そして彼（イエス）は〔目を〕〔上げ〕て，弟子たちに〔向かって〕言った。
  b 「貧しい人々は幸いである。
    神の国は〔あなたがたのもの〕だからである。
21a 飢えている人々は幸いである。
    〔あなたがたは〕満ち足りるようになるからである。
  b 〔嘆き悲しむ〕人々は幸いである。
    〔〈あなたがたは〉慰められるようになる〕からである。
22a あなたがたは幸いである。
    人の子のゆえに，人々があなたがたを罵り，〔迫害〕し，
  b あなたがたに〔対して〕〔あらゆる〕悪口を〔言った〕時には。
23a あなたがたは喜び，〔歓びなさい〕。
  b 天においてあなたがたの報いは多いからである。
  c というのは，このようにして彼らはあなたがたより以前の預言者を〔迫害した〕からである。

関連箇所

Q6:20b
  トマス福音書54：イエスが言った，「あなたがた貧しい人たちは，幸いである。天国はあなたがたのものだから」

Q6:21a
  トマス福音書69:2：「飢えている人々は幸いである。それは，窮乏している者の腹が満たされるためである。」（新免貢訳）

Q6:22a
  Ⅰペトロ4:14：あなたがたは，キリストの名のために罵られるなら，幸いである。（私訳）

1. 洗礼者ヨハネとイエスの説教 (Q3:2b–7:35) 157

> トマス福音書 68:1：イエスが言った、「あなたがたが憎まれ、迫害されるならば、あなたがたは幸いである」
>
> トマス福音書 69:1a：イエスが言った、「心の中で迫害された人たちは幸いである。……」

伝承史（様式史・編集史）的分析

「貧しい人々は幸いである」(20b)、「嘆き悲しむ人々は幸いである」(21b) は、伝承のある段階からイザヤ書 61:1-2 を反映している (Tuckett, *Q and History*, 223)。また富者に対する同様の批判は、クムラン教団のイザヤ書 61:1-2 への解釈 (11Qmelch) にも見られる (Catchpole, *Quest*, 88)。

20b-23b 節は、「幸いである、誰々は。……だからである」という三人称で表現され、その理由が述べられる構文と、「あなたがたは、幸いである。……の時には」という二人称で表現され、その場合が述べられる構文の違いから、また貧しく飢え嘆き悲しんでいる人々に対する祝福と、迫害されて苦しんでいるキリスト者に対する祝福という内容の違いから、22-23b 節は 20b-21 節に追加されたものと思われる (Schulz, *Q*, 454-455; Hoffmann, *Studien*, 73; Kloppenborg, *Formation*, 172-173; Jacobson, *The First Gospel*, 99-101; Catchpole, *Quest*, 90-91)。さらに 23c 節は、Ⅰペトロ書 4:14 やトマス福音書 68:1, 69:1a にも見られないことから、最後の段階で追加されたものと思われる (Kloppenborg, *Formation*, 173)。

マタイ福音書では、イエスをモーセと対比する視点から (マタイ 5:21-6:48 他多数)、シナイ山と対比して説教の語られた場所を「山の上」に設定する (マタイ 5:1. 出エジプト記 19:3, 7-9 参照)。また、Q の四つの祝福に、新たに「柔和な人々」(5:5)、「憐れみ深い人々」(5:7)、「心の清い人々」(5:8)、「平和を創り出す人々」(5:9) への四つの祝福を加える。さらに、「心の（貧しい人々）」(5:3)、「義に（飢え渇いている人々）」(5:6) と精神化し、「義のために（迫害されている人々）」と繰り返し (5:10)、「飢え」、「渇いて」と動詞を重ねて強調する。また、「神の国」(Q6:20b) をユダヤ人に馴染みのある「天の国」(マタイ 5:3) という表現に変える。

ルカ福音書では、説教が語られた場所を「平らなところ」すなわち「野」に設定し（ルカ 6:12, 17）、幸い章句に「今（飢えている人々）」「今（泣いている人々）」（6:21ab）と「今」を追加して、「嘆き悲しむ人々」を「泣いている人々」（6:21b）という具体的な描写に置き換える。さらに、四つの祝福に呼応して、「富んでいる人々」「満腹している人々」「笑っている人々」、また「あなたがたが、ほめられる時には」に対して、四つの災いの言葉を追加する（6:24-26）。

修辞学的分析

20-23 節は 20-49 節のイエスの宣教開始の説教全体の「序論」(exordium) の役割を果たしている。その中で、20a がその「序論」であり、23c がその「結論」である。

20a 「序論」(exordium)
20b 「第一称賛」(prima laus)：第一マカリズムと「理由」(causa)
21a 「第二称賛」(secunda laus)：第二マカリズムと「理由」(causa)
21b 「第三称賛」(tertium laus)：第三マカリズムと「理由」(causa)
22-23b 「第四称賛」(quarto laus)：第四マカリズムと「理由」(causa)
23c 「結論」(peroratio)

倒置法で「幸いである」（μακάριοι）で始まる文章を 4 回繰り返して（20b-22）、それに「（なぜならば）……からである」（ὅτι）という理由を表す構文を 3 回繰り返して段階的に調子を高めていく「トリコーロン」を用いて極みに達し、4 回目は「……する時には」（ὅταν）という構文に変える。「幸いである……」（22a）に対して、「喜び、歓びなさい。……」（23a）を「対置」して、その理由を述べる。こうして、「幸いである」を繰り返して、頂点（クライマックス）に至る。主文（20b-21b）と直接法（22）において地上の苦難が列挙され、副文（20b-21b）と命令法（23）において天上の神の国でそれらが逆転する有様が列挙される。

「貧しい人々」（οἱ πτωχοί）、「飢えている人々」（οἱ πεινῶντες）、「嘆き悲しむ人々」（οἱ πενθοῦντες）と語頭が「類音」で類義の言葉を並べて「並置」す

る（20b–21b）。また、「飢えている人々」と「嘆き悲しむ人々」（21ab）の理由「満ち足りるようになる」「慰められるようになる」も、「類音」で類義の動詞を未来形で「並置」する。さらに「罵り、迫害し、……悪口を言う」（22ab）、「喜び、歓びなさい」（23a）で同義の動詞を「重複」して畳み掛ける。また、「神の国」（20b）と「天において」（23b）で天上の祝福を「包摂」し、「迫害する」（22a, 23c）で地上の患難を「包摂」する。

注解
20：Qではイエスの宣教開始の説教の導入では、「弟子たち」に向けて語られる。マタイ福音書もルカ福音書も説教の始めではこの聴衆を引き継ぐが（マタイ5:1、ルカ6:20a）、それぞれの説教の終わりでは「群衆」「民衆」に対して語られていたことにもなる（マタイ7:28、ルカ7:1）。それはQ6:39以下の聴衆に対する批判的な言葉が「弟子」以外の聴衆の存在を暗示させるからである。Qでは物語福音書と異なって、説教が語られた具体的な場所の設定はない。「目を上げて」は祈りや説教の語り始めの仕草である（ルカ18:13、ヨハネ17:1）。

「誰々は幸いである」という形式は、詩編41:2（＝LXX40:2）「貧しさと乏しさを理解する人は幸いである。主は災いの日に彼を救い出すであろう」などの知恵の言葉を表現する際に用いられている。しかしここでの「幸いである」は、「神の国」という終末論的な内容を盛り込んで用いている（Q6:22、7:23、10:23、12:43参照）。前半では三人称を用いて祝福の言葉が語られる。このような神に信頼する敬虔なイスラエルの民を称える祝福の言葉は、詩編に数多く見られる（1:1, 2:12 [＝LXX2:13], 32:1, 2 [＝LXX31:1, 2], 33:12 [＝LXX32:12], 34:9 [＝LXX33:9], 40:5 [＝LXX39:5] 他）。「貧しい人々」は、実際に貧しいばかりでなく、神のみを拠り所とする「敬虔な民」を表現する（詩編9:19, 10:2, 9, 12, 17 [＝LXX9:19, 23, 30, 35] とりわけ69:30–34 [＝LXX68:30–34]、ソロモンの詩編10:7 他。ガラテヤ2:10、ローマ15:26、ヤコブ2:2–6、エビオン人の福音書 [すなわち「貧しい人々の福音書」] と比較）、すなわちイエス時代では小作農を中心とした「地の民」（アム・ハーアーレツ）を意味す

る言葉であった。マタイ福音書ではその同義語として「柔和な人々」「憐れみ深い人々」「心の清い人々」への祝福を付け加え，さらに精神化して「心の（貧しい人々）」を追加する。「貧しい人々」は，不敬虔で神を畏れず世俗的な「富んでいる人々」と立場を逆転して神の国に入る，という終末論的な希望をイエスは説く（Q6:20, 7:22, 11:52, 16:16 参照）。

21：「貧しい人々」すなわち「地の民」は，さらに具体的に，一方では日毎のパンに事欠く（Q11:3）ほどに身体的に「飢えている人々」として描かれ，他方では食物や衣服に思い煩い（Q12:22-31），精神的に「嘆き悲しむ人々」として描写される。「神の国」はしばしば「宴会」のイメージで語られる（詩編 107:1-9, イザヤ 49:9-13, Q13:28-29, 14:16-17, 21, 23）。これらの人々は，現在の「この時代」を象徴する「飢饉」のイメージとは対照的な将来の「神の国」を象徴する「宴会」のイメージの中で「満ち足りるようになる」。また，彼らは「飢饉」の中で「嘆き悲しむ人々」とは対照的に，「宴会」の中で「慰められるようになる」人々となり，歓喜で満たされる。このように終末論的な神の国のイメージの中で「貧しい人々」と「富んでいる人々」の立場の逆転が約束される。こうして，絶望している敬虔な「貧しい人々」に希望の福音が語られる。

22：「あなたがた」という二人称複数を用いて，イエスの弟子たちに対して直接的に語る。それは「人の子のゆえに」という言葉が暗示するように，以上のような「神の国」による約束を宣教するのは，まるであたかも「狼の真中に送られる羊」（Q10:3）のようなもので，しばしば「罵り」「迫害」「悪口」に直面する。「迫害」は「罵り」や「悪口」と同列に並べられているので，身体的な「迫害」ではなく口頭による誹謗中傷の類であろう。このような中で落胆する弟子たちに対して，逆説的に「幸いである」という祝福の言葉が語られる。

23：その時にこそ「喜び，歓びなさい」と「神の国」において揺るがない

天上の歓喜（ローマ 14:17 比較）が語られる。それは「天において」与えられる「報い」であるが，地上においてもそれを先取りすることによって揺るがないからである。こうして，弟子たちはイエスと同じように「預言者」の系譜に繋がる。

Q4 愛敵についての教え（Q6:27–28, 35, 29–32, 34, 36）

訳文

27　あなたがたの敵を愛しなさい。
28　〔そして〕あなたがたを〔迫害〕する人々のために祈りなさい。
35a　こうしてあなたがたの父の子と成るためである。
　b　彼（父）は悪人の上にも〔善人の上にも〕太陽を昇らせ
　c　〔正しい人の上にも正しくない人の上にも雨を降らせ〕る。
29a　あなたの頬を〔平手で打つ人〕には，
　b　もう一方の頬をも〔彼に〕振り向けなさい。
　c　〔あなたを訴えて〕下着を〔取ろう〕とする人には，
　d　上着をも〔(取ら) させなさい〕。
30a　あなたに求める人には与え，
　b　〔貸し〈ている〉人から〕返してもらわないようにしなさい。
31a　このようにして，人があなたがたにして欲しいと望むように，
　b　あなたがたも彼らに行いなさい。
32a　……もし〔も〕……あなたがたを愛する人たちを愛したとしても，
　b　どんな報いがあろうか。
　c　徴税人でさえも同じことを行っているではないか。
34a　もしも〔あなたがたが取り戻すつもりで貸すのであれば，
　b　どんな〈報いがあろう〉か。〕
　c　〔異邦〕人でも同じことを行っているではないか。
36b　あなたがたの父が憐れみ深い……ように，
　a　あなたがたも憐れみ深く〔成〕りなさい。

関連箇所

Q6:28, 32, 29, 30

> ディダケー 1:3bc, 4cd, 5a：あなたがたの敵のために祈りなさい。……もしもあなたがたを愛する者たちを愛したとしてもどんな恵みがあろうか。異邦人でさえも同じことを行っているではないか。……もしも誰かがあなたの右の頰をたたくならば、反対の頰をも向けなさい。……あなたの下着を取ろうとする者には、上着をも与えなさい。……あなたに求める者にはすべて与え、返してもらわないようにしなさい。(私訳)

Q6:30

> トマス福音書 95：〔イエスが言った、〕「あなたがお金を持っているならば、利子をつけて与えてはならない。そうではなくて、あなたがたが〔それを〕取り戻さなくてよい者に与えなさい」

Q6:31

> トビト記 4:15（LXX）：あなたが嫌いなことを誰にも行ってはならない。(私訳)

> ディダケー 1:2：しかし、あなたにして欲しくないことをすべて他者に行ってはならない。(私訳)

> トマス福音書 6:1（＝オクシリュンコス・パピルス 654.36-37）：「……また、あなたがたがいやだと思っていることをしてはならない。……」(新免貢訳)

伝承史（様式史・編集史）的分析

この段落では愛敵の教えの 27-28, 35 節で二人称複数形を用い、復讐の禁止の 29-30 節のみで二人称単数形を用い、再び 31-32, 34, 36 節で二人称複数形に戻る。また 27-28, 35 節が 32 節に対応し、29-30 節が 34 節に対応している。ここから、愛敵の教えが最初にあり、復讐の禁止は後で挿入されて一つの教えとして結び合わされたと考えられる。同様に 31 節の黄金律も後から挿入されたものと考えられる（Piper, *Wisdom*, 79; Kloppenborg, *Formation*,

176-177; Tuckett, *Q and History*, 301)。

　マタイ福音書は復讐の禁止の反対命題と愛敵の反対命題を分けるが，それは後の表現形態である。むしろ，愛敵の中に復讐の禁止と黄金律を挟み込んだルカ福音書の方が，Q のより原初的な形を保っている（Bultmann, *Tradition*, 96; Manson, *Sayings of Jesus*, 50; Schulz, *Q*, 120-121, 131-132; Zeller, *Mahnsprüche*, 101-103; Kloppenborg, *Formation*, 174, Catchpole, *Quest*, 101; *Q and History*, 300-307)。29-30 節が挿入されたのは，Q の編集作業によるのか（Bultmann, *Tradition*, 96; Schulz, *Q*, 120-121; Zeller, *Mahnsprüche*, 101-103)，それとも Q 以前の段階で既に挿入されていたのか（Lührmann, "Liebet euer Feinde," 417-418）は意見が分かれる。しかし，34 節の二人称複数で書かれた「貸す」が 30 節の二人称単数で書かれた「貸す」を前提にしており，36 節の結論の倫理的勧告は 31 節の「黄金律」を前提にしていることから，既に Q 以前の段階で挿入されていたのであろう（Tuckett, *Q and History*, 301-303)。

　ブルトマンはこの箇所を「知恵の教師としてイエスのロギア」の中で「長い箇所」とし（Bultmann, *Tradition*, 79），パイパーは「二重の伝承によるアフォリズムの集まり」の一つとして位置づけ（Piper, *Wisdom*, 78-86)，さらにクロッペンボルグは Q6:20b から Q6:49 までを六つの「知恵の言葉による説教」の一つに位置づけて，パイパー説を展開する（Kloppenborg, *Formation*, 173-190)。

　しかし，マタイ福音書では一つのアフォリズムの集まりを二つの反対命題として分けて（5:38-42, 43-48)，補足的に言葉を補って（5:38-39, 41, 43）編集し，ルカ福音書では愛敵のモティーフと憐れみ深い神に倣うモティーフとを繰り返して強調して（6:35)，結論に導く。

修辞学的分析

　この箇所は「宣教開始の説教」の本論である「論証」（argumentatio）の部分にあたる。ここには「私は（聞いている）あなたがたに言う」（マタイ 5:44, ルカ 6:27）という序論的導入は見られず，直ぐに「一般論」の「命題」である「論題」と「具体論」の「命題」である「仮説」に入っていく。すでに前

段落の四つの「幸いである」が導入部となっているからである。また，36節がこのペリコーペの結論である。

  27 「第一論題」（prima thesis）:「敵を愛せよ」
  28 「第二論題」（secunda thesis）:「迫害する人々のために祈れ」
  35 「論拠」（causa）
 29ab 「確証」:「第一仮説」（prima hypothesis）「殴打」による
 29cd 「確証」:「第二仮説」（secunda hypothesis）「横領」による
  30 「確証」:「第三仮説」（tertia hypothesis）「借財」による
  31 「確証」:「類比」（analogia）「黄金律」による
  32 「反論」:「修辞疑問」（interrogatio）による
  34 「反論」:「修辞疑問」（interrogatio）による
  36 「結論」（peroratio）: 倫理的勧告

　愛敵の教えである第一論題の「敵を愛せよ」と第二論題の「迫害する人々に対して祈れ」では，「愛する」という動詞に対して「祈る」という動詞を「並置」し，「敵」という名詞に対して「迫害する人々」という名詞を「並置」する。それに続いて，その「理由」について述べる（35）。

　さらに，一般的な「命題」の「論題」である「愛敵の教え」（27）は，具体的な「命題」の「仮説」（29abcd, 30ab）の「殴打」「横領」「借財」に置き換えられて，具体的に復讐を禁じる「範例」として3回繰り返され（29abcd, 30ab），両者をまとめて一般的な「命題」として「黄金律」が語られる（31）。

　これらを確証するために前半では「修辞疑問」により「もしも……」と仮定し（32a, 34a），後半では「どんな報いがあろうか」（32b, 34b）を繰り返して「語尾音反復」を用いて反駁する。さらにそれに続いて「修辞疑問」を用いて「……でさえも同じことを行っているではないか」（32c, 34c）と「語尾音反復」を用いて繰り返し，その文頭では「徴税人」と「異邦人」を並置する。

　「結論」として，「憐れみ深い」（36ab）を「語尾音反復」として用いて繰り返し，憐れみ深い神に倣うことを勧める。

1. 洗礼者ヨハネとイエスの説教（Q3:2b–7:35） 165

注解

27：第一論題で，愛敵の教えが語られる。Qでは「愛する」という動詞は，Q6:27, 6:32（2回），Q16:13でしか用いられていない。イエスは「隣人愛」（レビ記19:18）の「隣人」概念を，よきサマリア人の譬えで人種や地域共同体を越えて拡大しているが（ルカ10:29–37），ここでは「敵」にまで拡大する。「敵」とはユダヤ人以外の「異邦人」という民族的な概念ではなく，「敵」という名詞が「憎む」という動詞から派生していることから，「憎しみ」の感情を持ち，「敵愾心」から個人的に誹謗中傷して心理的に「迫害」する人を指す。

28：第二論題では，第一論題に並行して「敵」を「迫害する人々」に置き換え「愛しなさい」を「祈りなさい」に置き換えて，それを一つのイメージに具現化する。「迫害」についてはQ6:22で「罵り」「迫害」「悪口」と並置された表現で用いられている。Qでは祈りに関しては，この箇所以外にQ10:21–22, Q11:2b–4, Q11:9–13で言及する。

35a：以上の並行法による二つの命題の目的は，「神に倣うこと」（Imitatio Dei, Q6:36参照），「父の子」すなわち「神の子」と成ることである。Qでは「神」をしばしば「父」と称し（4:3注解参照），また「神」とも称する（3:8, 4:3, 8, 9, 12, 11:20, 12:28, 16:13）。

35b：その「論拠」として，天地創造の神であり，天地を主宰する神は，「悪人」と「善人」に「太陽を昇らせ」，「正しい人」と「正しくない人」に「雨を降らせる」と並行法を用いて，大自然の恵みが，人間の相対的な価値基準に基づく区別を越えて等しく及ぶことを指摘する。こうして，愛敵の教えの根拠を「太陽の恵み」と「雨の恵み」という二つの「範例」を根拠にして，その背後にある大自然の創造者に置く。

29–30：「愛敵についての教え」では，具体的に復讐を禁止した三つの範例

が描かれる。それを「報復してはならない」という一般論として語るのではなく,「敵」や「迫害する人」が取り得る極めて具体的な仕草として「頬を平手で打つ人」「下着を取ろうとする人」「求める人」を描き,それに対する三様の態度を繰り返し述べて,復讐の禁止を語る。

31：こうして,二つの「論題」と三つの「仮説」による「範例」をまとめて,「黄金律」を語る。「あなたがたにして欲しいと望むように……行いなさい」とQでは「行い」を強調する（Q3:8-9, 6:43, 46, 47, 49, 7:8, 12:43参照）。

32, 34：修辞疑問で「愛する人たち（のみ）を愛する」人,「取り戻すつもりで貸す」人には「報い」がないことを並行法を用いて指摘する。「報い」とは「神の国」での「報い」のことである。

36：結びに,神の憐れみ深さに倣う（Imitatio Dei, 6:35a参照）ことが,再び求められる。「神の国」にふさわしい人は,神のような寛大な心を持ち,それを具体的に「行う」必要がある。

Q5　裁きについての教え（Q6:37-42）

訳文

37a 　……あなたがたは裁いてはいけない。……（そうすれば）あなたがたは裁かれない。

　b 　〔なぜならば,あなたがたが裁く裁きによって,裁かれるからである。〕

38 　〔また,〕あなたがたが量る秤によって量られるからである。

39a 　果たして盲人が盲人を手引きすることができようか。

　b 　両者とも穴に落ちるのではないか。

40a 　弟子は教師を越えることはない。

　b 　〔弟子が〕教師のように成れば〔十分である〕。

41a　だが，なぜあなたの兄弟の目にある塵を見ながら，
　b　自分の目にある梁に気づかないのか。
42a　どうしてあなたの兄弟に……あなたの兄弟の目にある塵を取り出すことを許してくださいと（言えようか）。
　b　しかも見よ，あなたの目にある梁があるではないか。
　c　偽善者よ，最初に自分の目から梁を取り出しなさい。
　d　そしてその後で，あなたの兄弟の目から……塵を取り出すために，はっきりと見なさい。

関連箇所

Q6:37
　ローマ 2:1：あなたは，他人を裁きながら，実は自分自身を罪に定めている〔直訳：裁きに服させている〕。

Q6:38
　マルコ 4:24：「あなたがたが量る秤によって量られる。」（私訳）

Q6:39
　トマス福音書 34：イエスが言った，「もし盲人が盲人を導くなら，2 人とも穴に落ち込むであろう」

Q6:41-42
　トマス福音書 26：イエスが言った，「あなたはあなたの兄弟の目にある塵を見ている。それなのに，あなたは自分の目にある梁を見ない。あなたが自分の目にある梁を取りのければ，そうすればあなたは（はっきり）見えるようになって，兄弟の目から塵を取りのけることができるであろう」

伝承史（様式史・編集史）的分析

　元来は，37-38, 39, 40, 41-42 節は，別々の伝承であったものと思われるが，「見えない視界」という共通のテーマにより 39 節と 41-42 節が結びつき，その間に「手引きする」という共通のテーマで 39 節と 40 節が結びつき，やが

て「裁かない」という共通のテーマで37-38節と41-42節が結びついたものと考えられる（Kloppenborg, *Formation*, 182）。それに対して，パイパーはこの箇所は「二重の伝承によるアフォリズムの集まり」の一つとして位置づける（Piper, *Wisdom*, 36-44）。

ホフマンは「盲人の手引き」の背景に熱心党への批判を見（Hoffmann, "Anfäng," 149），ヤコブセンは後に挿入された39, 42節にファリサイ派批判を読み取り（Jacobsen, "Wisdom Christology," 62-65, 95-96），それに対してクロッペンボルグはこれらの節の目的は教師への警告であると解釈する（Kloppenborg, *Formation*, 185）。

修辞学的分析

この箇所も「宣教開始の説教」の「論証」の続きであるが，新しいテーマの議論が展開されていく。ここにも序論的導入句は見られず，直接に論題に入っていく。

　　　　37a　「論題」（propositio）：「裁くな」
　　　37b-38　「論拠」（causa）：「格言」（sententia）による
　　　　39-40　「確証」（probatio）：「類比」（analogia）による
　　　41-42ab　「反論」（refutatio）：「修辞疑問」（interrogatio）による
　　　　42cd　「結論」（peroratio）

「論題」では「裁くな」「裁かれるな」と「裁く」という動詞を能動態と受動態で「繰り返し」て強調する。その「理由」として，「裁く」と「量る」という動詞を入れ替えて，極めて類似した具体的な二つの「格言」を「並置」して挙げる（37b, 38c）。

「盲人の手引き」と「教師と弟子」の「類比」から「裁かない」ことを「論証」しようとする。「盲人の手引き」では「修辞疑問」が用いられる（39-40）。

もう一度，一般的な「論題」の「裁き」の問題に戻り，目にある塵と梁という「対置」した具体的な「仮説」を想定して「修辞疑問」を繰り返し（41-42ab），「結論」として人を裁いてはいけないことを具体的に示す（42cd）。

注解

37a：ここでの「裁き」とは法的な「裁き」ではなく，第一に，「知恵の言葉」として人間的意味での「批判」や「欠点」などを指摘して相手を断罪することを指す。第二に，それは「終末論的な言葉」として最後の審判などの宗教的な「裁き」（Q22:30; 11:31-32 参照）を暗示する。以下に見るように「裁くことによって，裁かれる」という論理と論拠の下で，第一命題として「人を裁いてはいけない。そうすれば人から裁かれない」という「知恵の言葉」を語る。それは同時に「終末論的な言葉」として「人を裁いてはいけない。そうすれば神から裁かれない」という意味をも暗示している。すなわち，「裁くな」という教えは愛敵の教えと表裏一体を成すが，その背後には「神のみが裁き主である」という徹底した「赦し」（Q11:4ab, 17:3-4）の思想があり，また「裁き」や「報復」は神に任せるという思想がある（申命記 32:35, ローマ 12:19, ヘブライ 10:30 参照）。

37b, 38：37a 節の理由として，自分自身が「裁き」「量る」のと同じ判断基準によって，逆に自分自身が「裁かれ」，「量られ」，自分自身が明らかにされ，また問われるのである。ここで用いられている「裁く」という法廷で用いる用語と「量る」というアゴラ（広場・市場）で用いる用語は，人間と人間の関係，人間と神の関係を示唆する隠喩である。すなわち，人を「裁き」，「量る」と同じように自分自身が「裁き」，「量り」返されるのであるから，人を「裁き」，「量る」のをやめるように促す。言語表現を伴う「裁く」という行為と思考判断による「量る」という行為の両面において，2 度繰り返して警告を強調する。

39：リーダー論・教師論に転じる。「盲人が盲人を手引きする」という極端な例を挙げて，否定的な答えを予想する修辞疑問を用いて常識に訴える疑問を投げかけ，「穴に落ちる」と明白に否定する。「光を見る人」が導き手となる「リーダー」「教師」であり，「光を見ない人」である「弟子」を手引きする。「盲人を手引きする」隠喩は「私は盲人の目となり，歩けない人の足

となった」(ヨブ記 29:15 参照)とあるように,正義を具体的に体現している行為としてヘブライ的人道法(出エジプト記 22:20-26)に基づくメシア的な正義の実現(イザヤ 58:6-14, 61:1-9 参照)の一つとして挙げられる。「義の教師」(クムラン教団)「洗礼者ヨハネ」「イエス」は,それぞれの集団の「リーダー」「教師」に相当すると考えられていたであろう。「盲人」が手引きする組織は,リーダーや教師が不在の社会である。ここから Q の宣教開始の説教は批判に転じて 6:39-46 まで続き,聴衆は「弟子」と「群衆」が分かれる (Jacobson, *The First Gospel*, 103)。

40:Q 文書の宣教開始の説教は「弟子たち」(6:20a)に向けて語られているが,ここで「弟子」(単数)と「教師」(単数)の一般的な関係が具体的に言及される。「弟子」はイエスにばかりでなく,洗礼者ヨハネにもいた(Q7:18)。Q 文書で「教師」はこの節にしか出てこない。「弟子」は「教師」に比べられないが,「教師」に倣うことができれば「十分である」。すなわち,「主に倣うこと」(imitatio Domini)が目標である。

41:再び「裁き」の問題に戻り,自分の欠点を棚に上げて,他人を批判するという具体的な「範例」を挙げる。他人の目にある「塵」と自分の目にある「梁」,「見る」「気づかない」の対比により,欠点の大小と認識の相違が修辞疑問文で「対置」される。

42ab:41 節の内容をもう一度,二つの修辞疑問文に分けて強調して繰り返し,自分の目にある「梁」をそのままにして相手の目にある「塵」を取り出すことを赦すように頼む,と一段と修辞疑問を進める。

42cd:「偽善者」すなわち「あるがままの自分とは異なる他人の振りをして振る舞う者」という強い非難の言葉の後に,最初に自分の欠点を認めて「梁を取り出す」ように強く勧める。「そしてその後で」,相手の「塵を取り出す」ことを「対置」して「はっきりと見る」ことを勧める。

Q6　木と実の譬え（Q6:43-45）

訳文

43a 　……良い木が悪い実を結ぶことはない。
  b 　また〔再び〕悪い木が良い実を結ぶこともない。
44a 　なぜならば，木はその実から知られるからである。
  b 　茨からいちじくを集めるだろうか，アザミからぶどうを集めるだろうか。
45a 　善い人は善い倉から善い物を取り出し，
  b 　悪い〔人〕は悪い〔倉〕から悪い物を取り出す。
  c 　なぜならば，〔彼の〕口は心から溢れ出ることを語るからである。

関連箇所

Q6:44-45

　ヤコブ3:12：私の兄弟たち，いちじくの木がオリーブの実を結び，オリーブの木がいちじくの実を結ぶだろうか。塩水が甘い水になるだろうか。（私訳）

　トマス福音書45：イエスが言った，「誰も茨からぶどうを集めないし，あざみからいちじくを摘みはしない。それらは実を結ばない（からである）。善人は，彼の倉から良い物を取り出す。悪人は，彼の心の中にある悪い倉から悪い物を取り出す。そして，彼は悪いことを言う。なぜなら，彼は心からあふれ出るものから悪い物を取り出すからである」

伝承史（様式史・編集史）的分析

　ここには「木と実」(6:43ab)，「実から」(6:44a)，「いちじくとぶどう」(6:44b)，「倉から」(6:45ab)，「心と口」(6:45c) という格言が集められている（J. D. Crossan, *In Fragments: The Aphorisms of Jesus*, San Francisco : Harper & Row, 1983, 159; Piper, *Wisdom*, 45-48)。Q6:43 の格言は，Q6:44a によって解釈

され，Q6:44b は Q6:43-44a に対してさらに土台を提供し，それらの注解の言葉として Q6:45 が加わった（Kloppenborg, *Formation*, 182-183）。

ルカ福音書が Q6:43, 6:44ab, 6:45abc の順序を保っているのに対して，マタイ福音書ではそれらを「山上の説教」の結び（7:16-20）と「ベルゼブル論争」に続く箇所（12:33-35）の2箇所で順序を入れ替えて繰り返す。すなわち，「山上の説教」の結びでは偽預言者を見分ける言葉として（マタイ7:15），「実から」（Q6:44a）を繰り返してこれらの格言を「包摂」し（マタイ7:16a, 20），その中に「木と実」（Q6:43）と「いちじくとぶどう」（Q6:44b）を入れる（マタイ7:16b, 17-18）。また，「ベルゼブル論争」の結びで反対者に対する言葉として，「木と実」（Q6:43）「実から」（Q6:44a）「倉から」（Q6:45ab）「心と口」（Q6:45c）の順序で続く（マタイ12:33a, 33b, 34b-35, 34c）。

また，マタイ福音書では「茨からいちじく」を「茨からぶどう」に「アザミからぶどう」を「アザミからいちじく」に合理的に変えて，パレスティナの主要な産物の「ぶどう」と「いちじく」を入れ替えている（マタイ7:16）。それに対して，ルカ福音書ではQ文書の原形を保っている。

修辞学的分析

これらの格言集は，「宣教開始の説教」の「結論」（peroratio）にあたるが，以下のように配列されている。

　　　43ab　「論題」（thesis）：「格言」（sententia）による
　　　44a　「論拠」（causa）：「格言」（sententia）による
　　　44b　「仮説」（hypothesis）：「格言」（sententia）による
　　　45ab　「類比」（analogia）：「格言」（sententia）による
　　　45c　「論拠」（causa）：「格言」（sententia）による

また，「論題」の「格言」，「仮説」の「格言」，「類比」の「格言」は，それぞれ複文で書かれ，前文と後文で同じ構文を繰り返しながら，それぞれ「良い（もの）」「悪い（もの）」と「悪い（もの）」「良い（もの）」を入れ替えて「対置」して書かれている。

1. 洗礼者ヨハネとイエスの説教（Q3:2b-7:35）

注解

43ab：第一命題の「格言」が全体のテーマとなっている。「良い木」と「悪い木」、「良い実」と「悪い実」の対置的な命題が、否定的に2度繰り返される。「悪い木」「悪い実」の「悪い」とは、「腐った」（岩波訳）、「朽ちた」とも訳せるが、「酸っぱい」などの「美味しくない」「食べられない」という、木や実の種類や品質などが食物として「役立たない」「価値のない」ことを意味する（イザヤ5:2, 4参照）。洗礼者ヨハネの悔い改めの説教の中でも、「良い実を結ばない木はすべて、切り倒されて火に投げ入れられる」（Q3:9b）と、「良い木」と「悪い木」の比喩が用いられる。ここでは、「終末の言葉」の文脈よりも「知恵の言葉」の文脈に置かれている。

44a：第一命題の「論拠」が述べられる。良い木か悪い木か、木を「知る」方法は、その実を調べてみれば分かる。「木」は人間の言葉や思想や性質を象徴し、「実」はその「行為」や「行い」を象徴している。

44b：二重の「修辞疑問」は、強い反対の答えを前提にしている。「茨」「アザミ」と「いちじく」「ぶどう」は、「木」と「良い実」の具体的イメージに近い。前者は呪われた大地の象徴であり（創世記3:18）、後者はパレスチナの実りある大地の象徴である。このような内容の「格言」はストア学派でもよく知られていたものである。「ぶどうの木からオリーブの実が、オリーブの木からぶどうの実が成ろうか」（エピクテートス『提要』2.20.18-20）、「ぶどうの木がいちじくを実らせ、オリーブの木がぶどうを実らせることを期待しない」（プルタルコス『魂の平静さについて』472F、ヤコブ3:12参照）。

45ab：43節の「良い」「悪い」のテーマに戻り、ここでは「良い」「悪い」が「善い」「悪い」に置き換えられ、「善い人」「善い倉」「善い物」と「悪い人」「悪い倉」「悪い物」に関して、「対置」的な重文で繰り返される。「倉」は「宝」を収納して置く場所であるが、知恵文学では端的に「宝物」である「知恵」の言葉を収める場所を意味する（箴言2:4, 3:14, 8:21）。Qでは「心」

を象徴する「隠喩」として用いる（Q6:45c, 12:33-34）。すなわち，善い人は善い心の中から善い思いや考えを導き出す。そして「良い実を結ぶ」（43節）と論理は循環する。

45c：「口」から出る言葉は「倉」に譬えられる「心」から「溢れ出る」ものを語るので，「心」の中が問題となる。思考は熟慮するとともに言葉で表現される。すなわち，「心」から「溢れ出る」言葉や思想は，行為によって証しされて「実」を結ぶ。リーダーや教師にとって大切なことは，善い志を持ち，良い言葉を語り，良い行いをすることである。

Q7　家を建てた人の譬え話（Q6:46-49）

訳文

46a　なぜあなたがたは……主よ，主よ，と私を呼んで，
　b　私が言うことを行わないのか。
47a　私の言〔葉〕……を聞いて，
　b　それらを行う人はすべて，
48b　岩の上に〔自分の〕家を建てた
　a　人に似ている。
　c　雨が降り，川が（溢れて）来て，
　d　〔風が巻き起こり，〕
　e　その家に打ち当たっても，
　f　それは倒れなかった。
　g　なぜならば，岩の上に土台が据えられていたからである。
49a　〔私の言葉を〕聞いて，
　b　〔それらを〕行わない人は〔すべて〕，
　d　砂の上に〔自分の〕家を建てた
　c　人に似ている。
　e　雨が降り，川が（溢れて）来て，

1. 洗礼者ヨハネとイエスの説教（Q3:2b–7:35）

    f　〔風が巻き起こり，〕
    g　その家を打ちつけると，
    h　それはすぐに倒れた。
    i　しかも〔その倒れ方は〕ひどかった。」

関連箇所

Q6:46

  エジャトン・パピルス 2.2：なぜあなたがたの口で私を教師と呼んでいて，あなたがたは私の言うことを聞かないのか。（私訳）

Q6:47-49

  ミシュナ「アボート」3:17（ラビ・エレアザル・ベン・アザリア〔紀元100年頃〕の言葉）：知恵が行いよりも多い人は，何に似ているか。枝は多いが根が少ない木に（似ている）。風が吹くと根こそぎ倒れる。「彼は荒れ地の裸の木。恵みの雨を見ることなく，人の住めない不毛の地，炎暑の荒れ野を住まいとする」（エレミヤ 17:6）と書いてある。行いが知恵よりも多い人は何に似ているか。枝は少ないが根が多い木に（似ている）。世界中のすべての風が来て吹きさらしても，その場所から揺るがされることはない。「彼は水のほとりに植えられた木。水路のほとりに根を張り，暑さが襲うのを見ることなく，その葉は青々としている。干ばつの年にも憂いがなく，実を結ぶことをやめない」（エレミヤ 17:8）と書いてある。（私訳）

伝承史（様式史・編集史）的分析

  この段落は様式史的に見て，旧約聖書の律法集の最後に置かれた民が命令を守るか否かによる「祝福と呪い」（レビ記 26 章，申命記 28 章，30:15-20，十二族長の遺訓「ナフタリの遺訓」8:4-6，モーセの遺訓 12:10-11）と同じ機能を持っている（ツェラー『注解』59-60）。Q6:46 は Q6:47-49 とは別の伝承であったとも考えられるが（Bultmann, *Tradition*, 116; Schultz, *Q*, 428），「私が言うことを行う・行わない」というテーマは同一であるので（6:46b, 6:47ab,

49ab），Q文書の段階では既に「家を建てた人の譬え話」の導入として位置づけられていたのであろう（Kloppenborg, *Formation*, 185）。佐藤研によれば，「主よ，主よ……」という批判の言葉は，預言者の「叱責の言葉」に位置づけられる（Sato, *Prophetie*, 117-118）。

マタイ福音書はQ6:46の「主よ，主よ……」という批判の言葉にQ13:26-27の「神の国からの追放」の言葉を繋げて（マタイ 7:21, 22-23），「偽預言者」（マタイ 7:15）への批判の言葉を強めている。また，「岩の上に家を建てた人」と「砂の上に家を建てた人」をそれぞれ「賢い人」と「愚かな人」（マタイ 7:24, 26）として提示し，両者の対比を鮮明にする。それに対して，ルカ福音書では，Q6:46を原初の譬え話の導入として位置づけているが，譬え話の中で描写を詳細にして（恐らくパレスティナの家の建て方とは異なる家の建て方に）表現を書き換えている。すなわち，「岩の上に家を建てた人」と「砂の上に家を建てた人」（Q6:48b, 49d; マタイ 7:24, 26）の「対置」ではなく，「地面を深く掘り，岩の上に土台を置いて家を建てた人」と「土台なしで地面に家を建てた人」（ルカ 6:48, 49）の「対置」に置き換えている。

修辞学的分析

この箇所は，「宣教開始の説教」の「結論」（perotatio）の続きである。その「序論」の「弟子に対する幸いの言葉」（Q6:20a-23）と密接に対応して，両者は説教全体を「包摂」する（Catchpole, *Quest*, 94-101, 281; Tuckett, *Q and History*, 141-143）。

導入に続いて，二つの極めて「対置」な「比喩」が「比較」して語られる。

   46ab 「序論」（exordium）
   47-48 「第一譬え話」（prima parabola）：「岩の上の家」
     47ab-48a 「序論」
     48b-g 「比喩」
   49 「第二譬え話」（secunda parabola）：「砂の上の家」
     49a-c 「序論」
     49d-i 「比喩」

これらの2組の対比的な「譬え話」は,「それらを行う人はすべて」(47b)が「それらを行わない人はすべて」(49b)と「対置」し,「岩の上に」(48b)が「砂の上に」(49d)に「対置」して置き換えられている以外は,すべて同じ言葉の繰り返しである。これらの対比的な「譬え話」の要点は,この段落の「序論」で「修辞疑問」が投げかけられているように,「私(イエス)の言葉を聞いて行うこと」である。

注解

46:「主よ,主よ」という二重の呼びかけは,「主」に対する憧れと懇願の意味が含まれている。しかし,呼びかけるだけで,実際に「私が言うことを行わない人」は,「迫害されている時の幸い」(22-23)と関係し,さらに「盲人を手引きする盲人」(39),「教師を越える弟子」(40),「自分の目にある梁に気づかず兄弟の目にある塵を批判する偽善者」(41-42),「悪い木」「悪い実」「悪い倉から悪い物を取り出す悪い人」(43-45)と暗に批判されてきた人と連なる。イエスの言葉を「行わない弟子」である。

Qで「主」は,「主なる神」を指す場合もあり(Q4:8, 12 他),単に「家の主人」を指す場合もあるが(Q12:42 他),ここでは地上のイエスに対する呼びかけというよりは,「人の子」である「主」,復活後に天に高挙された「主」,再臨する「主」に繋がる「主」に対する呼びかけである(Q7:6, 9:59, 13:25)。

47-49:「私の言葉」(47a, 49a)は複数形であり,これ以前のQ6:27-45の言葉を指す。それらを「行う人」は「岩の上に家を建てた人」に準えられ,「行わない人」は「砂の上に家を建てた人」に準えられる。類似の譬え話はラビ文献のミシュナ「アボート」にも見られる。

「川が(溢れて)来て」(直訳)は「洪水」を意味する。「洪水」(創世記6-8章)や「嵐」(エレミヤ23:19-20, 25:32, 30:23-24)は,「裁き」の象徴であり,最後の審判を暗示する。それらの時にも「岩の上に建てられた家」は揺らぐことがない(詩編27:5, 40:3, イザヤ33:16)。大地の「岩の上に土台が据えられていたからである」(Ⅰコリント3:10-15比較)。それに対して,「砂

の上に建てられた家」すなわち「土台なしの家」は,「災いの日」に「すぐに倒れ」「しかもその倒れ方はひどかった」。

(4) 百人隊長の子の癒し物語

Q8　百人隊長の子の癒し物語（Q7:1, 3, 6-9）

訳文

- 1a 〔そして〕これらの言葉を……〔話し終えると〕
- b カファルナウムに入って行った。
- 3a 〈　〉彼のところに百人隊長が来て,
- b 彼に懇願して〔言った〕。
- c 「〔私の〕子が〔病気です。〕」
- d すると彼に言った。
- e 「〔私が〕行って彼を治しましょうか。」
- 6a だが, 百人隊長が答えて言った。
- b 「主よ, 我が屋根の下にお入り頂くのに値しません。
- 7 むしろお言葉を言ってください。そうすれば, 私の子は癒され〔ます〕。
- 8a というのは, 私も権威の下にある人間で,
- b 私の下に兵士たちがいるからです。
- c そして, この人に『行け』と言えば行きます。
- d もう一方の人に『来い』と言えば来ます。
- e 私の僕に『これを行え』と言えば行います。」
- 9a だが, イエスは〔これらを〕聞いて驚かれ,
- b 従っている人々に言った。
- c 「私はあなたがたに言う。イスラエルの中にこのような信仰を一度も見出したことがない。」

1. 洗礼者ヨハネとイエスの説教（Q3:2b–7:35）

関連箇所

Q7:1–9

ヨハネ 4:46b–53：さて，カファルナウムに王の役人がいて，その息子が病気であった。この人は，イエスがユダヤからガリラヤに来られたと聞き，イエスのもとに行き，カファルナウムまで下って来て息子をいやしてくださるように頼んだ。息子が死にかかっていたからである。イエスは役人に，「あなたがたは，しるしや不思議な業を見なければ，決して信じない」と言われた。役人は，「主よ，子供が死なないうちに，おいでください」と言った。イエスは言われた。「帰りなさい。あなたの息子は生きる。」その人は，イエスの言われた言葉を信じて帰って行った。ところが，下って行く途中，僕たちが迎えに来て，その子が生きていることを告げた。そこで，息子の病気が良くなった時刻を尋ねると，僕たちは，「きのうの午後１時に熱が下がりました」と言った。それは，イエスが「あなたの息子は生きる」と言われたのと同じ時刻であることを，この父親は知った。そして，彼も彼の家族もこぞって信じた。

伝承史（様式史・編集史）的分析

このペリコーペ（断片）は，様式史的には「シリア・フェニキアの女性の信仰物語」（マルコ 7:24-30）と同様に「アポフテグマ」（Bultmann, *Tradition*, 38-39; Schulz, *Q*, 241）ないしは「宣言物語」（Taylor, *Formation*, 76）に奇跡物語の要素が付加されたと分類されたり，「奇跡物語」が「アポフテグマ化」したと分類されたりしてきた（Lürmann, *Redaktion*, 57; Kloppenborg, *Formation*, 118）。また，このペリコーペが「主よ」（6:46, 7:6）という呼びかけと「言葉」（6:47, 49, 7:7）との関連から「宣教開始の説教」の結末に続くものか（Jacobson, *The First Gospel*, 111），それとも「奇跡的な行為」（7:2-3, 9-10, 21-22）とイスラエルのイエスの「権威」に対する不信仰（7:9, 23/35）との関連から「洗礼者ヨハネ称賛の説教」の始めに位置付けられるのかも議論されてきた（Kloppenborg, *Formation*, 117-118）。また，宣教開始の説教とヨハネ称賛の説教の

間で移行部分と理解する立場もある（ツェラー『注解』66）。

マタイ福音書とルカ福音書では対話の部分がほぼ一致している（マタイ 8:8-10, ルカ 7:6b-9）。しかし，マタイ福音書では「中風で家に寝込んでいる」という病に特定されている（マタイ 8:5b）。また異邦人宣教を先取りして強調するするために 11-12 節で Q13:28-29 を挿入している。

ルカ福音書では百人隊長の「子」を「僕」（ルカ 7:2 直訳・口語訳；新共同訳は「部下」）に変え（ただし，ルカ 7:7 は「子」を採用；口語訳・新共同訳は「僕」），対話の導入部で異邦人の百人隊長の信頼と敬虔についての状況描写で，長老たちと友達の使いの派遣による二重の「値しない」という言葉を付け加えて（ルカ 7:3-6a, 7a），異邦人宣教の伏線とする（使徒 10:1-2 参照）。

ヨハネ福音書の伝承では，「百人隊長」が「王の役人」（4:46）に変わり，「子」は「息子」（4:46 他）となり，「病気」は「死にかかっていた」（4:47）と言うほど危篤であり，イエスの癒しの言葉は「あなたの息子は生きる」と具体的化され，病気が癒されたことは「きのうの午後 1 時に熱が下がった」と具体的に描写される。言葉を信じるモティーフは残されているが（4:50），百人隊長の言葉の権威に関する応答は一切省略されている。

修辞学的分析

「奇跡物語」と「アポフテグマ」という様式史のカテゴリーは，修辞学的視点で分析すると基本的には「クレイア」に分類される。Q のこの箇所には「奇跡物語」は直接的には見られず，状況設定の後に 2 組の応答が交わされる。最後の応答のパンチ・ワードを導き出すための対話である。

導入に続いて，二つの極めて「対置」な「比喩」が「比較」して語られる。

  1 「序論」（exordium）
  3 「第一問答」（prima interrogatio et subiectio）
    3abc 懇願
     de 修辞疑問
  6-8 「第二問答」（secunda interrogatio et subiectio）

1. 洗礼者ヨハネとイエスの説教（Q3:2b–7:35）

  6-7 消極的応答・積極的応答
   8 比喩的理由
   9 「結論」(peroratio)：パンチ・ワード
　この段落は修辞学的に見て「宣教開始の説教」から「洗礼者ヨハネ称賛の説教」の「移行」(transitio) に位置づけられる。

注解

1a：「これらの言葉（複数形）」は「宣教開始の説教」(Q6:20-49) を指す。宣教開始の説教は「一つの教え」としてではなく，「複数の教え」と理解されている (Q6:47a, 49a 参照)。「これらの言葉を話し終えると」という表現は，旧約聖書の説教の終わりの部分と類似の表現である（民数記 16:31, 申命記 32:45, エレミヤ 26:8 他参照。マタイ 7:28, 11:1, 13:53, 19:1, 26:1 比較）。

1b：「カファルナウム」はガリラヤの町でイエスの宣教の拠点（マルコ 1:21, 2:1），Q ではガリラヤ地方では「カファルナウム」「ベツサイダ」「コラジン」の地名のみが出る (Q10:13, 15)。

3：「百人隊長」はローマ軍の百人部隊の隊長，1 レギオンという歩兵 1 個師団は 6 千人で成り立つ。「子」は百人隊長の子供，二義的に「僕」とも訳すことができる。「病気」を「治す」(Q10:9 参照) のは「神の国」の宣教のもう一つの側面である (Q11:20)。Q には奇跡物語がほとんどないが，それは前提にされている (Q7:22, 10:8, 11:14, 20。4:3 注解参照)。「私が行って彼を治しましょうか」は修辞疑問文で，以下の応答を導き出す。

6b：「主よ」は地上の人間イエスに対する呼びかけというよりも，救い主キリスト（メシア）に対する呼びかけ (Q6:46 参照)。「屋根の下にお入り頂けない」は「行って」(7:3) に対する消極的応答。異邦人の百人隊長は，ユダヤ人から見れば汚れていたので，ユダヤ人の習慣に従えばイエスは異邦人の家に入れることができない。「私は……に値しません」は謙遜の表現，圧

倒的な違いを表明する（Q3:16d）。

 7：「行って」（7:3）に対する積極的応答。「お言葉」は教えの言葉ではなく，癒しの言葉を指す。「言葉」を信じることによって「癒される」（Q7:9c, 6:47-48 参照）

 8：「というのは」以下で「お言葉を言ってください」（7:7）の理由を「類比」の論理を用いて表す。百人隊長が「権威の下にある」とは「（言葉の）力の下にある」（直訳）という意味であり，「奇跡」（直訳すると「力」[Q10:13]。Q11:14-20 参照）を行うイエスも同様に神の霊の「力の下にある」。

 9：「驚かれた」という「驚き」のモティーフは奇跡物語の結末の核心である（Q11:14c）。ここでは百人隊長に対するイエスの「驚き」のモティーフとして用いられている。しかし，ここでは「奇跡」ではなく「信仰」が「驚き」の対象となっている。すなわち，イスラエルに対する「不信仰」が暗示的に批判される（Q3:7-9, 6:39-42, 46, 49, 7:31-35, 10:13-15，とりわけ第三ブロック他）。

 「従っている人々」（Q9:57, 59 参照）とは「弟子たち」を指す。「私はあなたがたに言う」は，「預言的・黙示的言辞」の導入句（Schulz, *Q*, 57-61; Sato, *Prophetie*, 231-247）。「イスラエル」とは「12 部族で構成されたユダヤ人社会」のこと（Q22:30）。「このような信仰」とは「お言葉を言ってください……」（Q7:7）を指す（Q17:6 参照）。「イスラエルの中に」見たこともない「信仰」は，「不信仰」による「躓き」と「対置」する（Q7:23。マルコ 6:6 比較）。

（5）洗礼者ヨハネ称賛の説教

Q9　洗礼者ヨハネの問い合わせ（Q7:18-19, 22-23）

訳文

18　……ヨハネは〔これらのことをすべて聞いて〕送っ〔た〕彼の弟子たちによって，

19a　彼に〔言った〕。
 b　「あなたこそ来たるべき方ですか，それとも私たちは〔他の〕方を待つべきでしょうか。」

22a　すると彼（イエス）は彼らに答えて言った。
 b　「行って，あなたがたが聞いていることや見ていることをヨハネに伝えなさい。
 c　　盲人は目が開かれ，足萎えは歩き回り（イザヤ 29:18, 35:5-6, 42:7, 18, 61:1），
 d　　らい病人は清められ，耳しいは聞こえるようになり（イザヤ 29:18, 35:5, 42:18），
 e　　そして死者は甦り，貧しい人々は福音を聞いている（イザヤ 26:19, 29:19, 61:1）。
23　そして，私に躓かない人は幸いである。」

伝承史（様式史・編集史）的分析

　様式史的にはこのペリコーペは「アポフテグマ」と分類されてきた（Bultmann, *Tradition*, 23; Lührmann, *Redaktion*, 25-26; Schulz, *Q*, 193; Kloppenborg, *Formation*, 107; Sato, *Prophetie*, 141; Jacobson, *The First Gospel*, 112）。洗礼者ヨハネの弟子たちの問いに対するイエスの答えは，イザヤ書の様々なテキストに基づいた預言の成就を示す。「幸いの言葉」（7:23）は元来この場所にあったという立場（Bultmann, *Tradition*, 23）と後の追加と見る立場（Schulz, *Q*, 196; Kloppenborg, *Formation*, 108; Sato, *Prophetie*, 141）に分かれる。

　マタイ福音書は，ほぼQ文書に従っている。他方，ルカ福音書は洗礼者

ヨハネの問いを洗礼者ヨハネの弟子たちの問いとして繰り返して強調し（ルカ 7:20），イエスの病人の癒しと悪霊払いならびに盲人が見えるようになる奇跡が現実に起こっていることを強調するために，イエスの治癒活動についてのまとめ句を挿入する（ルカ 7:21）。

修辞学的分析

修辞学的に見ると，第一議論（7:19b-23）は以下のような構造を持った「クレイア」に分類される。

18, 19a 「序論」（exordium）：場面設定の導入部
19b 「命題」（propositio）：「修辞疑問」（interrogatio）による
22 「論証」（argumentatio）：イザヤ書の引用句集による
23 「結論」（peroratio）：「幸いの言葉」（称賛）

注解

18：「これらのことをすべて聞いて」は，「宣教開始の説教」（Q6:20-49）ならびに「百人隊長の子の癒し物語」（Q7:1-9）を指す。投獄中の（マルコ 1:14a, 17, 27，マタイ 11:2）洗礼者ヨハネは弟子たちを派遣して，彼らに尋ねさせる。

19：「彼に言った」は「イエスに尋ねた」ということ。「あなたこそ来たるべき方ですか」という問いから，Q ではマルコ福音書（1:2-8）やヨハネ福音書（1:29）とは異なり，洗礼者ヨハネは最初からイエスを「来たるべき方」（Q3:16）とは同一視していなかったことが明らかである。「来たるべき方」とは詩編 118:26（＝LXX117:26）に由来する終末論的なメシア称号である（Q13:35）。黙示文学的メシア称号の「人の子」（ダニエル 7:13-14）と近い。「来たるべき方」がQ3:2-17とQ7:18-23のキー・ワードで，これらのペリコーペを強く結びつけ，その間の段落を包摂し，以下のイエスの答えを導き出す。

22：「聞いていること」「見ていること」は，Q10:23-24に対応しており，

1. 洗礼者ヨハネとイエスの説教 (Q3:2b–7:35)

Q7:18-23 と Q10:23-24 の間のテキストを「包摂」する。盲人の癒し（イザヤ 29:18, 35:5, 42:7, 18, 61:1），足萎えの癒し（イザヤ 35:6），耳しいの癒し（イザヤ 29:18, 35:5, 42:18），死者の蘇り（イザヤ 26:19），貧しい人々への福音（イザヤ 29:19, 61:1）は，それぞれ七十人訳聖書に基づいている。らい病人の癒し（マルコ 1:40-45 参照）は，共観福音書伝承とも共通である。

23：「幸いである」は「宣教開始の説教」の序論（Q6:20, 21［2回］, 22）と「弟子派遣の説教」の結論（Q10:23）ならびに「地の国についての譬え」の結論（Q12:43）と対応した終末論的祝福の言葉である。「私に躓かない人」とあるが，躓きが起こることと，躓きをもたらす人については Q17:1-2 参照。

Q10　イエスの弟子に対するヨハネ称賛の説教 (Q7:24-28)

訳文

24a　だが，彼らが立ち去った後で，ヨハネについて群衆に言い始めた。
 b　「あなたがたは何を眺めるために，荒野に出て行ったのか。
 c　風に揺らぐ葦か。
25a　そうでなければ，何を見るために出て行ったのか。
 b　豪奢な服を纏った人か。
 c　見よ，豪奢な服で着飾った人々は，王家の家々にいる。
26a　そうでなければ，何を見るために出て行ったのか。
 b　預言者か。
 c　そうだ，私はあなたがたに言う，預言者よりも優れた人である。
27a　この人については，このように書かれている。
 b　　見よ，〔私は〕私の使いをあなたの面前に派遣する （出エジプト記 23:20）。
 c　　彼はあなたの道をあなたの前に備えるであろう （マラキ 3:1）。
28a　私はあなたがたに言う。
 b　女たちから生まれた人の中でヨハネよりも大きい人は現れなかった。
 c　だが，神の国の中で最も小さい人も彼よりは大きい。

関連箇所

Q7:24bc, 25

トマス福音書78：イエスが言った，「あなたがたは何を見に野に来たのか。風に揺らぐ葦を見るためか。〔あなたがたの〕王やあなたがたの高官〔のような〕柔らかい着物をまとった人を見るためか。彼らは柔らかい着物をまとっている。そして，彼らは真理を知ることができない〔であろう〕」

Q7:27

マルコ1:2：預言者イザヤの書にこう書いてある。「見よ，私はあなたより先に使者を遣わし，あなたの道を準備させよう。」

Q7:28

トマス福音書46：イエスが言った，「アダムからバプテスマのヨハネに至るまで，女の産んだ者の中で，バプテスマのヨハネより大いなる者はいない。（ヨハネを前にして）その両眼がつぶれないように。しかし，私は言った，『あなたがたの中で小さくなるであろう者が，御国を知り，ヨハネより大いなる者となるであろう』と」

伝承史（様式史・編集史）的分析

このペリコーペは「アポフテグマ」に分類され（Bultmann, *Tradition*, 23-24; Schulz, *Q*, 230），恐らく洗礼者ヨハネに関する問答（Q7:24-26）に二つの注釈が付け加わったものであろう。それは第一に，預言の成就としての説明がマルコ1:2とは違った文脈で出エジプト記23:30とマラキ書3:1が引用されていること，第二にトマス福音書46が単独で洗礼者ヨハネ称賛の言葉を伝え，さらに「私はあなたがたに言う」（7:26c, 28a）という結びの言葉が，一つのペリコーペで2度繰り返されていることから明らかである（Kloppenborg, *Formation*, 108-109）。

ルカ福音書では「華やかな服を着て，ぜいたくに暮らして」（7:25b）を追加し，「王家の家々」を「宮殿」に変え（7:25），「現れなかった」は「誰もいない」（7:28b）に変えている。

1. 洗礼者ヨハネとイエスの説教（Q3:2b–7:35）

修辞学的分析

　修辞学的に見ると，民衆に対する第二議論（7:24-28）は，以下のように構成された「クレイア」である。

　　　　24a　「序論」（exordium）：場面設定の導入部
　24b, 26, 27　「論証」（argumentatio）：「修辞疑問」（interrogatio）旧約引用句集による
　　　　28　「結論」（peroratio）：二重の「比較」（称賛・逆説的称賛）による

　この段落の「序論」では，「修辞疑問」による「何を眺めるために／見るために（荒野に）出て行ったのか」が3度繰り返される。そこでは「語頭畳用」を3回繰り返して，その問いに対して「風に揺らぐ葦か」「豪奢な服を纏った人か」と2回否定的な答えを暗示して答え，3回目に「預言者か」と肯定的な答えを示唆し，さらに比較級を用いて「預言者よりも優れた人である」と畳み掛けて答える。

　その応答に対して旧約聖書の預言を引用して「論証」する。「結論」では文末に同じ言葉を繰り返す「語尾音反復」を用いて，洗礼者ヨハネは他の人間と「比較」して「大きい」と「称賛」（laus）した後で，洗礼者ヨハネと「比較」して，神の国に入る「最も小さい人も彼よりは大きい」と「逆説的称賛」（paradoxa laus）を用いる。

注解

24a：「彼ら」すなわち洗礼者ヨハネの弟子たちはイエスの答え（Q7:22-23）を聞いて「立ち去」り，ヨハネの下に戻る。「宣教開始の説教」は「弟子たち」に対して語られたが（Q6:20b），「洗礼者ヨハネ称賛の説教」は「洗礼者ヨハネの悔い改めの説教」に戻り（Q3:7），「群衆」に対して語られる。「群衆」は奇跡の対象ないしは観察者として登場する（Q11:14, Q7:22参照）。

24b：「眺める」は「見る」と同義語。「荒野」は洗礼者ヨハネの活動の場所ばかりでなく（Q3:8c参照），イエスが誘惑を受けた場所でもある（Q4:1）。

24c：「風に揺らぐ葦」はデナリオン銀貨のレリーフからヘロデ・アンティパス王を暗示する（Theissen, *Context*, 26-42）。

25：「豪奢な服で纏った人」は，ヘロデ・アンティパス王を始めとするヘロデ家の人々を暗示する。

26：「そうだ，私はあなたがたに言う」で3回繰り返された問答の「結論」を導く。洗礼者ヨハネが第一義的に「預言者」として位置づけられ，続いて「預言者よりも優れた人」と位置づけ直される。イエスとイエスに従う人々も「預言者」の系列に位置づけられていた（Q6:23, 11:49, 50, 13:34）。

27：「このように書かれている」は旧約聖書の導入句。「預言者よりも優れた人」は，出エジプト記23:20とマラキ書3:1の組み合わせによる引用により「エリヤの再来」のイメージによって具体化される。出エジプト記からの引用は七十人訳聖書によるが，マラキ書からの引用は，「備える」という動詞が異なり七十人訳聖書からではなくマソラ本文に近いが，出エジプト記の引用に合わせて一人称単数（「私の前に」「私の道」）を二人称単数（「あなたの前に」「あなたの道」）に変えている。旧約聖書2箇所からの引用では，「私の使いを」に対して「あなたの道を」，「あなたの面前に」に対して「あなたの前に」，「派遣する」に対して「備えるであろう」が対置され，文末で「あなたの」が繰り返される「語尾音反復」（epiphora）の手法を用いた並行法で書かれている。

28：「私はあなたがたに言う」でこのペリコーペの「結論」を導く。「女たちから生まれた者の中で」に対して「神の国の中で」，「現れなかった」に対して「最も小さい人も……である」を「対置」し，文末で「ヨハネ（彼）よりも大きい」を繰り返す「語尾音反復」を用いた並行法で書かれている。前半では洗礼者ヨハネを高く「称賛」し，後半ではヨハネよりも神の国で最も小さい人をさらに「称賛」するという「逆説的称賛」の論理を用いる。

Q11 広場の子供たちの譬え (Q7:31-35)

訳文

31a この時代を何に譬えようか。
 b それは何に似ているか。
32b 〔他の人々〕に呼びかけて(このように)言う,
 a 広〔場〕に座っている子供たちに似ている。
 c 私たちはあなたがたに笛を吹いたが,あなたがたは踊らなかった。
 d 私たちは喪に服したが,あなたがたは泣かなかった。
33a なぜならば,ヨハネが来て,……食べも飲みもしないと,
 b 『彼は悪霊に憑かれている』とあなたがたは言い,
34a 人の子が来て,食べも飲みもすると,
 b 『見よ,彼は大食漢で大酒飲み,徴税人と罪人の友だ』とあなたがたは言うからだ。
35 だが,知恵はその子らから正しいと認められた。」

伝承史(様式史・編集史)的分析

　このペリコーペは,「二重の問い」(Q7:31)による導入句を伴った「二重の比喩」(Q7:32)に,「なぜならば」で導入された「比喩の解釈」(Q7:33-34)が加わり,さらにそれらをまとめるために独立した伝承の「知恵の言葉」(Q7:35)が追加されたと考えられる(Bultmann, *Tradition*, 172; Lührmann, *Redaktion*, 29-30)。「比喩の解釈」と「知恵の言葉」が追加されたものと考えられるのは,「比喩の解釈」が「比喩」を「アレゴリー化」するものであり,「比喩」と「比喩の解釈」ではイエス(32c; 34ab)と洗礼者ヨハネ(32d; 33ab)の順序が逆であり,「知恵の言葉」が「比喩」と「比喩の解釈」に対応していないことによる(Schulz, *Q*, 381; Hoffmann, *Studien*, 224-225; Kloppenborg, *Formation*, 110-112; Tuckett, *Q and History*, 176)。佐藤研によれば,「比喩の解釈」の言葉は,預言者の「叱責の言葉」に分類される(Sato, *Prophetie*, 179-183)。

修辞学的分析
　この段落は説教全体の「結語」にあたるが，そのでは「比喩」とその「解釈」を核にして以下のように構成されている。
　　　31-32　「非難」（vituperatio）：「この時代」
　　　33-34　「理由」（causa）
　　　35　「称賛」（laus）：「知恵の子」
　問答の導入では「何に譬える」「何に似ている」と，「語頭畳用」の手法を用いて，類似の「修辞疑問」を2度重ねる。その問いに応答して，「……に似ている」を文末と文頭で繰り返す「前辞反復」を用いて，「広場に座っている子供たち」を比喩に用いて「笛吹けど踊らず」「喪に服せど泣かず」と語って「この時代」を「非難」する。
　「なぜならば」以下で「理由」を明らかにする際に，「キアスム」を用いて順序を入れ替えて，洗礼者ヨハネとイエスに対する「この時代」の人々の評価を「非難」する。
　結びに，「この時代」の人々とは「対置」して，洗礼者ヨハネとイエスの「知恵の言葉」を受け入れた「知恵の子ら」が「知恵」を「称賛」する。

注解
　31：比喩の二重の導入句「何に譬えようか……何に似ているか」はQ文書に特徴的な導入句である（Q13:18-19, 20-21）。

　32：「……に似ている」という言葉で比喩を導入するのは「家を建てた人の譬え話」（Q6:48a, 49c）と同じである。「広場」とは，ローマ時代の城壁で囲まれた町の中央にあった，市が立ち「市場」にもなる石畳の「広場（アゴラ）」のこと。以下では「この時代」を，無邪気で移り気な「子供」の呼びかけに応答しなかった「あなたがた」と呼ばれる「人々」に譬える。「笛を吹く」「踊る」は，結婚式の披露宴の象徴される「喜び」と「神の国」のイメージであり，「喪に服す」「泣く」のは葬式に象徴される「悔い改め」と「最後の審判」のイメージである。前者はイエスの宣教活動を暗示し，後者は洗礼

1. 洗礼者ヨハネとイエスの説教（Q3:2b–7:35）

者ヨハネの活動を暗示する。

33：「なぜならば」以下で前節の比喩を解釈する。「ヨハネが来て」すなわち「派遣されて」（Q7:27b 参照），「食べも飲みもしないと」すなわち断食の日に「断食すると」（マルコ 2:18 参照）という意味。「悪霊に憑かれている」（Q11:14-15, 19-20, マルコ 3:21, 22, ヨハネ 7:20 他参照）は，禁欲主義は「汚れている」という人格を誹謗中傷した「非難」の言葉。

34：「人の子」はダニエル書（7:13）に由来するメシア称号，あるいは単に「私」を意味する。「人の子が来て」という表現は，前者のニュアンス（Q3:16, 13:35 参照）。「大食漢で大酒飲み」は断食の日を守らないで飲食していること（マルコ 2:18 参照）により人格を誹謗中傷した「非難」の言葉。「徴税人と罪人の友だ」（マルコ 2:16 参照）も「汚れ」に対する誹謗中傷の「非難」の言葉（Q11:39 注解，ミシュナ「トホロート」7 参照）。

35：前節までの「この時代」に対する「非難」とは対比的に，「知恵」（11:31 参照）は「知恵はその子らから正しいと認められた（直訳「義とされた」）」と「知恵」を「称賛」する言葉で結ぶ。「知恵の子ら」とは，洗礼者ヨハネとイエスを誹謗中傷する人々とは対比的に，洗礼者ヨハネとイエスに従う者たちを指す。洗礼者ヨハネとイエスの説教の言葉からこの 2 人は「知恵」である神から「この時代に」「派遣された」（Q11:49-52）者で，「知恵」を体現している「知恵」そのものである，とその弟子たちから「正しいと認められた」。すなわち，彼らは洗礼者ヨハネとイエスの説教は「知恵の言葉」であることを証しする（Q10:16 参照）。

「洗礼者ヨハネ」と「イエス」を拒む「この時代」に対する「非難」（このテーマは第三ブロック「この時代に対抗して」［Q11:14-52］で展開される）に対して，「洗礼者ヨハネ」と「イエス」に従う人々の「称賛」（このテーマは第四ブロック「真の共同体について」［Q12:2-13:35］と第五ブロック「弟子の生活」［Q14:11-22:30］で展開される）は，ここでは直接的に「知恵」

の「称賛」となって結ばれる（Q6:46-49「幸い」と「災い」の比喩，ならびにQ10:13-15, 23-24「災い」と「幸い」の言葉参照）。

2. 弟子派遣の説教と祈り

　第一ブロックの洗礼者ヨハネとイエスの説教による宣教というテーマの後で，イエスに従う弟子たちと弟子たちを派遣するテーマに移行していく。第二ブロックの「弟子派遣の説教と祈り」は，「弟子の覚悟」（Q9:57-60）を「序論」として，「本論」の「弟子派遣の説教」（Q10:2-16, 21-24）の後に，「結論」として「祈りについて」（Q11:2-4, 9-13）が語られる。

（1）弟子の覚悟

Q12　イエスに従うこと（Q9:57-60）

訳文

57a　ある人が彼（イエス）に言った。
　b　「あなたがどこに立ち去られようとも，私はあなたに従いましょう。」
58a　イエスは彼に言った。
　b　「狐には巣穴があり，
　c　空の鳥には巣がある。
　d　だが，人の子には頭を横にする所がない。」
59a　また，他の人が彼に言った。
　b　「主よ，私に戻らせてください。
　c　最初に，立ち去って，私の父を埋葬するために。」
60a　だが，彼に言った。
　b　「私に従いなさい。
　c　また，死者を埋葬することを死者に任せなさい。」

関連箇所

Q9:58

トマス福音書 86：イエスが言った，「〔狐にはその穴があり〕，鳥にはその巣がある。しかし，人の子には，その頭を傾け，安息する所がない」

伝承史（様式史・編集史）的分析

このペリコーペでは，マタイ福音書とルカ福音書の弟子とイエスの問答の言葉はほぼ一致している。様式史的には「アポフテグマ」に分類されるが「二重のアポフテグマ」となっている（Schulz, *Q*, 435-436）。最初に古い格言に基づくイエスの言葉（Q9:58）に導入句（Q9:57）が付け加わり，それに独立した伝承（Q9:59-60）が加えられたと考えられる（Bultmann, *Tradition*, 28-29; Kloppenborg, *Formation*, 190-192）。あるいは，弟子に関する言葉（Q9:59-60）が先にあって，それに「人の子」に関する独立した伝承（Q9:58，トマス 56）が導入句（Q9:57）を伴って後から追加されたとも考えられる（Jacobson, *The First Gospel*, 136）。

マタイ福音書では導入で，Q の「ある人」を「律法学者」に変えている（マタイ 8:19）。

ルカ福音書では，このペリコーペをサマリア旅行の導入に位置づけた上で，「一行が道を進んで行くと」という状況設定で対話が導入される（ルカ 9:57）。2 組目の対話では「私に従いなさい」というイエスの呼びかけを設定してから問答を導入し，イエスの答えの末尾に「あなたは行って，神の国を言い広めなさい」という言葉を挿入し（ルカ 9:60），「神の国にふさわしい人」に関する 3 組目の対話を新たに追加する（ルカ 9:61-62）。

修辞学的分析

このペリコーペは，修辞学的視点から見れば 2 組の対話からなる「クレイア」である（Jacobson, *The First Gospel*, 133）。

2. 弟子派遣の説教と祈り (Q9:57–11:13)　　　195

　　57-58　「第一問答」(prima interrogatio et subiectio)
　　　　57　問い
　　　　58　答え
　59-60　「第二問答」(secunda interrogatio et subiectio)
　　　　59　問い
　　　　60　答え

　問答の導入部分（57a, 58a, 59a, 60a）は「並置」され，それが2度繰り返される。2組の問答では，1組目の問答を促す「あなたに従いましょう」(57b)と2組目の問答の答え「私に従いなさい」(60b)で，始めと終わりに「従う」というモティーフを繰り返して，2組の問答全体を「包摂」する。

　1組目の問答の答えでは，「狐」「空の鳥」が「巣穴」「巣」を「持つ」（直訳）のに対して，「人の子」が「頭を横にする所」を「持たない」（直訳）と「対置」される。

　2組目の問答では，前半で「私に戻らせてください」(59b) と「私に従いなさい」(60b) で「命令法＋私に」という末尾を一致させて「語尾音反復」を用い，後半では「私の父を埋葬するために」(59c) と「死者を埋葬することを」(60c) で，同じ動詞による同じモティーフの「繰り返し」を用いる。

マルコ福音書との比較

　マルコ福音書では，弟子の召命の記事は2箇所あり（マルコ1:16-20, 2:13-17），いずれも仕事場にいる人々にイエスの方から「私の後に来なさい」「私に従いなさい」（マルコ1:17, 2:14）と声をかけて招き，彼らは別れの挨拶をし (2:15) 一切を捨ててイエスに従う (1:18, 20)。このモデルにはエリヤがエリシャを召し，両親に別れの挨拶をしてから従う場面がある（列王記上19:19-21）。Qでは人々が自発的にイエスに声をかけて従うが，イエスの応答に見られる弟子の覚悟は厳しい（マルコ10:28-30参照）。ルカ福音書は，その厳しさを明確にするためにQにエリシャの召命物語を想定したもう一つの問答を付け加える（ルカ9:61-62）。

注解

57：「ある人」とは，洗礼者ヨハネの説教後での宣教開始の説教と洗礼者ヨハネ称賛の説教に，自発的に応答した人である。「どこに立ち去られようとも，……従いましょう」と弟子の覚悟を表明する。しかし，イエスはそれ以上の覚悟を以下で述べる。

58：「狐」は野の獣の中でも荒廃した土地に住む孤独な動物として象徴され（雅歌 2:15, 哀歌 5:18），「空の鳥」は翼をもち自由に行き交う飛ぶ動物として象徴されている（創世記 1:20-21 他）。それぞれ「巣穴」や「巣」という「住まう所」を「持っている」（直訳）。それに対して，「人の子」は「枕する所」（意訳）「頭を横にする所」（直訳）も「持っていない」（直訳）。この場合「人の子」を単なる「人間」という意味で理解すると矛盾するので，メシア称号の「人の子」ないしは「私」という意味で理解するべきである。つまり，定住する所もなく活動している「人の子」である「私」に従う覚悟が問われている。

59：「戻らせてください」とは，弟子になる前に別れの挨拶のために戻ること。「最初に，立ち去って」と「どこに立ち去られようとも」（9:57b）で「立ち去る」という同じ動詞を繰り返して用いて，イエスに従うよりも「最初に」自分の「父の埋葬」のために「立ち去る」ことを優先させていることを強調する。「父を埋葬する」とは「死者に対する別れの挨拶」を意味する。

60：イエスはここで「私に従いなさい」と告げ，「死者たちに死者を埋葬させなさい」と助言する。すなわち，「神は死んだ人の神ではなく，生きている人の神」（マルコ 12:27［私訳］）であり，生きる人の魂に向けて神の国を述べ伝える覚悟を表明する。

(2) 弟子派遣の説教

Q13　弟子派遣の説教（Q10:2-12）

訳文

2a　彼（イエス）の弟子たちに……言う。
 b　「収穫は多いが，働き人が少ない。
 c　それゆえ，収穫の主に願い求めよ，
 d　その収穫のために働き人を送り出してもらうために。
3　行きなさい。見よ，私はあなたがたを狼の真中に（送られる）羊のように派遣する。
4a　〔財布も〕，頭陀袋も，
 b　履物（サンダル）も，杖も持っていくな。
 c　また，道の途上で誰にも挨拶をするな。
5a　もしも家の中に入るならば，
 b　〔初めに〕あなたがたは，〔この家に〕平和（があるように）と言いなさい。
6a　もしもそこに平和の子がいるならば，
 b　あなたがたの平和が彼の上に来るであろう。
 c　もし〔も〕いなかったならば，
 d　あなたがたの平和があなたがたに〔戻って来るように〕。
7a　だが，あなたがたは〔同じ家に〕留まりなさい。
 b　《彼らからのものを飲み食いしなさい。》
 c　なぜならば，働き人はその報いにふさわしいからである。
 d　〔家から家へと移動し回らないように。〕
8a　町の中に〔入って〕，彼らがあなたがたを受け入れるならば，
 b　〔《あなたがたに出されたものを食べなさい。》〕
9a　そして病んで〔いる人々〕を癒し，
 c　神の国はあなたがたに近づいた……と

b　〔彼らに〕言いなさい。
　10a　町の中に入って，彼らがあなたがたを受け入れないならば，
　　b　〔その町の〕〔外へ〕出て〔行って〕，
　11　あなたがたの足の埃を払い落としなさい。
　12a　あなたがたに言う。
　　b　ソドムの方がその日にはその町よりも耐えられるであろう。

関連箇所

Q10:2

　マルコ 6:7：彼（イエス）は 12 人を呼んで，彼らを 2 人 1 組で派遣し始め，彼らに汚れた霊に対する力を与えた。（私訳）

　トマス福音書 73：イエスが言った，「収穫は多いが働き人が少ない。だから，主人に願って，収穫のために働き人を送り出すようにしてもらいなさい」

Q10:4

　マルコ 10:8-9：「旅の途上ではパンも，袋も，（財布を隠す）銅のベルトも，杖以外には何も携えず，サンダルの履物を履き，下着も 2 枚は着ないように。」（私訳）

Q10:5-7a

　マルコ 6:10b：「どこでももし家に入るならば，そこから出るまでそこ（の家）に留まりなさい」と（イエスは）彼らに言った。（私訳）

Q10:7c

　Ⅰテモテ 5:18：働き人はその報いに値する。（私訳）

Q10:7-9

　トマス福音書 14:2：「そして，あなたがたがどこかの国へ行き，村々を巡るとき，人々があなたがたを受け入れるなら，人々があなたがたの前に置くものを食べなさい。（そして）彼らの中にいる病人を癒しなさい」

Q10:10-12

マルコ6:11:「もしあなたがたを受け入れず,あなたがたに聞こうとしないならば,そこから出て行き,彼らに対する証しのために,あなたがたの足の下の塵を払い落としなさい。」(私訳)

伝承史(様式史・編集史)的分析

　　Q10:2 と Q10:3-12 では,「働き人を求める」派遣する人々への祈り(トマス 73,使徒 13:1-3 参照)と派遣される人々への具体的な指示とで語られている対象が異なり,元来は別の伝承であったのであろう(Kloppenborg, *Formation*, 193)。滞在や飲み食いについての指示(Q10:7-8)は,「アポフテグマ」というよりは「教会規則」(ディダケー 12:6, 13:1-2)というべき内容である(Bultmann, *Tradition*, 145, Schulz, *Q*, 409)。Q10:12 は,Q10:13-15(とりわけ 10:14)と対応していたが後から追加された預言的「威嚇の言葉」である(Bultmann, *Tradition*, 112; Hoffmann, *Studien*, 283)。編集者の創作と見做す立場もある(Lührmann, *Redaktion*, 62; Jakobson, *The First Gospel*, 145)。弟子派遣の説教の伝承過程は極めて詳細に議論されてきた(Hoffmann, *Studien*, 287-311; Laufen, *Doppelüberlieferungen*, 201-301; Uro, *Sheep*)。

　　ルカ福音書では,マルコ福音書による「弟子派遣の説教」と Q 文書の「弟子派遣の説教」をそれぞれ「12 弟子派遣の説教」(9:1-6)と「72 人派遣の説教」(10:2-16)として保持している。それに対してマタイ福音書では両者を一つにまとめ,Q 文書やマルコ福音書の他の箇所からの言葉を補って「12 弟子派遣の説教」(10 章)を仕立てあげる。

修辞学的分析

　　このペリコーペは以下のような構造をしている。

　　　　　2 「序論」(exordium):弟子派遣の祈り
　　　　3-4 「命題」(propositio):派遣の言葉,旅への備え
　　　　5-12 「議論」(argumentatio):宣教の方策
　　　　　　5-7 　家での宣教

　　　　　　　受け入れられる場合（5-6b, 7）
　　　　　　　拒まれる場合（6cd）
　　　　8-12　町での宣教
　　　　　　　受け入れられる場合（8-9）
　　　　　　　拒まれる場合（10-12）

　「序論」では,「……は多い, ……は少ない」と「対置」を用い,「収穫の主に」と「収穫のために」の文末に同じ発音を重ねる「語尾音反復」を用いる（2）。

　「命題」では,「行きなさい」と「私はあなたがたを派遣する」と同じ内容の繰り返す「滞留」を用い,「羊」と「狼」の「直喩」を用いる（3）。「所持品と途上の挨拶についての指示」では「……でない」（μή ...）で始まる「語頭畳音」を3回繰り返し,「（しかし, ……でない）」の「語頭畳音」を2回繰り返す（4）。「平和の挨拶の指示」では「平和の子」がいる場合といない場合を「対置」する。

　「受け入れられる場合と拒まれる場合」では「家の中に入る」（5-7）と「町の中に入る」（8-12）が「対置」され, それぞれの場合に「受け入れられる場合」（5-6b, 7, 8-9）と「拒まれる場合」（6cd, 10-12）が「対置」される。結びでは比較級を用いて「ソドム」と「神の国」の宣教を拒んだ町が「比較」される（12）。「その日」「その町」と「類音」を繰り返す。

マルコ福音書との比較

　宣教者の服装や持ち物の指示（マルコ 6:8-9; Q10:4）, 受け入れられる場合の指示（マルコ 6:10; Q10:5-9）, 拒まれる場合の指示（マルコ 6:11; Q10:10-12）による構成は同じであり, 内容も似ている。だが, マルコ福音書では「2人1組」で派遣し,「履物（サンダル）」をはき「杖1本」を持っていくことを許し（6:7-9）, 厳しさが多少緩んでいる。またマルコ福音書には「途上での挨拶の禁止」も「平安の挨拶の指示」も「神の国の宣教」も見られない。また,「12弟子」を「呼び寄せて」派遣するという派遣説教の導入も異なり（マルコ 6:7, Q10:2-3）, 位置づけも多少異なっている。

注解

2：説教の導入と同様に，説教の対象は「弟子たち」である。以下は祈りの内容を表す。「収穫」は「裁き」を指す「隠喩」として預言書（イザヤ 18:3-6, 24:13, エレミヤ 51:33 [= LXX28:33]，ヨエル 3:13 [= LXX4:10]，ミカ 4:11-13）で用いられ，とりわけ黙示的な終末の「裁き」の「隠喩」として旧約偽典の黙示文学（第四エズラ書 4:28-32, 第二バルク書 70:2）ならびに新約聖書（Q3:9/17，マルコ 4:29，マタイ 13:39，ヨハネ 4:35，黙示録 14:15）で用いられる。「働き人」とは畑の収穫に従事する「労働者」，ここでは宣教に従事する「働き人」（Q10:7）を指し，「収穫の主（人）」とは「神」の隠喩（Q19:20-22）。

3：派遣の言葉は「行きなさい」「私はあなたがたを派遣する」と繰り返される。旧約聖書では，「狼」は凶暴な者の比喩であり（エレミヤ 5:6, エゼキエル 22:27 他），「羊」はイスラエルの民の比喩であるが（エレミヤ 23:1-2 他），旧約偽典の黙示文学では苦難と迫害の中でも信仰に留まる「敬虔な民」（ハシディーム）の隠喩として用いられる（エチオピア語エノク書 90:6-17）。ここでは「狼」は「この時代」（Q7:31）の比喩であり，「羊」は「弟子たち」（Q10:2）の比喩である。「狼（複数）の真中に（送られる）羊のように」は「（純朴な）羊たちが（凶暴な）狼の群れの真中に（送られる）」の意味。

4：「財布」「頭陀袋（着替えの上着下着，食べ物のパンなどを入れる）」「履物（皮ひものサンダル）」「杖（旅行用）」は旅行に必要な最低の必需品であるが，それらを携行することを許さず，神と支援者を信頼することを指示する。「道の途上」でも挨拶を禁じて，主と支援者以外に関わりを持つことを禁じる。これらは神の国の接近を前提にした緊急の旅を暗示させる。

5：家での宣教方策について。「家の中に入る」場合の「初めに」「平和の挨拶」をする。黙示的「平和」のビジョンによれば，「狼と羊は共に宿る／草を食む」（イザヤ 11:6, 65:25）。「神の国」の宣教（Q10:9）は永遠の天上の

「平和」の訪れを告げることである（Q12:51≒Q16:16 比較）。

6：「平和の子（単数）」とは「平和の挨拶」を受け入れる人である。すなわち，派遣された弟子たちの支援者，または支援者になりうる者である（Q11:23, マルコ 9:40）。この背後にある論理は，Q10:16 の「使者の権威」であり，派遣された者は，その究極の源である「神の平和」を担っており，それを受け入れる者は「神の平和」を受け入れる「平和の子」である。それを拒めば，「平和の使者」に「平和が戻ってくる」のである。

7：「同じ家に留まりなさい」はもてなされた食事とあてがわれたベッドを受けること（マルコ 6:10 参照）。「家から家へと移動し回らない」は接待のためにえり好みをせずに一定期間一つの家に留まること（ディダケー 11-13 章参照）。「鳥を養い，花を装う」（Q12:24, 27）天地創造の神に信頼を置く。「働き人はその報いにふさわしい」は宣教者の権利についての言及である（Ⅰ コリント 9:4, 9「飲み食いする権利」，申命記 25:4 参照）。

8：町での宣教方策について。町で受け入れられた場合は，家で受け入れられた場合，すなわち平和の子がいる場合の宣教方策（10:7）が繰り返される。

9：「病んでいる人々を癒し，神の国は……近づいた」とは弟子たちもイエスと全く同じ「神の国」の宣教と「病気治癒」の活動をすることを示唆（Q10:16 参照。マルコ福音書では，「汚れた霊を追い出す権威」のみ言及される［マルコ 6:7］）。

10：町の宣教で拒まれる場合は，家の宣教で拒まれる場合，すなわち平和の子がいなかった場合（10:6cd）と比較。具体的には次節参照。

11：「足の埃を払い落とす」（マルコ 6:11 参照）は預言者的な振る舞いで，

「神の国」から「払い落とす」象徴的な行動（ネヘミヤ記 5:13「すそを払い落とす」，使徒 13:51「足の埃を払い落とす」，18:6「服の埃を払い落とす」参照）。

12：「あなたがたに言う」で結びの言葉に入る（Q3:8, 7:9, 26, 28, 10:12, 24, 11:9, 51, 12:27, 44, 59, 13:35, 15:7, 17:34 参照）。「ソドム」（創世記 19 章）は悔い改めずに滅ぼされた町の象徴。「その日」は終末の日を指す。「耐えられるであろう」は最後の審判に耐えて，「神の国」に入るという意味（Q10:14 と対比）。

Q14　ガリラヤの町々に対する災いの言葉（Q10:13–15）
Q15　使者の権威（Q10:16）

訳文

13a　災いだお前，コラジンよ。災いだお前，ベツサイダよ。
　c　なぜならば，お前たちの中で起こった力ある業が
　b　ツロとシドンで起こったならば，
　d　彼らはとうの昔に荒布と灰をかぶって悔い改めただろうからである。
14　しかしながら，裁きの時にはツロとシドンの方がお前たちよりも耐えられるであろう。
15a　カファルナウムよ，お前は天にまで挙げられるであろうか。
　b　ハデスにまで落とされるであろう（イザヤ 14:15）。

16a　あなたがたを受け入れる人は，私を受け入れるのであり，
　b　〔また〕私を受け入れる人は，私を派遣した方を受け入れるのである。」

関連箇所

Q10:16

マルコ 9:37：「これらの子供の 1 人を私の名の故に受け入れる者は私を受け入れるのであり，私を受け入れる者は私を受け入れるのではなく，私を派遣した方を受け入れるのである。」（私訳）

ヨハネ 5:23：「すべての人が御父を敬うように御子を敬うためである。御子を敬わない者は彼を送った御父をも敬わない。」（私訳）

ヨハネ 12:44：「私を信じる者は私を信じるのではなく，私を送った方を信じるのである。」（私訳）

ヨハネ 13:20：「私が送る誰かを受け入れる者は私を受け入れるのであり，私を受け入れる者は私を派遣した方を受け入れるのである。」（私訳）

Ⅰテサロニケ 4:8：それ故，拒む者は人間を拒むのではなく，あなたがたに聖なる霊を与えた神を拒むのである。（私訳）

伝承史（様式史・編集史）的分析

「ガリラヤの町々に対する災いの言葉」は，第一にコラジンとベッサイダに対する（10:13-14），第二にカファルナウムに対する（10:15）「威嚇の言葉」に分類されるが，共に預言的・黙示的言葉である（Bultmann, *Tradition*, 112; Schulz, *Q*, 361-362）。「使者の権威」は類似の言葉からも別に独立した伝承であり，使者は派遣者と同じ権威を持つという趣旨のラビの「ユダヤ教の格言」に由来する（Bultmann, *Tradition*, 143）。

修辞学的分析

このペリコーペは，Q10:12 に続く「結論」である。すなわち，

   2 「序論」（exordium）
  3-4 「命題」（propositio）
  5-12 「議論」（argumentatio）
  13-16 「結論」（peroratio）

  13　「非難」(vituperatio)：「コラジンとベツサイダに対する災いの言葉」「理由」
  14　「非難」(vituperatio)：「ツロとシドンとの比較」
  15　「非難」(vituperatio)：「カファルナウムに対する叱責の言葉」「修辞疑問」「応答」
  16　「格言」(sententia)：「派遣者についての格言」

　「ツロとシドンとの比較」(14)は「ソドムとの比較」(12)と対応し「コラジンとベツサイダに対する災いの言葉」(13)は「カファルナウムに対する叱責の言葉」(15)に対応する。すなわち，「比較」と「災い／叱責の言葉」が並行する。いずれも，修辞学的カテゴリーでは「非難」の言葉である。それらをまとめて「派遣者についての格言」の言葉で結ぶ。
　「コラジンとベツサイダに対する災いの言葉」は「災いだお前」と語頭を繰り返す「語頭畳用」を用い (13a)，「なぜならば」以下でその理由を表す (13bcd)。「ツロとシドンとの比較」では比較級を用いて「比較」する (14)。「カファルナウムに対する叱責の言葉」は「修辞疑問」(15a) とその「応答」(15b) で書かれて「非難」し，「格言」は「対置」を用いた並行法で書かれている。こうして「派遣する」(16b) というモティーフで冒頭のテーマに戻り (3)，全体を「包摂」し，「弟子派遣の説教」を結ぶ。

注解

13a：「災いだ」は「幸いだ」の反対で，「祝福」に対する「呪い」に対応する。旧約聖書の詩編などでは「幸いだ」が多く用いられ「災いだ」がなく，反対に預言書などでは「災いだ」が多く用いられ「幸いだ」がない。ここでは「ガリラヤの町々」の民衆に対して「災いだ」と非難するが，以下では指導者である「ファリサイ派の人々」「律法学者」に対して「災いだ」と非難する (Q11:39, 42, 43, 44, 46, 47, 52)。「コラジン」も「ベツサイダ」もガリラヤ湖北側の町，「ベツサイダ」はシモン・ペトロ，アンデレ，フィリポの故郷（ヨハネ 1:44, 12:21）であった。

13bc：「お前たちの中で起こった力ある業」とは「奇跡」のこと（Q7:22参照）。彼らは「奇跡」を見ながらも信ぜず（Q7:23「幸いである」），悔い改めもせず，イエスが悪霊に憑かれているとする（Q11:14）。「ツロ」「シドン」はガリラヤに隣接するファニキアの都市。預言書ではツロ・シドンに対する厳しい裁きの言葉が語られ（イザヤ23章他），イスラエルの敵と見られていた（アモス1:9-10, ヨエル3:4-8, Ⅰマカバイ5:15）。

13d：「荒布と灰をかぶって」は徹底した「悔い改め」の方法（ネヘミヤ9:1, エステル4:1, イザヤ58:5, エレミヤ6:26, エゼキエル27:30-31, ヨナ3:6）。「悔い改め」は既に洗礼者ヨハネの説教で求められている（Q3:8）。
　「ユダヤ人の不信仰と異邦人の信仰」というテーマは「百人隊長の子の癒し物語」の「驚き」（Q7:9）から「ソドムとの比較」「コラジンとベツサイダに対する災いの言葉」「ツロとシドンとの比較」「カファルナウムに対する叱責の言葉」を経て，「ヨナのしるし・南の女王とニネベの人々」（Q11:16, 29-32）「東から西から来る人々の宴会の譬え」（Q13:29, 28）へと強まっていく。

14：12節と並行法を成す。「裁きの時」は終末の最後に審判が下る日。

15：「カファルナウム」はガリラヤ湖北岸の町，ペトロの姑の家があり（マルコ1:29），イエスのガリラヤ宣教の拠点であった。「天にまで挙げられるだろうか」すなわち「昇天できるだろうか」，「アブラハムの子孫」（Q3:8）であることに安住するユダヤ人と共通する。「悔い改め」なければ「ハデスにまで落とされる」すなわち「地獄に落とされる」。「天」に対して「ハデス」，「挙げられる」に対して「落とされる」と正反対のことを「対置」する。

16：「あなたがたを受け入れる人」は「町の中に入って……」（10:8）に対応し，「派遣した方」は「派遣する」（10:3）に対応する。「派遣された人」は「代理者」として「派遣した方」と同じ権利を持っており，その権利は神にまで遡るという思想は「使徒」「使者」という概念の「シャーリーア」に

基づいている。ここから「預言者」→「イエス」→「弟子」（Q11:49-51），ならびに「神＝知恵」→「洗礼者ヨハネ・イエス」→「弟子」（Q7:24, 10:3, 11:49）という構図が浮かび上がる。

Q16　啓示に対する感謝（Q10:21-22）
Q17　目撃証人に対する幸いの言葉（Q10:23-24）

訳文

21a 　……その時，彼は言った。
  b 　「父よ，天と地の主よ，私はあなたに感謝します。
  c 　なぜならば，あなたはこれらのことを賢い人や知性ある人に隠して
  d 　それらを幼い人に現したからです。
  e 　そうです，父よ，このようにしてあなたの前で御心が成ったのです。
22a 　すべては私の父によって私に委ねられています。
  b 　しかし，父以外に御子を誰も知りません。
  cd 　また，御子と御子が現そうとした人以外に，父を〔誰も知りません〕。

23 　あなたがたが見ていることを……見ている眼は，幸いである。
24a 　なぜならば，私はあなたがたに言う。多くの預言者と王は，
  b 　あなたがたが見ていることを見たがっていたが，見なかったからである。
  c 　あなたがたが聞いていることを聞きたがっていたが，聞かなかったからである。」

関連箇所

Q10:22
　トマス福音書 61:2：「……私には父のものが与えられている……」

Q10:24
トマス福音書38:1：イエスが言った，「幾度かあなたがたは，私があなたがたに言うこれらの言葉を聞くことを欲した。そしてあなたがたは，それらを聞くべき人をほかに持っていない」

伝承史（様式史・編集史）的分析

このふたつのペリコーペは様式史的には「感謝の祈り」と「幸いの言葉」に分類されるが，その内容は「隠された奥義の啓示」（Ⅰコリント 2:6-10, ローマ 16:25-26, コロサイ 1:26, エフェソ 3:4-5, 9-10）と類似のものを含む（Kloppenborg, *Formation*, 197-198）。

修辞学的分析

これらのペリコーペは，前段落の「弟子派遣の説教」の「結論」の続きであり，「ガリラヤの町々に対する災いの言葉」（Q10:13-15）と「使者の権威」（Q10:16）にキアスム的に対応している。すなわち「災いの言葉」に対して「幸いの言葉」が，「使者の権威」に対して「啓示に対する感謝」が対応している。

21-22　「称賛」(laus)：神への称賛
23-34　「称賛」(laus)：人への称賛

修辞学的には「啓示に対する感謝」（21-22）は「神への称賛」の言葉であり，「幸いの言葉」（23-24）は「人への称賛」の言葉に分類される。「感謝」を表明する言葉に続いて，「なぜならば」以下でその理由を表すが，それは「隠す」に対して「現す」，「賢い人や知性ある人」に対して「幼い人」を「対置」した並行法で書かれる（21cd）。また，「委ねられている」に続く「父と子を知らない」という文も，「父」と「子」を入れ替えた並行法で書かれている（22bc）。

「幸いの言葉」の後半は「見ている」が繰り返された「類音」を用い（23），「見ていること」「見たがった」「見なかった」と「聞いていること」「聞きたがった」「聞かなかった」と「類音」を重ねて並行法を用いる（24bc）。

注解

21：神に対する「父」という呼称は、イエスに特徴的であり、Qではこの箇所以外に、「あなたがたの父が憐れみ深いように、あなたがたも憐れみ深く成りなさい」（Q6:36）という勧めの言葉、「主の祈り」での冒頭の呼びかけ（Q11:2）、「思い煩いに関する説教」の中で「あなたがたの父は……必要としていることをご存知だ」（Q12:30）で用いられる。「天と地の主よ」は「天地の創造者で主宰者」という意味で、このような神の呼びかけはQではこの箇所のみ。「感謝します」は感謝の詩編の冒頭に見られる言葉（詩編75:1〔＝LXX74:2〕, 105:1〔＝LXX104:1〕他）参照。

「賢い人や知性ある人」は「この時代」の代表者、「幼い人」は「小さい人・小さな人」（7:28, 17:2）と同義。「賢い人や知性ある人に隠して」（イザヤ29:14, Ⅰコリント1:19-20参照）、「幼い人に現した」は「逆説（パラドックス）」。「このようにして」はこの逆説的な真理を指す。「御心が成る」とは「神の意志が成就する」こと。

22：「委ねられています」は教師が弟子に伝承を伝える際に用いる言葉であり、ここでは父から子に一切の権威が移譲されていることを表す（Q10:16参照）。「父以外に御子を誰も知りません」「御子と御子が現そうとした人以外に、父を誰も知りません」は「父と子が一つ」と表現するヨハネ福音書にしばしば見られる表現に近い（ヨハネ17:25-26他参照）。

23：「幸いである」は「宣教開始の説教」の冒頭（Q6:20-23）、「洗礼者ヨハネの問い合わせ」の末尾（Q7:23）参照。悔い改めなかったコラジン、ベツサイダ、カファルナウムの町々とは対照的に、見て信じた人々を称賛する。

24：「預言者と王」で旧約聖書を代表する。「見たがっていた」ことと「聞きたがっていた」こととは、具体的にはイザヤ書などのメシア預言による「神の国の宣教」と「奇跡」（Q7:22）を指す。Q文書で「王」という言葉はQ7:24とここしか登場しない。

(3) 祈りについて

Q18　主の祈り（Q11:2-4）

訳文

2a　あなたがたが祈る〔時には〕，〔あなたがたは（こう）言いなさい〕。
 b　「父よ，
 c　あなたの御名が聖とされますように。
 d　あなたの御国が来ますように。
3 　私たちに必要なパンを今日お与えください。
4a　私たちの負債を赦してください。
 b　私たちに負債ある人を私たちが赦したように。
 c　私たちを試みに遭わせないでください。」

関連箇所

Q11:2b

　　パレスティナ版「18 の祈願（シェモネ・エスレ）」①「祖父」：あゝ，主よ，汝はほむべきかな，いと高き神よ，天地の創り主よ，我らの盾，我らの祖父たちの盾よ，汝はほむべきかな，あゝ，アブラハムの盾よ！（私訳）

Q11:2cd

　　カディッシュの祈り：「神の大いなる御名が，御心に従って創造された世界の中でたたえられ崇められますように，あなたがたの生涯の間に日々の間にイスラエルの全家の生活の間に，御国が速やかに間近に建てられますように。アーメン。大いなる御名がとこしえからとこしえまでたたえられますように。聖なる方の御名は祝されほめられ，たたえられ高められ，高揚され崇められ，崇敬され賛美されますように。神は世界で語られたあらゆる祝福と賛美と称賛と慰めを越えてたたえられますように。アーメン。（私訳）

パレスティナ版「18の祈願（シェモネ・エスレ）」③「御名の聖化」：汝は聖く，汝の名はおそるべきかな，汝のほかに神あることなし，汝はほむべきかな，あゝ，主よ，聖なる神よ！（私訳）

Q11:4ab

パレスティナ版「18の祈願（シェモネ・エスレ）」⑥「赦し」：我らの主よ，我らを赦したまえ，我ら汝に対して罪を犯したればなり，汝のみ前より我らの咎を取り除きたまえ，汝はほむべきかな，あゝ，主よ，豊かに赦しを与えたもう主よ！（私訳）

伝承史（様式史・編集史）的分析

伝承の中で最も古いものである（Schultz, Q, 86）。マタイ福音書は，「主の祈り」を「施し・祈り・断食」（6:2-4, 5-15, 16-18）というユダヤ教的敬虔の文脈の中に置く。それに対してルカ福音書は，Q文書のオリジナル版に忠実に従って，「主の祈り」に「願い求めることについての教え」を続ける。

また，マタイ福音書では，「父よ」という神への呼びかけに「天におられる私たちの」という修飾語句を加えて荘重にし（6:9b），人間に関する三つの願いに合わせて，神に関する二つの願いに続いて「御旨」の願いを追加し（6:10bc），「試み」の願いの文末に「悪から私たちを救い出してください」（6:13）を追加する。また，最後に「国と力と栄え」の祝禱を加える（6:13b）。

ルカ福音書では「主の祈り」のオリジナル版が2点を除いて保持されている。「パン」の祈りでは「今日」という言葉を「日毎に」に置き換えて，「パン」の願いを永続化し（11:3），「負債の赦し」の願いでは，「負債」という婉曲的表現を「罪」という直接的表現に変えている（11:4）。

修辞学的分析

「主の祈り」は「父よ」という呼びかけの後（2b），前半では，「御名」の願いと「御国」の願いが，「語尾音反復」を用いた並行法で神に関する願いを構成する（2cd）。後半では，「パン」の願いと「試みを避ける」願いが「語尾音反復」を用いて（3, 4c），「語尾音反復」を用いた「負債の赦し」の願い

(4ab) を「包摂し」，人間に関する願いを構成する。その間の「パン」の願いは，「類音」を多く用いた歯切れの良い文章となっている (3)。

注解

主の祈りは，ユダヤ教の「カディッシュの祈り」やパレスティナ版「18の祈願」などと比べても極めて簡素な祈りである（詳しくは，拙著『新約聖書の礼拝──シナゴーグから教会へ』日本キリスト教団出版局，2008年，第1章注3, 8参照）。

2a：Qでは「主の祈り」の他に，「迫害する者のための祈り」(6:28) と「啓示に対する感謝の祈り」(10:21-22) が記されているが，それに対してマルコ福音書では「ゲツセマネの祈り」(14:32-42) と「十字架上での祈り」(15:34) が記されている。これも「あなたがた」という「弟子たち」(10:2 参照) に語られている。「言いなさい」はすなわち「声に出して言いなさい」。古代の声に出して「祈る」習慣を前提にしている。

2b：「主の祈り」は「父よ」という親しい呼びかけから始まる。「父よ」という神への呼びかけは（Q10:21 注解参照），イエスに特有な表現であり，それは幼子が父親に対して絶対的な信頼を寄せた呼びかけの言葉である（マルコ 14:36，ガラテヤ 4:6，ローマ 8:15）。以下では神に対して「あなたの」と呼びかけ，人間に対しては「私たちの」と言う，「我・汝関係」（ブーバー）の最たるものが「祈り」である。ここには神と人間の間を媒介し仲保する存在は何もない。直接一対一で神と向かい合う。

2c：神に関する第一の願いは，「御名」が「聖とされる」ことである。「御名」つまり神の名前自体が神の人格と存在そのものを表す。すなわち「神が聖とされますように」ということ。「聖とする」は直訳で，意訳すると「崇める」「尊ぶ」ということ，終末論的・黙示文学的視点で「神を聖なる方」として「畏れ敬う」（イザヤ 29:19 他）。

2d：神に関する第二の願いは、「御国」の到来である。「御国」も終末論的・黙示的表現であり、「地の国」の後に来る「神の国」を指す。イエスと弟子たちは一方では「神の国」が近く到来すること宣教し（6:20, 10:9, 11）、それを比喩で語る（13:28, 29）。同時にその到来を願い求め（11:2）、他方ではそれがすでに到来していることを告げ（7:28, 16:16）、それを比喩で語る（13:18-21）。「神の国」は「敵を愛し」「裁かない」ことに象徴されるように「愛」（Q6:27-42）と「平和」（Q10:5-6）に溢れ、パウロの言葉を用いてまとめれば「義と平和と喜び」（ローマ 14:17）に満ちている。

3：人間に関する第一の願いは、「パン」の願いである。「パン」の願いは、当時のユダヤ教の祈りには見られない具体的な項目である。「パン」に象徴される食物は人間の生存に欠かせない必要最低限のものである。「人はパンのみで生きるのではない」（Q4:4）、しかし「パンなしでは生きられない」。荒野を旅した民がパンを求めたように、生きる糧のために祈ることが第一に求められている。

4ab：人間に関する第二の願いは、「負債の赦し」である。「負債」とは「罪」の「隠喩」である。人間は1人では生きられない。人間関係の中で「共に生きる」。人間関係で最も基本的なことは「赦す」ことである。「共に生きる」とは「赦し」「赦される」中で生きることである。ここで見られるイエスに特徴的な論理は「神から赦されたから人を赦す」のではなく、「人を赦したから神から赦される」である。すなわち、人を赦すという行為が最初に求められている。

4c：人間に関する第三の願いは、「試み」「誘惑」を避けることである。「この時代」を生き抜くことは「試み」に遭ったり「誘惑」に陥ったりすることは避けがたい。そこでアダム・エバや荒野を旅したイスラエルの民のように「誘惑」に陥らず、アブラハムやヨブのように「試練」に遭わないようにと祈る。

Q19　願い求めることについての教え（Q11:9-13）

訳文

9a　あなたがたに言う。
 b　「求めなさい，そうすればあなたがたに与えられるであろう。
 c　探し求めなさい，そうすれば見出すであろう。
 d　叩きなさい，そうすればあなたがたに開かれるであろう。
10a　なぜならば，すべて求める人は取り，
 b　探し求める人は見出し，
 c　叩く人に開かれるであろうからである。
11a　……あなたがたの誰が，パンを求める自分の子に
 b　石を与えるだろうか。
12a　あるいは，魚を求めるのに，
 b　蛇を与えるだろうか。
13a　それゆえ，もしもあなたがたが悪い人であっても
 b　あなたがたの子らに，善い贈り物を与えることを知っているならば，
 cd　天の父は，求める人々にどれほどはるかに善いものを与えるであろうか。」

関連箇所

Q11:9-10

　トマス福音書92：イエスが言った，「捜せ，そうすれば見出すであろう。しかし，あなたがたが私にあの日々に聞いたこと，そして当時私があなたがたに言わなかったこと，それを今私は言おう。そして，あなたがたはそれを問うことがない」

　トマス福音書94：イエスが〔言った〕，「捜す者は，見出すであろう。〔また，門をたたく者は，〕開けてもらえるであろう」

　トマス福音書2（＝オクシリュンコス・パピルス654.5-9，ヘブライ人福音書4ab）：イエスが言った，「求める者には，見出すまで求めるこ

とを止めさせてはならない。そして，彼が見出すとき，動揺するであろう。彼が動揺するとき，驚くであろう。そして，彼は万物を支配するであろう」

伝承史（様式史・編集史）的分析

　このペリコーペは，「知恵の言葉」に分類されるが（Bultmann, *Tradition*, 80），「あなたがたに言う」という導入句や，神は祈りを聞くという確信は預言者的である（Schulz, *Q*, 162-164）。クロッペンボルグは，Q11:9とQ11:10は独立に伝承していたが，「求める」と「与えられる」「取る」，「探し求める」と「見出す」，「叩く」と「開かれる」という動詞が一致していたので「なぜならば」という接続詞で結び合わされ，Q11:2-4とQ11:11-13は「パン」「与える」という共通のテーマで結び合わされたと考える（Kloppenborg, *Formation*, 205）。また，このペリコーペはパイパーによれば「二重の伝承によるアフォリズムの集まり」（Piper, *Wisdom*, 15-24）でもある。

　マタイ福音書では「パン」を求める者に「石」を，「魚」を求める者に「蛇」とオリジナルな言葉と順序を保っているが（7:9-10），ルカ福音書では「パン」と「石」が消え，「魚」を求める者に「蛇」を，それに新たに「卵」を求める者に「さそり」を加え，順序と言葉を入れ替え（11:11-12），「善いもの」という曖昧な言葉を「聖霊」という明確な言葉に置き換えている（11:13）。

修辞学的分析

　修辞学的に見れば，このペリコーペは以下のような構造をしている。

　　　　9a　「序論」（exordium）
　　　9bcd　「命題」（sententia）：「格言」による
　　　　10　「理由」（causa）
　　　11-12　「反論」（refutatio）：「範例」による
　　　　13　「結論」（peroratio）：「小から大へ」

「序論」に続く「命題」では「求めなさい……」「探し求めなさい……」「叩きなさい……」と「トリコーロン」を用いた並行法の文を重ねた「格言」（9）

を語り，それに対応した三つの並行法の文でその「理由」を述べる（10）。「否という答えを前提にした「二重の修辞疑問」を用い並行法で「反論」して，「格言」を用いた「命題」を「確証」し，「結論」では「人間」の「範例」を用いて「神」を類推する「小から大へ」の論理を用いる。

注解

9：「あなたがたに言う」は普通は「結論」で用いるが（10:12 注解参照），ここでは「序論」で導入句として用いる（Q12:22 参照）。「求めなさい」「探し求めなさい」「叩きなさい」と次第に具体的で積極的な行動に展開していく。「そうすれば」以下で具体的な行動の結果として「与えられる」「見出す」「開かれる」が「並置」される。

10：「すべて」という言葉を導入して前節の内容を一般化し，「与えられる」を「取る」に置き換えている以外は動詞を繰り返して，ほぼ同じ内容の文章を繰り返して強調する。

11-12：「パン」と「魚」は，地中海地方での必要最低限の基本的な食べ物（マルコ 6:38 他参照）。「石」「蛇」はそれらに対する極めて対照的なもので，際立ったコントラストをなす（Q4:3）。「魚」と「蛇」はQではここにしか出てこない。「子」が求め，「子」に与えるのは「父」で，次節の「父と子」と同様に「神と人間」の隠喩となっている。

13：「もしも……悪い人であっても」では，人間が神と対比されている。「贈り物」は「与える」から派生した「名詞」。「天の父」は「父よ，天と地の主よ」（10:24）参照。「あなたがたの子らに」に対して「求める人々に」が「対置」し，「善い贈り物を」に対して「はるかに善いものを」が「対置」し，「与える」に対して「与えるであろう」が「対置」する。父子関係を比喩にして神と人間の関係が語られる。

3. この時代に対抗して

　第三ブロックでは「この時代」に対する批判的な言論が集められ「この時代に対抗する言葉」を構成する。それらは,「序論」として「汚れた霊への非難の言葉」(Q11:14-23, 24-26) が語られ,続いて「本論」として「この時代」に対して「霊のしるし」(Q11:16-32, 33-35) が語られる。「結論」として「説教」に準じる「反対者への災いの言葉」(Q11:39-52, 49-51) が「対置」して語られる。こうして,第三ブロックも「キアスム的シンメトリー」構造を構成している。

(1) 汚れた霊への非難の言葉

Q20　ベルゼブル論争物語 (Q11:14-15, 17-20, 23)

訳文

14a　そして,彼(イエス)はおしの悪霊を追い〔出し〕た。
　b　そして,悪霊が追い出されると,おしがしゃべった。
　c　すると,群衆が驚いた。
15a　だが,ある人々が言った。
　b　「彼は悪霊の支配者ベルゼブルによって
　c　悪霊を追い出しているのだ。」
17a　だが,彼(イエス)は彼らの思惑を知って,彼らに言った。
　b　「内部〔で〕分裂した国はすべて荒れ果てる。
　c　内部で分裂した家はすべて立ちゆかないであろう。
18a　もしもサタンが内部で分裂しているならば,
　b　どうしてその国は立ちゆくのか。
19a　また,もしも私がベルゼブルによって悪霊を追い出しているならば,
　b　あなたがたの息子たちは何によって追い出しているのか。

c　それゆえ，彼ら自身があなたがたを裁く人になるだろう。
　20a　だが，もしも私が神の指によって悪霊を追い出しているならば，
　　b　その時，神の国はあなたがたのところに到来したのである。
　23a　私に味方しない人は，私に反対する人であり，
　　b　私と共に集めない人は，まき散らすのである。」

関連箇所

Q11:14-15, 17-20

マルコ 3:22-26：エルサレムから下って来た律法学者たちは，「彼（イエス）はベルゼブルに憑りつかれている。悪霊の支配者によって悪霊を追い出しているからだ」と言っていた。そこで，彼（イエス）は彼らを呼び寄せて，譬えで彼らに言った。「どうやってサタンがサタンを追い出すことができるのか。もしも国が内部で分裂したら，その国は立ち行かない。また，家が内部で分裂したら，その家は立ち行かない。すなわち，もしサタンが内部で立ち上がって分裂したら，立ち行かずに破滅する。」（私訳）

Q11:23a

マルコ 9:40：「私たちに反対しない者は，私たちの味方である。」（私訳）

オクシュリュンコス・パピルス 1224：「あなたがたに反対しない者は，あなたがたの味方である。」

伝承史（様式史・編集史）的分析

　Q11:14, 15, 19 がオリジナルの「アポフテグマ」であり，それに 11:17, 18 が追加された考えられる。それに 11:20 の解釈が追加された。11:23 は独立した伝承で，編集段階で結び合わされたと考えられる（Kloppenborg, *Formation*, 112-126）。

3. この時代に対抗して（Q11:14–52）

修辞学的分析

このペリコーペは，修辞学的には以下のような構造の「クレイア」によって書かれている。

    14 「序論」（exordium）
    15 「問い」（interrogatio）
      15a 「序論」
      15bc 「命題」
  17-20 「答え」（subiectio）
      17a 「序論」
      17bc 「格言」
      18-19 「反論」
      20 「反対命題」
    23 「結論」（peroratio）

「序論」の最初の2行は「語頭畳用」（「そして，追い出した／された」）と「語尾音反復」（「おし」）を用いて「並置」で書かれ（14ab），「分裂した国」「分裂した家」の二重の「格言」も「語頭畳用」を用いた「並置」で書かれている（17bc）。「反論」では，二つの「修辞疑問」を用いて問いを投げかけ（18, 19ab），それを受けて「神の国の到来」という「反対命題」を積極的に主張する（20）。「結論」は「対置」で書かれている。

マルコ福音書との比較

Q文書のベルゼブル論争物語（11:14-23）では，その導入部の状況設定として奇跡物語が語られるが（11:14），マルコ福音書のベルゼブル論争物語（3:22-26）では，イエスは気がふれたのではないかと思った身内の者たちがイエスを取り押さえに来る所から問答が始まる（3:19b-21）。また論争の相手もQでは「ある人々」（11:15）と不特定多数であるが，マルコ福音書では「エルサレムから下ってきた律法学者たち」（3:22）と特定されている。

対話の核心の「分裂した家」と「分裂した国」の比喩は共通であるが（Q11:15, 17; マルコ3:22-26），それを語る動機がQの論争相手の「思惑」を

見抜く超自然的な洞察（11:17a）に変えて，マルコ福音書では常套手段の「譬え」で語る（3:23）。またそれを解釈する文脈が，Qの「非難する人に対する批判」（11:19）「神の国の到来の宣言」（11:20）「味方と反対者の見分け方」（11:23）に代えて，マルコ福音書では「強い人の家略奪の比喩」（3:27）と「聖霊を汚す罪」（3:28-30）に置き換えている。すなわち，「分裂した家」「分裂した国」の隠喩を解釈する文脈と意味づけが異なっている。

注解

14：おしの悪霊追放の奇跡物語が手短に語られる。Q文書ではQ7:1-9に次いで二番目にイエスの奇跡が直接的に語られる（間接的な言及，Q7:3注解参照）。しかし，最初の言及と同様に奇跡を語ることが目的ではなく，対話の導入として奇跡が語られる。ここでは悪霊祓いの奇跡について初めて言及するが，おしが語り出したので，「群衆が驚いた」という奇跡物語に特徴的な「驚き」のモティーフで結ぶ。ここで「群衆」は，マルコ福音書と同様に奇跡物語での対象として登場するが，他では「洗礼者ヨハネの悔い改めの説教」とイエスの「洗礼者ヨハネ称賛の説教」の聴衆としてしか登場しない（Q3:7, 7:24）。

15：「ある人々」とは悪い思惑をもって近づいてきた人々を指す（17a参照）。「ベルゼブル」とは元来はペリシテ人の神の名前「バアルゼブル」を揶揄した「蠅の王」「汚物主」の意味。「サタン」（18a）と同義。「悪霊の支配者」すなわち「ベルゼブル」が「王」で，「悪霊」はその支配下の「手下」という関係にある。「ベルゼブルによって悪霊を追い出している」は，イエスの奇跡は「悪霊に憑かれている（気が触れている）」（マルコ3:21, ヨハネ10:20参照）という悪口や誹謗中傷による非難の言葉。

17：「彼らの思惑を知って」は「彼ら（反対者たち）の意図（考え）を知って」であるが，イエスの霊的な洞察力を表している。「分裂した国」「分裂した家」の二重の比喩的「格言」は「すべての国」「すべての家」と「一般論」

を述べて，次節で「具体論」に入る。「荒れ果てる」は現在形で，「立ち行かないであろう」は未来形で書かれている。

18：前節の「一般論」の「具体論」として「ベルゼブル」が王であり「悪霊」が手下である「サタンの国」に当てはめる。「サタン」は「神に敵対する者」であるが「ベルゼブル」と同義。「ベルゼブル」が「悪霊」を追い出しているとすると，「サタンの国」が内部分裂していることになり，その国は成り立たない。イエスに対する批判「悪霊の支配者ベルゼブルによって悪霊を追い出している」は成り立たない。

19：イエスの「悪霊祓い」が「ベルゼブル」の働きだとすると，イエスと同時代のユダヤ人の「悪霊祓い」は「何によって追い出しているのか」。同じ「ベルゼブル」によることになろう。そうであれば「彼ら自身が」「あなたがたを裁く」。すなわち「量った秤で量り返される」のである。ソクラテスの「エレンコス」と同じ論法でこの議論の前提であるイエスの非難（11:15）が間違っていることが指摘される。したがって，次節に導かれる。

20：「だが，もしも……」で15節の前提とは反対の命題を主張する。「神の指」は象徴的な一部分をもって全体を代表させる比喩で，「神の霊（の働き）」を象徴する。「悪霊祓い」は「汚れた霊」である「悪霊の支配者」による働きではなく，「神の聖い霊」の働きによる。すなわち「神の国が到来した」ことを意味する。神の国がどのような形で来ているのかについては，Q17:21参照。

23：「私に味方しない人は，私に反対する人」はマルコ福音書の「私に反対しない人は，私の味方である」よりも厳しい基準である。すなわちQの方がマルコ福音書よりも対立や反対が厳しい時代を反映している。「共に行く」「まき散らす」は「収穫」（Q10:2）と関係して「弟子派遣の説教」に繋がるワンダー・ラディカリズムを反映している。

Q21　汚れた霊の逆戻り（Q11:24-26）

訳文
24a　汚れた霊が人から出て行く時に,
 b　水のない場所を行き巡り,
 c　休む所を探し求めるが見つからない。
 d　〔その時〕言う。「私が出て来た私の家に戻って来よう。」
25　そして，行くとそれが掃除され整頓されているのを見つける。
26a　その時，出かけて行って自分と共に
 b　自分より悪い他の七つの霊を連れて来て,
 c　入り込んでそこに住まう。
 d　すると，その人の最後は,
 e　最初より悪く成る。

伝承史（様式史・編集史）的分析
　この「譬え」のペリコーペは，元来は独立した伝承であったが，「悪霊」（11:14, 15, 19, 20）と「汚れた霊」（11:24）という共通のテーマから，あるいはユダヤ教の「悪霊祓い」（11:19）は「反対する者」（11:23）であるという共通のテーマから，Q11:14-23 に続いて追加されたものと思われる。

修辞学的分析
　このペリコーペは修辞学的視点から見て，「（出て行く）時に」（24a），「その時……」（24d），「その時……」（26a），「すると……」（26d）で分かれて，以下のような構成になっている。

　　　　24abc　「序論」（exordium）
　　　　24d, 25　「非難」（vituperatio）
　　　　26abc　「非難」（vituperatio）
　　　　26de　「結論」（peroratio）

「汚れた霊」が「休む所」を「探し求め」ても「見つからない」（24c）に

対して,「掃除され整頓されている」のを「見つける」(25) と「対置」的に表現する。また,「掃除され(ている)」「整頓されている」(25) で動詞の分詞による「並置」を用いる。さらに,「(一つの)汚れた霊が人から出て行って……行き巡る」(24) に対して,「七つの霊を連れて来て, 入り込んで……住まう」(26bc) と対比的に「対置」する。「自分より悪い」(26b) に「最初より悪い」(26e) が「対置」し, 両方とも比較級を用いて最初の状態 (24) より「悪い」ことを強調する。

注解
24:「汚れた霊」とはユダヤ教では「悪霊」と同義である。イエスと同時代人の「汚れた霊」や「悪霊」に憑かれた人々に関するユダヤ教の信仰を描いている。「人から出て行く時」は「悪霊祓い」を示唆する。「水のない場所」とは「荒野」や「砂漠」を意味する。「荒野」「砂漠」はユダヤ教では元来「汚れた霊」「悪霊」の住処と考えられていた。「休む所」(24c) は「住まう」(26c) を示唆する。しかし, 一度人間の中に住まい, そこから追い出された汚れた霊は,「水のない場所」にはより良い「休む所」がないので,「その時」再び人間の肉体を示唆する「自分の家に戻って来る」。

25:「汚れた霊」が悪霊祓いによって追い出された後は,「掃除され整頓されて」以前よりもきれいになり, より快適な環境になっている。「知恵には理知に富む聖なる霊がある。この霊は……汚れなく善を好む, 鋭敏な霊」「世々にわたって清い魂に移り住み, 神の友と預言者を育成する」(知恵の書 7:22, 27) 参照。

26:「その時」, 汚れた霊は仲間を連れてくる。「自分より悪い (比較級) 他の七つの霊」すなわち「非常に汚れた数多くの霊」の意味 (ルカ 8:3 参照)。「すると」その「最後」は, 最初の「汚れた霊」「より悪い」悪霊が, 最初の数より7倍多くなり, 二重の意味で「より悪くなる」。「悪霊祓い」の後の配慮がないとひどい状態になることを示唆する。

(2) 霊のしるし

Q22　ヨナのしるし・南の女王とニネベの人々（Q11:16, 29-32）

訳文

16　〔だが〕ある人々が彼（イエス）からしるしを探し求めていた。
29a　そこで〔彼が〕……〔言った〕……。
　b　「この時代は悪い時代……である。
　c　しるしを探し求める（とは）。
　d　しかし，ヨナのしるし以外にはしるしは与えられないであろう。
30a　すなわち，ヨナがニネベの人々にとってしるしとなったよう〔に〕
　b　人の子〔も〕この時代に対して同じように成るであろう。
31a　南の女王はこの時代の裁きの時に甦り，
　b　それを裁くであろう。
　c　なぜならば，彼女は地の果てから来て
　d　ソロモンの知恵を聞いたからである。
　e　見よ，ここにソロモンより大きい方がいる。
32a　ニネベの男たちはこの時代の裁きの時に復活し，
　b　それを裁くであろう。
　c　なぜならば，彼らはヨナの宣教で悔い改めたからである。
　d　見よ，ここにヨナより大きい方がいる。」

関連箇所

Q11:16, 29

　マルコ8:11-12：ファリサイ派の人々が出てきて彼（イエス）と議論し始め，天からのしるしを求めて，彼（イエス）を試みた。彼は霊において深い溜息をついて言う。「なぜこの時代はしるしを求めるのか。真にあなたがたに言う。この時代にはしるしは与えられないであろう。」（私訳）

伝承史（様式史・編集史）的分析

　Q11:16 は独立した伝承であり，Q11:29-30 と Q11:30-32 は元来別々の伝承であったが，「しるし」と「この時代」という同じテーマの下にまとめられて一つの「アポフテグマ」となり，それが「ベルゼブル論争物語」の末尾に加えられたものの上に，さらに追加された (Schultz, Q, 252-253; Kloppenborg, *Formation*, 128-134)。

修辞学的分析

　このペリコーペは修辞学的に見て以下のような構造をしている。

　　16, 29a 　「序論」（exordium）
　　29bcd 　「命題」（propositio）
　　　　30 　「論証」（argumentatio）
　　31-32 　「結論」（peroratio）

「序論」の「しるしを探し求める」(16) に対して「命題」の「しるしは与えられない」(29d) が「対置」する。「結論」では「ソロモン」の知恵を聞いた「南の女王」(31) と「ヨナ」の宣教を聞いた「ニネベの男たち」(32) が「対置」を用いて記され，「ヨナ」と「ニネベの人々」のテーマは「論証」(30) と「結論」(32) で繰り返され，「ソロモン」と「南の女王」の記述 (31) を「包摂」する。

注解

16：「ある人々」とは悪意をもって近づいてきた人を指す（Q11:15 参照）。「しるし」は神から派遣されたという「しるし」，具体的には「奇跡」を指す（Q7:1-10, 22, 11:14 参照）。

29：「この時代は悪い時代である」はベルゼブル論争物語から続いているペリコーペのテーマである。「この時代」は Q7:31, 11:30, 31, 32, 50, 51 参照，「悪い」は Q6:22, 35, 45, 11:13, 26, 29, 34, 19:22 参照。

30:「ヨナが……しるしとなった」はヨナが3日3晩魚の腹の中にいたことを指し（ヨナ2:1），キリストの復活を暗示する。Q文書には受難物語と同様に復活物語がないが，十字架と同様に復活を前提にしている。すなわち，復活以外に「しるし」はないということ，言い換えれば復活が最大の「しるし」であることが主張されている。「ヨナがニネベの人々にとってしるしとなった」とは神から派遣されたヨナの言葉を信じてニネベの人々が悔い改めたこと（ヨナ3章）。「人の子」はダニエル書7:13に基づいたメシア称号，十字架刑の後に3日目に復活することで「この時代のしるし」となる。また，「神の国の宣教」が「ヨナの宣教」に相当する。

31：その時には死者の復活が起こる。「南の女王」とは「シェバの女王」のことで，「ソロモンの知恵」のうわさを聞いて南方のシェバ（イエメン辺り）から確かめに来た（列王記上10:1-13参照）。「裁きの時」とは終末の最後の審判の時のことで，シェバの女王は異邦人であるが，「知恵」の言葉に耳を傾けない「この時代（のユダヤ人）を裁く」。異邦人がユダヤ人よりも裁きに耐えられるというモティーフは，Q10:12-14参照。異邦人がユダヤ人を裁くというモティーフは，Q13:28-29参照。「耐えられる」から「裁く」に次第にモティーフを強めていく。「ソロモンより大きい方」とは「知恵」自体である「人の子」メシアを指し示す。

32：「南の女王」と「ソロモン」を「ニネベの男たち」と「ヨナ」に差し替えて繰り返す。ここでも「ニネベの男たち」という異邦人が「悔い改めない」「この時代（のユダヤ人）を裁く」というモティーフが繰り返される。「ヨナより大きい方」とは「預言者以上」の「人の子」メシアを指す。

Q23　ともし火と目（Q11:33-35）

訳文

　　33a　誰もランプを灯して，〔隠れた所に〕置かない。
　　　b　むしろランプ台の上に置く。
　　　c　〔そして，家の中にいる人々すべてを照らし出す。〕
　　34a　体のランプは目である。
　　　b　……あなたの目が健やかであれば，
　　　c　あなたの体全体は光で輝いてい〔る〕。
　　　d　……だが，あなたの目が悪ければ，
　　　e　あなたの体全体は闇のように暗い。
　　35a　それ故，もしもあなたの中にある光が暗ければ，
　　　b　その暗さはどれほどか。

関連箇所

　Q11:33

　　マルコ 4:21bc：彼（イエス）は彼らに言った。「ランプは枡の下や寝台の下に置くために持ってくるだろうか。ランプ台の上に置くためではないか。」（私訳）

　　トマス福音書 33:2-3：「誰でも明かりをともして，それを枡の下に置かないし，それを隠された場所に置かない。むしろそれを燭台の上に置く。入って来たり出て行ったりする人々がすべて彼らの光を見るように」

　Q11:34

　　トマス福音書 24：「……光の人の只中に光がある。そして，それは全世界を照らしている。もしそれが照らさないならば，それ（彼）は闇である」

　　救い主の対話 8：救い主は〔言った。〕「〔体の〕ランプは心である。あなたの〔内側のものが〕落ち着いている限り，すなわち〔……〕

……あなたの体は〔輝いている〕。あなたの心が〔暗い〕限りあなたが関わる明るさは〔……〕。」

伝承史（様式史・編集史）的分析

　Q11:33 は元来，マルコ福音書 4:21 やトマス福音書 33:2 が示唆するように，Q11:34-35 とは別の独立した伝承であった（Bultmann, *Tradition*, 74; Schulz, *Q*, 469-470, 475-476）。だが，「ランプ」や「光」という共通のモティーフによって一つにまとまっていったと思われる（Kloppenborg, *Formation*, 135）。パイパーによれば，この箇所は「アフォリズム的文章」である（Piper, *Wisdom*, 127-130）。

　マタイ福音書では Q11:33 と Q11:34-35 を切り離して山上の説教の中で用いる（5:15, 6:22-23）。だが，ルカ福音書では元来の順序通りで連続して用いる。マタイ福音書 5:15 とルカ福音書 11:33 の「枡の下」はマルコ福音書 4:21 の影響による。また，「家の中にいる人々すべてを照らす」はマタイ福音書 5:15 で保持されているが，ルカ福音書 11:33 では「家の中に入ってくる人々は光を見る」に置き換えている。

修辞学的分析

　このペリコーペは次のような構造をしている。

　　　33abc　「序論」（exordium）：「一般論」（thesis）
　　　　34a　「命題」（propositio）：「具体論」（hypothesis）
　　34bcde　「議論」（argumentatio）
　　　35ab　「結論」（peroratio）：「修辞疑問」（interrogatio）

「序論」(33) ではランプの置き場に関する「一般論」が述べられる。「命題」では「体」の光の源である「目」に関する「具体論」が「直喩」として語られる。「議論」では「健やか」に対して「悪い」(34b, d)，「光で輝いている」に対して「闇のように暗い」(34c, e) を「対置」した並行法を用いて論じる。「命題」から導かれた「結論」を「修辞疑問」を用いて語る (34)。

3. この時代に対抗して（Q11:14–52）

注解

33：一般論として「ランプ」は「ランプ台」の上に置く。「隠れた所」とは具体的にはワインなどを置く「穴蔵」（文語訳・新共同訳・岩波訳），「穴倉」（口語訳・新改訳）を指す。「ランプ台」は，家の中の部屋の中心や柱の高い所などに置いた。ランプをともすのは神であり（詩編 18:29），人間の霊は主のともし火である（箴言 18:28）という旧約聖書の伝統に由来する表現である。明かりがともると「家の中にいる人々すべてを照らし出す」とはユダヤ教の宗教改革を示唆し，「家の中に入ってくる人々は光を見る」（ルカ 11:33）は個人の回心を示唆する（T. W. マンソン）。

34：「目」は視覚の入り口であり，心を照らす窓である（Q6:41–42, 10:23 比較）が，ここでは「体のランプ」という「隠喩」で表現される。「目」は「心」の灯であり，「心」は「体」の灯であるという順序であるが，ここでは「心」と「体」が一つになっている。「目が健やかであれば」は「目が良く見えれば」，「目が悪ければ」は「（盲人のように）目が見えなければ」の意味，「体全体は」は「あなた自身は」の意味。「光で輝いている」は「光」（11:35, 12:3）の形容詞，「闇のように暗い」は「闇」（12:3; 11:35, 13:28）の形容詞。「光」は「知恵」を暗示する。「知恵は永遠の光の反映」「知恵は太陽よりも美しく，すべての星座にまさり，光よりもはるかに輝かしい」（知恵の書 7:26, 29）参照。

35：「それ故」で結論に入る。「あなたの中にある光」すなわち「あなたの光を宿すべき霊」。「その暗さはどれほどか」は「神の国」の福音を拒んだ人の心の暗さを指摘する。

(3) 反対者への災いの言葉

Q24　ファリサイ派・律法学者に対する災いの言葉（Q11:42, 39, 41, 43-44, 46, 52, 47-48）

訳文

42a　「あなたがたファリサイ派の人々〔は〕災いである。
  b　あなたがたはミントやイノンドやクミンの10分の1を献げるが，
  c　裁きや憐れみや信仰を〔疎んじる〕からである。
  d　だが，これらは行わなければならないが，それらも〔疎んじ〕てはならない。
39b　あなたがたファリサイ派の人々〔は〕災いである。
  c　あなたがたは杯や皿の外側を清めるが，
  d　内側は貪欲と放縦に満ちて〔いる〕からである。
41a　杯の内側を……〔清めなさい〕，
  b　……そして……その外側は清い。……
43a　あなたがたファリサイ派の人々は災いである。
  b　あなたがたは〔宴会では上席を，
  c　また，〕会堂では上座を，
  d　広場では挨拶を好むからである。
44a　あなたがた〔ファリサイ派の人々〕は災いである。
  b　あなたがたはまだ何も記されていない墓〔のよう〕で，
  c　その上を歩く人々は（それを）知らないからである。

46a　〔また，〕あなたがた〔律法学者〕たちは災いである。
  b　あなたがたは重荷を〔負わせ〕，
  c　〔人間の両肩の上に置くからである〕。
  d　〔だが〕あなたがた自身が，あなたがたの指でそれらを〔動かそうとは〕〔し〕ない。

3. この時代に対抗して（Q11:14–52）

- 52a あなたがた〔律法学者〕たちは災いである。
- bc あなたがたは〔人間の前で神の〕〔国を〕閉ざしているからである。
- d あなたがた自身も入らず，
- e 入りに来た人々が入ることを〔も〕許さ〔ない〕。
- 47a あなたがたは災いである。
- b あなたがたは預言者たちの墓を建てているからである。
- c だが，あなたがたの父祖が彼らを殺したのである。
- 48 ……あなたがた自身で，あなたがたの父祖の子孫であることを証している。……」

関連箇所

Q11:39, 41

トマス福音書89：イエスが言った，「なぜあなたがたは杯の外側を洗うのか。あなたがたは，内側を造った者が，また外側も造った者であることが分からないのか」

Q11:43

マルコ12:38b-40：彼の教えの中で彼（イエス）は言った。「ストール（長い衣）を着て歩き廻り，広場で挨拶されることを望む律法学者に気をつけなさい。彼らは会堂では上座，宴会では上席を望み，やもめの家を食い尽くし，見せかけで長い祈りをする。彼らはより厳しい裁きを受けるであろう。」（私訳）

Q11:52

トマス福音書39:1：イエスが言った，「パリサイ人や律法学者たちは知識の鍵を授けたが，それを隠した。彼らも入らないばかりか，入ろうとする人々をそうさせなかった」

伝承史（様式史・編集史）的分析

　それぞれの言葉は以下の七つのファリサイ派の会堂に対する預言の言葉であるが，七つの「災いである」はQでは一つであり，それにマタイ福音書

ではマルコ福音書やその他の「災いである」を追加している（Bultmann, *Tradition*, 113-114; Schulz, *Q*, 94）。

  42 十分の一税について
39, 41 儀礼的洗いについて
  43 上座・上席を好むことについて
  44 墓のような人々について
  46 人間が負いきれない重荷を負わせることについて
  52 神の国を閉ざしていることについて
47-48 預言者の墓を建てる人について

修辞学的分析
 このペリコーペは「この時代」を代表するファリサイ派・律法学者に対する「災いの言葉」であり，修辞学の視点で見ると，次のペリコーペと共に「非難の言葉」を構成する。

  42 ファリサイ派への「第一の非難」と「理由」
39, 41 ファリサイ派への「第二の非難」と「理由」
  43 ファリサイ派への「第三の非難」と「理由」
  44 ファリサイ派への「第四の非難」と「理由」
  46 律法学者への「第一の非難」と「理由」
  52 律法学者への「第二の非難」と「理由」
47-48 律法学者への「第三の非難」と「理由」

第一の非難から第四の非難までは「ファリサイ派の人々」が対象であり，第五の非難から第七の非難までは「律法学者」が対象である。それぞれ「あなたがたファリサイ派の人々／律法学者は災いである。なぜならば……」という言葉で始まり，「語頭畳用」を用いて強調する。またそれぞれの理由を表す文はしばしば「対置」による並行法で書かれている（11:42b/c, 39c/d, 41a/b, 43bc/d, 44b/c, 46bc/d, 52d/e, 47b/c）。また，ファリサイ派批判と律法学者批判は次第に高まっていき，クライマックスに達する。

マルコ福音書との比較

　マルコ福音書の律法学者批判の言葉（12:38b-40）には，「ファリサイ派」については何も言及されていない。また，批判の言葉に「幸いである」の反対語である「災いである」と言う言葉は用いられていない。さらに，非難の対象となっている事柄が，「上座・上席を好むことについて」以外は異なっている。すなわち，「長い衣を着て歩き回ること」「広場で挨拶されることを望むこと」「やもめの家を食い尽くすこと」「見せかけで長い祈りをすること」はQでは言及されていない。

　マタイ福音書ではQとマルコ福音書の伝承を一つにまとめて拡充する（マタイ23:1-36）。それとは対照的に，ルカ福音書ではQの順序を入れ替えたり追加したりもするが（11:37-52），Qとは別にマルコ福音書の律法学者批判もそのまま採用する（20:45-47）。

注解

　42：「ファリサイ派」は「分かたれた」という言葉に由来する。マカベヤ戦争（紀元前168-164年）以後のハスモニア王朝から分離独立した敬虔派。「ファリサイ派の人々」は律法学者の律法解釈を厳格に「実践する人々」であった。

　「10分の1を献げる」は，畑の収穫の10分の1（申命記12:22）は神のものであり（レビ記27:30），十分の一税として神殿に献げたことに由来する。それは土地を持たないレビ人の報酬とされた。ファリサイ派はそれを厳格に実践し，「ミント」「イノンド」「クミン」（文語訳・口語訳・新改訳は「ハッカ」「イノンド」「クミン」，新共同訳・岩波訳は「ハッカ」「イノンド」「茴香」と訳す）などの香辛料まで10分の1を献げていた。

　「裁き」（「公正」とも訳せる。Q10:14, 11:31, 32 参照），「憐れみ」（すなわち「愛」），「信仰」（「信頼」とも訳せる。Q7:9, 17:6 参照）を「疎んじる」は「ほったらかしにする」「放置する」という意味で，ファリサイ派非難の第一は，祭儀律法を守ることにおいては厳格であるが，その肝心の精神（「ヘブライ的人道法」出エジプト記22:21-27）を失っている点にある。

39：ファリサイ派は「地の民」「異邦人」「盗人」が家に入ると「汚れた」と考えて食器などを清めた（ミシュナ「トホロート」7）。「杯や皿の外側を清める」のは隠喩であり，人間の「外側の清め」である。それに対して，より重要なのは人間の「内側の清め」であるが，心の内側は「貪欲と放縦に満ちている」。ファリサイ派非難の第二は，「外面的な清め」に対して「内面的な清め」がない点にある。肝心な精神を失っている点は，「内面的な清さ」がない点に典型的に見られる（マルコ 7:1-22 参照）。

41：「杯の内側」は「人間の内側」すなわち「心」の隠喩。「その外側」は「人間の外側」すなわち「体」の隠喩。食物によって汚れるのではなく，悪い思いによって汚れるのである（マルコ 7:15, 20 比較）。

43：「宴会」の「上席」はすなわち「招待席」や「指定席」を指し，「会堂」の「上座」はすなわち最前列の「モーセの座」（マタイ 23:2）を指す。いずれも特別席を意味する。「広場では挨拶を好む」（直訳）は，「挨拶するのを好む」のではなく「挨拶されるのを好む」，人々から敬意を抱かれることを好む。ファリサイ派非難の第三は，特権意識をもっている点にある。「特権意識」は，「内側は貪欲と放縦に満ちている」（11:39d）と表される。

44：「墓に触れた者は，すべて 7 日間汚れる」（民数記 19:16）ため，「墓」と知らないで「その上を歩く人々」も同様に汚れる。すなわち，ファリサイ派非難の第四は，ファリサイ派は人々を汚す点にある。「特権意識」は「人を汚す」。敬虔な人々である「ファリサイ派の人々」は「人を汚す」という点が非難のクライマックスである。

46：「律法学者」は「律法の研究家」で「律法の解釈者」。エズラが最初であり（エズラ記 7:1, 6），その後はファリサイ派と密接な関係をもつようになった。

「重荷を負わせ」は律法の解釈で重荷を負わせ，「人間の両肩の上に置く」

と隠喩を用いて，人々の生活に負担を増大させることを意味する。しかし，反対に自分ではその重荷を担ごうとはしない。律法学者非難の第一は，「律法」に関して負担を増大させる点にある。

52：「神の国を閉ざす」は「神の国に入る門を閉ざす」の意味。具体的には洗礼者ヨハネやイエスの「神の国」の宣教に反対して「神の国を閉ざす」。律法学者非難の第二は，「神の国」に関して「自分も入らず，他人も入れない」点にある。すなわち，律法に対する要求を増大させて，洗礼者ヨハネとイエスに反対して神の国に入れなくする。

47-48：「預言者の墓を建てる」は「預言者を顕彰する」「預言者に対して尊敬の念を懐く」の意味。表面的には預言者を尊敬しているように見えるが，その深層心理は洗礼者ヨハネとイエスを排斥して預言者を殺した父祖以来の精神を伝承しているという「アイロニー」を用いて表明する。律法学者非難の第三は，預言者に関して，過去の大預言者を尊敬しているように振る舞うが，この時代の預言者を排斥し殺害しようとする点が批判される。すなわち「神の国を閉ざす」ばかりでなく，神の国を宣教する「預言者の末裔を排斥する」。こうして，律法学者批判の「クライマックス」で預言者である洗礼者ヨハネとイエスの殺害が暗示される。

Q25　この時代に対する神の知恵（Q11:49-51）

訳文

49a　それゆえ，知恵も……言った。
　b　「私は預言者や知恵ある人々を彼らの〔ところに〕派遣するであろう。
　c　彼らは彼らの中の（ある人々）を殺害して迫害するであろう。
50a　預言者すべての血が求められた〔からである〕。
　b　世界の創造の時以来流されてきた（血が）
　c　この時代から（も求められる）。

51ab　アベルの血から祭壇や家の間で滅ぼされたゼカルヤの血に至るまで。
　　c　そうだ，あなたがたに言う。この時代から求められるであろう。」

伝承史（様式史・編集史）的分析

　このペリコーペはQ文書で「知恵」からの派遣者を拒むことに関わる三番目の「知恵の言葉」である（Q7:31-35, 11:29-32 参照）。イエス以前のユダヤ教の預言者の伝承がキリスト教化されたもので（Bultmann, *Tradition*, 114），預言者的・黙示的「脅威の言葉」に由来する（Schulz, *Q*, 339; Sato, *Prophetie*, 151-156）。これは前段落の「災いの言葉」がファリサイ派の人々と律法学者に向けられているのに対して，この段落の「知恵の言葉」は知恵を拒んだ「この時代」に向けられていることからも後からの挿入であることが示唆され，「預言者」「殺す」というキー・ワードとの繋がりで，編集段階で付け加えられたのであろう（Kloppenborg, *Formation*, 144）。

修辞学的分析

　このペリコーペは前の段落と共に「この時代に対する非難の言葉」を構成し，その「結論」にあたる。以下のように，この「結論」の部分は，一番訴えたい「命題」とその「理由」とその要約を「繰り返し」た「結論」で構成される。

　　　　　49　「命題」（propositio）
　　50-51ab　「理由」（causa）
　　　　51c　「結論」：「繰り返し」（repetitio）による

　このペリコーペは，「（知恵が，私が）言う」（49a, 51c）と「（血が）求められる」（50a, 51c）という二つの動詞によって「包摂」される。「命題」の中では「預言者」と「知恵ある人々」。「殺害する」と「迫害する」という似た言葉を繰り返す「滞留（反復）」が見られる。「預言者すべての血が求められた」（50a）理由を述べて，「世界の創造の時以来」（50bc）を「アベルの血から」（51bc）と具体的に言い換えて「洗練」し，最後に「この時代から（も求められる）」（50c, 51c）を「繰り返し」て強調する。

注解

49：「知恵」が擬人化されて，しばしば一人称単数の主語となって語る（箴言 1:20-33, 3:13-20, 8:1-9:6。知恵の書 7:22:30, シラ書 1:1-10 参照）。「知恵」とは神ないしはイエスを指すが，ここでは「預言者」「知恵ある人々」を派遣する神を指す。「彼らは」とは「この時代の人々」すなわち「イエスを拒んだ人々」。「殺害する」は Q12:4, 13:34 参照，「迫害する」は Q6:22, 23, 28 参照。

50：「預言者すべて」は Q6:23, 7:26, 10:24, 11:47, 49, 50, 13:34, 16:16 参照。「血が求められたからである」はイスラエルの父祖たちからこの時代の人々まで「血が流されるのを求めた」すなわち「殺害した」ことを表す。すなわち，ここから裁きの時には預言者を殺害した責任が問われる。「世界の創造の時以来」すなわちカインによる「アベルの血から」（次節）エレミヤを始めとする預言者殺害で血が「流されてきた」。「この時代からも」は最後の預言者である洗礼者ヨハネ（Q16:16）の死とイエスの死を暗示する（Q13:33-34 参照）。

51：「アベルの血」（創世記 4:1-16）は旧約聖書の最初の殺人であり，「ゼカルヤの血」（歴代誌下 24:17-22）は旧約聖書の歴史書の最後の殺人である。「そうだ，あなたがたに言う」という預言的な導入句を用いて，「この時代」の人々が「知恵」なる神から派遣された預言者や「派遣された使者」（＝使徒）を殺害した責任が最終的に問われる。

4. 真の共同体について

　第三ブロックで「この時代」を批判した後で，第四ブロックでは「真の共同体について」述べる。「告白と聖霊の助けについて」(Q12:2-9, 10-12) を「序論」として述べた後に，「思い煩いに関する説教」(Q12:22-31) が「本論」として語られ，それを補うように「地の国についての譬え」(Q12:33-34, 39-40, 42-46)，「分裂と和解について」(Q12:49-53, 54-56, 58-59)，「神の国についての譬え」(Q13:18-21, 24-27, 28-29, 30) が続く。「結論」として「エルサレムに対する非難の言葉」(Q13:34-35) が語られる。それは第三ブロックの結びの，「この時代」を代表するファリサイ派と律法学者に対する「非難の言葉」(Q12:39-52) と対置関係にある。

(1) 告白と聖霊の助けについて

Q26　告白についての教え (Q12:2-9)

訳文
2a 「覆われているもので露わにされないものはなく，
b 隠されたもので知られるようにならないものはない。
3a 私があなたがたに暗闇の中で言うことをあなたがたは光の中で言い，
b あなたがたが耳の中で聞くことを屋根の上で宣べ伝えるであろう。
4a そして，体を殺す人を恐れてはならない，
b 魂を殺すことができないからである。
5b だが，魂も体もゲヘナで滅ぼすことができる方を
a あなたがたは恐れなさい。
6a 〔5〕羽の雀は，〔2〕アサリオンで売られているではないか。
b しかし，それらの中の1羽ですら〔あなたがたの父〕の意思なしに地には落ちない。

4. 真の共同体について（Q12:2–13:35）

7a 〔だが，〕あなたがたの髪の毛はすべて数えられ〔ている〕。
 b 恐れてはならない。あなたがたは多くの雀より優っているからである。
8ab 人間の前で私〔について〕告白する人はすべて，
 cd 天使たちの前で〔人の子〕も彼を告白〔する〕……。
9a 人間の前で私を否定する人は，
 b 天使たちの前で否定〔される〕。

関連箇所

Q12:2
　マルコ 4:22：「隠れているものであきらかにならないものはなく，秘められたもので公にならないものはない。」
　トマス福音書 5（＝オクシリュンコス・パピルス 654.27-31）：イエスが言った，「あなたの目の前にあるものを知りなさい。そうすれば，あなたに隠されているものはあなたに現されるであろう。なぜなら，隠されているもので，あらわにならないものはないからである」
　トマス福音書 6:2（＝オクシリュンコス・パピルス 654.36-40）：「なぜなら，すべては天の前に現われているからである。なぜなら，隠されているもので，あらわにならないものはないからである。また，覆われていたもので，覆いなしに残らないものはないからである」

Q12:3
　トマス福音書 33:1（＝オクシリュンコス・パピルス 1.41-42）：イエスが言った，「あなたが自分の耳で聞くであろうことを，あなたがたの屋根の上でほかの耳に述べ伝えなさい」

Q12:8-9
　マルコ 8:38：「神に背いたこの罪深い時代に，わたしとわたしの言葉を恥じる者は，人の子もまた，父の栄光に輝いて聖なる天使たちと共に来るときに，その者を恥じる。」

伝承史（様式史・編集史）的分析

マルコ福音書 4:22, 8:38, オクシュンコス・パピルス 654.27-31, 36-40, トマス福音書 5, 6 などの断片的な伝承から明らかなように，Q12:2, 3, 4-5, 6-7, 8-9 は元来独立した言葉伝承であったと思われる（Schulz, *Q*, 463-465, 159-161; Kloppenborg, *Formation*, 206-208）。「恐れてはならない」（12:4a）で始め「恐れてはならない」（12:7b）で結び，その間に「恐れなさい」（12:5a）と「修辞疑問」（12:6a）を挟み込んだ Q12:4-7 を核として，その前後に Q12:2-3, 8-9 を加えた「二重の伝承によるアフォリズムの集まり」と位置付けられる（Piper, *Wisdom*, 51-61; Tuckett, *Q and History*, 315-319）。

修辞学的分析

このペリコーペは以下のような修辞学的構造をしている。

  2-3　「序論」（exordium）
  4-7　「議論」（argumentatio）
  8-9　「結論」（peroratio）

また各節は「対置」による並行法で書かれ，類似内容の二節ずつが一つにまとめられている。しかも「序論」と「結論」では言葉による表明である「宣教」と「告白」という密接に関連したテーマで「包摂」し，その間の「議論」では人間を「恐れず」全知全能の神を「恐れる」というテーマで「議論」が展開される。

注解

2：「覆われているもの」「隠されたもの」が「露わにされ」「知られるようになる」のは宣教論的背景によるのではなく，終末論的モティーフによる。「神は，善をも悪をも一切の業を，隠れたこともすべて裁きの座に引き出されるであろう」（コヘレトの言葉 12:14）参照。

3：「暗闇の中で言う」「耳の中で聞く」が「光の中で言う」「屋根の上で宣べ伝える」と拡大していくのは終末論的背景に動機づけられた宣教論による。

4. 真の共同体について（Q12:2–13:35）　　　241

4：「体を殺す人」である「人間」は「魂を殺すことができない」ので「恐れてはならない」。すなわち，「魂を殺すことができる神を畏れよ」「人間を恐れず，神を畏れよ」という意味。「何を食べようか，……何を着ようかと思い煩うな」（Q12:22）の延長線上にある議論である。

5：「恐れ」なければならないのは「魂を殺すことができない」「人間」ではなく，「魂も体もゲヘナで滅ぼすことができる」「神」である。「ゲヘナ（地獄）」は「最後の審判」と結びつく終末論的モティーフであり，「主を畏れることが知恵の始め」（ヨブ記 28:28, 詩編 111:10, 箴言 1:7, コヘレト 12:13）という「知恵の言葉」の伝統が終末論的に位置づけられている。

6：「5羽の雀が2アサリオン」（ルカ版），「2羽の雀が1アサリオン」（マタイ版）では，ルカの方がオリジナル版。「売られている」アゴラ（町の中心地の石畳の広場，そこでは市が立ち市場にもなる）で雀は廉価で売られていた。「あなたがたの父」とは「神」のこと，「意思なしに地には落ちない」とは神の配慮のもとにあること，すなわち「取るに足らない雀ですら神の配慮と加護の下にある」という意味。「種も蒔かず，刈り取りもせず，倉に集めもしない。しかし，神はそれらを養ってくださる」（Q12:24）参照。世界の創造の神の業に対する絶対的な信頼と信仰が表明される。

7：「あなたがたの髪の毛はすべて数えられている」とは全知全能の神が1人ひとりの微細部に至るまで克明にご存知であることを象徴する。「恐れてはならない」は「（人間を）恐れてはならない」（11:4a）の「繰り返し」。「あなたがたは多くの雀より優っている」とは神の配慮と加護は雀以上にあること。「あなたがたは鳥たちよりもはるかに優っているではないか」（Q12:24）参照。こうして，「恐れてはならない」は魂を裁く神から大自然を支配する全知全能の神へと「小から大へ」の類比を用いて展開される。

8：「告白する」は「イエスがメシアである」と告白する。「人間の前で私

を告白する人」は「天使たちの前で人の子も彼を告白する」，地上での人々の前での告白が天上での天使たちの前での告白に繋がる。「この時代」の拒否にもかかわらず，イエスに従う弟子たちの立場。「あなたがたを受け入れる人は，私を受け入れるのであり，また私を受け入れる人は，私を派遣した方を受け入れる」（Q10:16）参照。

9：「否定する」は「告白する」の反対。8節と正反対の立場，すなわちイエスを拒否した「この時代」の人々の立場。

Q27　聖霊への冒瀆と助け（Q12:10-12）

訳文

10ab 人の子に反対する言葉を言う人は赦されるだろう。
　cd だが，聖なる霊に反対することを〔言う〕人は赦されないだろう。
11a だが，彼らがあなたがたを会堂の〔中に〕導き入れる時に，
　b あなたがたは何をどう言おうかと思い煩うな。
12 〔聖なる霊〕が，その時刻にあなたがた〔が〕何を言うべきかを……〔教えるだろう〕からである。」

関連箇所

Q12:10

マルコ 3:28-29：「はっきり言っておく。人の子らが犯す罪やどんな冒瀆の言葉も，すべて赦される。しかし，聖霊を冒瀆する者は永遠に赦されず，永遠の罪の責めを負う。」

トマス福音書 44：イエスが言った，「父を汚すであろう者は赦される。そして，子を汚すであろう者は赦される。しかし，聖霊を汚すであろう者は，地においても天においても赦されない」

Q12:11-12

マルコ福音書 13:(9-)11：「（……会堂で……）彼らがあなたがたを連れ

て行き引き渡す時，何を語ろうかと思い煩わないで，その時あなたがたに与えられたことを語りなさい。なぜならば，語るのはあなたがたではなく，聖霊だからである。」（私訳）

伝承史（様式史・編集史）的分析

マルコ福音書 3:28-29, 13:11 やトマス福音書 44 からも，これらが独立した言葉伝承であったことが分かるが，Q 文書の段階では既に「聖霊」「言う／語る」というモティーフで一つにまとめられていたと思われる。Q12:2-9 に引き続いて付け加えられたと考えられる（Piper, *Wisdom*, 56, 69; Kloppenborg, *Formation*, 207-208）。

修辞学的分析

このペリコーペは，前段落の「結論」の続きでその末尾にあたる。Q12:10 の前半と後半は，「対置」による並行法で書かれている。

注解

10:「人の子」はイエスを指すメシア称号。「聖なる霊」は「神の聖い霊」で，「汚れた霊」（Q11:24）とは正反対。イエスは聖なる霊で満たされている（Q3:16, 4:1），すなわち神そのものを指す。

11-12:「会堂（シナゴーグ）の中に導き入れる時」とは「会堂でユダヤ教に対するキリスト教の弁明の時」。Q 文書で会堂が出てくるのは 11:43 とこの箇所のみ。「思い煩わないように」は Q12:22, 26, 29 参照。

(2) 思い煩いに関する説教

Q28　思い煩いに関する説教（Q12:22-31）

訳文

22a　それゆえ，私はあなたがたに言う。
　b　「あなたがたの命のことで何を食べようか，
　c　あなたがたの体のことで何を着ようかと思い煩うな。
23a　命は食べ物よりも大切であり，
　b　体は着物よりも大切ではないか。
24a　カラスのことをよく考えてみなさい。
　b　なぜならば，種も蒔かず，刈り取りもせず，
　c　倉に集めもしない。
　d　しかし，神はそれらを養ってくださる。
　e　あなたがたは鳥たちよりもはるかに優っているではないか。
25a　あなたがたの中で誰が思い煩ったからといって，
　b　自分の寿命に日を加えることができようか……。
26　また，着物についてなぜ思い煩うのか。
27a　野の花がどのように育〔つ〕かよく観て〔学び〕なさい。
　b　働〔き〕もせず，紡〔ぎ〕もしない。
　c　だが，私はあなたがたに言う。
　d　あらゆる栄華を（極めた）ソロモンでさえ
　e　これらの一つほどにも装っていなかった。
28a　今日は野にあって
　b　明日は炉に投げ入れられる野の草でさえ，
　c　神がこのように着飾って〔くださる〕。
　d　あなたがたははるかに（優っている）ではないか，信仰の薄い人々よ。
29b　『私たちは何を食べよう〔か〕。〔あるいは〕何を飲もうか。〔あるい

4. 真の共同体について（Q12:2–13:35） 245

　　は〕何を装おう〔か〕』
　a　と言って，思い煩うな。
30a　これらのものはすべて異邦人たちが切に求めているからである。
　b　あなたがたの父はあなたがたがこれらのもの〔すべて〕を必要としていることをご存知だ〔からである〕。
31a　だが，あなたがたは神の国を探し求めなさい。
　b　これらのもの〔すべて〕はあなたがたに加えられるであろう。」

関連箇所

Q12:22-31

　　トマス福音書 36：イエスが言った，「朝から夕まで，また夕から朝まで，何を着ようかとと思いわずらうな」

　　オクシリュンコス・パピルス 655.1.1-17：朝から夕まで，また夕から朝まで何を食べようかと，自分の食事のことで，また何を着ようかと，自分の着物のことで思いわずらうな。あなたがたは毛羽立てず紡ぎもしない百合よりもはるかに優れている。あなたがたは衣服がない時に何を着るのか。何を身につけるのか。その方はあなたがたに衣服を与えるであろう。

伝承史（様式史・編集史）的分析

　テキストは 12:22-24, 25, 26-28, 29-31 によって形成されたという見解はほぼ一致するが，その形成史の見解は分かれている（Kloppenborg, *Formation*, 216-212）。第一に，22-23 節に 24, 26-28, 29-31 節が加わり，その後に 25 節が追加されたと考える立場（Bultmann, *Tradition*, 8），またそれを改訂して，22-23 節に 24, 27-28, 29, 30b 節が加わったものに 25, 26 節が挿入され，最後に 30a, 31 節が追加されたとする立場（Zeller, *Mahnsprüche*, 86-87）。第二に，22-24, 26-28 節に 29-31 節が追加されたと考える立場（Schulz, *Q*, 154）。第三に，22, 24, 26-28 節で構成されていたものに 23, 25 節が加わり，その後に 29-31 節が追加されたと考える立場（Tuckett, *Q and History*, 149-152）。第四に，

これとは反対に，22-23, 25 節で構成されていたものに 24, 26-28 節が加わり，さらに 29-31 節が追加されたと考える立場（Piper, *Wisdom*, 24-36; Jacobson, *The First Gospel*, 189-192）。第五に，マタイは 22, 24, 26-28, 29-31 節のマタイ以前の伝承を受け取ったと考える立場（Catchpole, *Q*, 31-35）などがある。

しかし，22b の後の 24, 27-28 節の具体的な例を挙げるのは，イエスに特有な表現で元来のものであり，その後で 23, 25 節の抽象的な概念が加わったのであろう。また，29-31 節は，「異邦人」（30a）と対立しており，「神」（24d, 28c）と「父」（30b），「着る」（22c）と「装う」（29b）という異なる言葉を用いているので（Kloppenborg, *Formation*, 218），22 節以下とは異なるユダヤ人キリスト教徒による同じテーマの別の伝承であったのかもしれない。

「あなたがたの命」「あなたがたの体」（22b）は，ルカ福音書では「命」「体」のみで「あなたがたの」を省略して抽象化の傾向が見られる。マタイ福音書は「何を食べようか」（22b）の後に 29 節に呼応して「何を飲もうか」を付加している（6:25）。「大切ではないか」（23）という修辞疑問をルカは「大切である」と断定的表現に変えている。「カラスのことをよく考えてみなさい」（24a）をマタイは「鳥たち」（24e）に呼応して「空の鳥をよく見なさい」（6:26）と一般化し，視覚化している。「倉に集めもしない」（24c）をルカは「納屋も倉もない」に変えている。「神は」（24d）をマタイは「あなたがたの父」（30b）に呼応して「あなたがたの天の父は」に変えている（6:26）。「はるかに」（24e）は，マタイでは省略されている（6:26）。「鳥たち」（24e）は，マタイでは「彼ら」に変えられている（6:26）。「はるかに」（24e）は，ルカでは「どれほどはるかに」と強調している。「日を」（25b）をマタイは「一日を」に変えている（6:27）。「着物についてなぜ」（26）をルカは「こんな小さなことができないならば，なぜ他のことを」に置き換えている。「よく観て学びなさい」（27a）を置き換えてルカはここでも「よく考えてみなさい」（24a）を繰り返す。「言う」（27c）について，マタイは「……ということを（言う）」を加える。「優っているではないか」（28d）という修辞疑問をルカは「優っている」と断定的表現に変えている。「『私たちは……』と言って」（29）という直接話法をルカは「あなたがたは……と求めてはならない」と

いう間接話法に変えている。「異邦人」(30a) にルカは「この時代の」を加え，「(あなたがたの) 父」(30b) にマタイは「天の (父)」(6:31) を加える。「神の (直訳「彼の」) 国」(31)，マタイは「第一に」と「(神の国) と神の (直訳「彼の」) 義」を加える (6:33)。さらに，マタイは 6:34 を加える。

修辞学的分析

12:22a は説教全体の「導入」であり，11:30-31 は「結論」である。説教は助言的演説の一種であり，次のように構成されている。

   22a 「序論」(exordium)
   22bc 「命題」(propositio)
   23   「確証」(probatio)
   24   「例証」(exemplum)
   25   「反論」(refutatio)
   26   「命題」(propositio)
   27-28 「例証」(exemplum)
   29-31 「結論」(peroratio)

「思い煩うな」(12:22bc) という「命題」は，25a, 26 節で形を変えて繰り返され，さらに 29a 節の「結論」でも繰り返される。さらに結論では「(食べ物や着物を) 切に求める」(30a) のではなく「(神の国を) 探し求める」(31a) と「求める」という動詞が繰り返され，「思い煩う」という動詞と対比されて，それに置き換えられていく。また，「(自分の寿命に日を) 加えることができようか」(25b) と「(これらのものすべてはあなたがたに) 加えられるだろう」(31b) は同じ動詞を用いているが，人間の力と神の力を「対置」する。また，「思い煩う」ことに「反論」して「思い煩い」を断ち切る端緒を与える。「命」と「体」が「対置」され (22bc, 23ab)，それらに対応して「カラス」(24) と「野の花」(27-28) が挙げられ「例証」される。それらは「鳥たち」(24e) と「野の草」(28b) としてまとめられる。「カラス」と「野の花」の「例証」では，「並置」(24a, 27a; 24bc, 27b; 24d, 27d-28c; 24e, 28d) が用いられ，またこれらの「論証」の議論で頻繁に用いられるのは，「修

辞疑問」(23, 24e, 25, 26, 28d) と「小から大へ」(a minore ad maiorum) の「類比」(23, 24e, 27de, 28d) である。

注解

22：「それゆえ」は，前段落までの真の共同体を築くための教え（Q12:2-12）を受け，とりわけ，直前の聖霊についての教えを受けている（Q12:11「思い煩うな」）。ここでは，物質的な「思い煩い」である「所有」の問題とは対比的な霊的な生き方である神の下での「存在」の在り方を勧める。ルカ12:13-14, 16-21 が Q に含まれる可能性があると想定して，「それゆえ」はそれらを受けている（Kloppenborg, *Formation*, 216）のではない（Jacobson, *The First Gospel*, 190）。それらは Q に属さないからである。

「私はあなたがたに言う」は，新しい段落の導入句（Q11:9。Q3:7, 10:2 参照）であり，ここでは説教の導入にあたる「序論」の役割を果たしている。この導入句は文中でも用いられる（Q12:27b, 7:26, 28, 10:24, 13:35, 17:34）。

「思い煩うな」は，この説教を貫く命題であり，テーマであり，何度も変奏されて繰り返される（22b, 25, 26, 29）。漠然とした「不安」が高じて「悩み」となり，具体的な「悩み」が高じて「思い煩い」となる。ここでの「思い煩い」は「何を食べようか」「何を着ようか」という毎日の生活で必要不可欠な物質に事欠くことから生じている。これらは辺境のガリラヤの貧しい小作農が最も思い煩う事柄であった。ここでは一般的で抽象的な「命」や「体」の問題としてではなく，「あなたがたの命のことで」「あなたがたの体のことで」とより具体的で個人的な問題について言及する。

23：「思い煩い」というテーマを言い換えて，「食べ物」と「命」，「着物」と「体」を比較し，どちらが大切か，と 2 組の対比的文章を重ねて，修辞疑問で問いを投げかける。ここで新たに問われているのは，「食べ物」や「衣服」ではなく，「命」と「体」の問題であり，人間の生き方の問題である。こうして，表面的な物質の問題から，より本質的で根本的な不安や悩みや思い煩いの源の問題，心のあり方の問題へと切り込んでいく。

4. 真の共同体について（Q12:2-13:35）　　　249

24a-d：「思い煩い」から解放させるために，第一の議論のテーマである「命」の問題について論じ始める。目を大空に向けて大自然の営みから「よく考えてみる」ことを勧める。ここで例として挙げられているのは大自然の営みの中でも小さな「空の鳥」であり，その中でも，人々に忌み嫌われ好感を持たれていない「カラス」である。

「種も蒔かず，刈り取りもせず，倉に集めもしない」という三つの動詞で表現されているのは，農作業に勤しむ農夫の仕事である。貧しい小作農が生活していく上で最も「思い煩い」に陥りやすい。農夫は思い煩いながら働き，カラスは思い煩わずに生きている。しかし，さらに一歩踏み込んで，この大自然の営みの中に，カラスに対して配慮し養い育てている神の見えない働きをよく観ているのは，信仰の目による。

24e：思い煩いから解放されているカラスと思い煩っている人間を比較し，どちらが「優っている」か，と修辞疑問で問いを投げかける。

25：「思い煩ったからといって」命を延ばすことができるだろうか，と修辞疑問で問いを投げかける。人間は自分の命がいつ終わるかも知らず（詩編90:12），自分の命すら自分でわずかでも延ばすことはできない。人間の働きの限界と人間を越えた大自然の営みの力の背後にある，人間やカラスに命を与え配慮し養育する神の働きの大きな違いに思いを馳せらす。

26：「着物」と「思い煩い」という第二の議論のテーマに移っていく。

27：次に，目を大地に転じて，大自然の営みの中で人知れず咲いている名も無い花に目を注ぐ。この野の花も具体的な花のイメージをもって語られたと思われる。従来は「百合」と訳されてきたが，百合を始めとするアネモネ，グラジオラス，アザミ，ショウブなどを含む野の花を指す。「空の鳥」ではなく「カラス」という人から嫌われるイメージに対応する野の花は「アザミ」（創世記3:18参照）などで，枯れ草が焚きつけにされるものでもある（28）。

「働きもせず，紡ぎもしない」という二つの動詞で表現されるのは，農夫の妻が糸を紡いで，布を作り，衣服を編んでいく姿である。また，ガリラヤの貧しい農夫の妻の思い煩いは，糸紡ぎや家事仕事にあった。ここでも，思い煩わずに生きる野の花と思い煩う農夫の妻が暗に対比されている。

「私はあなたがたに言う」で導入句が改めて用いられ（22b），イスラエルの最も繁栄した時期のソロモンの神殿の美しさと大自然の野原に可憐に咲いている一輪の花の鮮やかな命の美しさを対比して，ソロモンの巨大な遺構よりも野花の方が美しいと断言する。

28a-c：だが，朝には咲き出で夕べには枯れるはかない野の花でさえ，このように美しく装われている背後には，信仰の目で見ると見えない神が働いているのがわかる。

28d：野の花と思い煩っている人間を比較するとどちらが「はるかに優っている」か，と修辞疑問で問われる。神は野の花にはるかに優って人間1人ひとりを配慮してくださるのである。このようなリアリティーは，カラスや野の花に限らず，大自然に満ちているのである。だが「信仰の薄い人々」には，それが見えない。

29：このような議論の結論として，改めて衣食について「思い煩うな」というテーマが繰り返される。

30：そして，「食べ物」や「着物」などの目に見える物質的なものを求めるのは信仰のない人々の求めることであるが，「父」である神は，求める前から必要をご存知であるので，安心して神に委ねて生きるようにと勧める。

31：食べ物や着物という物質的なものを切に求める前に，探し求めるべきことは，心の内側に神の平和と平安が支配することで，平和と平安に満ちた人となることである。

（3）地の国についての譬え

Q29　天に宝を蓄える譬え（Q12:33-34）

訳文

33a 「むしろ，あなたがたの宝を天〔に〕積みなさい。
 b そこは虫によってもサビによっても朽ち果てず，
 c 盗人たちが壁に穴を掘って盗み出せないところである。
34a なぜならば，あなたの宝があるところに，
 b あなたの心があるからである。

関連箇所

Q12:33

マルコ 10:21b：一つあなたに欠けている。行って持っているものを売り払い，貧しい人々に与えなさい。すると天に宝を積む。そして私に従いなさい。（私訳）

トマス福音書 76:2：「……あなたがたもまた，虫蛾が近寄って食わず，虫が食い尽くさぬ所に，朽ちず尽きることのない宝を求めなさい」

伝承史（様式史・編集史）的分析

　これらは「知恵の言葉」の格言であり，地上のものを配慮するのではなく，天上のものを配慮するようにという前段落のペリコーペに続くものである。Q12:33「天に宝を積みなさい」の肯定形とマタイ福音書 6:19「地に宝を積むな」の否定形は，どちらがオリジナルであったか不明であり，マタイ福音書 6:19-20 では否定形と肯定形の両者を残しているが，トマス福音書 76:2 から恐らく肯定形がオリジナルである。また，Q12:34 は二人称単数形で書かれ，二人称複数形で書かれた Q12:33 とは独立した格言であったと思われるが，Q12:33 の理由を表す文として付け加えられたと思われる（Bultmann, *Tradition*, 84; Kloppenborg, *Formation*, 221-222; Jacobson, *The First Gospel*, 193）。

修辞学的分析

この「格言」は「なぜならば」以下で「理由」を表し，以下のような構造をしている。

  33abc　「格言」（sententia）
  34ab　「理由」（causa）

「格言」の前半は「宝」と「貯える」という同じ言葉から派生した名詞と動詞で同一語句を繰り返す「滞留」を用いて書かれ（33a），後半は「並置」による並行法で書かれ（33bc），その「理由」も「あなたの」という言葉による「語尾音反復」を用いた並行法で書かれている。

注解

33：「宝を積む・貯える」とはユダヤ教の知恵文学では「施す」ことの象徴的表現である。「お前の財産に応じて，豊かなら豊かなりに施しをしなさい。たとえ，少なくても少ないなりに施すことを恐れてはならない。そうすることで，お前は窮乏の日に備えて，自分のために善い宝を積むことになるのだから。施しをすれば，人は死から救われ，暗黒の世界に行かずに済むのである。施しは，それをするすべての者にとっていと高き方の御前にささげる善い献げ物となる」（トビト記 4:8-11），「いと高き方の掟に従って，富を積め。それは黄金よりもはるかにお前のためになる。施しをお前の倉に蓄えておけ。それはお前をあらゆる災難から救ってくれる」（シラ書 29:11-12）参照。

「壁に穴を掘って」は日干しレンガの壁に穴を掘って押し入るという意味。

34：「宝があるところに……心がある」は「神とマモン（富）に仕えることができない」（Q16:13）を参照。

Q30　家の主人と盗人の譬え（Q12:39-40）

訳文

39a　だが，あなたがたは〔次のこと〕を知りなさい。
 b　もしも家の主人は盗人がいつ来るのかを知っていれば，
 c　彼の家（の壁）に穴を掘ら〔させ〕ないであろう。
40a　あなたがたは備えを成していなさい。
 b　人の子はあなたがたが思いもかけない時刻に来るからである。

関連箇所

Q12:39

　マルコ 13:35：だから，目を覚ましていなさい。いつ家の主人が帰って来るのか，……あなたがたには分からないからである。

　トマス福音書 21:2：それ故に私は言う，「家の主人は，盗賊が来ることを分かっているなら，彼は，彼（盗賊）が来る前に，目をさましているだろう。（そして）彼が自分の支配下にある自分の家に押し入り，自分の財産を持ち出すことを許さないであろう」

　トマス福音書 103：イエスが言った，「盗賊がどこに入って来るか分かっている人は幸いである。彼は，彼らが入って来る前に，起き上がり，自分の〔支配下にあるもの〕を集め，腰に帯をしめている」

Q12:40

　Ⅰテサロニケ 5:2：盗人が夜やって来るように，主の日は来る。
　Ⅱペトロ 3:10：主の日は盗人のようにやって来ます。
　黙示録 3:3：わたしは盗人のように行くであろう。
　黙示録 16:15：わたしは盗人のように来る。

伝承史（様式史・編集史）的分析

　これは「主の日は盗人のようにやって来る」という直喩の前段階の伝承であり，導入句（12:39a）は後から加えられたものであろう（Bultmann, *Tradi-*

tion, 171)。トマス福音書 21:2, 103 から Q12:39 と Q12:40 は元来別の伝承であったと思われる。Q12:40 が付け加えられて，終末論的・黙示的比喩となっている（Schulz, *Q*, 268-269）。

「盗人」「壁に穴を掘る」（Q12:33c, 39bc）というキー・ワードによって前段落の「格言」に繋げられたのであろう（Kloppenborg, *Formation*, 149）。

修辞学的分析

この比喩的言葉は，「彼の家の壁に穴を掘らせないであろう」（39c）を中心にしてシンメトリー構造をしている。「だが，あなたがたは次のことを知りなさい」（39a）に対して「あなたがたは備えを成していなさい」（40a）が「対置」し，「（家の主人は）盗人がいつ来る（のかを知っていれば）」（39b）に対して「人の子は（あなたがたが）思いもかけない時刻に来る」（40b）が「対置」による並行法で書かれている。

注解

39：「盗人がいつ来るのかを知っていれば」，盗人に対して「備えを成して（待ち）」（12:40a），「家（の壁）に穴を掘らせない」。

40：「人の子」（ダニエル 7:13）はすなわち終末的黙示的裁き主。「思いもかけない時刻に来る」は「予期せぬ時に突然来る」の意味。「盗人がいつ来る」「人の子が思いもかけない時刻に来る」が合わさって短縮されて「人の子（主の日／私）は盗人のように来る」という直喩になる。すなわち，終末に「絶えず備えよ」という警告となる。

Q31　忠実な僕と不忠実な僕の譬え話（Q12:42-46）

訳文

　　42a　それでは，忠実で〔また〕賢い僕は誰か。
　　　b　主人に家の者たちの管理を委ねられ，

4. 真の共同体について（Q12:2–13:35）

　　　c　定められた時刻に〔彼らに〕食事を与える人とは，
　43b　主人が来た時にこのようにしているのを見られる。
　　　a　このような僕は幸いである。
　44a　〔まことに〕あなたがたに言う，
　　　b　彼は自分の財産すべてを彼に委ねるであろう。
　45a　だが，もしもその僕が心の中で
　　　b　『私の主人は遅れて来る』と言って，
　　　c　〔彼の仲間の僕たち〕を殴りつけ始めて，
　　　d　酒飲み〔たち〕と飲〔み〕食〔い〕するならば，
　46ab　その僕の主人は予期せぬ日に知らぬ時刻にやって来て，
　　　c　彼を厳しく罰し，
　　　d　彼の受ける分を不忠実な人々の分と共に仕分けるであろう。」

関連箇所

Q12:46
　マルコ 13:36：主人が突然帰って来て，あなたがたが眠っているのを見つけるかもしれない。

伝承史（様式史・編集史）的分析

　この伝承は，他とは関連がない比喩だとするのは，アレゴリー化しているからである（Bultmann, *Tradition*, 171）。「幸いである」「（まことに）あなたがたに言う」という「預言者的」表現が用いられている（Schulz, *Q*, 273; Sato, *Prophetie*, 239–242, 262）。

　「人の子が思いもかけない時刻に来る」「主人は予期せぬ日に知らぬ時刻にやって来る」という共通のキー・センテンスが前段落にこのペリコーペを繋げる（Kloppenborg, *Formation*, 150）。

修辞学的分析

　このペリコーペは修辞学的に以下のような構造をしている。

42　「序論」(exordium)：「修辞疑問」による
43-44　「称賛」(laus)
45-46　「非難」(vituperatio)

注解

42-43：「僕」は直訳すると家内労働をする「奴隷」。ここでは奴隷を管理する「家令」に近い「僕」(執事)を指す。「僕」はイエスに従う人の比喩。「忠実で賢い」は「僕」に要求される「資質」，具体的には「定められた時刻に彼らに食事を与える」ことがその任務。「忠実で」は「信頼できる」ということ (Q19:17「僅かなものに忠実であった僕」参照)。「賢い」は「知恵がある」ということ。

44：「財産すべてを……委ねる」は「よくやった，善い僕よ，僅かのものに忠実であったので，多くのものを任せよう」(Q19:17) 参照。ここにも「小から大へ」の論理が見られる。

45：「主人は遅れて来る」は「旅に出た主人」と同様に終末の遅延を暗示する。「殴りつけ」「酒飲みたちと飲み食いする」は家令にふさわしくない行為をすること。

46：「予期せぬ日に知らぬ時刻に」は「盗人がいつ来るか」と同じことを指し，具体的なイメージを抽象化して表現する。「厳しく罰し」と「彼の受ける分を不忠実な人々の分と共に仕分ける」は，最後の審判を暗示する。

(4) 分裂と和解について

Q32　分裂について（Q12:49, 51, 53）

訳文

49　「〔《私は地上に火を投じるために来たのである，既に火が灯されていたならばといかに願うことか。》〕

51a　あなたがたは私が地上に平和を投じるために来たと〔思って〕いる。

b　平和ではなく，むしろ剣を投じるために来たのだ。

53a　なぜならば，私は対立させるために来たからである。
息子が父に〔対して〕，

b　娘が母に〔対して〕，

c　嫁が姑に〔対して〕（ミカ 7:6a）。

関連箇所

Q12:49

　トマス福音書 10：イエスが言った，「私は火をこの世に投じた。そして，見よ，私はそれを，それが燃えるまで守る」

Q12:51, 53

　マルコ 13:12：兄弟は兄弟を，父は子を死に渡し，子らは親らに立ち向かって彼らを殺すであろう。（私訳）

　トマス福音書 16：イエスが言った，「人々はきっと，私がこの世に平和を投げ込むために来た，と思うであろう。そして彼らは，私が地上に分裂，火，刀，戦争を投げ込むために来たことを知らない。というのは，一家のうちに 5 人いるであろうが，3 人は 2 人に，2 人は 3 人に，父は子に，子は父に，対立するであろうから。そして，彼らは 1 人で立つであろう」

伝承史（様式史・編集史）的分析

一方では，Q12:49 はイエスに帰される言葉であるが，Q12:51 以下は二次的だという考えがあり（Bultmann, *Tradition*, 154），他方では Q12:51, 53 はイエスの預言者的・黙示的言葉であるという考えがある（Schulz, *Q*, 260; Sato, *Prophetie*, 292-297）。「火」（12:49）は「裁き」を暗示し（Q3:16-17），それゆえ「家の主人と盗人の譬え」（Q12:39-40）と「忠実な僕と不忠実な僕の譬え話」（Q12:42-46）の終末の「裁き」を暗示したモティーフと結びついて，このペリコーペがここに導入されたと思われる（Kloppenborg, *Formation*, 150-151）。

修辞学的分析

この「私は……のために来た」という「命題」が文頭で4回繰り返され，「語頭畳用」が用いられる（49, 51a, b, 53a）。49節の前半の目的と後半の願い，51節の前半と後半は，それぞれ「対置」的に書かれ，53節では「息子が父に対して」「娘が母に対して」「嫁が姑に対して」と「トリコーロン」を用いて強調される。

注解

49：「地上に火を投じるために来た」は最後の裁き主として来たことを表明する。「私の後に来たるべき方は私よりも強い」（Q3:16, 7:19, 13:35）参照。

51, 53：「平和ではなく，むしろ剣」「息子が父に対して」「娘が母に対して」「嫁が姑に対して」という，終末の時に起こる「分裂」のモティーフと「家族の対立」のモティーフは，「息子は父を侮り，娘は母に，嫁はしゅうとめに立ち向かう。人の敵はその家の者だ」（ミカ 7:6）に由来する。Q12:51, 53 とマルコ福音書 13:12 の終末論的言辞は，共にミカ書 7:6 に基づいている。

Q33 時のしるしの譬え（Q12:54-56）

訳文

〔54〕a 〔……夕方になってあなたがたは言う。
　　b （明日は）好天だ。なぜならば空が夕焼けだからである。〕
〔55〕a 〔明け方に（あなたがたは言う）。
　　b 今日は悪天候だ。なぜならば空が暗く朝焼けだからである。〕
　56a 〔あなたがたは空模様を見分けることを知っているのに，
　　b 瞬時を（見分けることが）できないのか。〕

関連箇所

Q12:56

トマス福音書91：彼らが彼に言った，「あなたが誰であるかを私たちに言ってください。そうすれば私たちはあなたを信じます。」彼が彼らに言った，「あなたがたは天地の模様を調べる。そしてあなたがたは，あなたがたの面前にあるものを知らなかった。そしてあなたがたは，この時（カイロス）を調べることを知らない」

伝承史（様式史・編集史）的分析

ギリシアの天候の「格言」と終末論的な警告が結び合わされている（Kloppenborg, *Formation*, 152）。「平和」の時と「分裂」の時ならびに「好天」時と「悪天候」時という二つの時を前提にして，「平和を投じるために来たと思っている」（12:51a）と「瞬時を見分けることができない」（12:56b）という時を誤って判断するという似たテーマが見られるので，前段落のペリコーペに引き続いてここに繋げられたと思われる。すなわち，前段落に続いて見た人には「終末の兆し」が見えるというテーマが語られる（Kloppenborg, *Formation*, 154）。

修辞学的分析

「天候の格言」(54, 55) は，56節から明らかなように「瞬時を見分ける」隠喩となっている。そこでは，「対置」が用いられる。その警告となっている「終末論的警告」では「修辞疑問」を用いる。

注解

54-55：「夕方」は文字通りには「遅くなって」，「好天」は「快晴」「晴れ」の天気になること。「空が夕焼けだ」は字義通りには「（西の）空が赤くなる」。「悪天候」はすなわち「嵐」や「雨」の天気になること。「空が朝焼けだ」は字義通りには「（東の）空が赤くなる」。

56：「空模様を見分ける」とは「空の様子から（天気の良し悪しを）判断する」という意味。「瞬時（カイロス）」とは「時間的経過（クロノス）」すなわち「時間」でなく，「瞬間的な時」すなわち「瞬間」を意味する。目に見える空模様の見分け方を知っているのに，目に見えない「終末の時の兆し」を見分けることができない非難を込めた「時の兆し」を見逃さない警告の言葉。

Q34　和解について（Q12:58-59）

訳文

58a 　……〔まで〕あなたに反対する人と共に行く道の途上で，
　　b 　彼と和解することに努めなさい。
　　c 　〔反対する人が〕あなたを裁判官に，
　　d 　裁判官が下役に引き渡し，
　　e 　〔下役があなたを〕獄に投〔げ〕入〔れ〕ないためである。
59a 　私はあなたに言う，あなたは決してそこから出て来られない。
　　b 　最後の〔一クァドランス〕を支払うまでは。」

伝承史（様式史・編集史）的分析

元来は，日常生活における法的な手続きに入る前に和解を促した言葉であったが（Bultmann, *Tradition*, 172），それを預言的・黙示的文脈で解釈したものである（Schulz, *Q*, 422-424）。前段落に引き続いて，裁判により終末の裁きを暗示するモティーフが用いられるが，その前に和解をしておくことを促す（Kloppenborg, *Formation*, 154）。

修辞学的分析

裁判の手続きは「反対する人が……裁判官に」「裁判官が下役に引き渡し」「下役が獄に投げ入れる」と「漸増法（クライマックス）」を用いて強調する。

注解

58：「道の途上で」は「裁判所に行く前に」の意味。「彼と和解することに努める」は「彼との問題を解決することに努める」ということ，具体的には「訴訟にならないように努める」という意味。

59：「クァドランス」はローマの最低の貨幣単位で最小単位の銅貨。「1デナリオン」（1日の労賃に相当）の64分の1，すなわち約80円で，「賠償金（または保釈金）の最後の1円を支払うまで」の意味。

（5）神の国についての譬え

Q35　からし種の譬えとパン種の譬え（Q13:18-21）

訳文

18a 「神の国は何に似ているか，
　b それをどのように譬えようか。
19a （それは）からし種に似ている，
　b 人はそれを取り，自分の〔庭〕に蒔く。

c　すると成長して，樹木と成り，
　　　d　空の鳥がその枝に巣をつくる（ダニエル 4:9, 18, 詩編 104:12a（=LXX103:12a））。
　20a　〔そして，再び〕
　　　b　私は神の国を何に譬えようか。
　21a　（それは）イースト菌に似ている。
　　　b　女がそれを取って，3 サトンの小麦粉の中に混ぜる，
　　　c　全体がイースト菌で膨らむまで。

関連箇所

Q13:18-19

　マルコ 4:30-32：更に，イエスは言われた。「神の国を何にたとえようか。どのようなたとえで示そうか。それは，からし種のようなものである。土に蒔くときには，地上のどんな種よりも小さいが，蒔くと，成長してどんな野菜よりも大きくなり，葉の陰に空の鳥が巣を作れるほど大きな枝を張る。」

　トマス福音書 20：弟子たちが言った，「天国は何に似ているか，私たちに言ってください」。彼が彼らに言った，「それは一粒の芥子種のようなものである。（それは）どんな種よりも小さい。しかし，それが耕されている地に落ちると，地は大きな枝をつくり，空の鳥の隠れ場となる」

Q13:20-21

　トマス福音書 96：イエスが〔言った〕，「父の国は〔ある〕女のようなものである。彼女が少量のパン種を取って，粉の中に〔隠し〕，それを大きなパンにした。聞く耳のある者は聞くがよい」

伝承史（様式史・編集史）的分析

　Q 文書で唯一の「神の国」の譬えが語られる箇所である。「からし種」と「パン種」の直喩は元来別の「神の国についての譬え」であった（Bultmann, *Tradition*, 172; Schulz, *Q*, 307）。だが，小さなものが大きくなるという点で

4. 真の共同体について（Q12:2–13:35）

「そして，再び」という編集句で結び合わされた。

マタイ福音書の「からし種の譬え」はQとマルコ福音書を一つにまとめているが，ルカ福音書ではオリジナル版をほぼ保っている。

修辞学的分析

からし種の譬えとパン種の譬えは，「修辞疑問」（18ab, 20ab）とそれに対する「応答」（19a, 21a）と「説明」（19bcd, 21bc）も「対置」による並行法で書かれている。

注解

18：「何に似ているか」「どのように譬えようか」と譬えの導入で二重の修辞疑問を用いるのは，ここと洗礼者ヨハネ称賛の説教（Q7:31）においてのみであり，両者とも二重の比喩がそれに続く。

19：「からし種」はパレスティナの植物で一番小さな種から，一番大きな草木になる。種を蒔いて草木を育てるのは男性の農夫の仕事である。「神の国」もその始まりは極めて小さいが，やがてその影響は大きくなり，遠くにまで届くことを比喩的に表現する。すなわち，神の国は個人の心の中で根を張り中心的な関心事にまでなることを示唆する。植物が成長し，空の鳥が巣を作るほど大きくなる描写は，ダニエル書4:9, 18, 詩編104:12a（＝LXX 103:12a）に類似の表現が見られる。

20：「神の国を何に譬えようか」という導入句で，神の国について譬えで語られる。Q文書での「神の国についての譬え」は「からし種の譬え」と「パン種の譬え」のみである。

21：「イースト菌」はしばしば「パン種」と訳されてきた。パン生地をこねてパンを焼くのは農家の主婦など女性の仕事である。「3サトンの小麦粉」は1サトンが12.8リットルなので約40リットル（約40キロ）のパン生地で，

これは大家族の数日分のパンの量に相当するか。「全体が……膨らむ」はわずかなイースト菌がパン生地全体を膨らますことで，神の国がわずかな人の働きによって社会全体に大きな影響を与えることを比喩的に表現する。

Q36　狭い門から入る譬え　（Q13:24, 23, 25-27）

訳文

24a　あなたがたは狭い門から入りなさい。
  b　多くの人々は入ることを探し求めているからである。
23　　だが，〔それを《通って入って来る》人々は〕少ない。
25a　〔家の主人〕が〔立ち上〕がって
  b　門〔を〕閉め〔る〕と，
  c　〔あなたがたは外に立って門を叩き始めて〕
  d　言う，
　　　『主よ，開けてください。』
  e　するとあなたがたに答えて言う，
　　　『私はあなたがたを知らない。』
26a　その時，あなたがたは言い始める。
  b　『私たちはあなたの前で飲み食いし，
  c　あなたは広い通りで私たちを教えました。』
27a　すると彼はあなたがたにこう言うであろう。
　　　『私はあなたがたを知らない。
  b　私から離れなさい，不法を働く人々よ（詩編 6:9）。』

伝承史（様式史・編集史）的分析

　Q13:23-24 と Q13:25-27 は元来異なった伝承であったのかもしれない。それらが「預言者的・黙示的言葉」なのか（Bultmann, *Tradition*, 117; Schulz, *Q*, 311-312, 426-427; Sato, *Prophetie*, 219-220），「知恵の言葉」なのか（Kloppenborg, *Formation*, 223-225），見解が分かれる。だが，以下に見るように終末論的・

黙示的イメージを用いて語られていると思われる。ここで示される「二つの道」は前段落の「神の国についての譬え」にある「神の国に至る道と至らない道」を示唆し，ここに導入されたと思われる。

修辞学的分析

このペリコーペは修辞学的に見て，次のような構造をしている。

    24a 「格言」（sententia）
   24b-23 「理由」（causa）
   25-27 「クレイア」（chria）
     25abc 序論
     25de 第一問答
    26-27a 第二問答
     27b 結論

「格言」と「理由」で「入る」という動詞が文頭と文末で繰り返され，「理由」の文頭では「多い」と「少ない」が「対置」される。「クレイア」では問答の中で「私はあなたがたを知らない」が2度繰り返され強調される。

注解

24：「狭い門」は城壁で囲まれた町の「狭い道」にある「出入り口の門」。「神の国に入る門」を暗示する。「広い通り」（Q13:26）にある門とは対照的である。「ある町が平らな地に建てられており，……町の入り口は狭く，険しいところにあり，右に火が，左に深い淵がある。その間，すなわち水と火の間には，たった1本の道しかなく，しかもそれは1人の人がやっと通れるくらいの小道である。もしこの町が，ある人に遺産として与えられたとしても，その人が，目前の危険を乗り越えなければ，どうしてその遺産を相続できるだろうか」（第四エズラ書7:6-8）参照。

23：「狭い道」から「狭い門」を「通って入って来る人」は「少ない」。イエスと「飲み食いし」（Q11:26），その「教え」に共鳴する人々は「多い」が，

従う人々は「少ない」。弟子には覚悟が必要である（Q9:57-60）。

25：「家の主人」は「主よ」と同じく「神」を暗示する。主人は「狭い門」を通って入ってきた「少ない」人々を入れて「門を閉める」。「多くの」人々が「門を叩き始め」「（門を）開けてください」と言うが，「叩きなさい，そうすれば開かれるであろう」（Q11:9d, 10c）を前提にして同じ動詞を用いる。「私はあなたがたを知らない」は「なぜあなたがたは……主よ，主よ，と私を呼んで，私が言うことを行わないのか」（Q6:46）参照。「門の中に入る」「少ない人々」と「門の外にいる」「多くの人々」の対比が描かれる。

26：「飲み食いし」「教え」を聞くという消極的態度によるイエスとの表面的な関係と，「教え」を行う（Q6:46-49, 7:1, 3, 6-9 参照）という創造的態度によるイエスの人格と活動を反映した深層的な関係には雲泥の違いがある。

27：「私から離れなさい，不法を働く人々よ」は七十人訳聖書による詩編 6:9 の引用であるが「不法を働く人々よ」の前に置かれた「すべて」という形容詞が省略されている。「私の言葉を聞いてそれらを行わない人」は，崩壊（Q6:49）をもたらすばかりでなく，「不法を働く人々」なのである。「人が，なすべき善を知りながら行わなければ，それは彼にとって罪である」（ヤコブ 4:17 口語訳）参照。

Q37　東から西から来る人々の宴会の譬え（Q13: 29, 28）

<u>訳文</u>

29　〔多くの人々が〕東からも西からもやって来て，

28a　アブラハムやイサクやヤコブと共に神の国で食卓につくであろう。

 bc　だが，〔あなたがたは〕より外側の〔暗闇の中に〕追い出〔されるであろう〕。

 d　そこには激しく泣く人と歯がみする人がいるであろう。

伝承史（様式史・編集史）的分析

元来，独立した伝承で預言者的・黙示的言葉であり（Bultmann, *Tradition*, 116; Schulz, *Q*, 324)，このペリコーペの節の順序は，論旨から言ってマタイの方がオリジナルである（Kloppenborg, *Formation*, 227)。「神の国の中に入る」「少ない人々」と「外にいる」「多くの人々」というテーマは前段落のテーマと繋がっており，ここに導入されたと思われる。

修辞学的分析

「多くの人々」と「あなたがた」という主語，「来て……食卓につくであろう」と「追い出され……いるであろう」という動詞，「アブラハムやイサクやヤコブと共に」と「そこには激しく泣く人と歯がみする人が」という一緒にいる人々が「対置」的に描かれている。

注解

29：「東からも西からもやって来た」「多くの人々」は世界中から来た「異邦人」を暗示し，「あなたがた」（28b）という「ユダヤ人」と対比的である。終末に世界の民がエルサレムに集う（イザヤ 2:1-4, 59:19，ミカ 4:1-4，ゼカリヤ 2:15 参照）。

28：「神の国で食卓につく」は「神の国」が預言書や黙示文学ではしばしば「宴会」の隠喩を用いて語られることに由来する（イザヤ 25:6, 65:13-14，エチオピア語エノク書 62:14-15，シリア語バルク書 29:3-8, Q14:16-17, 21, 23，マルコ 14:25 参照)。「外側の暗闇の中に追い出される」は「あなたがたを知らない」「私から離れなさい，不法を働く者たちよ」（13:25, 27）よりも一段と強い表現となっている。「暗闇の中に」「激しく泣き」「歯がみする」姿は，「明るい」「宴会」で「笑い」「喜び」「愉しむ」姿とは対照的（マタイ 13:42, 50, 22:13, 24:51, 25:30)。

Q38 後になる人と先になる人 (Q13:30)

訳文
30a 〔……最後の人々は最初になり，
 b 最初の人々は最後に（なる）。〕」

関連箇所
Q13:30
マルコ 10:31：しかし，先にいる多くの者が後になり，後にいる多くの者が先になる。
トマス福音書 4（＝オクシリュンコス・パピルス 654.21-27）：イエスが言った，「日々にある（高齢の）老人は，（生後）七日（目）の小さな子供に命の場所について尋ねることを躊躇しないであろう。そうすれば，彼は生きるであろう。なぜなら，多くの先の者は後の者となるであろうから。そして，彼らは単独者になるであろうから」

伝承史（様式史・編集史）的分析
終末論的逆転を明らかにする言葉であり，類似の言葉がマルコ福音書 10:31，トマス福音書 4，オクシリュンコス・パピルス 654 などにも見られる (Kloppenborg, *Formation*, 227)。ここでは，前段落の「東から西から来る人々の宴会の譬え」で，「神の国」に入る「ユダヤ人」と「異邦人」の順序の逆転を明らかにするために，前段落に続けられた。

修辞学的分析
「最後の人々」という主語に「最初の人々」が「対置」し，「最初になる」に対して「最後になる」が「対置」し，複文の前半と後半で，「キアスム」（交差配列）した文となっている。

注解

30:「神の国」に入る「最後の人々」は終末時の逆転で「最初の人々」となり,「神の国」に入る「最初の人々」は終末時に逆転し「最後の人々」となる。「神の国」に入る「最後の人々」とは「異邦人」を示唆し,「最初の人々」とは「ユダヤ人」を暗示する。すなわち,「異邦人」が「神の国」に入る予定であった「ユダヤ人」より先に「神の国」に入るということを示す。

(6) エルサレムに対する非難の言葉

Q39　エルサレムに対する非難の言葉（Q13:34-35）

訳文

34a 「エルサレムよ,エルサレムよ,（お前は）預言者を殺し,
 b そこに派遣された人々を石打ちの刑にした。
 de めん鳥がひなを翼の下に集めるやり方で,
 c 私は何度もあなたの子らを集めようとしたが,
 f あなたがたは（それを）望まなかった。
35a 見よ,あなたがたの家はあなたがたに見棄てられる。
 b 私は……あなたがたに言う。あなたがたは決して私を知らない。
 c 『主の御名によって来たるべき方に祝福あれ！ （詩編 118:26 / =LXX117:26）』とあなたがたが言う〔時がやって来る〕まで。」

関連箇所

Q13:35c

　マルコ 11:9b-c：ホサナ。主の名によって来られる方に,祝福があるように。

伝承史（様式史・編集史）的分析

　このペリコーペは,「預言的・黙示的言葉」であるが,「この時代に対する

神の知恵」(Q11:49-51) での神の知恵の派遣と重なる「知恵の言葉」の側面をも持つ (Hoffmann, *Studien*, 171-180; Schulz, *Q*, 347-350; Kloppenborg, *Formation*, 227-229)。Q13:23-27, 28-29, 30 の「二つの道」の結びとなる。

修辞学的分析

このペリコーペは以下のような修辞学的構造をしている。

  34ab 「序論」(exordium)
  34cdef 「議論」(argumentatio)
  35abc 「結論」(peroratio)

「序論」では「エルサレム，エルサレム」と連呼した後に，「預言者を殺し」と「派遣された人々を石打ちの刑にした」を「並置」する。「議論」ではめん鳥とひなの「直喩」を用いて，子供を集めようとしたことが「集める」という動詞を文の中央に置いて「対置」による並行法を用いて表現する。

注解

34：「預言者を殺し，そこに派遣された人々を石打ちの刑にした」は「私は預言者や知恵ある人々を彼らのところに派遣するであろう。彼らは彼らの中の（ある人々）を殺害して迫害するであろう。」(Q11:49) に対応している。「めん鳥がひなを……集めるやり方で」では神が母鳥のイメージで語られる。

35：「あなたがたの家」はエルサレム神殿を指す。「見棄てられる」とは荒れ果てることを意味する。「私を知らない」は「私がキリストであることを知らない」の意味。「主の御名によって来たるべき方に祝福あれ！」は終末論的メシアの到来を暗示する（Q3:16, 7:19 参照）。

5. 弟子の生活

　第四ブロック「真の共同体について」に続いて，第五ブロック「弟子の生活」では，「序論」として「弟子たること」(Q14:11, 16-23, 26-27, 17:33, 14:34-35, 15:4-7) が譬えや譬え話や格言で語られ，「本論」として「弟子の信仰と生活倫理」(Q16:13, 16, 17, 18, 17:1-2, 3-4, 6) で経済・家庭・信仰・倫理の指針が語られ，「結論」として「終末に関する説教」(Q17:20-35, 19:12-26, 22:28, 30) が語られる。

(1) 弟子たること

Q40　低い人を高める　(Q14:11 = 18:14b)

訳文
11a 「〔自分自身を高くする人はすべて低くされ，
　b 　自分自身を低くする人は高くされるであろう。〕

伝承史（様式史・編集史）的分析
　これは「知恵の言葉」であるが (Bultmann, *Tradition*, 75, 103-104)，「知恵の格言」から終末論的「黙示」の文脈に急速に移されている (Schulz, *Q*, 451-452)。これは単独で浮遊していた伝承で，マタイ福音書では「ファリサイ派批判の言葉」の結びに用い (23:12)，ルカ福音書では「上席を選ぶ招待された客に対する批判の言葉」の結び (14:11) と「ファリサイ派と徴税人の譬え」の結びに用いる (18:14)。前の小段落の「二つの道」と関連して，「エルサレムに対する嘆き」に続く言葉としてここに挿入されたものと思われる。

修辞学的分析

　この「格言」（sententia）は，「高くする人」という主語に対して「低くする人」を対置し，「低くされる」という動詞に対して「高くされる」を「対置」した並行法を用い，文章全体で「キアスム」を用いる。

注解

　11：この格言は元来は旧約聖書に由来する。「高い者は低くされ，低い者は高くされる」（エゼキエル 21:31），「驕る者は低くされ，心の低い人は誉れを受けるようになる」（箴言 29:23）。「最後の人々は最初になり，最初の人々は最後になる」（Q13:30）と密接に関連し，ここでは「最初」と「最後」という時間的順序の側面ではなく，その心情的側面について言及する。

Q41　大宴会の譬え話（Q14:16-17, 21, 23）

訳文

　16　ある人が〔大〕宴会を催して，〔多くの人々を招いた。〕
　17a　そして，彼の僕を〔宴会の時刻に〕派遣して，
　　b　招かれた人々に言った。
　　c　『来なさい。既に準備が整いました。』
　18　……畑……
　19?　……
　20?　……
　21a　《そして〈　〉，僕は〈　〉，その家の主人にこれらのことを……。》
　　b　その時，主人は怒って僕に言った。
　23a　『道に出て行きなさい。
　　b　招いた人を多く見つけて
　　c　私の家を満たすためである。』

関連箇所

Q14:16-17, 21, 23

トマス福音書64：イエスが言った，「ある人が客を持った。そして，彼が晩餐を用意して，客を招くために，彼の僕を送った。僕は最初の人に行って，彼に言った，『私の主人があなたを招いています』。彼は言った，『私は商人たちに（貸）金を持っています。彼らは今夜私のところに来るでしょう。私は出て行って，彼らに指図を与えるでしょう。晩餐をお断りします』。僕は他の人に行って，言った，『私の主人があなたを招きました』。彼は僕に言った，『私は家を買いました。人々は一日中私を必要としています。私には時間がないでしょう』。僕は他の人に行って，言った，『私の主人があなたを招いています』。彼は僕に言った，『私の友人が結婚することになっています。そして，私は祝宴を催すでしょう。私は行くことができません。晩餐をお断りします』。僕は他の人に行って，言った，『私の主人があなたを招いています』。彼は僕に言った。『私は村を買いました。私は行って小作料を受け取らねばなりません。私は行くことができないでしょう。お断りいたします』。僕は戻り，主人に言った，『あなたが晩餐にお招きになった人々は断りました』。主人は僕に言った，『道に出て行きなさい。お前が見出した人々を連れてきなさい。彼らが晩餐にあずかるように，買主や商人は私の父の場所には入らない〔であろう〕』

伝承史（様式史・編集史）的分析

「失われた羊の譬え」（Q15:4-7）や「ムナの譬え話」（Q19:12-26）と同様にQ文書では重要な譬えや譬え話でそれぞれ寓喩化する傾向があるが，ここでは終末論的な「宴会」を暗示する（Schulz, Q, 398-400）。

マタイ福音書は，王が王子の婚宴を催すことにに状況設定を変えているが，それは二次的である（22:1-10）。ルカ福音書は「ある人」が「宴会」を催すというオリジナルの状況設定を保っているが，宴会を拒んだ恐らく3人の理

由を両者とも修正加筆しており，原初の理由とその順序は明確ではない。このペリコーペも「二つの道」との関連でここに挿入されたのであろう。

修辞学的分析

恐らく修辞学的に見ると，この譬え話は以下のような構造をしていたのであろう。

    16-17 「序論」(exordium)
  18, 19?, 20?　「議論」(argumentatio)：3組の問答による
    21-23　「結論」(peroratio)

注解

16：「ある人」とは不特定多数の中の「ある人」であるが，寓喩的に「神」を暗示する。「大宴会」で「多くの人々を招いた」とあるが，「大宴会」は黙示的な隠喩として「神の国」を暗示する（Q13:29, 28参照）。

17：「僕」は直訳すると「奴隷」すなわち「家の使いの者」。「派遣した」は「預言者や知恵ある人々を……派遣する」（Q11:49）と「預言者……派遣された人々」（Q13:34）と同じ動詞を用いて，それらと似た状況を連想させる。「招かれた人々」は「宴会では（招かれた人の座る）上席を……好む」「ファリサイ派の人々」（Q11:43）を示唆し，「最初の人々」（Q13:30）や「自分自身を高くする人」（Q14:11）を暗示する。

18：マタイ福音書とルカ福音書では最初の招かれた人が拒む理由として「畑」仕事を挙げていることは一致するが詳細は一致せず不明。トマス福音書では商人との商談を挙げている。3人が拒んだことはマタイ福音書とルカ福音書では共通であるが，その理由は異なる。

21：招かれていない人々を招くように僕に命じるのは，ファリサイ派などの正統派ではなく「罪人や徴税人」などの「地の民（アム・ハーアーレツ）」

を招くということを暗示する。しかし，その後ユダヤ人でなく異邦人を招くことを暗示するように変わっていく。

23：「私の家を満たす」は「神の国を満たす」を暗示する。

Q42　十字架を負って従うこと　(Q14:26-27, 17:33)

訳文
26a 　父と母を憎まない〔人は〕
　b 　私の弟子となることはできない。
　c 　息子と娘を憎まない〔人は〕
　d 　私の弟子となることはできない。
27a 　……自分の十字架を負って私に従わない人は，
　b 　私の弟子となることはできない。
33a 　自分の命を見出〔そうとする人〕は
　b 　それを失い，
　c 　〔私のために〕自分の命を〔失う人〕は
　d 　それを見出すであろう。

関連箇所
Q14:26:
　マルコ 10:29cd：「わたしのためまた福音のために，家，兄弟，姉妹，母，父，子供，畑を捨てた者はだれでも，今この世で，迫害も受けるが，家，兄弟，姉妹，母，子供，畑も100倍受け，後の世では永遠の命を受ける。」
　トマス福音書55：イエスが言った，「その父とその母を憎まない者は，私の弟子であることができないであろう。私のように，その兄弟とその姉妹を憎まない者（，その十字架を負わない者）は，私にはふさわしくないであろう」

トマス福音書 101：〈イエスが言った，〉「私のように，その父とその母を憎まない者は，私の〔弟子〕であることができないであろう。そして，私のように〔その父〕とその母を愛する〔ことのない〕者は，私の〔弟子〕であることができないであろう。なぜなら，私の母は〔　　〕。しかし，〔私の〕真実の〔母〕は私に命を与えた」

Q14:27

マルコ 8:34：それから，群衆を弟子たちと共に呼び寄せて言われた。「わたしの後に従いたい者は，自分を捨て，自分の十字架を背負って，わたしに従いなさい。」

トマス福音書 55：私のように，その兄弟とその姉妹を憎まない者，その十字架を負わない者は，私にはふさわしくないであろう」

Q17:33

マルコ 8:35：「自分の命を救いたいと思う者は，それを失うが，わたしのため，また福音のために命を失う者は，それを救うのである。」

ヨハネ 12:25：「自分の命を愛する者は，それを失うが，この世で自分の命を憎む者は，それを保って永遠の命に至る。」

伝承史（様式史・編集史）的分析

このペリコーペの言葉は，トマス福音書 55（Q14:26, 27 参照），101（Q14:26 参照），マルコ福音書 8:34-35（Q14:27, 17:33 参照），ヨハネ福音書 12:25（Q17:33 参照）の伝承から明らかなように，元来別々の三つの伝承であったと思われる。それぞれ「弟子たること」のモティーフで一つにまとめられたのであろう。

修辞学的分析

26 節は分詞を用いた主語の表現で「父と母」に対して「息子と娘」を「並置」した並行法で，それぞれの前半が書かれ，後半では「私の弟子となることができない」を繰り返す。

27 節では，前半を入れ替えて書き換えるが，後半は「私の弟子となるこ

5. 弟子の生活（Q14:11–22:30）

とができない」を繰り返す。

33節では，主語の「見出そうとする人」に対して「自分の命を失う人」を「対置」し，動詞の「失う」に対して「見出す」を「対置」して，文全体で「交差配列（キアスム）」を用いる。

注解

26：「父と母」「息子と娘」を「憎む」とは，従来の血縁関係に基づいた人間的絆に取って代わる新しい共同体を創るために新しい人間的絆を結ぶことを指す（「分裂について」Q12:51, 53参照）。

27：Qでは十字架による受難物語は登場しないが，イエスの十字架は前提にされている。「十字架」とは「自分の」という言葉が付いていることから「（イエスの）殉教」を意味するのではなく，「苦難と犠牲」を意味する（Bultmann, *Tradition*, 161）。「十字架を負う（直訳「取る」）」はギリシア語の世俗的用法に由来し，Qではそれを「自らに十字架を引き受ける」という意味で用いる（Schulz, *Q*, 432）。すなわち，「苦難と犠牲を自らに引き寄せる」ことを意味し，それは28節が示すように「自分自身を否定すること」と表裏一体をなす。言い換えれば，1人ひとりが小さなキリストになること，「十字架」とは象徴的に言えば，その人に与えられた「人生の重荷」「ライフワークとなるべき課題」の「隠喩」であり，そこには「苦難と犠牲」を伴う。「弟子の覚悟」（Q9:57-60）参照。

28：「命を見出そうとすると失い，命を失うと見出す」という「逆説」（パラドックス）は，「自分自身を否定すること」を意味する。

Q43 塩気を失くした塩の譬え（Q14:34-35）

訳文

 34a　塩は〔良い〕。
  b　だがもしも塩が塩気をなくしたなら，何によって塩味を〔取り戻す〕のであろうか。
 35a　それは地面にもごみ捨て場にも〔役に立た〕ず，
  b　（人々は）外に投げ棄てる。

関連箇所

 Q14:34-35
  マルコ9:49-50：「人は皆，火で塩味を付けられる。塩は良いものである。だが，塩に塩気がなくなれば，あなたがたは何によって塩に味をつけるのか。自分自身の内に塩を持ちなさい。そして，互いに平和に過ごしなさい。」

伝承史（様式史・編集史）的分析

 日常生活やユダヤ教の教えの塩に関する「格言」や「隠喩」が背景にあると思われる（Bultmann, *Tradition*, 98, 168; Schulz, *Q*, 471-472）。マルコ福音書では「弟子たること」が示されるエルサレムへ向かう 9-10 章の中で「弟子たること」が語られる語録集（9:42-50）の結びに置かれる（9:49-50）。マタイ福音書では「地の塩」として「世の光」と共に「山上の説教」で「幸いである」の直後に置かれる（5:13），ルカ福音書ではQ文書のオリジナル版に従って「十字架を負って従うこと」の後にルカ資料で補足して「弟子たること」の一つの覚悟として語られる。

修辞学的分析

 この「格言」の「序論」では「塩は良い」と断言する。その後の「議論」で，「修辞疑問」による問答を用いるが，応答では「……でもなく，……でもない」

という否定を繰り返して,最後に「結論」で「外に投げ棄てる」を強調する.

注解

34:「塩」は家庭や畑などのさまざまな場所で用い,欠かすことのできないものである.「塩」を味付けに用いるのは,パン種と同様に「少量」である.「塩」以外に「塩気」をつけることのできるものはない.「塩」は「塩気のある人・塩味の付けられた人」と「塩気のない人・塩味の付けられていない人」というように人間のある性格を表す「隠喩」として用いられる.弟子たちは「塩気のある人・塩味の付けられた人」である.弟子の特質であるキリストへの熱心さや献身を失った人は「塩気のない人・塩味の付けられていない人」である.

35:「役に立たない」ものは「外に投げ棄てる(直訳「投げる」)」は,「良い実を結ばない木は……火に投げ入れられる(直訳「投げられる」)」(Q3:9),「私は地上に火を投じる(直訳「投げる」)ために来た」(Q12:49),「獄に投げ入れる(直訳「投げる」)」(Q12:58)と同様に裁きを暗示する.

Q44　失われた羊の譬え(Q15:4-5, 7)

訳文

4a　あなたがたの誰かが100匹の羊を飼っていて,
 b　そのうちの1匹を〔見失うと〕,
 c　99匹を〔山に残して〕,
 d　〔見失った〕ものを〔探し求めに〕行くのではないだろうか.
5　そしてもしもそれを見つけると,
7a　私はあなたがたに言う.
bc　彼は迷わなかった99匹より,はるかにその1匹について喜ぶ.」

関連箇所

Q15:4-5, 7

トマス福音書107：イエスが言った，「御国は100匹の羊を持つ羊飼いのようなものである。それらの中の1匹，最大の羊が迷い出た。その人は99匹を残しても，それを見つけるまで，1匹を捜した。彼は苦しみの果てに羊に言った，『私は99匹以上にお前を愛する』と」

伝承史（様式史・編集史）的分析

このペリコーペは「直喩」（Bultmann, *Tradition*, 171）ないしは「譬え」に分類される。

修辞学的分析

このペリコーペは修辞学的に見ても「譬え」に分類されるが，それは以下のような構造をしている。

   4ab 「序論」（exordium）

   4cd 「議論」（argumentatio）：修辞疑問

  5, 7abc 「結論」（peroratio）

「序論」「議論」ならびに「結論」で，「99匹」と「1匹」が「対置」されている。

注解

4：「見失った（迷い出た）羊」は旧約聖書ではイスラエルの民を意味するが（詩編119:176, イザヤ53:6 他），Qでは「貧しい者」（Q6:22）や「徴税人や罪人」（Q7:34）などの「地の民（アム・ハーアーレツ）」を指す（Schulz, *Q*, 389-391）。「見失ったものを探し求めに行く」は「見失われたものを探し求める神」（創世記3:9 参照）の姿を暗示する。

5：見失ったものを探し求めに行き「それを見つける」は「わたしは失われたものを尋ね求め，追われたものを連れ戻し，傷ついたものを包み，弱っ

5. 弟子の生活（Q14:11–22:30）

たものを強くする」（エゼキエル 34:16）という預言者の精神に通じる。

7：「99 匹より，はるかにその 1 匹について喜ぶ」とは 1 人ひとりの人権と人格を大切にする神を暗示する。

（2）弟子の信仰と生活倫理

Q45　神と富（Q16:13）

訳文

13a 「誰も 2 人の主人に仕えることはできない。
 b なぜならば，一方を憎み，他方を愛するだろうからである。
 c あるいは一方に忠誠を尽くし，他方を軽蔑するだろうからである。
 d あなたがたは神とマモンに仕えることはできない。

関連箇所

Q16:13

トマス福音書 47:1-2：イエスが言った，「1 人の人が 2 頭の馬に乗り，二つの弓を引くことはできない。1 人の奴隷が 2 人の主人に兼ね仕えることはできない。あるいは，彼は一方を尊び，他方を侮辱するであろう。……」

伝承史（様式史・編集史）的分析

この言葉は「知恵の言葉」に属するが，最初に「2 人の主人に仕えることはできない」という格言ないしは諺があり（16:13a），それに理由付けがが加わり（16:13bc），最後に結論（16:13d）が追加されたのかもしれない（Bultmann, *Tradition*, 87, 91, 105; Schulz, *Q*, 459–460）。

修辞学的分析

修辞学的に見ると以下のように構成された「格言」(sententia) である。

   13a 「論題」(thesis)
   bc 「理由」(causa)
   d 「仮説」(hypothesis)

「論題（一般的命題）」と「仮説（具体的命題）」は「並置」による並行法を用い，その間に挟まれた「理由」を「包摂」し，その「理由」は「一方を」「他方を」を繰り返して「憎む」と「愛する」ならびに「忠誠を尽くす」と「軽蔑する」という「対置」による並行法を用いる。

注解

13：ここでは弟子の経済倫理について言及する。「誰も 2 人の主人に仕えることはできない」とあるように，奴隷は 2 人の主人に仕えることはできなかった（使徒 16:16, 19 参照）。「憎む」と「愛する」，「忠誠を尽くす」と「軽蔑する」は二律背反する対立語で，互いに自己分裂する様を表す。弟子たちに求められるのは主を「愛する」ことで献身的に「忠誠を尽くす」ことである。

 「マモン」は「富・財産」を意味する言葉であるが，それが人格化されて「神」と対立し人間性を破壊するほどの悪魔的な金銭的「魔力」を意味する。「貧しい人の幸い」(Q6:22)，「思い煩うな」(Q12:22)，「天に宝を蓄える」(Q12:33) 参照。

Q46　神の国（Q16:16）

訳文

  16a 律法と預言者は，ヨハネ〔まで〕である。
   b その時から，神の国に力を尽くして入ろうとし，
   c 力を尽くす人たちがそれを奪い取っている。

5. 弟子の生活 （Q14:11–22:30）

伝承史（様式史・編集史）的分析

　この言葉は恐らく単独で浮遊していた伝承であろう（Bultmann, *Tradition*, 164-165; Schula, *Q*, 263）。「神と富」との関連で「神の国」に関する言葉がこの文脈に挿入されたのであろう。

　マタイ福音書ではイエスの洗礼者ヨハネ称賛の説教の文脈に置き（11:13, 12），ルカ福音書ではファリサイ派批判の言葉の文脈に置く（16:16）。

修辞学的分析

　この神の国に関する「預言的・黙示的言葉」の複文は，前半と後半で「律法と預言者」と「神の国」という主語と，「ヨハネまで」と「その時から」という副詞句が「対置」され，前半の文末「力を尽くして入ろうとし」と後半の文頭「力を尽くす人たち」で同族語を繰り返す「前辞反復」を用いる。

注解

16：「律法と預言者」で「律法の書」と「預言書」による旧約聖書全体を指す。「諸書」が正典化されたヤムニヤ会議（紀元85年頃）以前の状況を示唆する。「ヨハネまで」は洗礼者ヨハネ以後「神の国」が始まっているという理解を示す。

　「その時から」とは洗礼者ヨハネ以後のイエスの「神の国」の宣教からそれが始まっているということ。

　"βιάζεται" という動詞は中動相とも受動相とも解釈することができる。中動相と解釈すると「神の国に力を尽くして（何とかして）入ろうとし，力を尽くす人がそれを奪い取っている」と神の国に入る人について肯定的に述べていると解釈することができる。受動相と解釈すると，イエスの反対者によって「神の国は暴力を被り（暴力で襲われ），暴力を使う人々がそれを略奪している」と否定的に述べていると解釈することができる。この文が置かれた全体の文脈が弟子の生活倫理に関する事柄であるとすると前者が望ましい。後者であるとすると，反対者には暴力を用いる熱心党などが含まれていると想定される。

Q47 律法の一点一画（Q16:17）

訳文
17b 〔だが，〕天と地が過ぎ去る〔方が〕
　c 律法の〔一点〕一画が〔廃れるよりも〕，
　a 〔容易である〕。

関連箇所
Q16:17
　マルコ 13:30-31：「はっきり言っておく。これらのことがみな起こるまでは，この時代は決して滅びない。天地は滅びるが，わたしの言葉は決して滅びない。」
　トマス福音書 11:1：イエスが言った，「この天地は過ぎ去るであろう。そして，その上（の天）も過ぎ去るであろう」

伝承史（様式史・編集史）的分析
　モーセの律法の制限に関する預言的・黙示的言葉である（Schulz, Q, 114-116）。元来独立した伝承であったと思われるが，前のペリコーペとの関係で「律法」のテーマでここに挿入されたのであろう。

修辞学的分析
　この言葉は，「律法の一点一画が廃れること」よりも「天地の過ぎ去ること」の方が「容易である」と「比較級」による「比較」を用いて強調する。

注解
17：ここでは Q 文書の律法観が取り扱われる。パレスティナのキリスト教共同体に由来する Q 文書の共同体では，パウロに代表されるヘレニズムのキリスト教共同体とは異なって，「律法」がまだ生きている。「律法」は「一点一画」に至るまで，「天と地が過ぎ去る」まで「廃れる」ことはない。

Q48　離婚の禁止（Q16:18）

訳文
18a　自分の妻と離婚して〔別の女と結婚する〕人はすべて姦淫するのであり，

b　離婚された女と結婚する人も姦淫〔する〕のである。

関連箇所
Q16:18

マルコ福音書 10:11-12：彼（イエス）は彼らに言った。「もしも人が自分の妻を離婚して他の女と結婚するならば，彼女に対して姦淫をするのである。また，離婚された女が他の男と結婚するならば，姦淫をするのである。」（私訳）

伝承史（様式史・編集史）的分析
離婚に関する法的な言葉であり（Bultmann, *Tradition*, 132），預言的な言葉である（Schulz, *Q*, 117-120）。この言葉も「律法」に関連してここに挿入されたと思われる。

修辞学的分析
この言葉は，離婚に関する複文で，前半の「自分の妻と離婚して別の女と結婚する人」と後半の「離婚された女と結婚する人」という主語が「対置」的であり，前半と後半の文末が同じ「姦淫をする」という動詞を繰り返して「語尾音反復」（homoeoteleuton）を用いる。

注解
18：離婚という家庭倫理の問題について言及する。離婚法は申命記 24：1による。離婚理由の「何か恥ずべきこと」は，「シャンマイ学派（厳格派）」によれば「妻の不貞」のみであるが，「ヒレル学派（自由派）」によれば夫が

気に入らない「料理」でさえも「何か恥ずべきこと」に相当し，ラビ・アキバによれば「妻よりも美しい人を見つけた場合」でさえ「何か恥ずべきこと」になった（ミシュナ「ギッティン」9:10）。

しかし，「神が結び合わせてくださったものを，人は離してはならない」（マルコ 10:9）というイエスの「結婚観」（創世記 2:24 参照）によれば，離婚は認められず，離婚は「姦淫の罪」を犯すことになる（出エジプト記 20:14）。このような離婚観は「隣人愛」（マルコ 12:28-34）に基づいた「愛敵についての教え」（Q6:27-36）や「裁きについての教え」（Q6:37-42）と密接に関係がある。

Q49　躓きについて（Q17:1-2）

訳文

  1a　躓きが来ることは避けられない。
   b　しかしながら，それをもたらす人は災いである。
  2d　これらの小さな人の 1 人を躓かすよりは，
   b　その首の周りに挽き臼を巻きつけられて
  ac　湖に投げ込まれてしまう方が〔ましである〕。

関連箇所

Q17:1-2

  マルコ 9:42：「わたしを信じるこれらの小さな者の 1 人をつまずかせる者は，大きな石臼を首に懸けられて，海に投げ込まれてしまう方がはるかによい。」

伝承史（様式史・編集史）的分析

古い起源の不明な諺に基づき，後に教会規則となった言葉であろう（Bultmann, *Tradition*, 144, 147）。

修辞学的分析

このペリコーペ始めの名詞「躓き」と結びの動詞「躓かす」で全体を「包摂する」。

注解

1：「躓き」についての言葉であり，一つ置いた次のペリコーペの「信仰について」と対を成す。「避けられない」は直訳すると「必然である」「必ず起こる」ということ。「災いである」「ガリラヤの町々に対する災いの言葉」（Q10:13-15），「ファリサイ派・律法学者に対する災いの言葉」（Q11:39-44, 46-52）と同様に「躓かす者に対する災いの言葉」がかけられる。

2：「湖に投げ込まれる」とはガリラヤ湖に投げ込まれること。

Q50　赦しについて（Q17:3-4）

訳文

3a　もしもあなたの兄弟が〔あなたに対して〕罪を犯すならば，彼を非難しなさい，

b　またもしも〔悔い改めたら〕，彼を赦しなさい。

4a　またもしもあなたに対して一日に7度罪を犯すならば，

b　7度彼を赦しなさい。

関連箇所

Q17:3-4

ナザレ人福音書15：「彼（イエス）は言った。『もしあなたの兄弟が一つ言葉の罪を犯し，三つの損害を与えても，一日に7回彼を受け入れなさい。』彼の弟子のシモンが彼に言った。『一日に7回ですか。』彼は彼に答えて言った。『そうだ。私はあなたに言う。7の70倍までだ。』聖霊が注がれた後でも，預言者には罪深い言葉が見出され

るからである。」

伝承史（様式史・編集史）的分析

「一日に7度罪を犯すならば……」(17:4) は，「もしあなたの兄弟が罪を犯すならば……」(17:3) が後で発展したもので (Burtmann, *Tradition*, 86)，「教会規則」に属する類型である (Bultmann, *Tradition*, 141; Schulz, *Q*, 322)。

修辞学的分析

3節は，前半と後半が「罪を犯すならば」「悔い改めるならば」と「彼を非難しなさい」「彼を赦しなさい」が「対置」された並行文で書かれている。4節も「7度罪を犯す」「7度罪を赦す」が文頭と文末で「対置」されている。

注解

3：前半の「罪を犯すならば……非難しなさい」は後半の「悔い改めるならば……赦しなさい」を導入し，対比的な表現によって後半を強調するために用いられる。

4：3節前半の「罪を犯すならば」と後半の「赦しなさい」を用いて，3節とは極めて対置的な徹底した赦しについて述べる。「敵を愛せよ」(Q6:27)「裁くな」(Q6:37) と呼応する徹底した愛の教えは，徹底した赦しの教えと表裏一体をなす。

Q51　信仰について（Q17:6）

訳文

6a　あなたがたがからし種ほどの信仰を持っているならば，
bc　この桑の木に『根を引き抜いて，湖の中に植われ』と言えば，
d　あなたがたに聞き従うであろう。」

関連箇所

Q17:6

マルコ 11:22-23：そこで，イエスは言われた。「神を信じなさい。はっきり言っておく。だれでもこの山に向かい，『立ち上がって，海に飛び込め』と言い，少しも疑わず，自分の言うとおりになると信じるならば，そのとおりになる。」

トマス福音書 48：イエスが言った，「2人の者が同じ家でお互いに平和を保つならば，山に向かって，『移れ』と言えば，移るであろう」

伝承史（様式史・編集史）的分析

ブルトマンに依ればこの言葉は，知恵の言葉の「ロギア」（主の言葉）に属する（Bultmann, *Tradition*, 75, 81, 89, 93）。

修辞学的分析

条件文「あなたがたが……信仰を持っているならば」(6) は，前のペリコーペ「……犯すならば」(Q17:3a, 4a) に対応している。「根を引き抜いて」「植われ」は対置的な動詞のアオリスト受身形が重なる。「言え」と「従う」が呼応する。

注解

6：「からし種」は最も小さい種，「わずかなもの」の隠喩（Q13:19）として用いられている。ここでは「わずかな信仰」の隠喩。それとは対照的にユダヤ人の間に見られない異邦人の「信仰」(Q7:9) がイエスから称賛される。桑の木に対して「根を引き抜いて，……植われ」と言うと「従う」のは奇跡的な行為（Qにおける奇跡，Q7:22, 10:20, 11:14-15, 17:6）。

(3) 終末に関する説教

Q52　人の子の到来について　(Q17:20-21, 23-24, 37, 26-27, 30, 34-35)

訳文

20a 〔《だが，神の国はいつ来るのか，と尋ねられたので，
  b 彼（イエス）は彼らに答えて言った。
　「神の国は見える形で来るのではない。》〕
21a 〔……見よ，ここにある，あるいは……
  b 《なぜならば，見よ，神の国はあなたがたの中にあるからである。》〕
23a もしも彼らが『見よ，荒野にある』とあなたがたに言うならば，『出て行くな』。
  b 『見よ，屋内にある』（と言うならば），『後を追うな』。
24a なぜならば，稲妻が東（の空）から出て来て，
  b 西（の空）まできらめき渡るように，
  c 〔その日には〕〔人の〕子も同じようになるであろう。
37　死体がある所に，はげ鷹が集まってくるであろう。
26a ノアの時に〔起こったように〕，
  b 人の子〔の日に〕もこのようになるであろう。
27a 〔なぜならば，その時には〕
  c ノアが箱舟に入る日まで，
  b 食べたり飲んだりし，娶ったり娶られた〔りして〕，
  d 洪水が来て，すべてが流されたからである。
30　人の子が現れる日にもこのようになるであろう。
34a 私はあなたがたに言う。
  b 〔畑に〕2人がいると，
  c 1人（男性形）は取り上げられ，1人（男性形）は残される。
35a 粉を挽くために小屋に2人がいると，

b 1人（女性形）は取り上げられ，1人（女性形）は残される。

関連箇所

   Q17:20-21

      トマス福音書3（＝オクシリュンコス・パピルス654.15-16）：「……御国はあなたがたの只中にある。……」

      トマス福音書113：彼の弟子たちが彼に言った，「どの日に御国は来るのでしょうか」。〈彼が言った，〉「それは，待ち望んでいるうちは来るものではない。『見よ，ここにある』，あるいは，『見よ，あそこにある』などとも言えない。そうではなくて，父の国は地上に拡がっている。そして，人々はそれを見ない」

   Q17:23

      マルコ13:21：「そのとき，『見よ，ここにメシアがいる』『見よ，あそこだ』と言う者がいても，信じてはならない。」

   Q17:34-35

      マルコ13:15-16：「屋上にいる者は下に降りてはならない。家にある物を何か取り出そうとして中に入ってはならない。畑にいる者は，上着を取りに帰ってはならない。」

      トマス福音書61:1：イエスが言った，「2人の男が一つの寝台に休んでいるならば，1人が死に，1人が生きるであろう」

伝承史（様式史・編集史）的分析

このペリコーペはいくつかの独立した伝承が集められた「黙示的言葉集」すなわちQ文書の「黙示録」である。Q17:20-21は「神の国」についてのアポフテグマであり，同時に預言的・黙示的言葉である（Bultmann, *Tradition*, 25, 121-122）。Q17:23-24, 26-27, 30は「人の子」について，Q7:34-35は「来臨（パルーシア）」に関する預言的・黙示的言葉である（Bultmann, *Tradition*, 122, 117; Schulz, *Q*, 281-285; Sato, *Prophetie*, 214-216, 284-286, 138-140）。

Q17:20-21から始まり，「見よ，……にある／いる」「見よ，……にある／

いる」というキー・ワードでQ17:23-24と繋がり,「東(の空)から西(の空)まで」と「はげ鷹が集まる」という似たイメージでQ17:37が続き,「人の子も同じようになるであろう」という同様な一文でQ17:23-24, 26-27, 30, 34-35が一つにまとめられた。

　マタイ福音書ではQ文書の「黙示録」(Q17:20-37＝マタイ24:26-28, 37-41)とマルコ福音書の「小黙示録」(マルコ13:3-31＝マタイ24:3-25, 29-36)を一つにまとめてマタイ版の「黙示録」を展開する。それに対して,ルカ福音書ではQ文書の「黙示録」(ルカ17:20-37)とマルコ版の「小黙示録」(ルカ21:7-36)を分けて記す。

修辞学的分析

　終末に関する説教は,修辞学的に見て次のように構成されている。

　　　　20a　　　「序論」(exordium)
　　　　20b-21　　「命題」(propositio)
　　　23-24, 37　「反論」(refutatio)
　　　26-27, 30　「確証」(probatio)
　　　　34-35　　「結論」(peroratio)

「命題」「反論」「確証」「結論」では問答による「クレイア」の形式を用い,「神の国が来る」(20ab),「見よ,ここにある」「見よ,あなたがたの中にある」「見よ,荒野にある」「見よ,屋内にある」(21ab, 23ab)などの類似表現が繰り返され,「出て行くな」「後を追うな」(23ab)という文末で類似した音を繰り返す「語尾音反復」を用いる。「議論」の中では,「その日には人の子も同じようになる」「人の子の日にもこのようになる」「人の子が現れる日にもこのようになる」(24c, 26b, 30)という類似の表現が繰り返される。「結論」では「……に2人がいると,1人は取り上げられ,1人は残される」(34bc, 35ab)を繰り返して「並置」による並行法を用い,2人の居場所は「畑」と「(粉挽き)小屋」に「対置」的に描写され(34b, 35a),2人の一方は「取り上げられ」,他方は「残される」と「対置」的に表現される(34c, 35b)。

5. 弟子の生活 (Q14:11–22:30)

マルコ福音書との比較

マルコ福音書の狭義の「終末に関する説教」(13:3-23。広義では結論部に「人の子の到来」「いちじくの木の比喩」「目を覚ませ」が加わる）では，Q文書には見られないユダヤ戦争（紀元66-70年）を前提にした記述にかなりの部分が割かれている。すなわち，「時の徴」(13:4) として，①（Qとは異なる）偽メシアの出現 (13:5-6)，②戦争のうわさ，地震・飢饉などの災害 (13:7-8)，③ユダヤ教徒の迫害 (13:9-13)，④エルサレム神殿の占領と破壊の予告 (13:14, 17-20) である。

マルコ福音書はその文脈の中に，Qの「終末に関する説教」の言葉を埋め込んでいる (13:15-16 = Q17:34-35, 13:21 = Q17:23)。その際にQの「畑」と「粉挽き小屋」を文脈に合わせて「屋上」と「畑」に変えている。

注解

20：イエスは一方では「神の国は近づいた」(Q10:9)，「神の国は……到来した」(Q11:20)，「神の国に……入ろうとしている」(Q16:16) と言い，他方では「神の国はあなたがたのものである」(Q6:20) と約束し，「神の国が来ますように」(Q11:2) と祈り，「神の国を探し求めよ」(Q12:31) と言う。すなわち，一方では「来た」と言い，他方では「来るように」と願う曖昧さに対して，「神の国はいつ来るのか」「神の国はどのような形で来るのか」という問いが出される。それに対して「神の国は見える形で来るのではない」と答える。「神の国」は熱心党などのローマ帝国からの独立を目指した政治的メシア運動とは異なり，ローマ帝国からの解放という「目に見える形で来るのではない」。

21：「見よ，（神の国は）ここにある，あるいは（そこにある，というものではない）」という表現で，イエス時代あるいはQ文書の時代の政治的メシア運動を前提にしてそれに対する反論を述べる。「あなたがたの中にある」は「あなたがたの心の中にある」という意味。「神の国はあなたがたの中にある」というのが熱心党などの政治的メシア運動との違いである。したがっ

て，イエスは熱心党とは違って，正義のためにも暴力を使わないし（マタイ 26:52），ローマ帝国への納税拒否もしない（マルコ 12:17）。

23：「神の国」は「メシア」が直接支配する「国」あるいは目に見えない「領域」である。「（神の国は）荒野にある／（メシアは）荒野にいる」「（神の国は）屋内にある／（メシアは）屋内にいる」は，熱心党ばかりでなく，イエス時代や Q 文書の時代の偽メシア運動に対して反論を述べる（ガリラヤ人ユダ，テウダ，エジプト人の偽メシア運動については，使徒 5:36-37, 21:38 参照）。「出て行くな」「後を追うな」は「惑わされるな」ということ。

24：「なぜならば」以下で上述の理由が延べられる。すなわち，メシアの到来は「荒野にある」「屋内にある」というものではなく，稲妻が光るように一瞬にして誰の目にも見えるように「東（の空）から……西（の空）まできらめき渡る」「人の子」（ダニエル 7:13-14）として現れるからである。

37：「死体がある所に，はげ鷹が集まってくるであろう」は諺であろう。「はげ鷹が集まってくる」下には「死体がある」ように，「人の子が現れる日」の空には最後の審判を示す誰の目にも見える際立ったしるしが現れる。

26：「ノアの時代」に大洪水で神の裁きがあったように，「人の子の日」には「ノアの時代」のように神の裁きがある。

27：「ノアの時代」に人々は大洪水があるとは知らずに，日常と変わらずに「食べたり飲んだりし，娶ったり娶られたりして」いた。大洪水が「思いもかけない時に来る」ことを知らずに，人々は何も準備をしていなかったのである。

30：「人の子が現れる日にもこのようになるであろう」とは，盗人がやって来るように「人の子はあなたがたが思いもかけない時刻に来る」（Q12:40）

ことと同義。

34-35：「私はあなたがたに言う」は預言者的導入句。「畑に2人がいると」「粉を挽くために小屋に2人がいると」とはどのような場所で働いている人であれ，同じ場所で働いている2人であっても，「1人は取り上げられ，1人は残され」「神の国」に入る人と入れない人，というまったく別の運命に分かれていくことを表す。

Q53　ムナの譬え話（Q19:12-13, 15-24, 26）

訳文
12　……ある人が旅に出ようとしていた。
13a　自分の10人の僕を呼んで，彼らに10ムナを与えて，
　b　〔彼らに『私が出掛けている時に，あなたがたは商売しなさい』と言った〕。
15a　〔多くの時間を経て〕主人がかの僕たちのところに来て，
　b　彼らと清算をした。
16a　初めの人が〔来て〕言った。
　b　『主よ，あなたの1ムナを10ムナに増やしました。』
17a　すると彼に言った。
　b　『よくやった，善い僕よ，僅かのものに忠実であったので，多くのものを任せよう。』
18a　〔二番目の〕人が来て言った。
　b　『主よ，あなたの1ムナを5ムナにしました。』
19a　〔彼に〕言った。
　b　『〔よくやった，善い僕よ，僅かのものに忠実であったので，〕多くのものを任せよう。』
20a　もう1人の僕が来て言った。
　c　『主よ，あなたは蒔かない所から刈り取り，

d 散らさない所から集める
b 厳しい人であるのを〔知って〕，
21a 恐ろしく〔なって退いて〕，〔あなたのムナを地面の〕中に隠しました。
b ご覧ください，あなたのものを持っています。』
22a 彼に言った。
b 『悪い僕よ，
c 私が蒔かない所から刈り取り，
d 散らさない所から集めることを知っていたのか。
23a 〔それでは，あなたは〕私のお金〔を〕
b 銀行〔に預けて（おかなければならなかった）〕。
c そうすれば，私が行って利子と共に私のものを払い戻せただろう。
24a あなたがたは彼からその1ムナを取り上げて，
b 10ムナ持っている人に与えなさい。
26a 〔なぜならば，〕持っている人にすべて与えられるであろう。
b だが，持っていない人は，彼が持っているものさえも取り上げられるであろう。』

関連箇所

Q19:12-13

マルコ13:34：それは，ちょうど，旅に出ようとしている人が，自分の家を僕たちに任せて，各々に仕事を割り当てて，門番に目を覚ましているようにと命じておくようなものだ。(私訳)

Q19:26

マルコ4:25：「持っている人は更に与えられ，持っていない人は持っているものまでも取り上げられる。」

トマス福音書41：イエスが言った，「おおよそ，手に持っている人は，与えられ，持っていない人は，持っているわずかなものまでも取り上げられるであろう」

伝承史（様式史・編集史）的分析

　寓喩化された譬え話の一つであり，主人が遠くに旅に出ていることは，裁き主としてキリストが来る「終末の遅延」を暗示する（Bultmann, *Tradition*, 176; Schulz, *Q*, 293-295）。

　マタイ福音書では，ギリシアの貨幣単位「ムナ」がローマの貨幣単位「タラントン」に変えられ，3 人の僕に能力に応じて「5 タラントン」「2 タラントン」「1 タラントン」与え，それぞれ「5 タラントン」「2 タラントン」「1 タラントン」を持ってくるように変えられている。

　ルカ福音書は，原則的に Q 文書に忠実であり，10 人の僕に 1 ムナずつ渡し，そのうちの 3 人がそれぞれ「10 ムナ」「5 ムナ」「1 ムナ」持ってくる。しかし，「ある人」を「王位を受ける立派な家柄の人」に変え，一番目と二番目の僕に褒め言葉の代わりにそれぞれ「10 の町の支配権」と「5 の町の支配権」を褒美として授けるように変え，さらにその当時の政治状況や終末の遅延という神学的状況を反映して 14 節を加え，結末の唐突さを和らげるために 25 節を加筆する。

修辞学的分析

　このペリコーペは，以下の構造をもった「譬え話」と「格言」で構成されている。

　　　　12-24　「譬え話」（parabole）
　　　　　　12-15　「序論」（exordium）
　　　　　　16-23　「議論」（argumentatio）
　　　　　　　　16-17　第一問答
　　　　　　　　18-19　第二問答
　　　　　　　　20-23　第三問答
　　　　　　24　「結論」（peroratio）
　　　　26　「格言」（sententia）

　第一問答と第二問答は「並置」による並行法を用いて繰り返され，それらと「対置」される第三問答の問いと答えは「対置」による並行法で書かれる。

「結論」を一般化した「格言」で譬え話が総括される。

注解

12：「大宴会の譬え話」「失われた羊の譬え」と同様に「ある人が」から始まる（Q14:16, 15:4）。

13：「10人の僕」すなわち「奴隷」に「10ムナ」，すなわち1人1ムナずつ分け与える。1ムナは100ドラクメ，すなわち100デナリオン，100日分の労賃に相当する。「私が出掛けている時に」は長旅に出ている時にという意味。「商売する」の原義は，日常生活の中で人々とのかかわりの中で活動すること，すなわち人々に必要なものを作って提供したり，サービスしたりすること。

15：「多くの時間を経て」は長旅の後でという意味。「多くのものを任せよう」（17b, 19b）と呼応する。

16, 18：一番目と二番目の僕の報告。「あなたの1ムナを10ムナに増やしました」「5ムナにしました」。諸活動を行うことによって与えられた「1ムナ」を10倍や5倍に「増やした」ことがポイントである。

17, 19：「よくやった，善い僕よ」は，「称賛の言葉」で，「悪い僕」（17:22b）と「対置」する。
　「僅かのものに忠実であったので，多くのものを任せよう」では，「少し（僅か）」と「多い」が「対置」する。地上の日常生活で忠実であることが，神の国に至ることを暗示する。終末の遅延の問題が背景にある。

20, 22：三番目の僕は，主人が「（種を）蒔かない所から刈り取り，散らさない所から集める」過酷なことを要求する人だということを知っていた。

21：三番目の僕の弁解の弁。「恐ろしくなって」すなわち主人への信頼でなく恐怖心から，何も活動をすることをせずに「地面の中に隠しました」。「地面の中に隠す」のも蓄財の方法の一つであった（マタイ13:44「畑に隠された宝の譬え」参照）。三番目の僕は，「大宴会の譬え話」（Q14:16-23）で招かれた人々が何も応答しなかったように，何も活動しなかった。その理由を主人の人格に帰して自己正当化する。「ご覧ください，あなたのものを持っています」。第三の僕が非難される点は，何も働かなかったことと増やさなかったことにある。

23：21節の弁解に対する「非難の言葉」で，第一，第二の僕に対する「称賛の言葉」と「対置」する。活動として「銀行に預けておかなければならなかった」。資産を増やす手段として「利子と共に私のものを払い戻せた」と非難する。

24：この譬え話の「結論」。「彼からその1ムナを取り上げて」は怠惰な人に対する戒め，「10ムナ持っている人に与えなさい」は勤勉な人に対する報償。

26：24節の「結論」に基づいた一般化。

Q54　イスラエルに対する裁き（Q22:28, 30）

<u>訳文</u>

　　28　あなたがた……私に従った人々は，
　30a　……王座〔に〕座り，
　　 b　イスラエルの12部族を裁くであろう。」

関連箇所

Q22:28, 30

　　知恵の書3:8：彼ら（正しい人々）は，異邦人を裁き，御民を治め，主は彼らを永遠に支配するであろう。（私訳）

　　シラ書4:15：それ（知恵）に従う人は，異邦人を裁き，それ（知恵）に心注ぐ人は，安らかに住まう。（私訳）

伝承史（様式史・編集史）的分析

　ブルトマンによれば，「ロギア」（主の言葉）の中の「私―言葉」に分類され，復活した主に帰される（*Tradition*, 158）。

　シュルツによれば，洗礼者ヨハネの裁きの言葉（Q3:7-18），ガリラヤの町々に対する災いの言葉（Q10:13-15），この時代に対する神の知恵（Q11:49-51），東から西から来る人々の宴会の譬え（Q13:28-29），エルサレムに対する非難の言葉（Q13:34-35）と同様に「イスラエルに対する裁き」（*Q*, 323-378）に位置づけられ，預言者的・黙示的「人の子」による裁きの言葉伝承があることが指摘される（*Q*, 334-335）。

　バンメルはこのペリコーペから，Q文書とユダヤ教の「遺訓文学」（Testament）の関連を示唆する（E. Bammel, "Das Ende vom Q"）。だが，この小さな単元からのみ，「遺訓文学」との関連を証明するのは無理がある。バンメル自身もその後にQ文書を「言葉の書」（Spruchbuch）というジャンルに言い換えている（E. Bammel, "Der Anfang des Spruchbuches"）。

　クロッペンボルグらはこの言葉が基層のQ^1でない編集段階のQ^2に属するという立場を取り，ホフマンやタケットらはQ^1, Q^2, Q^3の層に分けられずイエスに帰する言葉という立場を取っている。

修辞学的分析

　このペリコーペは，「人の子の到来について」（Q17:20-35）と「ムナの譬え話」（Q19:12-26）と併せてQ文書の結末を構成し，Q文書の導入である「洗礼者ヨハネの悔い改めの説教」Q3:2-17）と共にQ文書の本論を終末論的な

枠組みで「包摂」する。

　また，このペリコーペでは 3 つの動詞が用いられており，最初の「従う（人々）」と最後の「裁く」は分詞形で書かれ，その間に未来形で書かれた主動詞の「座る」を「包摂」する。さらに，それぞれ「私に（従う）」「王座に（座る）」「イスラエルの 12 部族を（裁く）」と目的語（句）を伴う。

注解

28：「頭を横にする所もない主に従う」「死者の埋葬は死者に任せて従う」（Q9:57, 59）と弟子に厳しい覚悟が求められ，その後「自分の十字架を背負って従う」（Q14:27）と，弟子の厳しさが再確認された後で，弟子の報いが最後に表明される。そこには従う人々への救いと同時に，イスラエルへの厳しい裁き（Q3:7-9, 16-17, 11-29-32, 13:28-29, 34-35 参照）が表明される。

30a：「王座」は複数形で書かれている。「12 の王座」とは明記されていないが前提にされている（マルコ 10:37「（栄光を受ける）イエスの右と左の座」，黙示録 4:4「玉座の周りの 24 の玉座」）。「王座に座る」とは救いを受けて裁きをすること。

30b：「裁く」という言葉には，第一義的には文字通り「裁く」という意味があり，第二義的には「支配する」という意味がある。

　イスラエルはヤコブの子孫の「12 部族」の連合国家（創世記 28-31 章，49 章）であり，イエスの弟子の「12 人」（マルコ 3:13-19）は「新しいイスラエル」を象徴する。ここでは「イスラエルの 12 部族を裁く」あるいは「支配する」「新しいイスラエル」を暗示する。

　こうして終末論的黙示の「神の国」のイメージがここで最終的に具体化される（Q12:8-9, 黙示録 4-5 章参照）。

第 3 部
Q 文書の修辞学的研究

1. Q文書の研究史

1.1. はじめに

19世紀以来Q文書は，ドイツ語の「資料」（原義は「泉」）の頭文字から"Q"と略され，「資料」（Quelle, Source）と呼び慣わされてきたが，現在では一般的に「言葉資料」（Logienquelle, Sayings Source）[1]と言われている。

だが，最近では一方で，北米を中心にして四福音書の「物語福音書」（The Narrative Gospel）に対して「言葉福音書」（The Sayings Gospel）[2]と呼ぶ傾向があり，「第一福音書」（The First Gospel）[3]，「失われた福音書」（The Lost Gospel）[4]を含めて，「福音書」と称する動きがある。他方で，Qが文書資料ではなく口頭伝承であることを主張する動きもある[5]。

しかし，本書ではトマス福音書の発見以来，Qの文書性が確実視されてきたこと，またQが共観福音書以前の段階ではあるが，以下で検討する修辞

---

[1] E. g., *Q and the Historical Jesus*.

[2] E. g., J. S. Kloppenborg, "The Sayings Gospel Q: Literary and Stratigraphic Problems," *Symbols*, 1-66; idem, *Q-Thomas Reader*, Somona: Polebridge, 1990, 35-74＝『Q資料・トマス福音書』日本基督教団出版局，1996年；J. M. Robinson, "The Sayings Gospel Q," *Four Gospels*, 361-388.

[3] E. g., Jacobson, *The First Gospel*.

[4] E. g., Mack, *The Lost Gospel*.

[5] E. g., W. Kelber, *The Oral and the Written Gospels: The Hermeneutics of Speaking and Writing in the Synoptic Tradition, Mark, Paul, and Q*, Philadelphia: Fortress Press, 1983（Reprint, Bloomington & Indianapolis: Indiana University Press, 1997），201-203；J. D. G. Dunn, *Christianity in the Making: vol. 1 Jesus Remembered*, Grand Rapids: Eerdmans, 2003, 173-254；idem, "Q¹ as Oral Tradition," M. Bockmuehl & D. A. Hagner（eds.），*The Written Gospel*, Cambridge: Cambridge University Press, 2005, 45-69. Q口頭伝承説に対する批判は，cf. e.g., D. Burkett, *Rethinking Gospel Sources: vol. 2 The Unity and Plurality of Q*, Atlanta: Society of Biblical Literature, 2009, 45-48. 以上の議論に対する批判的な応答は，A. Kirk, "Orality, Writing and Fantom Sources: Appeals to Ancient Media in Some Recent Challenges to the Two Document Hypothesis," *NTS* 58（2012），1-22.

学的特性から見ても文書性は明らかであり，「Q 文書」(The Q Document) と呼ぶことにする。以下，18 世紀末から 21 世紀初頭に至るまでの Q 文書の研究史を概観して，研究状況を見渡すことを本章の目的とする。

1.2. 共観福音書問題と Q [6]

最初の三つの福音書（マタイ福音書，マルコ福音書，ルカ福音書）[7] が似ていると同時になぜ違うのか，という共観福音書問題は，18 世紀の難題であった。この問題を解決するために一つの福音書から多くの福音書に分かれたという原福音書説[8]，諸断片の伝承を集めて綴ったという断片説[9]，口頭伝承が筆記されたという伝承説[10]，他の福音書を用いて書いたという引用説などの諸説が出されていた。引用説の中でも，マタイ福音書が最初に書かれ（マタイ優先説），マルコ福音書はマタイ福音書を要約し，ルカ福音書はマタイ福音書とルカ福音書を用いた，というアウグスティヌス説を復活させたグリースバッハの説は影響力があった[11]。

19 世紀に入ってカール・ラッハマンはマタイ福音書とルカ福音書がマル

---

[6] 18-19 世紀の研究史に関しては，cf. Kloppenborg, *Excavating*, 271-328; Fleddermann, *Q*, 3-39.

[7] 1776 年にヨーハン・グリースバッハがマタイ福音書・マルコ福音書・ルカ福音書の似た箇所を共に並べて観た共観表を作成して以来（J. Griesbach, *Synopsis Evangeliorum Matthaei, Marci et Lucae*, Halle: J. J. Curtius Haerdes, 1776），これらは「共観福音書」と呼ばれている。

[8] E. g., G. E. Lessing, "Neue Hypothese über die Evangelisten als bloss meschliche Geschichtsschreiber betrachtet," *Theologischer Nachlass*, Berlin: Voss, 1784, 45-72.

[9] E. g., F. D. E. Schleiermacher, *Über die Schriften des Lukas: Ein kritischer Versuch*, Berlin, 1817.

[10] E. g., G. C. S. Gieseler, *Historisch-kritischer Versuch über die Entstehung und die frühesten Schicksale der schriftlichen Evangelien*, Leipzig: Wilhelm Engelmann, 1818.

[11] Cf. B. Orchard & T. R. W. Longstaff (eds.), *J. J. Griesbach: Synoptic and Text-Critical Studies, 1776-1976*, Cambridge: Cambridge University Press, 1978.

コ福音書を用いて書かれたというマルコ優先説[12]を主張した[13]。さらに，クリスチャン・ヴィルケとクリスチャン・ヴァイセは互いに独立して，マタイ福音書とルカ福音書はマルコ福音書の他に，両者は共通なイエスの言葉資料（ロギア）[14]を用いたという二資料説を唱えた[15]。19世紀後半にはハインリヒ・ホルツマンによって二資料説は確立し，次第に受け入れられていった[16]。

20世紀以降，二資料説はほとんどの研究者によって受け入れられている。しかし，時折グリースバッハ説の再来などが現れるが[17]，その度毎に批判の対象とされている[18]。

1.3 テキスト再構築の試み

Q文書のテキストの本格的な探究はアドルフ・フォン・ハルナックによっ

---

12) マルコ優先説は，それ以前に既に唱えられていた。Cf. J. B. Koppe, *Marcus non epitomator Matthaei*, Göttingen: Programm der Universität Göttingen, 1782; G. Ch. Storr, *Über den Zweck der evangelischen Geschichte des Johannes*, Tübingen, 1786.

13) K. Lachmann, "De ordine narrationum in evangeliis synopticis," *TSK* 8 (1835), 570-590. Qは19世紀後半まで「ロギア」と称されていたが，シモンズ (E. Simons, *Hat der dritte Evangelist den kanonischen Matthäus benutzt?*, Bonn: Carl Georgi, 1880) 以来"Q"と称されるようになった。

14) Q資料説は，それ以前に「アラム語資料説」として (J. G. Eichhorn, *Einleitung in das Neue Testament*, Leipzig: Weidmann, 1804)，続いてパピアス断片の「ロギア説」（エウセビオス『教会史』3.39.15-16) という形で唱えられていた (F. Schleiermacher, "Über die Zeugnisse des Papias von unsern beiden ersten Evangelien," *TSK* 5 (1832), 735-768)。

15) C. G. Wilke, *Der Urevangelist, order exegetisch-kritische Untersuchung über das Verwandtschaftsverhätniss der drei ersten Evangelien*, Dresden & Leipzig: Gerhard Fleischer, 1838; C. H. Weisse, *Die evangelische Geschichte kritisch und philosophisch bearbeitet*, Leipzig: Breitkopf & Hartel 1838; H. J. Holtzmann, *Die synoptischen Evangelien: Ihr Ursprung und geschichtlicher Charakter*, Leipzig: Wilhelm Engelmann, 1863.

16) H. J. Holzmann, *Die synoptischen Evangelien: Ihr Ursprung und geschichtlicher Charakter*, Leipzig: Wilhelm Engelmann, 1863.

17) E. g., W. R. Farmer, *The Synoptic Problem: A Critical Analysis*, New York: Macmillan, 1964.

18) E. g., C. M. Tuckett, *The Revival of the Griesbach Hypothesis: An Analysis and Appraisal*, Cambridge: Cambridge University Press, 1983; D. Burkett, *Rethinking the Gospel Sources, Vol. 2: The Unity and Plurality of Q*, Atlanta: Society of Biblical Literature, 2009, 1-32.

て始められた。その後，ジークフリート・シュルツ，アタナジウス・ポラーク，ヴォルフガンク・シェンク，ジョン・クロッペンボルグらによって試みられてきた[19]。だが，1989年にジェームズ・ロビンソン，パウル・ホフマン，クロッペンボルグが中心メンバーとなって「国際Qプロジェクト」（IQP）を立ち上げ，その研究成果により「IQPテキスト」が順次公表されてきた[20]。またそれに基づいて，ロビンソン，ホフマン，クロッペンボルグが編集者として改訂した決定版が「Q批評版」（The Critical Edition of Q）である[21]。

1.4. 資料研究

アドルフ・フォン・ハルナックはQ文書のテキストの再構成を試みると共に，Q文書の語彙，文法，文体などの文学的特徴の傾向を抽出した。また，「それは何の脈絡も形式もない単なる言葉や演説の羅列ではない。むしろそれは始めと結びから（終末論的説話），事柄と時系列的順序の概要のある定まった配列があることを知る」。またその間に「イエスの教え」（Λόγοι Ἰησοῦ）が挟まれていると考えた[22]。

---

[19] Harnack, *Sayings of Jesus*; Schulz, *Q*; A. Polag, *Fragmenta Q: Textheft zur Logienquelle*, Neukirchen-Vluyn: Neukirchener Verlag, 1979; W. Schenk *Synopse zur Redenquelle der Evangelisten*, Düsseldorf: Patmos, 1981; J. S. Kloppenborg, *Q Parallels: Synopsis, Critical Notes & Concordance*, Sonoma: Polebridge, 1988.

[20] *JBL* 109 (1990), 499–501; *JBL* 110 (1991), 494–498; *JBL* 111 (1992), 500–508; *JBL* 112 (1993), 500–506; *JBL* 113 (1994), 495–499; *JBL* 114 (1995), 475–485; *JBL* 116 (1997), 521–525.

[21] J. M. Robinson, P. Hoffmann & J. S. Kloppenborg, *The Critical Edition of Q: Synopsis Including the Gospels of Matthew and Luke, Mark and Thomas, with English, German and French Translations of Q and Thomas*, Leuven: Leuven University Press & Peeters/Minneapolis: Fortress Press, 2000. Cf. P. Hoffmann & C. Heil (Hrg.), *Die Spruchquelle Q: Studienausgabe Griechisch und Deutsch*, Darmstadt: Wissenschaftliche Buchgesellschaft/Leuven: Peeters, 2002. Q批評版に対する批判の拙訳，本書第1部参照。

[22] Harnack, *Sayings of Jesus*, 181, cf. 228, 235–236. 同様な見方はBultmannに影響を与えたJ. Welhausen, *Einleitung in die drei ersten Evangelien* (2. Aufl.), Berlin: Reimer, 1911, 171にも見られる。洗礼者ヨハネとイエスの終末論的説教に枠取られている見方は，Manson, *Sayings of Jesus*にも見られる。

Q文書のテキストの配列について，ヴィンセント・テーラーはルカ福音書の配列がQ文書のオリジナルの配列を原則的に保存していることを明らかにし[23]，それ以来，Q文書の章節はルカ福音書の章節を用いて表記する慣わしとなった。

Q文書がマルコ福音書と重複する箇所に関しては，Q文書がマルコ福音書に依っている[24]のでもなく，マルコ福音書がQ文書に依っているのでもない[25]。両者が共通の伝承に依っているのである[26]。だが，その中でもQ文書の方がマルコ福音書よりも古い発展段階を示している（例えばQ10:4とマルコ6:8-9を比較）。

トマス福音書とQ文書の関係は，トマス福音書の中にQ文書の伝承より古い伝承層があるという立場もあるが[27]，トマス福音書は1世紀のQ文書の伝承の展開である[28]。

1.5. 様式史研究

20世紀初頭に様式史を新約学に導入したルドルフ・ブルトマンは，最初にQ文書は原始キリスト教共同体の形成と足跡を見る唯一の窓と位置づけた。すなわち原始キリスト教は終末論的基調の中で誕生したが，やがて終末の遅

---

23) V. Taylor, "The Order of Q," *JTS* 4 (1953), 27-31; idem, "The Original Order of Q," A. J. B. Higgins (ed.), *New Testament Essays: Studies in Memory of T. W. Manson*, Manchester: Manchester University Press, 1959, 95-118.

24) Welhausen, *Einleitung*, 73-89; H. T. Fleddermann, *Mark and Q: A Study of Overlap Texts*, Leuven: Leuven University Press/Peeters, 1995.

25) Harnack, *Sayings of Jesus*, 193-227.

26) Laufen, *Die Doppelüberlieferung*.

27) H. Koester, "GNOMAI DIAPHOROI," Robinson, *Trajectories* =『軌跡』第4章; idem, "Q and Its Relatives," *Gospel Origins*, 49-63; idem, *Ancient Christian Gospels: Their History and Development*, Philadelphia: Trinity Press International/London: SCM Press, 1990, 75-171.

28) E. g., C. Tuckett, *Nag Hammadi and the Gospel Tradition: Synoptic Tradition in Nag Hammadi Library*, Edinburgh: T. & T. Clark, 1986; 荒井献『トマスによる福音書』講談社学術文庫, 1994年。

延の問題にも直面し，神の国と現世（教会）の二重性の挟間の中で生きていると見た[29]。またQ文書は原始キリスト教の産物であり，基本的に「鍵言葉」や同じテーマによって繋がれた通時的に集積された伝承であり，最終的な編集者の役割は極めて小さいと考えた[30]。このような見方は，基本的には20世紀前半に支配的で，後に至るまで多大な影響を与えた。

ブルトマンは『共観福音書伝承史』の中で，Q伝承を基本的には「ロギア（知恵の言葉）」と「預言的・黙示的言葉」に分けた。これはその後の編集史研究に基本的な枠組みを提供した[31]。

1.6. 編集史研究[32]

しかし，1950年代に入ると編集者の役割を重視する編集史が台頭してきた。ハインツ・テートはQ文書が従来考えられてきたような復活信仰を補う倫理的勧告ではなく，「人の子」キリスト論とその権威を提示する，十字架・復活とは独立したケリュグマを持つことを明らかにした[33]。また，ジェーム

---

[29] R. Bultmann, "Was läst die Spruchquelle über die Urgemeinde erkennnen," *Oldenburgische Kirchenblatt* 19 (1913), 35-37, 41-44 = ET "What the Saying Source Reveals about the Early Church," J. S. Kloppenborg, *The Shape of Q: Signal Essays on the Sayings Gospel*, Minneapolis: Fortress Press, 1994, 23-34.

[30] Bultmann, *Tradition*.

[31] Ibid.

[32] 編集史に関して要を得た詳細は，cf. P. Hoffmann, "QR und der Menschensohn: Eine vorläfige Skizze," *Four Gospels*, 421-456; J. S. Kloppenborg, "The Sayings Gospel Q: Literary and Straight Problems," *Symbols*, 1-66; C. Tuckett, "'Redaction Criticism' & Q," *Q and the History*, 41-82.

[33] H. E. Tödt, *Der Menschensohn in der synoptischen Überlieferung*, Gütersloh: Gerd Mohn, 1959. 「来るべき人の子」（Q11:30, 12:8, 40, 17:24, 26, 30; マルコ 8:38, 13:26, 14:62, マタイ 10:23, 13:41, 19:28, 25:31, ルカ 12:8-9)，「地上で働く人の子」（Q6:22, 7:34, 9:58, 12:10; マルコ 2:10, 28, 10:45, 14:21a, マタイ 13:37, ルカ 19:10) 参照。マルコ福音書に特徴的な「苦難し復活する人の子」（8:31, 9:9, 12, 31, 10:33-34, 14:21b, 41) は，Q文書には見られない。Cf. H. Schürmann, "Beobachatungen zum Menschensohn-Titel in der Redequelle," *Jesus und der Menschensohn*, 124-147 = *Gottes Reich: Jesu Geschichte Jesu ureigener Tod im Licht seiner Basilaia- Verkündigung*; Freiburg: Herder, 153-182.

ズ・ロビンソンはQ文書の文学類型がトマス福音書と同様に「知恵の言葉」（λόγοι σοφῶν）であると主張した[34]。

これらと関連して，ディーター・リュールマンは，ブルトマンの伝承の「収集」（Sammlung）と「編集」（Redaktion）の区別の概念を採用して，「この世代」に対する敵対的なモティーフと「裁き」の宣言（Q3:7-9, 17, 7:18-33, 11:14-32, 39-52）は「編集」によるもので，それ以前の伝承の「収集」（Q6:20-49, 11:33-36, 12: 2-7, 22-34）とは異なる層であり，また編集上の創作（Q10:12, 11:30, 51; 11:19?）があることも指摘した[35]。

ジークフリート・シュルツは，「パレスティナのキリスト教」対「ヘレニズムのキリスト教」という地理的概念を用いて，パレスティナ・シリア周辺地域の預言者的・終末論的・熱狂的な最古層のケリュグマを抽出し，シリアのヘレニズム共同体のケリュグマの伝承から区別して伝承を二層に分けた。また，詳細は述べなかったが最終の編集を考えた[36]。しかし，これはブルトマンのケリュグマの概念と地理的概念の中に留まっていた。

それに対して，アーランド・ヤコブソンは，「文学的統一性」を基本にして内部構造の「不一致」の部分に注目して伝承と編集を区別し，三段階の編集を考えた。第一の「構成段階」の編集では，例えば洗礼者ヨハネとイエス

---

34) J. M. Robinson, "ΛΟΓΟΙ ΣΟΦΩΝ: Zur Gattung der Spruchquelle Q," E. Dinkler (eds.) *Zeit und Geschichte: Dankesgabe an Rudolf Bultmann*, Tübingen: Mohr Siebeck, 1964, 77-96; idem, "ΛΟΓΟΙ ΣΟΦΩΝ: On the Gattung of Q," Robinson, *Trajectories*, 20-70 = 『軌跡』第3章。

35) Lührmann, *Redaktion*. Cf. Hoffmann, *Studien*.

36) Schulz, *Q*. パレスティナの最古層として①イエスの説教（Q6:20bc, 27-36-38, 41-42），②祈りについて（11:1-4, 9-13），③ファリサイ派・律法学者への災いの言葉（11:39, 42-44, 46-48, 52），④告白について（12:4-7, 8-9），⑤思い煩いについてなど（12:22-31, 16:17-18）を抽出し，ヘレニズムの新しい層として①地上のイエスへの関心（4:1-13, 7:1-10, 18-28, 10:21-22, 11:14-23, 29-32, 12:10, 12:51-53, 16:16），②終末の遅延（6:43-45, 47-49, 12:39-40, 42b-46, 13:18-21, 23-24, 17:3-4, 17:23-24, 26-27, 30, 34-35, 37, 19:12-27），③イスラエルへの裁き（3:7-18, 10:13-15, 11:49-51, 13:28-29, 34-35, 22:28-30），④徴税人・罪人を迎えること（7:31-35, 14:16-24, 15:4-7），⑤イエスに従うことと共同体への関心（6:22-23, 39, 40, 46, 9:57-60, 10:2-12, 16, 23-24, 11:24-26, 33, 34-35, 12:2-3, 11-12, 57-59, 13:26-27, 14:26, 27, 34-35, 16:13, 17:5-6, 33, 18:14）を分けた。

を「知恵」の伝達者として並置し，第二の「中間段階」の編集では，例えば洗礼者ヨハネとイエスと区別し，第三の最終段階の編集で，誘惑物語などを追加したと考えた。そして，最古層ではイエスが「知恵」の伝達者であることを強調した（Q7:31-35, 11:47-51, 11:29-32, 13:34-35）[37]。

また，ディーター・ツェラーは知恵の言葉による複合的な訓戒が七つあることを指摘した。すなわち，①敵対者に対する振る舞い（Q6:[20-23], 27-33, 35c, 36-38, 41-42, [43-49]），②宣教者の振る舞い（10:2-8a, 9-11a, 12, [16]），③祈りについて（11:[2-4], 9-13），④迫害時の振る舞い（12:[2-3], 4-9, [10]），⑤所有に対する態度（12:22-31, 33-34），⑥目を覚ましていること（12:[35-37?], 39-40, 42-46），⑦終末への振る舞い（17:23-24, 37, 26-27, 30, 34-35）である[38]。

ジョン・クロッペンボルグは，以上の編集史的研究を総合して，最古層にツェラーの①から⑤とほぼ同様な知恵の言葉を想定したが，ツェラーの黙示的・終末論的な言葉⑥⑦を⑥神の国に入る言葉群に差し替えた（Q¹）。すなわち，演説形式でキリスト教徒に向けて対内的に書かれた①イエスの宣教開始の説教（Q6:20b-23b, 27-49），②弟子派遣の説教（9:57-60, [61-62], 10:2-11, 16, [23-24?]），③祈りについて（11:2-4, 9-13），④恐れずに宣教する勧め（12:2-7, 11-12），⑤思い煩いについて（12:22b-31, 33-34），⑥狭い門（13:24, 14:26-27, 17:33, 14:34-35）である。続いて，リュールマンらと同様に「裁き」

---

37) A. D. Jacobson, "Wisdom Christology in Q," Ph. D. Thesis: Claremont Graduate School, 1978. またそれを発展させた idem, *The First Gospel*. 「構成段階」の編集は，①洗礼者ヨハネとイエス（Q3:1-6, 7-9, 16abd, 17; 6:20b-23ab, 27-49; 7:1-10; 7:24-27, 16:16, 7:31-35），②弟子派遣の説教（9:57-60, 10:2-16），③「この世代」への批判（11:14-20, 23; 11:29-32, 24-26, 33-35; 11:39-52）で構成され，「中間段階」の編集に①洗礼者ヨハネのイエスへの従属（3:16c, 7:18-23, 28），②親密者への啓示（10:21-22, 11:2-4, 9-13, 17:5-6），③熱心さ（11:2-4, 9-13, 17:5-6），④告白と思い煩い（12:2-12, 22-34）が加わり，最終段階の編集で誘惑物語（4:1-13）が追加されたと考えた。

38) Zeller, *Mahnsprüche*, 191; idem, "Eine weisheitliche Grundschrift in der Logienquelle?," *Four Gospels*, 389-401. Zeller の七つの最古層の伝承のうちの四つは（①③④⑤），Schulz の最古層（①②④⑤）と共通である。

の宣告や「この世代」に対する敵対的モティーフによる編集層（Q^2）を考えた。すなわち，クレイア形式でキリスト教徒以外に向けて対外的に書かれた①洗礼者ヨハネの悔い改めの説教（3:[2-4], 7-9, 16-17），②百人隊長の子の癒し物語と洗礼者ヨハネの問い合わせ（7:1-10, 23, 24-26, 31-35, [16:16]），③「この世代」との論争（11:14-26, 29-32, 33-36, 39-52），④黙示的裁きの威嚇（12:39-40, 42-46, 49, 51-53, [54-56], 57-59），⑤黙示的言葉（17:23, 24, 26-30, 34-35, 37）である。これに，リュールマン，ヤコブソン，ツェラーと同様に最後の段階で誘惑物語を加えたとしたが，それは伝記への道を歩み出したと考えた。

　こうして，クロッペンボルグは，ロビンソンの「知恵の言葉」というやや曖昧な概念をさらに展開させて，Q文書の最古層は「知恵の言葉の教え」であると明確にした[39]。しかし，それはどのような内部のミクロ構造をもち，どのようなマクロ構造の中に置かれているのだろうか。

　「知恵の言葉の教え」の内部構造については，ロナルド・パイパーが，「求めについて」（Q11:9-13），「思い煩いについて」（Q12:22-31），「裁きについて」（Q6:37-42），「木と実について」（Q6:43-5），「告白について」（Q12:2-9）の5例を「二重の伝承の警告」と称し，また似た構造の警告を分析した。その結果，これらには①一般的な勧めの言葉，②それを支持する格言，③しばしば二重の修辞疑問による新しいイメージの提供，④冒頭の一般的な勧めの言葉を特定の問題に具体化する結びの言葉で構成されていることを明らかにした。しかし，この5例の他にこの構造を指摘することができず，パイパーの構造分析は「知恵の言葉の教え」の一部しか解明できない限界があった[40]。

　以上はQ文書が，伝承の収集と編集作業の結果，いくつかの伝承・編集

---

39) Kloppenborg, *Formation*, 102-262. Kloppenborgの六つの最古層の伝承のうち四つ（①③④⑤）はSchulzの最古層（①②④⑤）と共通である。その後1995年には，⑤にQ13:18-21を加え，新たに最古層にQ15:4-7, 8, 10; 16:13, 16, 18, 17:1-2, 3-4, 6を加えた。Kloppenborg, *Excavating*, 146, n. 62.

40) Piper, *Wisdom*, 14-99.

層が折り重なっていることを前提にした研究であった。しかし，佐藤研はこれらの見方とは異なって，単独の伝承がクラスター群を形成した後に，「編集A」「編集B」「編集C」の三段階の編集作業を経て，それらがルーズリーフ式ノートのように追加されて形成されたと考えた。

すなわち，「編集A」（Q3:[2-4?], 7-9, 16-17, [21-22], [3:21-22], 6:20b-49, 7:1-2, 6b-10, 18-28）では，洗礼者ヨハネで「包摂」され（Q3:7-9, 16-17; 7:18-28），その中には「来たるべき者」（3:16; 7:19），「荒野」（3:3; 7:24），「神の国」（6:20b; 7:28），「貧しい人」（6:20b; 7:22）などの対応関係が見られる。「編集B」（9:57-60, 10:2-12, 16, 21, 23-24）では，アポフテグマで「包摂」され（9:57-58; 10:21-24），弟子派遣の試みは感謝の祈りと対応し（10:5-6, 9; 10:21），「祝福の言葉」で結ばれる（10:23-24）。「編集A」にQ7:31-35が加えられると「人の子」（7:34; 9:58）を介して「編集B」と結びつけられる。さらに「編集C」の特徴としてイスラエルの民全体に対する批判と裁きのモティーフと「神の知恵」のモティーフが見られ，奇跡を求める「この世代への批判」（11:14-32），「ファリサイ派・律法学者への災いの言葉」（11:39-52），「弟子たること」（13:23-35），「告白と思い煩いについて」（12:2-34），「人の子の到来について」（17:23-37）などがその中に加えられていったと考えた。

また，佐藤はQ文書をミクロ構造として「告知文」（Ankündigung），「災いの言葉」（Unheilswort），「救いの言葉」（Heilswort），「叱責の言葉」（Schetwort），「災いの叫び」（Weheruf）などに特徴づけられる「預言書」に位置づけた[41]。

編集史の時代にQ文書の核心は「知恵」か「預言」か，その文学類型は「知恵の言葉集」（クロッペンボルグ）か，「預言書」（佐藤）か，と問われてきた。だが，クロッペンボルグに代表されるようにQ^1は知恵の言葉の層，Q^2は預言・黙示の言葉の層というように「知恵」と「預言」の伝承層を分けることはできない[42]。Q文書には「知恵」と「預言」の両面が含まれているのである。

---

41) Sato, *Prophetie*, 33-46, 116-313. Cf. Schürmann, "Beobachatungen."

42) C. Tuckett, "On the Stratification of Q: A Response," *Early Christianity*, 213-232; R. Horsley, "Logoi

さらに様式史・編集史の研究史が，原始キリスト教文学は「小文学」(Kleine Litaratur) である，というフランツ・オーファベックの文学観[43]に規定されてきたことをアラン・カークは正しく指摘している[44]。しかし，1980年代以降には，例えば一方では福音書の文学類型（文学ジャンル）の問題ではギリシア・ローマの「大文学」(Grosse Literatur) と同じ文学類型が問われており，他方では文学スタイルや文学構造の問題で修辞学的批評が隆勢となってきており，問題意識を共有するにせよしないにせよ，新約聖書が教父文学と同様に「大文学」として取り扱われていることは，研究状況から見てもほぼ明らかである[45]。

1.7. 社会学的・社会史的研究

社会学の視点で新約聖書を分析する文学社会学を導入したゲルト・タイセンは，「ワンダーラディカリズム」で，最初期のキリスト教を形成したイエス運動がQ文書の弟子派遣説教に見られるように，無一物に近い宣教者とそれを支援する信者によって構成されたカリスマ運動であることを明らかにした[46]。

さらに，タイセンはパレスティナの社会・政治史の中で，皇帝カリギュラ時代の紀元40年代に起きたローマの総督ペトロニウスによるエルサレム神殿に対する冒瀆という出来事によってQ文書が著作されたと位置付けた。

Prophētōn?: Reflections on the Genre of Q," *Future*, 195-209; G. Theissen, *The Gospel in Context: Social and Political History in the Synoptic Tradition*, Edinburgh: T. & T. Clark, 1992, 205; 本書第3部第2章「『洗礼者ヨハネに関する説教』の修辞学的分析」。

43) F. Overbeck, "Über die Anfänge der patristischen Literatur," *Historische Zeitschrift* 48 (1882), 417-472 に反して。

44) Kirk, *Composition*, 1-86.

45) 拙論「新約学の新しい潮流――修辞学的批評」『福音と世界』2012年7月号，38-42頁，拙著「第2部 研究史の潮流」『フィロンと新約聖書の修辞学』87-118頁参照。

46) G. Theissen, *The Gospel in Context*, 203-241; M. Myllykoski, "The Social History of Q and the Jewish War," *Symbols*, 143-199.

これに対して，クロッペンボルグのQ文書の三層説（Q^1, Q^2, Q^3）を前提にしたマッティ・ミリコフスキーは，紀元66-70年のユダヤ戦争によってQ文書は書かれたと位置付けたが，これは他の福音書などで記されているユダヤ戦争を示唆する記述がQ文書にはほとんど見られないので，年代設定としては遅すぎる[47]。

他方，リュールマンらはメシア称号「人の子」の形成段階などから，Q文書の成立を紀元50年代から60年代に想定する[48]。

また，ジョナサン・リードはQ文書に現れる地名の研究から，Q文書は社会地理学的に見てカファルナウムを中心にしたガリラヤ地方で最近に都市化された農村地域の共同体から生み出され，その背景にはガリラヤとエルサレム，農村と都市の対立の構図があることを示唆した。リチャード・ホースレイは，この対立の構造は，支配者層の富者である土地所有者（ユダヤ教の権力者側と重なる）と被支配者層である貧者の小作農との対立という社会・経済的な社会層の違いによる対立の構図であることを明らかにした[49]。

1.8. 修辞学的研究

1980年代後半の研究では，編集史の研究でも「修辞疑問」「クレイア」「インクルーシオ」などの修辞学的概念が用いられていた[50]。しかし，修辞学を意識したQ研究が1990年代以降に二つ現れている。

第一は，アラン・カークである。カークはQ文書の核心を「（知恵の）教えの演説」と定義して，エジプト，旧約聖書，ギリシア・ローマ，ヘレニズム・ユダヤ教の知恵文学の「教えの演説」と比較する。そして，Q文書のミ

---

[47] G. Theissen, *The Gospel in Context*, 203-241; M. Myllykoski, "The Social History of Q and the Jewish War," *Symbols*, 143-199.

[48] Lührmann, *Redaktion*, 85-89.

[49] J. L. Reed, "The Social Map of Q," *Conflict*, 17-36; R. Horsley, "Social Conflict in the Synoptic Sayings Source of Q," *Conflict*, 37-52.

[50] E.g., Kloppenborg, *Formation*, 289-316, 322-328; idem, *Conflict*; idem, *Excavating*, 196-213.

クロ構造である「教えの演説」として,「愛敵の教え」(6:27-35),「裁きについて」(6:37-42),「木と実について」(6:43-45),「確信をもった祈り」(11:2-13),「ベルゼブル論争」(11:14-23),「しるしを求めること」(11:29-35),「勇気ある証言」(12:2-12),「思い煩いについて」(12:22-31, 33-34),「目覚めて準備すること」(12:35-46),「時を見分けること」(12:49, 51, 53-59),「狭い門から入ること」(13:24-30, 14:11, 16-24, 26-27, 17:33, 14:34-35),「人の子の日を見分けること」(17:23-37) の12箇所を挙げ,それらを分析した結果,次のようにその構造を明らかにする。すなわち,①勧めや格言による教えの始め——しばしばその動機や理由の言葉を伴う,②比喩・修辞疑問・範例・勧め・神的宣告・格言などによる導入のテーマに対する議論,③一般論や抽象論から各論や具体論に進んでいく特定な状況への応用,④しばしば最初のテーマへ戻る「包摂」(inclusio) を用いた,勧め・格言・範例・約束などによる教えの結びである。

続いて,カークは古代の知恵文学の代表例の全体構造と比較しつつ,Q文書を構成する四つのブロック,①「宣教開始の説話」(3:7-9, 16-17, 21-22, 4:1-13, 6:20b-49, 7:1-10, 18-35),②「宣教の指示」(9:57-60, 10:2-16, 21-22),③「論争的説話」(10:23-34, 11:2-13, 14-23, 24-26, 29-35, 39-52, 13:34-35),④「終末論的説話」(12:2-22:30) のマクロ構造が,対称的な「輪構造」(リング・コンポジッション) すなわち「キアスム的シンメトリー」を成していると分析した[51]。重要な点はQ文書全体にわたって「演説 (speech)」と「説話 (discourse)」という視点で,そのミクロ構造とマクロ構造を分析している点である。しかし,この分析ではまだ修辞学的概念を用いた分析が不徹底であると同時に,これらの各ブロックのマクロ構造の中でのミクロ構造との関係が不明確である。

第二は,ハリー・フレッダーマンである。フレッダーマンはQ文書の全体を①「ヨハネとイエス」(3:7-7:35),②「弟子たち」(9:57-11:13),③「敵

---

51) Kirk, *Composition*, 87-407.

対者」(11:14-52), ④「現在の神の国」(12:2-13:21), ⑤「将来の神の国」(13:24-22:30) の五つのブロックに分け, そのマクロ構造は①と③では「輪構造」(リング・コンポジッション；ABCB′A′, ABA′) であるが, ②では並置 ($A^1A^2B^1B^2$), ④と⑤では「包摂」(ABB′CDD′A, ABCA′) であるとした。また, 従来から指摘されてきた「隠喩」「直喩」「クレイア」「並行法」などの修辞学的概念を用いる他に, 著者に特有な概念である「圧縮」「反復」「数的パターン」「建築的構造 (＝輪構造)」などを用いるが, これらはいずれも修辞学的概念ではなく, 修辞学的分析としては徹底していない[52]。

以上から明らかなように, カークとフレッダーマンのQ文書全体のブロック分け (冒頭の第一ブロックを除く) とそのマクロ構造の分析は異なる。また, Q文書の修辞学的批評は手がつけられたばかりで, まだ本格的ではない[53]。

1.9. 結びに

以上, 約200年以上に及ぶQ文書の研究史の重要な局面を簡潔に展望してきた。歴史学の成立と共にその手法を取り入れて新約聖書学が成立し, 19世紀の共観福音書研究の資料研究の中からQ資料説が生まれた。その後,「小文学」に対する視点で視点伝承史手法を取り入れて, とりわけ編集史の研究が華やかな時代を迎えた。その時期は, 想定されたものと類似のトマス福音書が砂漠の修道院跡から発見され, Q資料は仮説ではなくその存在が確実視され, Q文書やQ福音書とも呼ばれるようになった。1980年代以降は, 学際的な研究が活発になるのと応じて社会学的なアプローチ (社会学・社会史・社会人類学など) や文学的なアプローチ (修辞学など) が取り入れられ,「大文学」に対する視点で新たな探求が始まっている。

---

52) Fleddermann, *Q*, 79-871, esp. 79-128.
53) カークとフレッダーマンに批判を加えた上で, Q文書の徹底した修辞学的分析については, 本書第3部第2-6章参照。

2.「洗礼者ヨハネに関する説教」の修辞学的分析

2.1 はじめに

　本章ではQ文書の第一ブロックの洗礼者ヨハネに関する演説部分（Q3:2-3, 7-9, 16-17; 7:18-19, 22-23, 24-28, 31-35）の修辞学的批評に取り組み，その構造を明らかにしたい。こうして，Q文書の文学類型は「預言書」か[1]それとも「知恵の言葉」か[2]という問題に，修辞学的批評という新たな視点で光を当てて，佐藤研教授の業績を再評価したい[3]。

2.2. 研究史瞥見

（1）資料研究・伝承史的研究

　マルコ優先説と二資料説が確立した後で，最初にQテキストの復元を試みたハルナックは，復元したテキストの言語的特徴（語彙，文法と文体）に続いて，その形式的特徴を述べる中で，「洗礼者ヨハネの悔い改めの説教」（Q3:7-9, 16-17）も，それと関連した「洗礼者ヨハネ称賛の説教」（Q7:18-35）も「説教」と分類した[4]。また，「それは何の脈絡も形式もない単なる言葉や

---

1) Sato, *Prophetie*; idem, "Q: Prophetie oder Weisheit?: Ein Gespräch mit J. M. Robinson," *EvTh* 53 (1993), 389-404; idem, "Wisdom Statements in the Sphere of Prophecy," *Behind*, 139-158.
2) Kloppenborg, *Formation*; J. M. Robinson, "Die Logienquelle, Weisheit oder Prophetie?: Anfragen an Migaku Sato, *Q und Prophetie*," *EvTh* 53 (1993), 367-389.
3) 本章は日本聖書学研究所編『聖書的宗教とその周辺――佐藤研教授・月本昭男教授・守屋彰夫教授献呈論文集』リトン，2014年に所収されたものだが，一部削除したりして修正した。
4) Harnack, *Sayings of Jesus*, 165, 173.

演説の羅列ではない。むしろそれは始めと結びから（終末論的説話），事柄と時系列的順序の概要のある定まった配列があることを知る」として，その間に「イエスの教え」（Λόγοι Ἰησοῦ）が挟まれていると考えた[5]。

さらに，T. W. マンソンは，Q文書を四つのブロックに分け[6]，その第一ブロック「洗礼者ヨハネとイエス」（Q3:7-7:35）は，「洗礼者ヨハネの宣教」（Q3:7-9, 16-17），「イエスの誘惑」（Q4:1-13），「イエスの宣教」（Q6:20-49），「カファルナウムの百人隊長」（Q7:1-10），「ヨハネとイエス——最終評価」（Q7:18-35）で構成されるとした。

新約聖書で様式史の創始者の一人のブルトマンは，Qとマルコを始めとする共観福音書伝承を最小のペリコーペに細分して，「洗礼者ヨハネの悔い改めの説教」の前半（Q3:7-9）を「主の言葉」の中の「預言的・黙示的言葉」に分け[7]，「洗礼者ヨハネの問い合わせ（とヨハネ称賛の言葉）」（Q7:18-35）を「アポフテグマ」の中の「論争的対話」に分類した[8]。

シュルツは「洗礼者ヨハネの悔い改めの説教」（Q3:7-9, 16-17）と「洗礼者ヨハネの問い合わせ」「洗礼者ヨハネに対する評価」（Q7:18-23, 24-28）をブルトマンと同様に「アポフテグマ」に分類したが，「広場の子供たちの譬え」（Q7:31-35）を「譬え話」に分類して，ブルトマンの見解を修正した[9]。

編集史的視点では，「洗礼者ヨハネの悔い改めの説教」は二部に分かれるが，その後半（3:16b-17）が後で付け加わったと考える立場と[10]，Qの編集以前

---

5) Harnack, *Sayings of Jesus*, 181, cf. 228, 235-236. Manson, *Sayings of Jesus* にも見られるが，ハルナックと違ってQ文書にはイエスの教えがカテキズムのように述べられていると考えた。

6) Manson, *Sayings of Jesus*. すなわち，①「洗礼者ヨハネとイエス」（Q3:7-7:35），②「イエスと弟子たち」（Q9:57-11:12），③「イエスと論敵」（Q11:14-12:24），④「将来」（Q12:35-17:37）。マンソンはQ文書がキリスト者の生活に必要なことを教える手引きのようなものと考えた（*Sayings of Jesus*, 16）。

7) Bultmann, *Tradition*, 117.

8) Ibid., 23-24. Cf. Lührmann, *Redaktion*, 25-26; Kloppenborg, *Formation*, 107; Sato, *Prophetie*, 141; Jacobson, *The First Gospel*, 112.

9) Schulz, *Q*, 369, 193, 230, 380.

10) Bultmann, *Tradition*, 246; Hoffmann, *Studien*, 31-33; Jacobson, *The First Gospel*, 84-85.

の伝承であるという立場に分かれた[11]。また、「イエスの弟子に対するヨハネ称賛の説教」（Q7:24-28）は「洗礼者ヨハネに関する問答」（Q7:24-26）に二つの注釈（Q7:27, 28）が付け加わったものと考えられた[12]。さらに、「広場の子供たちの譬え」（Q7:31-35）は、「二重の問い」による導入句を伴った「二重の比喩」（Q7:31-32）に「比喩の解釈」（Q7:33-34）が加わり、それらをまとめるために独立した伝承の「知恵の言葉」（Q7:35）が追加されたと考えられた[13]。

だが、このような様式史や編集史の視点での分析では、洗礼者ヨハネの悔い改めの説教や洗礼者ヨハネの称賛の説教のマクロ構造やミクロ構造、さらに修辞的手法や文彩は解明されない。

（2）修辞学的研究

1980年代以降に新約聖書の文学的批評のジャンルで修辞学的批評が台頭してきて、修辞学的視点で文書の構造や文彩等が解明されてきている[14]。Q研究での修辞学的批評は現時点ではまだ極めて少ないが[15]、修辞学を意識したアラン・カークとハリー・フレッダーマンのQ研究が既に現れている。カークもフレッダーマンもQ文書の第一ブロックを以下のようなマクロ構造で捉えることは一致している[16]。

---

11) Kloppenborg, *Formation*, 104-105; Tuckett, *Q and History*, 116-125.
12) Kloppenborg, *Formation*, 108-109.
13) Bultmann, *Tradition*, 172; Lührmann, *Redaktion*, 29-30; Schulz, *Q*, 381; Hoffmann, *Studien*, 224-225; Kloppenborg, *Formation*, 110-112; Tuckett, *Q and History*, 176.
14)「修辞学的批評の潮流――修辞学の国際研究集会を中心にして」『新約学研究』第31号（2003年）（＝拙著『新約聖書と修辞学』第1章）、同「新約学の新しい潮流――修辞学的批評」『福音と世界』2012年7月号、38-42頁参照。Cf. D. F. Watson, *The Rhetoric of the New Testament: A Bibliographic Survey*, Blandford Forum (U.K.): Deo Publishing, 2006, 97.
15) 以下のものは「修辞学的分析」と銘打ってはいるが修辞学的批評とはまだ言えない。Cf. P. J. Hartin, "'Yet Wisdom Is Justified by Her Children' (Q7:35), A Rhetorical and Compositional Analysis of Divine Sophia in Q," *Conflict*, 151-164.
16) Kirk, *Composition*, 364-397 ("Inaugural Discourse [Q3:7-7:35]"); Fleddermann, *Q*, 209-387

そのミクロ構造の分析では，カークは「ヨハネがイエスを紹介する」（Q3:7-9, 16-17, 21-22）と「イエスがヨハネについて語る」（Q7:18-23, 24-28, 31-35）を「比較」という修辞学的概念で把握する。すなわち，説教の冒頭は「クレイア」による対話から始まり（Q3:7-9; Q7:18-19, 22-23），一方では群衆は非難され（Q3:7-9），他方では躓かない人が称賛され（Q7:22-23），それらのメッセージが「対置」される。本論では，一方では「来たるべき方」の役割と身分が（Q3:16-17），他方では洗礼者ヨハネの役割と身分が明らかにされる（Q7:24-28）。結びに，一方ではイエスの受洗で「霊」が下り「神の子」であることが（Q3:21-22）[17]，他方ではイエスが「人の子」であり「知恵」であり（Q7:31-35），両方で洗礼者ヨハネに優ることが明らかにされる。だが，ミクロ構造の中の分析が様式史の概念で分析され，修辞学的概念を用いた分析が不徹底であると同時に，Q文書の各ブロックのマクロ構造とその中のミクロ構造との関係が不明確である[18]。

フレッダーマンは「ヨハネの説教」（Q3:7-9, 16-17）と「ヨハネの問い」（Q7:18-19, 22-28, 31-35）の間に，反対者の「アブラハムの子」（Q3:8）と弟子たちの「知恵の子」（Q7:35）が対応し，「来たるべき方」（3:16, 7:19）という鍵概念が，洗礼者ヨハネの救い・裁きの宣告（Q3:16-17）とイエスの救い・裁きの宣教（7:22-23）に結びつけられていることを指摘して，両者の対応関係を正しく見出しているが，そこには「修辞疑問」と「隠喩」の指摘以外には修辞学的概念が用いられておらず，修辞学的分析は徹底していない。

("John and Jesus [Q3:7-7:35]").

17) カークはQ3:21-23（イエスの受洗）をQテキストに加えるが，「（天が）開け」（ルカ3:21＝マタイ3:16, マルコ1:10「（天が）裂け」）の1語が一致している以外には一致点がなくマルコの影響と思われるので，Qテキストに入れるのは極めて疑わしい。IQPテキストは{D}判定，Q批評版はランクを上げて{C}判定としているが，いずれも不確実である点では変わりがない。

18) Kirk, *Composition*, 365-383.

2.3. Q文書の第一ブロックのマクロ構造[19]

第一ブロックのマクロ構造を修辞学的視点で分析すると以下のようになる。

A　洗礼者ヨハネの説教（Q3:2b-3a, 7-9, 16b-17）
B　イエスの誘惑物語（Q4:1-4, 9-12, 5-8, 13）
C　宣教開始の説教（Q6:20-23, 27-36, 37-42, 43-45, 46-49）
B′　百人隊長の子の癒し物語（Q7:1, 3, 6-9）
A′　洗礼者ヨハネ称賛の説教（Q7:18-19, 22-23, 24-28, 31-35）

第一ブロックは，まず洗礼者ヨハネに関する説教（A, A′）で「包摂」（inclusio）し（ミクロ構造の分析は次節参照）。その内側に，それぞれ「クレイア」（chria）[20] に基づく対話形式で書かれ，奇跡よりも神の言葉に対するイエスの信仰とイエスの教えに倣う百人隊長の信仰を「称賛」したイエスの誘惑物語と百人隊長の子の癒し物語（B, B′）で「包摂」する。その中心にイエスの宣教開始の説教が置かれ（C），「キアスム的シンメトリー」[21] という鏡像的構造を構成している。こうして，洗礼者ヨハネの説教とイエスの

---

19) 第一ブロックがQ文書の最初のまとまりをなすものであることはほぼ見解が一致している。Cf. Manson, "1. John and Jesus (Q3:7–7:35)", *Saying of Jesus*, 5; Sato, 'Redaktion A' (Q3:7–7:28), *Prophetie*, 33-37; J. M. Robinson, 'The Beginning of Q' (Q3:7–7:35), "The Saying Gospel Q," *Four Gospel*, 361-388; Jacobson, *The First Gospel*, 77-129. 本章のマクロ構造分析は，カークやフレッダーマンと基本的には同じである。

20)「クレイア」（χρεία; chria）は修辞学の初等段階の教則本『プロギュムナスマタ』の14のカリキュラムの一つ。「Xは言った。……」「……についてXに問い，Xは答えて言った。……」などの形式で書かれ，ある人（X）の特徴的な言行を簡潔に表現する。様式史では「アポフテグマ」（Bultmann）や「宣言物語」（V. Taylor）などと表現した。

21) ヤコブ書も第一ヨハネ書も「キアスム的シンメトリー」の構造をした説教である。拙論「ヤコブ書の修辞学的分析」『敬和学園大学研究紀要』第20号（2011年），101-119頁；拙論「第一ヨハネ書の修辞学的分析」『新約学研究』第40号（2012年），41-62頁；フィロン『自由論』（「例証」62-105）参照。二つの拙論は，拙著『フィロンと新約聖書の修辞学』に所収。

説教が「並置」され、その上で「この時代」への「非難」と「知恵の子ら」である洗礼者ヨハネとイエスへの「称賛」が「対置」される。

以下では、スペースの関係上、洗礼者ヨハネの悔い改めの説教と洗礼者ヨハネ称賛の説教の修辞学的分析を試みてみたい。

2.4.「洗礼者ヨハネの悔い改めの説教」（Q3:2b-3a, 7-9, 16b-17）のミクロ構造

洗礼者ヨハネの悔い改めの説教は、「クレイア」による状況設定の導入「ヨハネはヨルダン川の周辺地方すべてで……洗礼を受けるために[22]来た群衆に対して言った」（2b, 3a, 7a）の後に始まる。

(1)「序論」(exordium)「命題」(propositio)：「御怒りから逃れられるか」(3:2b-3a, 7)

状況設定として洗礼者ヨハネの活動場所が「ヨルダン川の周辺地方」とされ（2b, 3a）、「クレイア」の様式を用いて、洗礼者ヨハネが群衆に語ることから説教が始まる。

冒頭では「蝮の末裔たちよ」（7b）という言葉でイスラエルの群衆へ呼びかける。これは「アブラハムの子孫」（8c）と「対置」（antitheton）して一つの段落を構成する。「アブラハムの子孫」という表現と比較すると一層明らかになるが、これはイスラエルの民である「群衆」に対する激しい「非難」（vituperatio）の言葉である[23]。「序論」では議論への関心などを引き起こさせるが、ここでは「修辞疑問」（interrogatio）を用いて「誰が差し迫った御怒

---

22) IQPテキストではマタイ（3:7）の名詞表現「彼（洗礼者ヨハネ）の洗礼のために」（{C}判定, cf. Harnack, *Sayings of Jesus*, 127; Schulz, *Q*, 367）としたが、Q批評版ではルカ（3:7）の動詞表現「洗礼を受けるために」に改めている。名詞表現はマルコ（1:4）の「悔い改めの洗礼」の影響と思われる。

23) イエスの宣教開始の説教での弟子たちに対する「幸いである」（Q6:20b, 21ab, 22a）という祝福の言葉に込められた「称賛」（laus）のニュアンスと「対置」する。

りから逃れられるとあなたがたに示したのか」（7c）と「切迫した終末の到来」という「命題」（propositio; テーマ）が群衆に向かって詰問される。

(2)「論証」（argumentatio）：
「悔い改めにふさわしい実を結べ」(3:8)

「本論」にあたる「論証」では，第一に，「悔い改めにふさわしい実を結べ」(8a)と預言者の「叱責の言葉」に近い「勧告文」[24]により，厳しい語調で「悔い改め」とその実践として「実を結べ」と肯定文で勧告する[25]。それは「父祖にはアブラハムがいると，独り言を言おうと思ってもみるな」(3:8b)という否定文と表裏一体をなして，「勧奨」と「阻止」による「助言的弁論」を構成する。

第二に，その「理由」として，「独り言を言う」に対して「私はあなたがたに言う」(8c)という「預言者的告知」[26]を「対置」し，「父祖にはアブラハムがいる」に対して「アブラハムの子孫を起こす」(8e)という「父（祖）」と「子（孫）」，「いる（持つ）」と「起こす」を「対置」して，人間の権威に頼って創造神への信仰を欠いているイスラエルの民を強く「非難」して，神の前で悔い改めの実を結ぶようにと促す。

(3)「結論」（peroratio）：
「木の根元に置かれた斧」「脱穀場での収穫」(3:9, 16-17)

「結論」では，「木の根元に置かれた斧」(9a)と「脱穀場での収穫」(17)の二つの「隠喩」を用いて[27]「差し迫った御怒り」という「裁き」を具体的

---

24) Cf. Sato, *Prophetie*, 202-212.
25) この「論証」はイエスの宣教開始の説教の「論証」の二つの倫理的勧告「愛敵についての教え」(Q6:27-32, 34-36)，「裁きについての教え」(Q6:37-42) に展開し，「木と実」(Q3:9)の隠喩はその結論の「格言」(Q6:43-45) に受け継がれて展開する。
26) Schulz, *Q*, 57-61; Sato, *Prophetie*, 231-244.
27) この「隠喩」は宣教開始の説教の「結論」の「格言」(Q6:43-45) と「譬え話」(Q6:46-49)に対応する。

な「火」で焼くという威嚇のイメージで描いて感情に訴える（9ab, 17ab）。その中で，「悔い改めにふさわしい実」（3:8a）を「良い実」（9b）に置き換えて，「良い実を結ばない木はすべて，……火に投げ入れられる」とより具体的なイメージを用い，理由節（3:8c-e）を「包摂」して厳しい倫理的勧告を繰り返す（9b）。

これらの二つの「隠喩」に「包摂」されて（9ab;17ab），「差し迫った御怒り」と密接に関連した終末論的な「来たるべき方」[28] と洗礼者ヨハネの「比較」という次の洗礼者ヨハネ称賛の説教で展開される新たなテーマが前もって挿入される（16bcde）。

最初に，洗礼者ヨハネと「来たるべき方」は，「水で」洗礼を授ける者と「聖なる霊と火で」洗礼を授ける方として「対置」される（16be）。このような「包摂」により「火による洗礼」（16e）は「火」による「裁き」（9b, 17b）のイメージに強く結び付けられて，「聖なる霊と火で洗礼を授ける」[29]「来たるべき方」が「裁き」と「救い」を直接執り行う「裁き主」で「救い主」であることを明らかにする。

次に，これらの「対置」文の「包摂」に再び挟まれて（16be），洗礼者ヨハネと「来たるべき方」を「比較」する。最初に，「来たるべき方」は洗礼者ヨハネ「よりも強い」と文法上の形容詞の比較級を用いて，その地位を「比較」する（16c）。次に，「履物（サンダル）を持ち運ぶ」という「隠喩」を用いて，両者の間には奴隷と主人の関係以上の身分の差があることが具体的なイメージで描かれる（16d）。こうして，「水で洗礼を授ける」洗礼者ヨハネよりも「聖霊と火で洗礼を授ける」「来たるべき方」の方がはるかに優ることが示される（26c参照）。ここにはそれまでのイスラエルの群衆に対する「非難」のニュアンスとは「対置」して「来たるべき方」に対する「称

---

[28]「来たるべき方」（ὁ ἐρχόμενος）は，詩編 LXX117:16 に由来する天的メシア称号の一つ（Q3:16, 7:19, 13:35）。ダニエル書 7:13 を介在にして（Q12:40）「人の子」キリスト論と結びついていった（cf. Hoffmann, Studien, 200）。

[29]「聖なる霊」と「火」と「洗礼」の終末論的結びつきは，例えば死海文書 1QS4:20-21 参照。

2. 「洗礼者ヨハネに関する説教」(Q3:2b–17, 7:18–35) の修辞学的分析

賛」のニュアンスが込められている[30]。

　このようなQ文書の二重の「包摂」による洗礼者ヨハネと「来たるべき方」の比較は，マルコ福音書（1:7-8）の単純な「並置」による提示と比較すると（使徒13:25, ヨハネ1:27; 使徒1:5, 11:16, ヨハネ1:26, 31, 33参照），極めて巧みな修辞的表現であることが判明する[31]。その上，Q文書では洗礼者ヨハネと「来たるべき方」の関係は次節で見るようにさらに巧みに展開していく。

　「洗礼者ヨハネの悔い改めの説教」の後に，神の言葉を確信する「イエスの誘惑物語」と「百人隊長の子の癒し物語」に挟まれてイエスの「宣教開始の説教」が展開される。これらの二つの説教の結びで，洗礼者ヨハネの悔い改めの説教の結論に差し挟まれた，洗礼者ヨハネと「来たるべき方」の関係が明らかにされる。

---

30) 詩編118:26（=LXX117:26）の「来たるべき方」は，元来，エルサレムの神殿共同体の中に入って来た人に対する祝福の言葉であった（Schulz, Q, 194, Anm. 150）。

31) Q3:16-17とマルコ1:7-8の関係は，マルコがQ文書を用いたのではなく（contra, W. Schenk, "Der Einfluss der Logienquelle auf das Markusevangelium," *ZNW* 70 (1979), 141-165; B. Mack, "Q and the Gospel of Mark: Revisiting Christian Origins," *Early Christianity*, 15-39; D. Catchpole, "The Beginning of Q," *NTS* 38 (1992), 205-221 = *Quest*, 60-78, esp. 70-78; J. Lambrecht, "John the Baptist and Jesus in Mark 1,1-15: Markan Redaction of Q," *NST* 38 (1992), 357-384; T. H. Fleddermann, *Q and Mark: A Study of the Overlap Texts*, Leuven: Leuven University Press/Peeters, 1995, 36-37; idem, *Q*, 222), Q文書とマルコ福音書は共通の伝承をそれぞれ編集したのである（R. Laufen, *Doppelüberlieferungen*, 125; R. Uro, "John the Baptist and the Jesus Movement: What Does Q Tell Us?," *Behind*, 231-257, esp. 245-247; F. Neirynck, "Recent Development in the Study of Q," *Logia*, 29-75, esp. 41-53; J. Dupont, "La transmission des paroles de Jésus sur la lampe et la mesure dans Marc 4, 21-25 et dans la tradition Q," *Logia*, 201-236; D. Lührmann, "The Gospel of Mark and the Sayings Collection Q," *JBL* 108 (1989), 51-71; C. M. Tuckett, "Mark and Q," *Synoptic Gospels*, 149-175 = *From the Sayings*, 23-50; J. Schüling, *Studien zum Verhältnis von Logienquelle und Markusevangelium*, Würzburg: Echter, 1991; P. Vassiliadis, *ΛΟΓΟΙ ΙΗΣΟΥ: Studies in Q*, Atlanta: Scholars Press, 1999, 71-84)。

2.5. 「洗礼者ヨハネ称賛の説教」
(Q7:18-19, 22-23, 24-28, 31-35) のミクロ構造

「洗礼者ヨハネ称賛の説教」は，実際は「洗礼者ヨハネの問い合わせ」(Q7:18-19, 22-23)，「イエスの弟子に対するヨハネ称賛の説教」(Q7:24-28)，「広場の子供たちの譬え」(Q7:31-35) という三つの伝承断片で構成されている。しかし，これらの三つの伝承はかなり早い段階からまとまっていたと思われる[32]。その三つの伝承全体で「イエスとは何者か」(第一議論)，「洗礼者ヨハネとは何者か」(第二議論)，「両者の関係は何か」(第一，第二議論の結論) を巡る緩やかな「説教」と見做すことができる。

(1) 「序論」(exordium)「命題」(propositio)： 「来たるべき方」(7:18-19)

「洗礼者ヨハネの問い合わせ」(Q7:18-19, 22-23) の断片は，洗礼者ヨハネの問い合わせにイエスが答えるという「クレイア」形式で書かれている。

「ヨハネはこれらのことをすべて聞いて送った彼の弟子たちによって，彼に言った」(18, 19a) という導入句から問答が始まる。「これらのことをすべて聞いて」とは，直接的にはその直前のイエスの宣教開始の説教の「範例」(exemplum) となる「百人隊長の子の癒し物語」(Q7:1-9) を指す。

以上の状況設定の後で，第一の議論として「修辞疑問」を用いて「あなたこそ来たるべき方ですか」(19b) と洗礼者ヨハネの悔い改めの説教の結論に差し挟まれた「来たるべき方」について，洗礼者ヨハネは弟子たちを介してイエスに問い質す。

---

[32] Cf. Lührmann, *Redaktion*, 24; Hoffmann, *Studien*, 191; Schulz, *Q*, 192.

（2） 第一議論「論証」（argumentatio）：
「盲人は目が開かれ……」（7:22）

　その問いに対してイエスがそれに応えて，旧約聖書（LXX）の間接的な引用句集を根拠にして「来たるべき方」とは何かを示し，彼らが見聞きしていることを（Q10:23-24 参照）洗礼者ヨハネに伝えるように答える（7:22ab）[33]。すなわち，「盲人は目が開かれ」（イザヤ 29:18, 35:5, 42:7, 18, 61:1），「足萎えは歩き回り」（イザヤ 35:6），「らい病人は清められ」（列王記下 5:14 参照），「耳しいは聞えるようになり」（イザヤ 29:18, 35:5, 42:18），「死者は甦り」（イザヤ 26:19），「貧しい人々は福音を聞いている」（イザヤ 29:19, 61:1）と「類音」（annominatio）と「語尾音反復」（homoeoteleuton）を用いた名詞複数形と動詞現在形による複文を 3 回繰り返した表現で「来たるべき方」の訪れを要約する（7:22cde）[34]。

（3） 第一議論「結論」（peroratio）：
「躓かない者は幸いである」（7:23）

　第一の議論の「結論」として，「私に躓かない人は幸いである」（7:23）と結ぶ。これは直接的には洗礼者ヨハネに対して語られた言葉であり，洗礼者ヨハネとイエスの分離を暗示する。だが，イエスの宣教開始の説教の冒頭の四つの「幸いの言葉」（Q6:20-23; cf. 11:42, 39b, 43, 44, 46b, 52, 47）とも呼応

---

33) Q 文書では「来たるべき方」と「人の子」を同一視した上で，「奇跡」を「神の国」の到来のしるしと見る（Q7:1-9, 22, 10:9, 11:20）。

34) Q 文書における旧約聖書の直接的引用箇所は，第一ブロックでは「誘惑物語」の Q4:4b（申命記 8:3b），Q4:8b（申命記 5:9, 6:13），Q4:10-11（詩編 91:11a, 12 [＝LXX90:11a, 12]），Q4:12b（申命記 6:16）とこの Q7:22 の他には，次節で取り扱う Q7:27（マラキ 3:1, 出エジプト記 23:30）のみである。それらはすべて七十人訳聖書に基づいている。
　　この他，第二〜四ブロックでは，Q10:15b（イザヤ 14:15a），Q12:53（ミカ 7:6a），Q13:27b（詩編 6:9），Q13:19d（ダニエル 4:9, 18, 詩編 104:12a [＝LXX103:12a]），Q13:27b（詩編 6:9），Q13:35c（詩編 118:26 [＝LXX117:26]）にも旧約聖書の引用箇所が見られる。

して，ここでは百人隊長のイエスの言葉への「信仰」(7:9) と「対置」した「躓き」を取り上げ (Q17:1-2 参照)，イエスに躓かずに留まる人々を「称賛」する。

(4) 第二議論「序論」(exordium)「論証」(argumentatio)：「何を見るために出て行ったのか」(7:24-27)

この断片も「だが，彼らが立ち去った後で，ヨハネについて群衆に言い始めた」(24a) と「クレイア」に基づく状況設定の導入から始まる。イエスの聞き手は，洗礼者ヨハネの悔い改めの説教で「非難」した「洗礼者ヨハネ」の「弟子たち」から，その説教で「非難」された「群衆」に変わる。[35]

再び「説教」に戻り，第二議論の「論証」も「修辞疑問」から始まる。緩やかな説教の一部と見做すと，この「修辞疑問」は，第二の議論の「論証」の始まりと見做すことができる。ここではほぼ同じ内容の「修辞疑問」を三回繰り返す「トリコーロン」を用いて，次第に語調を上げていく。「あなたがたは何を眺めるために，荒野に出て行ったのか。……何を見るために出て行ったのか。……何を見るために出て行ったのか。……」(24b, 25a, 26a)。

これに対する「修辞疑問」の応答は極めて「対置」的である。「風に揺らぐ葦か」「豪奢な服を纏った人か」「預言者か」(24c, 25b, 26b) と荒野の自然の風景とそれと対照的な王家の人間が挙げられ，「そうでなければ」「そうでなければ」と次々に否定して，最後に預言者エリヤに象徴される荒野の預言者が挙げられ，「そうだ」と肯定する。これらの「修辞疑問」の「トリコーロン」(tricolon) とその「対置」的応答は，すべてその「クライマックス」である「預言者」を強調するための修辞法である。

さらに「預言者」から議論を重ねていくために「私はあなたがたに言う」による導入句を用いて議論を改める。そして，「預言者よりも優れた人である」と比較級による「比較」を用い[36]，さらに「称賛」のニュアンスを込め

---

35) Q文書における「群衆」は，3箇所で用いられる (Q3:7, 7:24, 11:14)。
36) 比較級「より優れた」(περισσότερον, Q7:26c)，比較級「より多く (優る)」(πλείων, Q11:31,

て「言い直し」(metabole) をする (7:26c)。これは洗礼者ヨハネが自分と「来たるべき方」を比較級によって「比較」して「来たるべき方」は「私よりも強い」(16c) と「称賛」した言葉と「並行」関係にある。

　この「預言者よりも優れた人」は何者であるかを明らかにするために，前節と同様に旧約聖書を引用する。ここでは「（このように）書かれている」という引用定式を用いて[37]，七十人訳聖書出エジプト記23:20を正確に引用する（27b），引用の2行目はマラキ書3:1の正確な引用でなく「配慮する」するを「備える」に変え，「面前に」を「前に」に置き換えて，「道」に「あなたの」を付加し，「私の（前に）」を「あなたの（前に）」に文脈に合わせて変えている (27c)[38]。こうして「預言者よりも優れた人」である洗礼者ヨハネの役割は，終末の直前に神が「道を備えるために派遣する」「神の人」であることを明らかにする。

(5) 第二議論「結論」(peroratio)：「ヨハネより大きい」(7:28)

　「私はあなたがたに言う」という「預言者的告知」を再度繰り返して，この「論証」の「結論」で比較級を用いた二重の「比較」を行う。そこでは，「ヨハネよりも大きい」と「彼（ヨハネ）よりは大きい」と文末を繰り返して強調する「語尾音反復」を用いた「対置」文を用いて強調する。

　第一の「比較」では，類似の発音を重ねる「類音」を用いて「女たちから生まれた人の中でヨハネよりも大きい人は現れなかった」と人間の中で洗礼者ヨハネよりも優れた人はいないと最高の賛辞の言葉を用いて「称賛」する (28b)。これは「預言者よりも優れた人」(26c) を「誇張法」(hyperbole) を

32, 12:23)，「よりはるかに（優る）」($\mu\acute{\alpha}\lambda\lambda o\nu$, Q11:13, 12:24, 28) 参照。

[37] Q文書で引用定式を用いた引用は，ここ以外に誘惑物語にも見られる (Q4:4b, 10, 12b, 8b)。

[38] 「（道を）備える」と言い変えた点でマルコ1:2cと共通であるが，マルコは「あなたの前で」を省略しイザヤ40:3を追加している点で異なる。

用いて具体的に述べた表現である。

これに続く第二の「比較」では，最高の賛辞を「逆説」(paradoxum) 的に用いて「神の国の中で最も小さい人も彼よりは大きい」(28c) とヨハネの弟子に対してではなく，「神の国」[39] に入る人 (Q16:16 参照) に対して，「逆説的な称賛」('ενχώμιον παράδοξον) をする。

(6) 第一・第二議論「結語」(conclusio)：「知恵の子ら」(7:31-35)

「広場の子供たちの譬え」(Q7:31-35) の断片には導入句がなく，引き続きイエスは群衆に対して語り続ける。狭義の「洗礼者ヨハネ称賛の説教」に引き続き，広義の「洗礼者ヨハネ称賛の説教」全体の緩やかな「結論」と見做すことができる。この段落では，洗礼者ヨハネに対する「イエスとは誰か」という議論と，群衆に対する「洗礼者ヨハネとは誰か」という議論の「結論」として，両者をまとめて「この時代」と「対置」して論じる。

ここでは「洗礼者ヨハネの問い合わせ」や「洗礼者ヨハネ称賛の説教」の始めに対応して「修辞疑問」を用いて「この時代を何に譬えることができようか」(31a) と問いかける。続いて「何に」という「修辞疑問」の「語頭畳用」(anaphora) と「似ている」の「語尾音反復」(homoeoteleuton) を組み合わせた前段落の冒頭の「修辞疑問」の問答に対応して (24b-26)，「……何に譬えようか。それは何に似ているか。……子供に似ている」(31ab, 32a) と繰り返して強調する修辞法を用いて，「この時代」[40] が気まぐれな「広場 (アゴラ) に座っている子供」に似ていると表現する[41]。こうして，洗礼者ヨ

---

[39] Q 文書における「神の国」(Q6:20, 7:28, 10:9, 11:2, 20, 52, 12:31, 13:18, 20, 28, 16:16, 17: 20[2回], 21) 参照。

[40] 「この時代」は神に逆らう信仰のないイスラエルを批判する言葉 (申命記 32:5, 20, 詩編 LXX77:8, LXX94:10, cf. 創世記 6:9)。Q 文書 (7:31, 11:29[2回], 30, 31, 32, 50, 51) の他，マルコ福音書 (8:12[2回], 38, 9:19, 13:30) にも見られる。

[41] 「何に譬えようか。……何に似ているか。……に似ている」と類似の譬え話の導入は Q13:18-21a 参照。

ハネの悔い改めの説教の冒頭で「蝮の末裔たち」（γεννήματα）と叱責され，悔い改めもせず信仰もないイスラエルの民は「この時代」（γενεά）と呼ばれ，一連の説教の冒頭のテーマに戻って「包摂」し（inclusio），この説教の結論でその間の議論をも総括する。

「この時代」は，「語尾音反復」による「並置」文の「譬え」で表現する。すなわち，「来たるべき方」と同一視されたイエスの到来に対して婚礼の宴会の喜びのように「私たちはあなたがたに笛を吹いたが，あなたがたは踊らなかった」（32c），また悔い改めを迫る洗礼者ヨハネの到来に対して葬礼の行列の悲しみのように「私たちは喪に服したが，あなたがたは泣かなかった」（32d）と「非難」する。

次に，「なぜならば」以下で，洗礼者ヨハネとイエスに対する群衆の対応の違いを「キアスム」的に入れ替えて「語尾音反復」（33a, 34a）を用いた「対置」文で（33b, 34b），「譬え」を解釈してその理由を述べる。すなわち，禁欲的な洗礼者ヨハネに対して「ヨハネが来て[42]，食べも飲みもしないと，『彼は悪霊に憑かれている』[43]とあなたがたは言い」（33），「人の子」と同一視された自由に振る舞うイエスに対して「人の子が来て，食べも飲みもすると，『……徴税人と罪人の友だ』[44]とあなたがたは言うからだ」（34）と「対置」する。こうして，「笛吹けど踊らず」の理由を明らかにする。

「だが」以下で，「知恵はその子らから正しいと認められた」（35）と「知恵」から派遣された（Q11:49 参照）洗礼者ヨハネとイエスならびにその弟子たちを「称賛」（28bc 参照）して結ぶ。こうして「この時代」と「対置」した「知恵」[45]の言葉でこの一連の説教を閉じる。

---

42) 「ヨハネが来て」「人の子が来て」の「来た」は預言者的「到来の言葉」（Sato, *Prophetie*, 287-297）。

43) マルコ 3:21, 22, ヨハネ 7:20, 8:48, 49, 52, 10:20 参照。

44) マルコ 2:15-17, 18 参照。

45) 人格化した「知恵」については，箴言 1:20-33, 2:13-20, 8:1-36, 9:1-6 他参照。Q文書における「知恵」は，第一ブロックの最後（Q7:35）と，第三ブロックの半ばと結びに現れる（Q11:31, 49）。「知恵」はむしろ Q^1 ではなく Q^2 の特徴とされる「この時代」（注40）と「裁

2.6. 結びに

「洗礼者ヨハネの悔い改めの説教」と広義の「洗礼者ヨハネ称賛の説教」の分析を簡潔にまとめると次のようになる。

「洗礼者ヨハネの悔い改めの説教」の修辞学的構造
    (1)「序論」「命題」:「修辞疑問」「御怒りから逃れられるか」(3:2b-3a, 7)　　　　　　　　　　　　　　　　　　　　　　　　　　A
    (2)「論証」:「悔い改めにふさわしい実を結べ」「アブラハムの子」(3:8)　　　　　　　　　　　　　　　　　　　　　　　　B
    (3)「結論」: 二つの「隠喩」(3:9, 17) と「比較」(3:16)　　A′

「洗礼者ヨハネ称賛の説教」の修辞学的構造
    (1)「序論」「命題」:「来たるべき方」(7:18-19)　　A
    (2)「論証」:「修辞疑問」旧約引用句集 (7:22)　　B
    (3)「結論」:「幸いの言葉」(7:23)　　A′
    (4)「序論」「論証」:「修辞疑問」旧約引用句集「道を備える人」(7:24-27)　　　　　　　　　　　　　　　　　　　　　　　　　　B′
    (5)「結論」: 二重の「比較 (称賛・逆説的称賛)」(7:28)　　B″
    (6)「結語」:「譬え話」「この時代」「人の子／知恵の子ら」(7:31-35)　　　　　　　　　　　　　　　　　　　　　　　　　　　　A″

以上の議論を整理してまとめると, 次の 4 点が明らかになる。
  (a) Q 文書は少なくとも第一ブロックを見る限り,「何の脈絡も形式もない単なる言葉や演説の羅列ではなく」(ハルナック), マクロ構造においても

き」(Q6:37, 10:14, 11:31, 32, 42) のモティーフと深く結びついている。Cf. Tuckett, *Q and History*, 165-187 ("Wisdom, Prophets, 'This Generation' "), 325-354 ("Wisdom in Q"); contra, Lührmann, Kloppenborg, Jacobson, & Kirk.

ミクロ構造においても，極めて巧みに構想され，配列され，多様な文彩を用いて書かれた，修辞的な文書であることが分かる。

(b)「洗礼者ヨハネの悔い改めの説教」では「序論」は「修辞疑問」で始まり，「論証」では「助言的弁論」の「勧奨」と「阻止」を用いて「実を結べ」「アブラハムがいると考えてみるな」と倫理的勧告をし，「結論」で二つの「隠喩」を用いて結ぶ。

「洗礼者ヨハネ称賛の説教」では「序論」は「修辞疑問」で始まり，「論証」で旧約聖書を根拠にして「イエス」が「来るべき方」で，「洗礼者ヨハネ」が「道を備える者」であるとそれぞれの役割証明をし，比較級を用いた「比較」と「隠喩」「譬え話」による「結論」で両者の関係と役割を明らかにする。「論証」以外で「称賛」と「非難」のモティーフを用いて，最後に「比較」を用いるのは，人物の「称賛」を目的とした「演示弁論」の基本に従っている[46]。

(c)「洗礼者ヨハネの悔い改めの説教」と「洗礼者ヨハネ称賛の説教」で洗礼者ヨハネと「来たるべき方」が互いに他を「称賛」し，「洗礼者ヨハネ称賛の説教」でイエスと洗礼者ヨハネの役割が明らかにされる。

(d) Q文書の「テキストの最初の約三分の一を占める」[47] 第一ブロックは，三つの「説教」(sermo) とその間に挟まれた「イエスの誘惑物語」と「百人隊長の子の癒し物語」という二つの「範例」(exemplum) 物語から成る「説教集」である。Q文書の第一ブロックでは，「預言」と「知恵」のモティーフが深く結びつき，「知恵の言葉の教え」(Q^1) とされる「宣教開始の説教」は，「預言」のモティーフによる洗礼者ヨハネに関する説教に挟まれ，キア

---

[46]「演示弁論」の中では「演説」の終わりに置かれた「比較」がしばしば重要な演説の「構成要素」となる。例えば，「王称賛演説」や「就任演説」では，比較級などを用いた「前任者」や「前任者の時代」との「比較」や「為政者としての資質」の「比較」が，「結論」の前に置かれる。Cf. D. A. Russell & N. G. Wilson (eds.), *Menander Rhetor: Edited with Translation & Commentary*, Oxford: Oxford University Press, 1981, "Βασιλικός Λόγος" 76-95, esp. 'σύγκρισις' 92-93 (377.1-9), "Ἐπιβατήριον" 95-115, esp. 'σύγκρισις' 98-101 (380.25-381.5).

[47] Robinson, "The Sayings Gospel Q," 362.

スム的シンメトリーの中心に置かれている。

　本章では，クロッペンボルグが「預言者的・黙示的な層」(Q^2) とする 5 箇所[48]の中で，最初の 2 箇所を修辞学的な視点で分析してきた。Q 文書は「預言書」か「知恵の言葉」か，という文学類型の問題に戻ると，「知恵の言葉の教え」(Q^1) の特徴とされる「修辞疑問」(6:32ab, 34ab, 39, 41, 42ab, 44b, 46; 3:7c, 7:19a, 24bc, 25ab, 26ab, 31ab)，「幸いの言葉」(6:20b, 21ab, 22a; 7:23)，「隠喩的知恵の言葉」(6:43ab, 44a; 3:9b)，「譬え」(6:46-49; 7:32cd) は，Q^1 と位置づけられた「宣教開始の説教」に見られるばかりでなく[49]，Q^2 と位置づけられた「洗礼者ヨハネの説教」「洗礼者ヨハネ称賛の説教」にも見られる。ここにおいても「知恵の言葉の層」(Q^1) と「預言的・黙示的な層」(Q^2) を区別することはできない[50]。これらは，「知恵の言葉の教え」の特徴ではなく，最初期キリスト教の説教の特徴に帰されるものである。

---

48) Kloppenborg, *Formation*, 102-170 (①Q3:7-9, 16-17; ②Q7:1-10, 18-23, 24-26, 31-35, [16:16]; ③Q11:14-26, 29-32, 33-36, 39-52; ④Q12:39-40, 42-46, 49, 51-53, [54-56], 57-59; ⑤Q17:23, 24, 26-30, 34-35, 37). ただし，クロッペンボルグは 13 年後に，⑤に 19:12-17, 22:28-30 を加え，④を「これらに加えられるかもしれない」と表現して確実でないことを暗示する (*Excavating*, 143-144)。

49) Kloppenborg, *Formation*, 239; *Excavating*, 154-159.

50) 修辞学的な視点とは違った視点からのクロッペンボルグの Q 伝承の階層の分け方の矛盾については，cf. C. M. Tuckett, "On the Stratification of Q: A Response," *Early Christianity*, 213-232; R. Horsley, "Logoi Prophētōn?: Reflections on the Genre of Q," *Future*, 195-209 = *From the Sayings*, 143-152.

3. 「宣教開始の説教」の修辞学的分析

3.1. はじめに

　Q文書の第一ブロック（Q3:2b-7:35）のマクロ構造は，修辞学的視点で分析をすると以下のような「キアスム的シンメトリー」の構造をしている[1]。

　　A　　洗礼者ヨハネの説教（Q3:2b-3a, 7-9, 16b-17）
　　B　　イエスの誘惑物語（Q4:1-4, 9-12, 5-8, 13）
　　C　　宣教開始の説教（Q6:20-23, 27-36, 37-42, 43-45, 46-49）
　　B′　百人隊長の子の癒し物語（Q7:1, 3, 6-9）
　　A′　洗礼者ヨハネ称賛の説教（Q7:18-19, 22-23, 24-28, 31-35）

　既に前章で，Q文書の第一ブロック[2]の外側を「包摂」し[3]，「洗礼者ヨハネに関する説教」（A, A′）の修辞学的分析を行った[4]。本章ではそれに続いて，第一ブロックの内側を「包摂」する「クレイア」[5]のスタイルで書かれた「イエスの誘惑物語」と「百人隊長の子の癒し物語」に挟まれ（B, B′），第一ブロックの中央に位置付けられたイエスの「宣教開始の説教」（C）の修辞学的分析を試みる。

---

1)　本書第3部第2章，特に323-324頁参照。「キアスム的シンメトリー」は本書323頁注21参照。
2)　本書323頁注19参照。
3)　「包摂」とは，段落等の冒頭で挙げた語句や文章を段落等の末尾で繰り返して強調する方法。
4)　本書第3部第2章参照。
5)　様式史研究で「アポフテグマ」と称された概念は，修辞学的批評では「プロギュムナスマタ」の「クレイア」に相当する。詳細は本書323頁注20参照。

3.2. 研究史瞥見

(1) 資料研究

19世紀には共観福音書問題を解決するために，Q資料説ならびにマルコ優先説による二資料説が確立された。だが，J. ヴェルハウゼンはQ資料がマルコ福音書に依存しているという依存説を唱えたが[6]，A. ハルナックはそれを批判して，Q文書の独立説を唱えて，資料批評の視点でそのテキストの復元を試みた[7]。イエスの「宣教開始の説教」は，様々な伝承を寄せ合わせて構成されたものではあるが，今日では一つの説教としてまとめられていると考えられている。

ハルナックはマタイ福音書を基本として考えていたので，「山上の説教」（マタイ5-7章）に基づいて，イエスの「大説教（宣教開始の説教）」（Q6:20-49, 11:1-4, 9-13, 33-35, 12:22-34, 12:58-59, 13:34, 14:34-35, 16:13, 17-18）を極めて広範囲に捉えた。それに対して，B. H. ストリーターはルカ福音書を基本に据えたので，「野の説教」（ルカ6:22-49）に基づいて「災いの言葉」（Q6:24-26）を含めて，イエスの「大説教（宣教開始の説教）」（Q6:20-49）[8]の範囲を限定した。T. W. マンソンはストリーター説に従って，「イエスの教

---

6) J. Welhausen, *Einleitung in die drei ersten Evangelien* (2. Aufl.), Berlin: Reimer, 1905, 73-89.

7) Harnack, *Sayings of Jesus*, 193-227. Cf. J. C. Hawkins, *Horae Synopticae: Contributions to the Study of the Synoptic Problem*, Oxford: Clarendon Press, 1909, 107-113. さらにハルナックは，Qが①「洗礼者ヨハネの悔い改めの説教」（3:7-9, 16, 17）に始まり，②「宣教開始の説教」（6:20-23; 27, 28; 29, 30; 35b, 32, 33, 36; 37, 38, 41, 42），③「弟子派遣の説教」（9:57-60; 10:2; 3; 5, 6; 7b; 9, 11; 12; 13-15; 16），④「祈りについて」（11:2-4; 9-13），⑤「告白について，必要と富について（思い煩いについて）」（12:2-9; 22-31; 33, 34），⑥「弟子派遣への感謝について」（10:21, 22），⑦「律法学者・ファリサイ派批判」（11:46, 52, 42, 39, 44, 47-52），⑧「平和でなく剣について」（12:51, 53）の他，小さな説教断片が散りばめられ，終わりに⑨「終末説教」（17:23, 24, 37, 26, 27, 34, 35）で結ぶと考えた。cf. *Sayings of Jesus*, 165, 193-246, esp. 229, 236-237.

8) B. H. Streeter, *The Four Gospels: A Study of Origins* (4th. revised ed.), London: Macmillan, 1930 (1st ed. 1924), 249-253.

え(宣教開始の説教)」[9]の範囲を考えた。現在ではルカ福音書の方がQ文書に忠実であると考えられているが[10],「災いの言葉」(Q6:24-26)はQ文書のオリジナル版にはなく,ルカの追記と考えられている。

(2) 様式史研究・編集史研究

R. ブルトマン以来の様式史・編集史の伝承史的研究では,「宣教開始の説教」の中の「幸いの言葉」(6:20b-23)は元来の「基礎的な言葉」(20b-21)の上に,最初期キリスト教の経験を反映した「迫害時の幸い」(22-23)が加わったと考えられてきた。さらにJ. S. クロッペンボルグはそれらに編集句(23c)が追加されたと想定した[11]。また,「迫害する」という動詞を鍵言葉として,「幸いの言葉」と次段落の「愛敵についての教え」が結びつけられた。

「愛敵についての教え」(6:27-36)は「敵を愛せよ」と「その報い」(6:27-28, 35, 32-36)の間に類似したテーマの「復讐の禁止」(6:32-36)が挿入され,さらにそれらの教えに通低する原理を示す独立した伝承の「黄金律」(31)が挿入されたと考えられてきた[12]。

「裁きについての教え」(6:37-42)は「裁くな」とそれを具体化した「梁と塵」の比喩の間に(6:37-38, 41-42),「盲人の手引き」(39)と「教師と弟子」(40)という二つの独立した類似したテーマの伝承が挿入されたと推定され

---

9) Manson, *Sayings of Jesus*, 41-62.

10) V. Taylor, "The Order of Q," *JThS* 4 (1953), 27-31; idem, "The Original Order of Q," A. J. B. Higgins, *New Testament Studies: Studies in Memory of T. W. Manson 1893-1958*, Manchester: Manchester University Press, 1959, 246-269.

11) Bultmann, *Tradition*, 109-110; Lührmann, *Redaktion*, 53-56; idem, "Liebet eure Feinde," *ZThK* 69 (1972), 412-458, esp. 413-415; Schulz, *Q*, 76-84, 452-457; H. Schürmann, "Das Zeugnis der Redequelle für die Basileia-Verkündigung Jesu: Eine traditionsgeschichtliche Untersuchung," *Logia*, 121-200, esp. 136-140; Kloppenborg, *Formation*, 172-173; Sato, *Prophetie*, 254-260.

12) Bultmann, *Tradition*, 79, 77, 81; Lührmann, "Liebet eure Feinde," 416-427; Schulz, *Q*, 120-127, 139-142; Zeller, *Mahnsprüche*, 101-113; Kloppenborg, *Formation*, 173-180. ブルトマン, シュルツ, ツェラーはマタイに従って「復讐の禁止」を「愛敵についての教え」の先に置くが,「黄金律」を段落の最後に置くルカの順序がオリジナルである。

てきた[13]。また，それらを結びつけたのは「盲人」と「目」という鍵言葉とされてきた。

「宣教開始の説教」の結びの「木と実の譬え」(6:43-45) は，それに類似した二つの言葉が結びつき (43-44a, 44b)，その上に類似のテーマと文体で書かれた「人と倉」(45) が結びついたと考えられてきた[14]。また，「主よ，主よ」(6:46) と「家を建てた人の譬え話」(47-49) は，「聞く」「行う」という動詞によって結びついたと想定されてきた[15]。

このように，様式史・編集史による伝承史的研究では様々な伝承を結びつけているのは，伝承内容の類似のテーマ，伝承形式の類似のスタイル，鍵言葉であるが，果たしてそうであろうか。

また，「宣教開始の説教」の導入句「イエスは……弟子たちに向かって言った」(6:20) は，「家を建てた人の譬え話」の導入句「なぜあなたがたは……私が言うことを行わないのか」(6:46) に対応し，「幸いの言葉」での預言者的・黙示的な「神の国」「人の子」(6:20b, 22a) は「家を建てた人の譬え話」の預言者的・黙示的な導入句「主よ，主よ，と私を呼んで……」に対応して，終末論的モティーフによって枠取られている[16]。これに対して，クロッペンボルグは「宣教開始の説教」の冒頭と結論に終末論的モティーフを認めず，「宣教開始の説教」全体を最古層（Q^1）の「知恵の言葉による説教」(sapiential speech) に位置付けた。だが，果たしてそうだろうか[17]。

---

13) Bultmann, *Tradition*, 79, 47, 83, 76; Schultz, *Q*, 146-149, 472-474, 440-451; Zeller, *Mahnsprüche*, 113-120; Kloppenborg, *Formation*, 180-182.

14) Bultmann, *Tradition*, 74, 84; Schultz, *Q*, 312-316; H. Schürmann, "Die Warnung des Lukas vor der Falschlehre in der „Predigt am Berge" Lk 6, 20-49," *Untersuchung*, 290-309, esp. 300-302; Kloppenborg, *Formation*, 182-185.

15) Bultmann, *Tradition*, 326; Schürmann, "Warnung," 307-308; Schultz, *Q*, 427-430, 312-316; Kloppenborg, *Formation*, 185-187.

16) ブルトマンは 6:20-21, 22-23, 6:46 のみを「預言者的・黙示的言葉」に帰し，それ以外はすべて「主の言葉（ロギア）」に帰す。cf. Bultmann, *Tradition*, 109-110, 116-117; Schultz, *Q*, 76-84, 427-430; Lührmann, *Redaktion*, 55-56.

17) Kloppenborg, *Formation*, 171-245 では，Q^1 の「知恵の言葉の説教」として本書第3部第1章，

様式史・編集史という伝承史的研究では,どのようにして断片的な伝承が集積されていったかは分析できても,集積された伝承がどのようにまとまった構造をしているかについては,詳細に分析することはできない。

(3) 修辞学的研究

「宣教開始の説教」は既に指摘したように,トマス福音書などと連続性をもった[18]多様な伝承の集まりであるが,一つのまとまりをもっている。それは「幸いの言葉」(6:20-23) で始まり,「愛敵についての教え」(6:27-36) と「裁きについての教え」(6:37-42) の二つの教えの後に,「木と実の譬え」(6:43-45) と「家を建てた人の譬え話」(6:46-49) で結ぶ「統一のある説教」[19]

312-313 頁に記したように考えた。しかし,*Excavating*, 146 では,①「宣教開始の説教」(6:20b-23b, 27-35, 36-45, 46-49) の他に,②「弟子派遣の説教」(9:57-60,〔61-62〕, 10:2-16,〔23-24?〕),③「祈りについて」(11:2-4, 9-13),④「告白と聖霊について」(12:2-7, 11-12),⑤「必要と富について」(12:22b-31, 33-34〔13:18-19, 20-21?〕),そして恐らく⑥「弟子について」(13:24, 14: 26-27, 17:33, 14:33-35),以上の 6 箇所を挙げる。

クロッペンボルグは,J. M. ロビンソン,H. ケスターの旧約知恵文学から Q を経てトマス福音書に至る「ロゴイ・ソフォーン」説 (Robinson, *Trajectories* 他多数) を実証しようとして自説を打ち立てたが,そこにはかなりの無理がある。それは,クロッペンボルグが基層とする①〜⑥の内,①〜⑤まではハルナックの説教部分と重なり (注 7 の②〜⑤,ただしハルナック説の⑤はクロッペンボルグでは二分されている),*Formation* と *Excavating* が書かれる 13 年間の間で 2 箇所に「？」が付けられ,ハルナック説と重ならないクロッペンボルグの⑥全体は「そして恐らく」と付された上で,大幅に内容の削除と変更が行われ,揺れ動いていることからも示唆される。

18) トマス福音書・使徒教父文書との関連箇所は,本書「補遺」406, 408 頁参照。Cf. J. S. Kloppenborg, *Q Parallels: Synopsis, Critical Notes & Concordance*, Sonoma: Polebridge Press, 1988, 24-47; H. Koester, *Ancient Christian Gospels: Their History and Development*, Philadelphia: Trinity Press International/London: SCM Press, 1992, 136-138; L. E. Vaage, "Composite Texts and Oral Mythology," *Conflict*, 75-97.

19) Lührmann, *Redaktion*, 53-56; Schürmann, "Zeugnis," *Logia*. 136-137; J. M. Robinson, "Early Collection of Jesus' Sayings," *Logia*, 389-394, esp. 392, "it is well-rounded unit, ... a compositioning its own right."; Kloppenborg, *Formation*, 171-172; Sato, *Prophetie*, 36; Koester, *Ancient Christian Gospels*, 157-158; Jacobson, *The First Gospel*, 97; Catchpole, *Quest*, 79-134; Tuckett, *Q and History*, 35-36.

である。以下は，それを修辞学の視点で分析した試みである[20]。

(a) H. D. ベッツ

H. D. ベッツは，マタイ福音書の「山上の説教」とルカ福音書の「野の説教」を修辞学的視点で詳細に分析した。ベッツはQ文書の「宣教開始の説教」自体の修辞学的分析を行っていないが，Q文書の「宣教開始の説教」はルカ福音書の「災いの言葉」(6:24-26) を除くと，ほぼQ文書と重なるので，ここではベッツの「野の説教」の修辞学的分析をQ文書の修辞学的分析の参考にするが，その概観は以下のような構造をしていると分析する[21]。

(1) 「序論」(6:20b-23)
　　20b-22　A．四つの「マカリズム」
　　　23　B．喜びの叫び
(2) 弟子たちの行動の規則 (6:27-45)
　　27-38　A．外部世界に向けての行動
　　　　27　倫理的規則「格言」：愛敵の教え
　　　　28　並置的「格言」(parallelisums membrorum)
　　　29-38　「議論」
　　　　　29-30　「範例」
　　　　　　31　前提：黄金律
　　　　　32-34　「修辞疑問」
　　　　　　36　「結論」：「格言」
　　39-42　B．共同体の中での行動

---

20) Cf. Vaage, "Composite Texts," *Conflict*, 75-97; S. Carruth, "Strategies of Authority: A Rhetorical Study of the Character of the Speaker in Q6:20-49," *Conflict*, 98-115; R. C. Douglas, "'Love Your Enemies' Rhetoric, Tradents, and Ethos," *Conflict*, 116-131.

21) H. D. Betz, *The Sermon on the Mount: A Commentary on the Sermon on the Mount*, Minneapolis: Fortress Press, 1995, esp. 66-69, 591.

             39   前提
          40-42   学びの共同体のための師弟関係の規則
    43-45   C. 自分自身に向けての行動
          43-45   学びの共同体のための自分自身との関係の規則
 (3) 「結論」(6:46-49)
       46   A. 警告：修辞疑問
     47-49   B. 成功と失敗を描写した二重の譬え話

 しかしながら，説教全体の枠組が「序論」「結論」と修辞学的概念で分析され，本論の一部が「議論」「範例」「修辞疑問」「反論」「結論」という修辞学的概念で分析されているが，全体にわたって分析されているわけではない。本論では「周辺的環境」「身体的外部」「精神的内部」へと展開する，アリストテレスの『ニコマコス倫理学』に代表されるギリシアの倫理的概念を用いて議論の構成を分析するが，「弟子たちの行為の規則」とそのサブタイトル「外部世界に向けての行動」「共同体の中での行動」「自分自身に向けての行動」，議論の「前提」という概念は，修辞学的概念ではない。また，ここでは「格言」が多く使われていることを指摘するが，その定義が明確ではなく，またその全体の構造の中でのその役割が不明確である。

(b) アラン・カーク
 A. カークはQ文書のマクロ構造を修辞学的視点で分析したが，イエスの「宣教開始の説教」は以下のような「キアスム的シンメトリー」構造をなしており，その中心は「教師と弟子」についての言葉であると言う[22]。

 (1) マカリズム (6:30-23)
 (2) 「愛敵についての教え」(6:27-36)

---

22) Kirk, *Composition*, esp. 365-366.

(3)　「裁きについての教え」(6:37-42)
　(4)　「教師と弟子」の言葉 (6:40)
　(5)　「木と実の譬え」(6:43-45)
　(6)　「家を建てた人の譬え話」(6:46-49)

　カークは「宣教開始の説教」がキアスム的シンメトリーの構造をなしていることを正しく指摘しているが,「教師と弟子」(6:40) の言葉は「宣教開始の説教」の中心を成し[23],またQ文書の第一ブロックの中心を成すと見做しているが,果たしてそうだろうか。

(c) J. S. クロッペンボルグ

　また,クロッペンボルグは *Formation* の後で執筆した *Excavating Q* で「宣教開始の説教」の構造を修辞学的視点で以下のように分析した[24]。

　(1)　「序論」(6:20-23)
　　　　　プログラム的マカリズム「幸いである……」(20-23a)
　　　　　命令法＋動機節「喜べ……」(23b)
　(2)　プログラム的命令法 (6:27-31)
　　　　　「……敵を愛せよ,……祈れ」(27-28)
　　　　　「……頬を向けよ」(29)
　　　　　「……2 マイル行け」(マタイ 5:41)
　　　　　「……自分にしてほしいようにせよ」(6:31)
　　　　　「修辞疑問」(32-33)
　　　　　要約的命令法 (35ab)

---

23) 6:40 を開始説教の中心とみなす見解は,Schürmann, "Warnung" 以来若干見られる。
24) Kloppenborg, *Excavating*, 155-156; Piper, *Wisdom*, 36-44, 78-86 も似たように,Q6:27-36, 37-42 に①二重の命令法による勧告文,②勧告文の支持文,③修辞疑問,④結論という構造を見出す。

3. 「宣教開始の説教」(Q6:20–49) の修辞学的分析

　　　　結論的一般化＋根拠（35c）
　(3) プログラム的命令法（6:36-38）[25]
　　　　「……憐れみ深くあれ」（36）
　　　　「裁くな……」（37-38）
　　　　警句的疑問（39, 41-42a）
　　　　警句的言辞（40）
　　　　結論的勧告（42b）
　(4) 「格言」（6:43a, 45a）
　　　　警句的説明（43b）
　　　　「修辞疑問」（44）
　　　　「警句的結論」（45b）
　(5) 「結論」（6:46-49）
　　　　結論的勧告（46）
　　　　「範例」（647-49）

　クロッペンボルグは「序論」「結論」「修辞疑問」「範例」などの修辞学的用語を用いているが，「命令法」「疑問（文）」など文法的用語と「プログラム的」「要約的」「警句的」「説明的」「一般化」「勧告」などの内容的説明などのコンセプトが混在しており，修辞学的分析が徹底していない。

(d) H. T. フレッダーマン

　さらに，H. T. フレッダーマンは開始説教を以下のように四つの部分に分けた上で，主要部分には「輪構造」（ring composition; ABA′, aba′）と呼ぶ構造が見られることを指摘する。[26]

---

25) 6:36 を 6:27-35 の結論ではなく，6:37-42（45）の序論に位置付ける見解は，Schürmann, "Zeugnis" 以来若干見られる。
26) Fleddermann, *Q*, 314-335.

(1) 「序論」(exordium)：マカリズム（6:20b-23）
(2) 第一主要部：「愛」（6:29-31; 27-28, 35c; 32-33, 36）
  A ：反対者に対する無抵抗のキリスト教的行動〔二人称単数命令法〕＋コメント[27]（29-30, 31）
  B ：敵への愛〔二人称複数命令法〕＋コメント（27-28, 35c）
  A′：自分自身を取り扱うような非キリスト教的行動〔修辞疑問〕＋コメント（32-33, 36）
(3) 第二主要部：「裁き」（6:37a, 38c; 41-42a, 42b; 43-44a, 44b, 45）
  A ：「裁くな」〔二人称複数命令法〕＋コメント（37a, 38c）
  B ：「修辞疑問」〔二人称単数〕＋コメント（41-42a, 42b）
  C ：a 一般的言明＋コメント（43, 44a）
    b 「修辞疑問」（44b）
    a′ 一般的言明＋コメント（45）
(4) 「結論」(peroratio)：（6:46, 47-49）
  A ：「修辞疑問」（46）
  B ：一般的言明（47-49）

　フレッダーマンが「輪構造」と呼ぶものは，修辞学的分析では「包摂（インクルーシオ）」と呼ぶものであり，フレッダーマンは開始説教の中に「包摂」の要素があることを正しく見ている。だが，その指摘した箇所は正しくない。例えば，通常の順序とは異なって 6:29-31 と 6:27-28, 35c の順序を入れ替えて「包摂」を人為的に構成させている。その上，「序論」「結論」「修辞疑問」以外に修辞学的用語やコンセプトを用いて分析しておらず，修辞学的分析としては徹底していない。

---

[27]「コメント」（Kommentarwort; Zusatswort）という概念も Schürmann, "Zeugnis" 以来若干見られる。

3. 「宣教開始の説教」(Q6:20-49) の修辞学的分析　　　347

それでは「宣教開始の説教」はどのような修辞学的構造をしており，どのような修辞学的文体や文彩を用いているのであろうか[28]。

3.3. 「宣教開始の説教」のミクロ構造

(1)「序論」(exordium)：
「幸いの言葉（マカリズム）」(6:20-21, 22-23)

「弟子に対する幸いの言葉」で始まる「宣教開始の説教」は，「弟子」に対して語られた「言葉」で始まり (20)，本論は基本的には二人称複数（一部，二人称単数）で語りかけられ，「弟子」がその「言葉」を実行するか否かで結ばれて (6:46-49)，説教全体は語られた「言葉」への応答で「包摂」されている。

「弟子に対する幸いの言葉」は説教全体への「序論」[29] を成す。そこには「語頭畳用」を用いて「幸いである」(μακάριοι) で始まる四つの「マカリズム」が集められている[30]。その前半の「第一～第三マカリズム」(20b-21) では，「幸いである……する人は，……だからである」(μακάριοι οἱ ..., ὅτι ...) とい

---

28) 本書第1部の邦訳とテキスト参照。本書では，Q文書は一つであり，QMtやQLkを想定していない。Contra, H. D. Betz, "The Sermon on the Mount and Q: Some Aspects of the Problem," *Gospel Origins*, 1990, 19-34.

29) 修辞学的議論の「序論」とは，一般的に言って聴衆や読者の「注意」を引き「関心」を起こし「好意」を得て「準備」をさせる議論の導入部を指す。ここでは「称賛」を通してこれらの機能を果たす。

30) 「幸いの言葉」の二重の集まりは旧約正典にも見られるが（列王記上 10:8, 歴代誌下 9:7, 詩編 32:1-2, 84:5-6, 119:1-2, 137:8-9, 144:15)，三重以上の集まりは旧約正典には見られず，トビト記 13:15b-16（三重），死海文書 4Q525, 2, ii, 1-7（五重），スラブ語エノク書 42:6-14（九重）などの旧約外典・死海文書・旧約偽典のユダヤ教文書に見られ，それは知恵文学の文脈にも黙示文学の文脈にも見られる。Cf. J. A. Fitzmyer, "A Palestinian Collection of Beatitudes," *Four Gospels*, 509-515.

う「語頭畳用」による「トリコーロン」[31]を用いて次第に調子を高めていく。そこでは前文の「貧しい人々」「飢えている人々」「嘆き悲しむ人々」と「並置」[32]し，後文の「神の国はあなたがたのものだ」「満ち足りるようになる」「慰められるようになる」も「並置」し，「第一マカリズム」を「第二，第三マカリズム」が補足する。

それに対して，後半の「第四マカリズム」(22, 23) では，前文に表現された対象は「第一マカリズム」以下の「貧しい人々」その他の普通名詞による一般的な表現と「対置」[33]して「あなたがたは」と二人称複数形で具体的に個別的に表現する。また，後文も「第一マカリズム」以下の「神の国」の所属による「満ち足り」「慰め」という一般的で抽象的な表現と「対置」して「人の子のゆえ」の敵対者による「罵り」「迫害」「悪口」と個別的で具体的に表現する。そして「トリコーロン」で高められた調子にさらに「幸いである」をもう一つ加えて，最後に「喜び，歓べ」[34]という「歓喜の叫び」でクライマックスに達する修辞法を用いる。こうして後文の「天における報い」のための「喜び，歓べ」を前文の具体的な迫害的状況に「対置」する[35]。

「マカリズム」が多く集められた箇所は，旧約外典・死海文書・旧約偽典では知恵文学の文脈にも，黙示文学の文脈にも見られる[36]。だが，Q 文書の

---

[31]「トリコーロン」とは，類似の語句や節や文を三つ並べて，次第に調子を高める修辞法。

[32]「並置」とは，等しい長さの類似の構造をもつ似た響きの修辞法。ゴルギアス風文彩の三つのうちの一つ。

[33]「対置」とは，対照的な内容や表現を対に並べた修辞法。ゴルギアス風文彩の三つのうちの一つ。

[34]「喜び，歓べ」(χαίρετε καὶ ἀγαλλιᾶσθε) は終末論的救いの歓喜である，ヨエル書 2:21, 23 (χαίρετε); イザヤ書 12:6, 25:9 (ἀγαλλιᾶσθε); 黙示録 19:7 (χαίρετε καὶ ἀγαλλιᾶσθε) 他参照。修辞的「反復」を用いている。

[35] Betz (*The Sermon on the Mount*, 66) とそれに倣った Kloppenborg (*Excavating*, 155) は，四つの「幸いである」(20b-22) をマカリズムの前半とし，「喜び，歓べ」(23) をその後半とするが，「喜び，歓べ」(23) が迫害時の「幸いである」(22) という前文を受けた後文であることを見誤っているばかりでなく，20b-21 と 22-23 の「対置」という修辞学的構造を見落としている。

[36] Fitzmyer, "A Palestinian Collection," 509-515; 原口尚彰『幸いなるかな──初期キリスト教

3.「宣教開始の説教」(Q6:20–49) の修辞学的分析

「宣教開始の説教」では冒頭の「弟子に対する幸いの言葉」で「神の国」(20b) [37] と「人の子」(22a) の二重のモティーフ [38]、終末時の「歓喜の叫び」(23a)、「預言者」の系譜 (23c) と結び付けられているので、ここでの「マカリズム」は黙示文学的モティーフによるものである。また、説教の結末の「主よ、主よ」と言いながらその「言葉」を行わない者に対する厳しい裁きの言葉から (46, 49)、「宣教開始の説教」の始めと終わりを「包摂」するのも黙示文学的モティーフと見做すことができる [39]。

さて、「序論」の「弟子に対する幸いの言葉」の修辞的機能は何か。それは「称賛」である。「称賛」と「助言」の両方 [40] ではない。最初の三つの「マカリズム」の前文では、「繋辞」(copula) が省略されているが、「第四マカリズム」の主文 (22a) と同様に「幸いである、〔あなたがた〕……人々は」(μακάριοί ἐστε οἱ ..., ὅτι) と二人称複数形現在が省略されている。「第一マカリズム」に典型的に象徴されるように、その理由を表す副詞節の神の国への所属も現在形で書かれている。四つの「マカリズム」の主文は全て現在形で書かれていると想定される。アリストテレスによれば全ての弁論は、過去の出来事を法廷で「告発」し「弁明」する「法廷弁論」、将来の政策や助言を議会などで「勧奨」し「阻止」する「議会弁論（または助言的弁論）」、現在

のマカリズム（幸いの宣言）』新教出版社, 2011 年, 30-32, 55-56 頁。

[37] イエスの「神の国」のユダヤ教との連続性ならびに最新の「神の国」の研究状況については, cf. M. A. Beavis, "Jesus in Utopian Context," T. Holmén (ed.), *Jesus in Continuum*, Tübingen: Mohr Siebeck, 2012, 151–170; G. Theissen, "Universal and Radical Tendencies in the Message of Jesus: The Historical Jesus and the Continuum between Judaism and Christianity," Holmén (ed.), *Jesus in Continuum*, 43–59.

[38] Q 文書の中で「神の国」(6:20, 7:28, 10:9, 11:2, 20, 11:52, 12:31, 13:18, 20, 28, 16:16, 17:20, 21) と「人の子」(6:22, 7:34, 9:58, 12:10, 40, 17:24, 26, 30) が同時に用いられるのはこの箇所のみである。

[39] クロッペンボルグは終末論的要素を若干は指摘するが、それらを無視して「知恵の説教 (sapiential speech)」と一括する。Kloppenborg, *Formation*, 172-173, 185-187, 187-190. Catchpole, *Quest*, 97-100 は「主よ、主よ」(6:46) の黙示的性格を指摘し「人の子」(6:22a) と共にキリスト論的「包摂」とする。

[40] 原口尚彰『幸いなるかな』50, 56 頁。

の神・人物・都市・自然などを「称賛」し「非難」する「演示弁論」の三つに分かれた[41]。このような点から見て開始説教の「弟子に対する幸いの言葉」の主文の時制から，その修辞的機能は「称賛」であることを示している。

また，四つの「マカリズム」が説教全体の「序論」を成していることにも注目すべきである。「序論」と「結論」では「本論」の議論を説得的に受け入れさせるために感情に訴えることが重要な役割の一つである[42]。「序論」の「弟子に対する幸いの言葉」と「結論」の「家を建てた人の譬え話」で開始説教を「包摂」するが，説教の始めで弟子たちを「称賛」し，結びの譬えでその「言葉」を行う人を「称賛」し，行わない人を「非難」するのである。

「序論」では本論の議論のテーマが何であるかが予め示されるが，それは「神の国」の到来による「幸い」であり（第一マカリズム），「人の子」のゆえに受ける「迫害」を耐えて天上で受ける「報い」による「幸い」である（第四マカリズム）。この「迫害」と「報い」という鍵言葉を含んだ新しい倫理が以下の本論で展開される。

(2) 「第一論証」 (prima argumentatio)：「敵を愛せよ」 (6:27-28, 35, 29-32, 34, 36)

第一に，この修辞学的議論の第一の「論証」[43]では，「あなたがたの敵を愛しなさい」（27: ἀγαπᾶτε τοὺς ἐχθροὺς ὑμῶν）という教えが「論題」[44]として

---

41) アリストテレス『弁論術』1.3.1358b「弁論が関わる三つの時」。戸塚七郎訳『弁論術』岩波文庫，1992年，45頁。
42) アリストテレス『弁論術』3.14「序論」，3.19「結びについて」。岩波文庫 369-377, 401-403頁。
43)「論証」では，論拠や証拠に基づいて自分の主張の正しさを主張して，聴衆や読者に「確信」を与える。
44)「論題」では，論点の人物・場所・時間・方法などを限定しない普遍的な状況を前提にした「一般論」を取り扱う。Cf. Theon, *Progymnasmata*, §1, Spengel 61; Aphthonius, *Progymnasmata*, §13, Spengel 49, Rabe 41-42; G. A. Kennedy, *Progymnasmata: Greek Textbooks of Prose Composition and Rhetoric, Translation with Introduction & Notes*, Atlanta: Society of Biblical Literature, 2002, 5, 120-121.

提示される。すなわち「愛敵」「愛せざる者への愛」である。この「論題」自体が「敵」と「愛」という対立概念を結び合わせた「オキシモロン」[45]という修辞法を用いることによって，強烈な印象を与える。また，「愛敵の教え」を迫害という具体的な状況に適応した「あなたがたを迫害する人々のために祈りなさい」(28: προσεύχεσθε ὑπὲρ τῶν διωκόντων ὑμᾶς) という具体的な「論題」をも併せて「並置」することから始まる。

「論題」に続いて，その「論拠」(ὅπως) が「範例」と共に明らかにされる。「愛敵についての教え」は「神の子」となり「神に倣いて」(imitatio Dei) を行動原理として生きることをその「論拠」とする (35a)。それを説得的に示すために，創造の神は，大自然の恵みを善人・悪人の隔てを越えて，すなわち敵・味方の隔てを越えて等しく及ぼす寛大さについて，太陽の恵みと雨の恵みを「並置」した「範例」[46]によって明示する (35bc)。すなわち，「愛敵についての教え」の論拠は，大自然の営みの背後にある創造神への信仰にあることを示す。

第二に，「愛敵についての教え」を具体化し，視覚化した言葉に置き換える。すなわち，「迫害者への祈り」をさらに推し進めて，迫害の状況の中で起こる「殴打」と「横領」という個別的な状況を取り上げて，二人称単数形で「あなたの反対の頬を出せ」(29ab)「上着をともに与えよ」(29cd) と「並置」した「仮説」[47]を用いて，鮮やかなイメージを提供する。さらに迫害時から拡大して，平時に起こり得る具体的な状況として，「借財」を取り上げて，二人称単数形で「あなたに求める者には与え」「返済を求めずに貸せ」という「仮説」を描き出す (30ab)。こうして，「同害報復」(タリオ，talio) を

---

45)「オキシモロン」とは，正反対に対立する概念を統一的に表現する修辞法（例，「私は弱い時にこそ強い」）。
46)「範例（例証とも言う）」とは，「論証」や「反論」などの議論で，具体的な「例」を挙げて論じる論証方法。
47)「仮説」は「論題」とは対比的に，人物・場所・時間・方法などを限定した個別的で具体的な状況を前提にした「具体論」を取り扱う。Cf. Theon, *Progymnasmata*, §1; Aphthonius, *Progymnasmata*, §13; Kennedy, *Progymnasmata*, 5, 120-121.

禁じる寛大で憐れみ深い教えを具体的に鮮やかに描き出す[48]。

これらの三つの「並置」された「仮説」による「タリオを禁じる教え」の後に，これらを貫く原理との「類比」[49]として，「他者」との相互の互恵の原理である「黄金律」[50]を述べる（31）。他者からの報いを求めない「愛敵の教え」それと通底する「タリオを禁じる教え」と「黄金律」の互恵原理が一致するのか否かが問われている。

例えば，一方で，ディーレが指摘した矛盾を受けてホフマンは，「愛敵についての教え」と「黄金律」の違いをイエスの教えを受け入れた社会層の違いとして両者を受け入れた。それに対してベッツは 32-34 節が「黄金律」の「コメント」であり，誤解されてきた「黄金律」の立場を「愛敵についての教え」の立場から批判し，36 節で結論を提示すると解釈した[51]。

他方，カークは社会人類学的に見て「互恵」には「寛大な互恵（general reciprocity）」「バランスの取れた互恵（balanced reciprocity）」「消極的な互恵（negative reciprocity）」の 3 種類があり，それぞれ「贈与（パトロン関係を含む）」「売買」「強制」に対応するが，「愛敵についての教え」は「寛大な互恵」に，「黄金律」は「バランスの取れた互恵」に，「タリオ」は「消極的な互恵」（「タリオ」の禁止は「寛大な互恵」）にそれぞれ対応し，「互恵」においては

---

48) マタイ福音書は Q オリジナル版の「愛敵についての教え」（Q6:27-28・35, 32・34・36→マタイ 5:43-44, 46-48）の間に挟まれた「復讐の禁止」（Q6:29-30→マタイ 5:38-42）をその前に描き分けて，「黄金律」（Q6:31→マタイ 7:12）を山上の説教の主要部の結論に持っていく。

49)「類比」とは，ある事物や人物と象徴的に類似した事物や人物を挙げて論じる論証方法。

50) イエス以前の「黄金律」については，アヒカル（アルメニア語訳）8:88，トビト記 4:15，アリステアスの手紙 207,『バビロニア・タルムード』「シャーバット」31a のヒレルの教え参照。「愛敵についての教え」を除いたイエスの愛の思想とユダヤ教の愛の思想の連続性については，cf. J. H. Charlesworth, "The Romans and 'Enemies': Reflections on Jesus' Genius in Light of Early Jewish Thought," Holmén (ed.), *Jesus Continuum*, 211-222.

51) P. Hoffmann, "Tradition und Situation: Zur "Verbindlichkeit" des Gebots der Feindesliebe in der synoptischen Überlieferung und in der gegenwärtigen Friedensdiskussion," K. Kertelge (Hrg.), *Ethik im Neuen Testament*, Freiburg: Herder, 1984, 50-118; Betz, *The Sermon on the Mount*, 598-604. Cf. A. Dihle, *Die Goldene Regel: Eine Einführung in die Geschichte der antiken und frühchristlichen Vurgärethik*, Göttingen: Vandenhoeck & Ruprecht, 1962.

同じであるがそのレベルや内容に違いがあることを指摘した[52]。しかし，ここでは，Q文書の編集者は「論題」の「愛敵についての教え」(27-28)とその「仮説」の「殴打」「横領」「借財」(29-30)の論理と人口に膾炙した「黄金律」(31)の互恵の論理の違いを認識した上で，修辞学的「類比」を用いてここに挿入したと考える。

第三に，「タリオを禁じる教え」(29-30)と「黄金律」(31)を「包摂」して，再び「愛敵についての教え」(27-28)の「論題」に戻り，「修辞疑問」[53]で「愛敵についての教え」を問い質す。

「もしもあなたがたを愛する人たちを愛したとしても，
どんな報いがあろうか。
徴税人でさえも同じことを行っているではないか」(32)。

さらに，再び「借財」の「仮説」(30)に戻り，「黄金律」(31)を「包摂」して，「愛敵の教え」を強調した「修辞疑問」(32)と「並置」して問い質す。

「もしもあなたがたが取り戻すつもりで貸すのであれば，
どんな報いがあろうか。
異邦人でも同じことを行っているではないか」(34)

結びに「愛敵の教え」の目的(35a)の「神に倣いて(imitatio Dei)」に立ち戻って，議論全体を「包摂」する。すなわち「父が憐れみ深いように……憐れみ深く成りなさい」(36)。

---

52) A. Kirk, "'Love Your Enemies,' The Golden Rule and Ancient Reciprocity (Luke 6:27-35)," *JBL* 122 (2003), 667-686.
53) 「修辞疑問」とは，肯定文を用いて直接主張するのではなく，疑問文で投げかけて，肯定文や否定文を強く暗示させて主張する修辞法。しばしば「ディアトリベー」という対話的文体の始めに置かれる。

(3)「第二論証」(secunda argumentatio):
「裁くな」(6:37-42)

　修辞学的議論の第二の「論証」では，第一に「裁くな」(37a) という「論題」が提示される。すなわち「裁かない教え」言い換えれば「非審判的な態度」である。「愛」と「裁き」は「対置」する。だが，第一論証の「愛敵についての教え」と第二論証の「裁きについての教え」は「並置」し，表裏一体をなす。一方は積極的・肯定的な表現であり，他方は消極的・否定的な表現である。「裁いてはいけない，裁かれないためである」(μὴ κρίνετε, μὴ κριθῆτε) という「論題」は「語頭畳用」を用いた表現であるが，動詞の能動態と受動態の語尾が異なるだけで，ほとんど同じ言葉を繰り返しており「重複」[54]に近い表現を用いて強調する。

　その「理由」(γὰρ) を成すのは，他人からの批判や非難を避けることである。「あなたがたが裁く裁きによって，裁かれるからである」(37b: ἐν ᾧ κρίματι κρίνετε κριθήσεσθε)。ここでも「裁き」「裁く」「裁かれる」という類語を繰り返す「滞留」[55]によって記憶に残る印象的な表現となっている。これに続いて，前節と同じ構文で書かれ，日常生活で流布していた主として商業に由来する「格言」[56]を「並置」して，その意味内容を「拡大」させる。「また，あなたがたが量る秤によって量られるからである」(38: καὶ ἐν ᾧ μέτρῳ

---

54)「重複」とは，同じ言葉や語句を繰り返す修辞法。
55)「滞留」とは，類語や同一の内容を繰り返す修辞法。「反復」とも言う。
56)「格言」は三人称で書かれた，普遍的な内容を要約した言明で，生活に役立つ事柄が述べられ，「クレイア」や「寓話」の結びにも用いられる。Cf. Theon, *Progymnasmata*, §3; Hermogenes, §4; Aphthonius, *Progymnasmata*, §4; Nicolaus, *Progymnasmata*, §5; Kennedy, *Progymnasmata*, 15, 77-78, 99-101, 142-144. クロッペンボルグは「尺には尺を」("Measure for Measure" Shakespeare)」すなわち「秤の格言」(38) が，古代地中海世界の経済社会や互恵社会に深く浸透していたことを実証的に明らかにする。Cf. J. S. Kloppenborg, "Verbal Continuity and Conceptual Discontinuity in Jesus' Discourse: The Case of the Measure-for-Measure Aphorism," Holmén (ed.), *Jesus in Continuum*, 243-264. なお，Q文書を含めた福音書における「格言」に関する詳細は，cf. I. H. Henderson, *Jesus, Rhetoric & Law*, Leiden: E. J. Brill, 1996.

μετρεῖτε μετρηθήσεται ὑμῖν)。

　第二に，日常生活からさらに転じて，「裁く・裁かない」と「類比」の論理で，三人称で書かれた「盲人の手引き」(39) と「教師と弟子」(40) の「格言」を二人称複数形で書かれた文体の中に挿入する。「盲人」を「初学者」の「隠喩」として理解すると，これらは「学びの共同体」における指導者の必要性と指導者と追従者の関係の「範例」として取り上げられている。一方は「裁き」による「破滅」(「穴に落ちる」) の例として，他方は「裁き」ではなく「信頼」の醸成による「育成」(「教師のようになれば十分」) の例として「比較」[57]する。すなわち，前者は非難の対象として「修辞疑問」で強く疑問が投げかけられ，後者は称賛すべきこととして肯定文で書かれている。

　第三に，「盲人の手引き」と「師弟関係」の「格言」(39-40) を「包摂」して，再び「裁くな」の「論題」(37-38) に戻り，今度は一般的な問題から，二人称単数形を用いて「目の中の塵と梁」という具体的で個別的な問題，すなわち「仮説」として取り上げる。しかも「修辞疑問」を用いて判断を迫る。そこでは他人の「塵」を見て自分の「梁」に気づかぬ者は「偽善者」と呼ばれている。

「だが，なぜあなたの兄弟の目にある塵を見ながら，自分の目にある梁に気づかないのか。
どうしてあなたの兄弟に……あなたの兄弟の目にある塵を取り出すことを許してくださいと言えようか。
しかも見よ，あなたの目に梁があるではないか。
偽善者よ，まず自分の目から梁を取り出しなさい。……」(41-42)

---

[57]「比較」とは，ある事物や人物とは対照的な事物や人物を挙げて論じる論証方法。

(4)「結論」(peroratio):
「木と実の譬え」「家を建てた人の譬え話」(6:43-45, 46-49)

　修辞学的議論は「結論」[58]で結ばれる。「結論」はしばしば「序論」と対応しているが，ここでは二部に分かれる。前半の「木と実の譬え」は，「洗礼者ヨハネの悔い改めの説教」の比喩的表現「良い実を結ばない木」(3:9b, cf. 3:8a「悔い改めにふさわしい実を結べ」)と並行して描かれ，「洗礼者ヨハネの悔い改めの説教」と「宣教開始の説教」が「対置」して，「イエスの誘惑物語」を「包摂」する。後半の「家を建てた人の譬え話」は，先に指摘したように「序論」の「弟子に対する幸いの言葉」(6:20-23)と共に「宣教開始の説教」全体を「包摂」する。

　第一に，「木と実の譬え」である。すなわち，「良い木が悪い実を結ぶことはない。また悪い木が良い実を結ぶこともない」(43)と「並置」された人格と行為の関係を示唆する果実の栽培・生産に関する農業に由来する「格言」から始まる。次に，「木はその実から知られる」(44a)とこの格言の「論拠」(γὰρ)の説明を付け加える。さらに「木と実の格言」の一般論の「悪い木」と「良い実」を「茨」「アザミ」と「いちじく」「ぶどう」に具体化し個別化し「並置」した「仮説」を「修辞疑問」で問い質す。「茨からいちじくを集めるだろうか，アザミからぶどうを集めるだろうか」(44b)。その上に，「良いものから良いものが出，悪いものから悪いものが出る」との「類比」による「良い倉」と「悪い倉」の「格言」とその「論拠」(γὰρ)を追加する(45)。

　第二に，「家を建てた人の譬え話」である。この譬え話の導入部に「主よ，主よ」とだけ叫んで語られた言葉を行わない者への警告が語られる(46, cf. 42「偽善者」)。そこでは「岩の上に建てられた家」と「砂の上に建てられた家」が極めて「対置」的に描かれ(47-49)，しかも後者の「破滅はひどい」と強調される(49)。

---

[58]「結論」は，一般的には議論を「要約」し，「感情への訴え」で行動を起こさせる要素で構成される。ここでは短い議論であり，もっぱら後者の要素が支配する。

3.4. 結びに

　以上の結果をまとめると「宣教開始の説教」は，修辞学的分析の結果，次のように構成されている。

　(1)「序論」:「弟子に対する幸いの言葉」(6:20-21, 22-23)　　　　A
　　　　「第一～第三マカリズム」:「一般論」(20-21)
　　　　「第四マカリズム」:「具体論」(22-23)
　(2)「第一論証」:「愛敵についての教え」(6:27-28, 35; 29-31; 32, 34, 36)
　　　　　　　　　　　　　　　　　　　　　　　　　　　　　　　B
　　　　「論題」:「敵を愛せよ」「迫害する者のために祈れ」(27-28)
　　　　「論拠」:「範例」による (35)
　　　　「確証」:「仮説」による (29-30)
　　　　「確証」:「類比」による (31)
　　　　「反論」:「修辞疑問」による (32, 34)
　　　　「結論」(36)
　(3)「第二論証」:「裁きについての教え」(6:37-42)　　　　　　B′
　　　　「論題」:「裁くな」(37a)
　　　　「論拠」:「格言」による (37b-38)
　　　　「確証」:「格言」と「類比」による (39-40)
　　　　「反論」:「修辞疑問」による (41-42)
　(4)「結論」:「木と実の譬え」「家を建てた人の譬え話」(6:43-45, 46-49)
　　　　　　　　　　　　　　　　　　　　　　　　　　　　　　　A′
　　　　「格言」による (43-45)
　　　　「譬え話」による (46-49)

　その要点は以下の4点にまとめられる。
　(a)「宣教開始の説教」は，二部で成り立つ「弟子に対する幸いの言葉」による「序論」，「愛敵についての教え」と「裁きについての教え」の「論証」

(6:27-36, 37-42),「格言」と「譬え話」による二部構成の「結論」という修辞学的構造を持つ。また「序論」(A)「第一論証」(B) 第二論証 (B′)「結論」(A′) は「キアスム的シンメトリー」構造を成す。

(b) さらに詳しく見ると,「論証」では, 一般論を述べた「論題」とその目的や論拠が提示された後に, 個別化された具体論の「仮説」へと展開し,「類比」を挟んで最後は「修辞疑問」で問い質すという構造が見られる。このような一般論から具体論への展開は「序論」や「結論」の「格言」にも見られる。

(c)「序論」と「結論」で議論全体を「包摂」するばかりでなく,「論証」においても冒頭の「論題」とその目的・論拠と結びの「修辞疑問」は,「第一論証」では「仮説」と「類比」を, 第二論証では「類比」を「包摂」するように構成されている。(2),(3)の主な修辞学的概念は「プロギュムナスマタ」に見られるものである[59]。

(d) これらの他にも「並置」「対置」「格言」「比喩（隠喩・直喩・譬え話)」が多用され, このほか「トリコーロン」「オキシモロン」「範例」「重複」「滞留（反復)」「比較」などの修辞法が用いられていが,「宣教開始の説教」全体は,「敵を愛せよ」「裁くな」という倫理的教えに見られるように「助言的演説」である。

「宣教開始の説教」は, 様式史・編集史で考えられてきたように類似のテーマ・類似のスタイル・鍵言葉で結びつけられているのではなく, このような修辞学的構造と論証方法と文彩を用いて配列されているのである。また, とりわけ二つの「論証」の結論部の「修辞疑問」と「結論」の「格言」(良い木・実と悪い木・実, 岩の上の家と砂の上の家) からこれらの議論の背後に「二つの道」に展開する論理があることが示唆される。また,「宣教開始の説教」の本論の議論は典型的に「格言」に見られるように「知恵文学」に通じるが,「序論」と「結論」の「包摂」に見られるように「黙示文学」に通じる枠組

---

[59] 注 44, 47, 56 参照。

みが与えられているので，クロッペンボルグのように「宣教開始の説教」を「知恵の言葉の説教」[60]と一括に見做すことはできない[61]。

イエスの「宣教開始の説教」は，「序論」では「弟子に対する幸いの言葉」(Q6:20-23) で弟子たちを「称賛」した後に，「論証」では「愛敵についての教え」(Q6:27-32) と「裁きについての教え」(Q6:37-42) という二つの倫理的勧告を，「助言的弁論」の下位ジャンルである「勧奨」と「阻止」を「対置」させて述べる。「結論」では「木と実の譬え」(Q6:43-45) の「格言」と「家を建てた人の譬え話」(Q6:46-49) の「譬え話」を用いて，倫理的勧告の実践を促す[62]。

このような修辞学的構造の中に，「来たるべき方」(3:16c; 7:19b)「貧しい人々」(6:20b; 7:22e)，「幸いの言葉」(6:20b, 21ab, 22a; 7:23)，「木と実」(3:9; 6:43) などの鍵概念が散りばめられ，「洗礼者ヨハネとは何者か」「イエスとは何者か」「両者の関係は何か」が位置づけられていく。

---

60) 注 17 参照。
61) このような「二つの道」を暗示した黙示文学的な枠組みは，Q 文書全体にも見られる (Q3:2b-17; 17:20-37, 19:12-26, 22:28-30)。ディダケー 16 章，バルナバ書 18-20, 21 章参照。
62) 詳細は，本書第 3 部第 3 章の「『宣教開始の説教』の修辞学的分析」参照。

4. 「弟子派遣の説教」の修辞学的分析

4.1. はじめに

　本章では，洗礼者ヨハネとイエスに関連したQ文書の第一ブロックを「包摂」（inclusio）する「洗礼者ヨハネの悔い改めの説教」（Q3:2b-3a, 7-9, 16b-17）と「洗礼者ヨハネ称賛の説教」（7:18-19, 22-23, 24-28, 31-35），すなわち両者を合わせた「洗礼者ヨハネに関する説教」と両者の間に置かれたイエスの「宣教開始の説教」に続いて，Q文書の第二ブロックの中心に置かれた「弟子派遣の説教」について修辞学的批評の視点で分析する。その狙いは，イエスに関する資料の中でマルコ福音書よりもより古いQ文書の中で，比較的に古層に属する資料と思われる「弟子派遣の説教」から，断片的な伝承がいかに編まれて説教が形成されていくのか，その背後にある過程を修辞学の視点で明らかにしつつ，Q文書の「弟子派遣の説教」が最終的にどのように修辞学的に構成されているかを明らかにする点にある。

4.2. 研究史瞥見

（1）資料研究

　20世紀初頭にハルナックは，ヴェルハウゼンのQ文書アラム語説，マルコ依存説，ユダヤ人キリスト教説に対して[1]，マルコ福音書よりも古くイエスの思想により近いQ文書のギリシア語テキストの復元を最初に試みた[2]。そして，いくつかのペリコーペが組み合わされた「弟子派遣の説教」（Q10:2,

---

1) J. Wellhausen, *Einleitung in die drei ersten Evangelien*, Berlin: G. Reimer, 1905, 14-43, 43-89, 89-115.
2) Harnack, *Sayings of Jesus*, esp. 193-227.

9, 11, 5-6, 7b, 12, 3, 2:2-9, 51-53, 14:26, 27, 17:33, 6:40, 10:16）は「弟子の覚悟」（Q9:57-60）から始まり，「ガリラヤの町々への呪い」（Q10:13-15, 21-22）と「弟子への祝福」（Q10:23-24）で結ぶとした[3]。

マタイ福音書の順序に基づいてQ文書の復元を試みたハルナック説とは異なり，ルカ福音書の順序に基づいたストリーター説[4]を根拠にしたT. W. マンソンは，Q文書第二部「イエスと弟子たち」を「弟子の候補」（Q9:57-62），「弟子の派遣」（Q10:2-3, 8-12, 13-15, 16），「弟子の特権」（Q10:21-22, 23-24, 11:9-12）の三部に分けた[5]。しかし，これは「弟子派遣の説教」プロパーと言うよりは，「弟子派遣の説教」を中心にした「弟子について」のQ文書の第二ブロックのマクロ構造を示している。

(2) 様式史研究

様式史研究の創始者の一人であるディベリウスは，Q伝承は「勧告の言葉」に属するとした[6]。他方，もう一人の創始者のブルトマンはQ伝承が「主の言葉」に属すると分類した。だがそれは「ロギア（知恵の言葉）」「預言の言葉・黙示の言葉」「法の言葉・教会規則」「私―言葉」「比喩と同類のもの」に分かれる。「弟子派遣の言葉」（Q10:2-12）と「派遣された者」（Q10:16）は「法の言葉・教会規則」に属し，「ガリラヤの町々に対する災いの言葉」（Q10:13-15）は「預言の言葉・黙示の言葉」の「威嚇の言葉」に属すると細分したが，その後の編集史の展開においてもブルトマンの「知恵の言葉」と「預言の言葉」という区別は多大な影響を与えている[7]。

---

[3] Harnack, *Sayings of Jesus*, 174-176, 260-263, 265-266, esp. 237-238.

[4] B. H. Streeter, *The Four Gospels: A Study of Origins*, London: Macmillan, 1930, 182-198, esp. 197.

[5] Manson, *Sayings of Jesus*, 72-82.

[6] M. Dibelius, *Die Formgeschichte des Evangeliums* (2. Aufl.), Tübingen: Mohr, 1933 (1. Aufl. 1919) = ET *From Tradition to Gospel*, New York: Charles Scribner's Sons, 1967, 33-265.

[7] Bultmann, *Geschichte*, 152-153, 155-156, 117-118.

(3) 編集史研究

 「弟子派遣の説教」は「伝承史的に見て始めから最も一致した構成要素である」[8]。Q 文書の「弟子派遣の説教」(Q10:2-12) とマルコ福音書の「弟子派遣の説教」(マルコ 6:8-11) の重複する部分に着目することによって，その核心部分を抽出できると考えられてきた。すなわち，Q 文書とマルコ福音書は互いに独立した伝承で，重複する部分は共通の伝承に遡るという立場から[9]。ウロによれば，(1)旅への備え (Q10:4; マルコ 6:8-9)，(2)家での振る舞い (Q10:5-7; マルコ 6:10)，(3)町での振る舞い (Q10:8-11; マルコ 6:11) がその核心部分である[10]。

 クロッペンボルグは「弟子派遣の説教」に Q9:57-62 と Q10:21-24 を加えるが，その核心部分を(1)旅への備え (Q10:4)，(2)受け入れられること (Q10:5-7)，(3)拒まれること (Q10:10-11) と把握し直した[11]。その中でも最も古いのは「平和の挨拶」(Q:10:5-7ab) の部分であり，それに「神の国の宣教と病気の癒し」(Q10:9) が加わったと考えた[12]。

 「弟子派遣の説教」の冒頭の「派遣の祈り」(Q10:2) と「派遣の言葉」(Q10:3) には，前者では「収穫の神」が派遣し，後者ではイエスが派遣するなどの違いがあり，両者の間には伝承の断絶があることが指摘されてきた[13]。

---

8) Schulz, *Q*, 409.

9) E.g. R. Laufen, *Doppelüberlieferungen* esp. 201-301; F. Neirynck "Recent Developments in the Study of Q," *Logia*, 29-75, esp. 41-53; D. Lührmann, "The Gospel of Mark and the Sayings Collection Q," *JBL* 108 (1989), 51-71; J. Schüling, *Studien zum Verhältnis von Logienquelle und Markusevangelium*, Würzburg: Echter, 1991; C. M. Tuckett, "Mark and Q," *Synoptic Gospels*, 149-175.

10) R. Uro, *Sheep among the Wolves: A Study on the Mission Instructions of Q*, Helsinki: Suomaleinen Tiedeakatemia, 1987, 98-110. ウロは次の段階を経て Q 文書の第二ブロックの伝承が形成されたと考える。(1)核心部分：Q10:4ab, 4-7ab，(2)初期の宣教コード：Q10:4a-11a，(3)派遣の説教：Q10:3-16，(4)最終的 Q セクション：Q9:57-11:13, Uro, *Sheep*, 110-116.

11) Kloppenborg, *Formation* 192-197; idem, *Excavating*, 147-148.

12) Hoffmann, *Studien* 287-289.

13) H. Schürmann, *Untersuchungen*, 143, n. 34.

だが,「派遣の言葉」(Q10:3) と「ソドムとの比較の言葉」(Q10:12) が「弟子派遣の説教」の核心 (Q10:4-11) と結びついた後に,「収穫の働き人」(Q10:2b, 7c) に関する言葉が追加されたのではないかと考えられてきた[14]。また,リュールマンやホフマンは「ソドムとの比較の言葉」(Q10:12) が「弟子派遣の説教」の核心部分 (Q10:2-11) と「ガリラヤの町々に対する災いの言葉」(Q10:13-15) を繋ぐ編集の過程で創作された言葉であると指摘したが[15],それに対してシュルツやツェラーはそれが編集上の創作ではなく,預言者の「災いの言葉」を繋ぎ留める働きをする元来あった言葉であると反論した[16]。

また,マルコ福音書はQ文書の影響を受けているという立場から[17],Q文書の「弟子派遣の説教」のイエスに由来する核心部分 (Q10:3-12) に「派遣の祈り」(Q10:2),預言者の「威嚇の言葉」(Q10:13-15),「異邦人・サマリア人への言葉」(マタイ10:5b),「受け入れの言葉」(Q10:16) が付け加えられ,全体の統一性を示そうと試みたキャッチポールは[18],ネイリンクやタケットから厳しく批判された[19]。

編集史研究では,様式史で大まかに示された伝承のペリコーペさらに詳細に細分化して,伝承と編集の段階に分けて,伝承層の詳細な形成過程と編集者の神学的思想を分析するという点においては有力な手法ではある。だが,

---

14) Hoffman, *Studien*, 288; A. D. Jacobson, "The Literary Unity of Q," *Logia*, 419-423, esp. 421; idem, "The Literary Unity of Q," *JBL* 101 (1982), 365-389; cf. idem, *The First Gospel*, 143-149, esp. 147-148.

15) Lührmann, *Redaktion*, 59-68, esp. 62-63; Hoffmann, *Studien*, 288.

16) Schulz, *Q*, 409 & n. 40; D. Zeller, "Redaktionsprozesse und Wechselnder «Sitz im Leben» beim Q-Material," *Logia*, 395-409, esp. 404.

17) E.g. W. Schenk, "Der Einfluss der Logienquelle auf das Markusevangelium," *ZNW* 70 (1979), S. 141-165; B. L. Mack, "Q and the Gospel of Mark: Revisiting Christian Origins," *Early Christianity*, 15-39; J. Lambrecht, "John and Jesus in Mark 1.1-15: Markan Redaction of Q?" *NST* 38 (1992), 337-356; T. H. Fleddermann, *Q and Mark: A Study of the Overlap Texts*, Leuven: Leuven University Press/Peeters, 1995.

18) D. R. Catchpole, "The Mission Charge in Q," *Early Christianity*, 147-174 = idem, *Quest*, 151-188.

19) F. Neirynck, "Literary Criticism, Old and New," Focant (ed.), *Synoptic Gospels*, 11-38, esp. 30-34; Tuckett, *Q and History*, 183, n. 6.

その伝承がどのように集積され統合されて現在の形になったかという点については，「派遣する」(Q10:3, 16b)，「受け入れる」(Q10:8a, 10a, 16ab)，「聞く」(Q10:24c)，「働き人」(Q10:2bd, 7c) という僅かな鍵言葉の役割が指摘されるのみである。それぞれのペリコーペが全般的に見てどのような方針で並べられているのかというマクロ的な視点と，それぞれのペリコーペの構造がどのように配列されているのかというミクロ的な視点で，一貫して分析するという点においては，極めて弱いと言わざるを得ない。

(4) 社会学的・社会史的研究

このような様式史・編集史というテキストの伝承史という通時的な視点とは全く異なって，テキストが置かれた社会的コンテキストを対象とし共時的な視点で分析する社会学や社会史や社会人類学（＝文化人類学）などの手法を用いて，文学テキストに迫る新しい手法が1970年代に現れた。

G. タイセンは，Q文書の「弟子派遣の説教」から，所有物を一切持たないで神の国の宣教と病気治癒活動をするイエスの最初期の弟子集団を「ワンダー・カリスマティカー」と位置付け (Q10:4, 9)，それと同時に彼らの活動を受け入れる支援者の存在をも指摘し (Q10:6a, 7-8)，併せて彼らの活動の痕跡はディダケー11章などにも見られることも指摘した[20]。

タイセンはQ文書が書かれた社会史的背景を紀元40年代はじめにローマ皇帝カリギュラがエルサレム神殿に偶像を置いて神殿を冒瀆した出来事に位置づけた（ヨセフス『ユダヤ古代誌』第18巻261-308)[21]。これに対して，

---

[20] G. Theissen, "Wanderadikalismus: Literatursoziologische Aspekte der Überlieferung von Worten Jesu im Urchristentum," *ZThK* 70 (1973), 245-273 = idem, *Studien zur Soziologie des Urchristentum*, Tübingen: Mohr Siebeck, 1983 (2. Aufl.), 79-85, cf. idem, *Soziologie der Jesusbewegung*, München: Chr. Kaiser Verlag, 1977 = ET *The First Followers of Jesus*, London: SCM Press, 1978 / *Sociology of Early Palestinian Christianity*, Philadelphia: Fortress Press, 1978. Cf. R. A. Horsley, *Sociology and the Jesus Movement*, New York: Crossroad, 1989, esp. 108-111, 115, 116.

[21] G. Theissen, *Lolalkolorit und Zeitgeschichte in den Evangelien: Ein Beitrag zur Geschichte der synoptischen Tradition* (2. Aufl.), Göttingen: Vandenhoeck & Ruprecht, 1992 (1989), 212-245 = ET *The Gospels*

クロッペンボルグの三層説（Q^1, Q^2, Q^3）を前提にしたミリコフスキーは，最終的にQ文書は紀元66-70年のユダヤ戦争を背景にして書かれたとするが，Q文書にはユダヤ戦争に記述が見られないので，年代設定としては遅すぎる[22]。「弟子派遣の説教」の核心部分は史的イエスに遡り，現在の形に展開したものは紀元50年前後にまとめられたと思われる。

(5) 修辞学的研究

様式史・編集史の伝承史的方法とは異なったもう一つの方法として，聖書のテキストが生まれてきた文化的なコンテキストである古典古代の修辞学の手法をテキストの分析方法に採り入れた修辞学的批評が1980年代以降に広まってきた。Q文書に対する修辞学的批評はまだ始まったばかりであるが，その中でもカークとフレッダーマンはミクロ的な視点やマクロ的な視点で修辞学的視点を採用している。

カークはクロッペンボルグと同様に，「弟子派遣の説教」の範囲を拡大し，「弟子の選び」（Q9:57-62）から「感謝の祈り」（Q10:21-22）までとする[23]。そのミクロ構造は，以下のように極めて対照的な構造（すなわち，「キアスム的シンメトリー構造」）を成していることを指摘するが，「導入の枠組み（A）」「弟子派遣の説教プロパー（BCDC′B′）」「結論の枠組み（A′）」はマクロ構造を示しているのである[24]。

---

    in Context: Social and Political History in the Synoptic Tradition, Minneapolis: Fortress Press, 1991, 203-241. Cf. Josephus, *Antiquities*, 18.261-308; E. Schürer, *The History of the Jewish People in the Age of Jesus Christ*, vol. 1（A New English Version revised & edited by G. Vermes, F. Miller and M. Black），Edinburgh: T. & T. Clark, 1973, 388-398; E. M. Smallwood, *The Jews Under Roman Rule from Pompey to Diocletian: A Study in Political Relations*, Leiden: Brill, 1981, 174-180.

22) G. Theissen, *The Gospels in Context: Social and Political History in the Synoptic Tradition*, Minneapolis: Fortress Press, 1991, 203-241; M. Myllykoski, "The Social History of Q and the Jewish War," *Symbols*, 143-199.

23) ただしクロッペンボルグは Q10:21-22, 23-24 までとする。Kloppenborg, *Formation*, 190-203.

24) A. Kirk, *Composition*, 336-364.

A　導入の枠組み（Q9:57-60, ὁ δὲ υἱὸς τοῦ ἀνθρώπου）
　　　B　派遣の言葉（Q10:2-3, ἀποστέλλω ὑμᾶς）
　　　　C　派遣の教え（Q10:4-11）
　　　　　D　中心的な言葉（Q10:12）
　　　　C′　災いの言葉（Q10:13-15）
　　　B′　受け入れの言葉（Q10:16, τὸν ἀποστείλαντά με）
　　A′　結論の枠組み（Q10:21-22, ὁ υἱός, ὁ πατήρ, κύριε τοῦ οὐρανοῦ καὶ τῆς γῆς）

　カークは説教の「導入の枠組み」と「結論の枠組み」で，イエスが「人の子」というキリスト論的称号で表現されるのに対して，神と人間の関係が「父」「子」と「幼子」という類似の家族関係の言葉で表現されており，それぞれ対応関係にあるとするが，その関係は脆弱である。
　「弟子派遣の説教」自体では（Q10:2-16），「派遣の言葉」と「受け入れの言葉」は互いに，従来からしばしば指摘されてきたように[25]「派遣する」（Q10:3, 16）という動詞によって Q10:2-16 を「包摂」（inclusio）するとするが，文節や語句でなく一つの動詞だけで「包摂」というコンセプトを構成するのも弱い。さらに，中心の言葉の前後に置かれた「派遣の教え」と「災いの言葉」は対応関係を示しているのというのは不十分である。なぜならば，「派遣の教え」では家や町で受け入れられる場合と拒まれる場合について述べているが，「災いの言葉」は拒まれる場合の対応しか示していないからである。カークは各段落の分析においては修辞学的概念を用いた分析をしていない。すなわち，カークは，「弟子派遣の説教」が全般的に見て「キアスム的シンメトリー構造」を成していることを正しく指摘しているのではあるが，その分析はかなり雑駁であり，またその根拠となる指摘も正しくはない。
　フレッダーマンも以下のように「弟子派遣の説教」が置かれたマクロ構造を把握する点で修辞学的視点を用いる。フレッダーマンは Q9:57-11:13 が弟

---

25) Jacobson, "Literary Unity," 421; Kloppenborg, *Formation*, 199-200; cf. Hoffmann, *Studien*, 288.

子に関するＱ文書の第二部を構成することを正しく指摘している[26]。また，そのマクロ構造を次のように分析する[27]。

A¹：弟子への要求（Q9:57-60）
A²：弟子派遣の説教（Q10:2-16）
B¹：御父の称賛と弟子の祝福（Q10:21-24）
B²：弟子の祈りと祈りの勧め（Q11:2-4, 9-13）

フレッダーマンは，Ｑ文書の第二部のマクロ構造を「弟子への要求」（A）と「弟子への報酬」（B）に分け，それぞれをさらに二分する。しかし，「弟子派遣の説教」の中でも「報酬」について述べており（Q10:7c, 7b, 8b），「祈りの勧め」（Q11:9-13）は報酬というよりは執拗な祈りの心構えを述べた勧めである。すなわち，フレッダーマンのＱ文書第二部のマクロ構造の区分とタイトルは正確とは言えない。

また，「弟子派遣の説教」について，そのミクロ構造を次のように分析する[28]。

1. 物語的導入（Q10:2a）
2. 働き人（Q10:2b-4）
   a. 彼らの働き（Q10:2b-d）
   b. 彼らの使命（Q10:3）
   c. 旅の備え（Q10:4）
3. 家での宣教（Q10:5-7）

---

26) Cf. Manson, *Sayings of Jesus*, "B Jesus and Disciples," Q9:57-11:13; Sato, *Prophetie*, 37-38, "Redaktion B" Q9:57-10:24; Jacobson, *The First Gospel*, 130-151, "The Second Section of Q: Mission and Reception," Q9:57-10:22.
27) Fleddermann, *Q*, 389.
28) Fleddermann, *Q*, 427-428.

		a. 平和の挨拶（Q10:5-6b）
		b. 彼らの拒否（Q10:6cd）
		c. 彼らの振る舞い（Q10:7）
	4. 町での宣教（Q10:8-11）
		a. 彼らの受容（Q10:8）
		b. 神の国の宣教（Q10:9）
		c. 彼らの拒否（Q10:10-11）
	5. ガリラヤの町々への裁き（Q10:12-15）
		a. A ：歴史的比較――ソドム（Q10:12）
		b. B ：コラジン・ベッサイダへの災い（Q10:13）
		c. A′：歴史的比較――ツロ・シドン（Q10:14）
		d. カファルナウム（Q10:15）
	6. 結論（Q10:16）

　この中でフレッダーマンが用いている修辞学的概念は説教全体に及ばず，結論の前の最後の段落での「比較」とその段落で用いた部分的な「キアスム的シンメトリー構造」（ABA′）のみである。

4.3.　Q 文書第二ブロックのマクロ構造

　「洗礼者ヨハネとイエス」に関する Q 文書第一ブロック（Q3:2-7:35）と「この時代との対立・葛藤」に関する Q 文書第三ブロック（Q11:14-52）の間に挟まれた「弟子たること」に関する Q 文書第二ブロックのマクロ構造は以下のような構成をしている[29]。

---

29) Cf. Uro, *Sheep*, 88-96: Q57-11:13（Q9:57-60, 10:2-16, 21-24, 11:2-4, 9-13）; Hoffmann & Heil, *Die Spruchquelle Q*, 52-61: Q9:57-11:13（Q9:57-60; 10:2-16; 10:21-24, 11:2b-4, 9-13）.

A　弟子の選びと心構え（Q9:57-60）[30]
B　弟子派遣の説教（Q10:2-24）[31]
A′　主の祈りと祈りの心構え（Q11:2-13）

すなわち，「弟子派遣の説教」は，「弟子の選びと心構え」と弟子が祈るべき「主の祈りと祈りの心構え」の間に挟まれて「キアスム的シンメトリー構造」の真ん中に置かれている。それは「宣教開始の説教」が第一部「洗礼者ヨハネとイエス」の「キアスム的シンメトリー構造」の中央に置かれていることと対応する。

4.4.「弟子派遣の説教」のミクロ構造

(1)「序論」(exordium)：「弟子派遣の祈り」(10:2)

弟子派遣の説教は「……彼（イエス）は弟子たちに……言う」(2a) という導入句から始まる。これは，結論の前の「私はあなたがたに言う」(10:12a) と呼応する。

冒頭では「収穫は多いが，働き人が少ない」(2b) と「多い」「少ない」を"μεν ... δε"を用いて「対置」(antitheton) した「格言」(sententia)[32] を引用す

---

[30] 現代ではクロッペンボルグ以外はQ9:61-62をQ文書に含めないが，「Q批評版」ではクロッペンボルグもQ9:61-62をQ文書から除外することを認めている。Hoffmann & Heil (eds.), *Die Spruchquelle Q*, 125.

[31] 弟子派遣の説教の範囲については「弟子の選び」を「弟子派遣の説教」の導入に位置づける立場（Q9:57-62, 10:2-16, 10:21-22, 23-24: Kloppenborg, *Formation*, 190-203; Q9:57-60, 10:2-16, 13-15, 21-24: Sato, *Prophetie*, 37-38; Q9:57-60, 10:2-16, 13-15, 21-22: Lührmann, *Redaktion*, 60-68; Q9:57-60, 10:2-12, 13-15, 16, 21-22: Jacobson, *The First Gospel*, 130-151, Kirk, *Composition*, 336-364) と含めない立場（Q10:2-16, 21-22; Hoffmann, *Studien*, 236-334, Q10:2-16: Laufen, *Doppelüberlieferungen*, 201-301, Catchpole, *Quest*, 151-188; Fleddermann, *Q*, 403-437; Q10:2-12: Schulz, *Q*, 404-419) など諸説ある。

[32] Piper, *Wisdom*, 1989, 133.

る。「収穫」を「終末の裁き」の「隠喩」(translatio) として用いるのは預言的・黙示的用法による[33]。このように「収穫」を「終末の裁き」の「隠喩」として用いる用法は，既に洗礼者ヨハネの悔い改めの説教 (Q3:17, cf. Q6:43-44) にも見られる。そして，この「格言」を「根拠」(aiteia) にして，「収穫の主に」「収穫のために」(2cd) と「語尾音反復」(homoeoteleuton) を用いて，「収穫」と言う言葉を合わせて3度[34]「重複」して用い，「働き人」を増し加えるための祈願の祈りを献げることを勧める。

(2)「命題」(propositio)：
「弟子派遣の言葉・旅への準備」(10:3-4)

「弟子派遣の祈り」に続いて，「行きなさい。見よ，私はあなたがたを派遣する」(3) という弟子を派遣する使命を述べた「弟子派遣の言葉」が語られる。それに「羊を狼の只中に送り出すように」という「直喩」を用いる。「羊と狼」の対立と葛藤は，ホメロス『イーリアース』(22.263) 以来，ギリシア文学でも用いられてきた。イザヤ書 11:6, 65:25 ではこのような対立と葛藤を越えた「平和」な時としてメシアの支配が描かれる[35]。

「弟子派遣の言葉」の「行きなさい」という命令法に「対置」して，「持っていってはいけない」「挨拶してはいけない」(4a, c) という二重の否定形での命令法が続く。それに「(頭陀袋) もいけない」「(履物) もいけない」「(杖) もいけない」(4a, c) と「語頭畳用」を3度重ねて，所持品の携帯を一切禁じる[36]。

---

33) 例えば，ヨエル書 4:1, 13, イザヤ書 18:3-7, 24:13, 27:12-13, エレミヤ書 51:33, ホセア書 6:11 ミカ書 4:11-13, 第四エズラ書 4:28-32, 第二バルク書 70:1-10 など。Cf. Lührmann, *Redaktion*, 60; Hoffmann, *Studien*, 292; Schulz, *Q*, 410, n. 50.

34) Fleddermann, *Q*, 429.

35) Cf. Hoffmann, *Studien*, 264, n. 103.

36) Q文書とキュニコス主義との連続性が時折指摘されてきたが (F. G. Downing, "Quite Like Q: A Genre for 'Q,'" *Biblica* 69 (1988), 196-225; idem, "On Avoiding Bothersome Busyness: Q/Luke 12:22-31 in its Greco-Roman Context," *Handbook*, 2011, 3245-3268; L. E. Vaage, "Q and Cynicism,"

(3)「議論」(argumentatio):「宣教の方策」(10:5-7, 8-12)

家での宣教と町での宣教に分かれて宣教方策が語られ,それぞれ受け入れられる場合と拒まれる場合の振る舞いについて具体的な助言が与えられる。

(a)「家での宣教:受け入れられる場合,拒まれる場合」(10:5-6b, 7, 6cd)

最初の助言は「家」での宣教についてである。それは三部に分かれる。すなわち,(a) 平和の挨拶が受け入れられる場合 (5-6b),(b) 拒まれる場合 (6cd),(a′) 受け入れられた場合の家での振る舞い (7) が「キアスム的シンメトリー構造」で語られる。

「平和の挨拶」が受け入れられる場合と拒まれる場合は,具体的には「もしそこに平和の子[37]がいるならば」(6a) と「もしいないならば」(6c) と「対置」的に描き分け,その結果も「あなたがたの平和が彼の上に来る」(6b) と「あなたがたの平和があなたがたに戻って来る」(6d) と「対置」的に描写される。その間に「平和」という言葉を四度「重複」して用い,弟子派遣の目的が「平和」[38]をもたらすことであることを強調する。

受け入れられる場合の家での振る舞いについては,「同じ家に留まり」「家から家へ移動し回らない」(7a, d) 教えは,「出された物を飲み食いする」「働き人の報酬」(7b, c) の教えを「包摂」するスタイルで書かれている。

Behind, 199-229; idem, "Jewish Scripture, Q and the Historical Jesus: A Cynic Way with the World," *Q and the Historical Jesus*, 479-495),それに対する批判を参照 (C. M. Tuckett, "A Cynic Q?," *Biblica* 70 (1989), 349-376)。

37) Cf. W. Klassen, "'Child of Peace' (Lk. 10.6) in First Century Context," *NST* 27 (1981), 488-506.

38) ヘブライ語の「シャーローム」概念の二重性,すなわち「争わない・戦わない」という否定形で表現される「消極的平和」(日本国憲法9条の問題) と人間生活の最低限度が「満たされる」という肯定的表現の「積極的平和」(日本国憲法25条,11条の問題) の二重性については,拙論「ヘレニズムとヘブライズムにおける福祉概念の源流」拙著『フィロンと新約聖書の修辞学』第15章参照。

(b)「町での宣教：受け入れられる場合，拒まれる場合」(Q10:8-9, 10-12)

次の助言は「家」での宣教と「並置」された「町」での宣教についてである[39]。それは「受け入れるならば」(8a) と「受け入れないならば」(10a) というように「対置」として描かれる。

受け入れられる場合には，家での宣教と同様に「出された物を食べる」(cf. 7b) 飲食という報酬についての言葉が「反復」して語られる。また，それとは「対置」的に家の宣教では「平和をもたらす」と抽象的に語られていた事柄が「病んでいる者」の治癒活動 (9a) と「神の国」の到来の告知 (9bc) という両面による宣教活動であることが明らかにされる。

反対に拒まれる場合には，預言者的な「足の埃を払い落として」(10b-11) 次の宣教地へと向かうことが述べられる[40]。

そして，受け入れなかった町はソドムと「比較」(comparatio) され，終末の「裁きの時には」[41]「ソドムの方が……その町よりも耐えられるであろう」(12b) とより厳しい裁きが宣言される。

(4)「結論」(peroratio)：「非難と称賛の言葉」(10:13-16, 21-22, 23-24)

「結論」は「災いの言葉（非難）」(Q10:13-15) と「派遣の根拠」(Q10:16)，「神称賛の祈り」(Q10:21) と「啓示の根拠」(Q10:22)，「幸いの言葉（称賛）」(Q10:23-24) という「キアスム的シンメトリー」を構成する。

(a)「非難」(vituperatio)：「ガリラヤの町々に対する災いの言葉」(10:13-15)[42]

ここでは最初に町での宣教を拒んだガリラヤの町々への「非難」の言葉を

---

39) 最初期の宣教が，家を拠点とした宣教から町を拠点とした宣教へと展開していったことを示唆する。
40) 列王記下 4:29 参照。Cf. Sato, *Prophetie*, 310-313, esp. 312-313.
41) Q11:31-32 参照。
42) Cf. W. Schenk, "Die Verwünschung der Küstenorte Q10, 13-15: Zur Funktion der konkreten Ortsangaben und zur Lokalisierung von Q," Focant (ed.), *The Synoptic Gospels*, 477-490. カークは「災い

述べる。それはガリラヤの町々に対する批判の言葉（13a, 15）が，フェニキアの町々のツロとシドンと「比較」して「非難」する言葉（13b-14）を「包摂」するスタイルで書かれている。

冒頭で「災いだお前は……。災いだお前は……」（Q10:13a）という「災いの言葉」[43]を「語頭畳用」（anaphora）して，「コラジンとベツサイダ」への「非難」を強める。続いてその「理由」（Q10:13b, ὅτι）として，預言者に厳しく非難されてきた「ツロとシドン」[44]を取り上げて[45]，これらの地で奇跡的な「力ある業」[46]が同じように行われたならば「悔い改めた」（Q10:13b-d）として，拒んだ町に対するソドムとの「比較」の言葉（Q10:12b）と「並置」（parisosis）して「裁きの時にはツロとシドンの方が……耐えられるであろう」（Q10:14）と厳しく宣言する[47]。

再びイエスの宣教の拠点であったガリラヤのカファルナウム[48]の「非難」に戻る。そこでは，「天にまで挙げられるであろうか」「ハデスにまで落とされるであろう」と天にまで昇ろうとしたバビロニア王の傲慢さに対する裁き

の言葉」（Q10:13-15）をそれまでの聴衆（すなわち弟子たち）とは異なる別な聴衆（敵対的なガリラヤの町々）に向けて話を転ずる修辞法（"apostorophe"）を用い，同様に「感謝の祈り」（Q10:21-22）でも聴衆を転じているとするが（Kirk, *Composition*, 361-362），「災いの言葉」（Q10:13-15）と「幸いの言葉」（Q10:23-24）の修辞的な対応関係「対置」を見落としている。

43) Cf. Schulz, *Q*, 61-62, 63, 360-66; Sato, *Prophetie*, 183-202, esp. 198-202, 131-132.
44)「ツロとシドン」は「コラジンとベツサイダ」に対する「対置的二重性」（Schenk, "Die Verwünschung," 488）を示している。
45) アモス書 1:9-10, イザヤ書 23 章, エレミヤ書 47:4, エゼキエル書 26-28 章参照。
46) Q 文書には奇跡物語がほとんどなく，言葉の役割を前面に出した「百人隊長の子の癒し物語」（Q7:1-9）が例外的であるが，イエスの奇跡的行為は前提されている（Q10:13c, 11:14-15）。
47) フレッダーマンは，「ソドムとの比較の言葉」（Q10:12）と「ツロとシドンとの比較の言葉」（Q10:14）が「コラジンとベツサイダへの叱責の言葉」（Q10:13）に対して「輪構造」を構成する，すなわち「包摂」（inclusio）を構成すると指摘するが，「弟子派遣の説教」全体の文脈の中で部分がどのような関係にあるのかと修辞学的に全体を分析する視野を見失い，視野狭窄に陥っている（Fleddermann, *Q*, 435)。
48) Q 文書におけるカファルナウムは Q7:1, Q10:15a 参照。

の言葉（イザヤ 14:13, 15）を引用して[49]，「修辞疑問」（interrogatio）の問いに「対置」（antitheton）した答えという応答のスタイルに改める。

続いて，派遣された者を受け入れる時に神の啓示を受け入れた「根拠」として，「あなたがたを受け入れる人は，私を受け入れるのであり，私を受け入れる人は，私を派遣した方を受け入れる」（Q10:16）という肯定形の「説得推論」（enthymema）のスタイルを導入する。

(b)「称賛」（laus）:「神称賛の祈り」（10:21-22)

「その時……彼は言った」（21a）で，序論の「弟子派遣の祈り」（2b-d）に対応した結論の「称賛の祈り」に入る。「神称賛の祈り」は「キアスム的シンメトリー構造」で構成された「結論」の中心に置かれており，こうして「弟子派遣の説教」を祈りで「包摂」する。

ここでは「収穫の主」に対してではなく，「天地の主」に対して「父よ」と呼びかけて，「祈願の祈り」（2）に対して，神を讃える「称賛の祈り」を献げる（21b）。

その第一の「理由」（21c, ὅτι）として「賢い人や知性ある人に隠して」「幼い人に現した」（21c, d）ことが「対置」文で挙げられ，その第二の理由（21e, ὅτι）として，神の御前で御心が成就したことを挙げる（21e）。

また，派遣された者を拒む「根拠」として，「父以外に御子を誰も知らず，御子と御子が現した人以外に御父を誰も知らない」（22）という啓示の根拠について否定形で書かれた「説得推論」のスタイルを導入する。

(c)「称賛」（laus）:「受け入れた人々に対する幸いの言葉」（10:23-24)

派遣された者を受け入れた人々に対する「称賛」（laus）として，啓示を拒んだガリラヤの町々に対する「災いの言葉」とは「対置」して，「あなたがたが見ていることを見ている眼は，幸いである」（23）という「幸いの言

---

49) Uro, *Sheep*, 164.

葉」[50] が語られる。

その「理由」(24a, ὅτι) として，古えの「預言者たちや王たち」と「比較」する。すなわち，「見る」「聞く」という動詞を3度「重複」させた「並置」文で，受け入れた者の「幸い」を「預言者たちや王たち」と「比較」して強調する。彼らは「あなたがたが見ていることを見たがったが，見なかったからである」，「あなたがたが聞いていることを聞きたがったが，聞かなかったからである」(24b, c)。

4.5. 結びに

以上の議論を要約して，説教の構造と議論の要点を示すと次のようになる。

(1) 「序論」(exordium)：弟子派遣の祈り (10:2)   A
(2) 「命題」(propositio)：弟子派遣の言葉・旅への備え (10:3-4)   B
(3) 「議論」(argumentatio)：宣教の方策 (10:5-7, 8-12)
    a. 家での宣教；受け入れられる場合 (10:5-6ab, 7)   C
         拒まれる場合 (10:6cd)   D
    b. 町での宣教；受け入れられる場合 (10:8-9)   C′
         拒まれる場合 (10-12)   D′
(4) 「結論」(peroratio)：非難と称賛の言葉 (10:13-15, 16, 21, 22, 23-24)
    a. 「非難」：拒んだガリラヤの町々に対する災いの言葉
       (10:13-15, 16)   D″
    b. 「称賛」：神称賛の祈り (10:21-22)   A′
    c. 「称賛」：受け入れた人々に対する幸いの言葉 (10:23-24)
                                                     C″

---

50) Cf. Schulz, *Q*, 61, 419-421; Sato, *Prophetie*, 247-256, 258-259.

(a)「弟子派遣の説教」の基本形は「弟子派遣の祈り」による「序論」(A)から始まり，「派遣の言葉」(B) による「命題」が述べられた後に，宣教政策として「家での宣教：受け入れられる場合」(C) と「拒まれる場合」(D)，「町での宣教：受け入れられる場合」(C′) と「拒まれる場合」(D′) がそれぞれ助言的に「議論」される。

　この後，「拒んだガリラヤの町々に対する災いの言葉」という「非難」(D″) と「受け入れた人々に対する幸いの言葉」という「称賛」(C″) と「弟子派遣の祈り」に対応する「神称賛の祈り」(A′) という「称賛」で「結論」が構成され，全体で「キアスム的シンメトリー構造」を成す。

　(b)「結論」では，もう一つの「キアスム的シンメトリー構造」を成すように構成されている。すなわち，「結論」では，その中心に「神称賛の祈り」(A′) が置かれ，その前後に「災いの言葉」(D″) とその根拠，「幸いの言葉」(C″) とその根拠が置かれている。こうして，宣教を受け入れた場合も（C, C′, C″），拒んだ場合も（D, D′, D″），次第に高められていき，そのクライマックスの「幸いの言葉」(C″) と「災いの言葉」(D″) に達するのである。

　(c) また，序論の「弟子派遣の祈り」(Q10:2) と結論の「神称賛の祈り」(10:21) は弟子派遣の説教を「包摂」する。小段落の中でも「家での宣教」(10:5-7) でも「キアスム的シンメトリー構造」を用い，「受け入れられた家での振る舞い」(10:7)，「拒んだガリラヤの町々に対する災いの言葉」(10:13-15) でも「包摂」を用いている。

　この他に「対置」「並置」「語頭畳用」「語尾音反復」「重複」「反復」などの文彩を多用し，「格言」「隠喩」「直喩」「修辞疑問」「説得推論」などを用いて，説得的な議論を展開する。

　(d)「弟子派遣の説教」は，町の宣教で拒んだ町をソドムと「比較」し(10:12)，さらにコラジン・ベツサイダをツロ・シドンと「比較」し(10:13c-14)，福音を受け入れた人々を預言者たちや王たちと「比較」し，最終的には拒んだ町々への「非難」と神への「称賛」と福音を受け入れた人々への「称賛」で構成されているように，「比較」「称賛」「非難」を特徴とした「演示

弁論」を成している[51]。

(e)「弟子派遣の説教」の修辞学的状況は,カリギュラのエルサレム神殿冒瀆の試みがその死によって阻止されたことにより生じたユダヤ教の迫害が背景にある(ヨセフス『ユダヤ古代誌』第18巻308,Ⅰテサロニケ2:14-16,使徒12:12参照)[52]。この状況の下で,結論部を「キアスム的シンメトリー」を用いて書き直したと思われる。

---

51)「演示弁論」については,第3部第2章注46参照。
52) 注23参照。

5. 「思い煩いに関する説教」の修辞学的分析

5.1. はじめに

筆者はQ文書における「洗礼者ヨハネに関する説教」「宣教開始の説教」「弟子派遣の説教」[1]の修辞学的分析を進めてきた。しかし，以上のQ文書前半部分の説教箇所は，Q研究者の間でも，その構成区分が比較的一致している箇所における説教であった[2]。しかし，Q文書の後半部分にもいくつか説教があるが，後半部分は一見すると編集作業があまり施されておらず[3]，雑然と配列されているかのように見え，研究者の間で区分は一致していない[4]。

---

1) 本書第3部第2-4章参照。
2) Q文書の前半部の構成は「洗礼者ヨハネとイエス」(Q3:2-7:35)，「イエスと弟子たち」(Q9:57-11:13)，「イエスと反対者（この世）」(Q11:14-52) と三部に区分とする点では，最近の研究ではほぼ一致している (e.g. P. Hoffmann & C. Heil, *Die Spruchquelle Q: Studiensausgabe Griechisch und Deutsch*, Darmstadt: Wissenschaftliche Buchgesellschaft/Leuven: Peeters, 2005; 32-61; Fleddermann, *Q*, 105-110; cf. Manson, *Sayings of Jesus*, 39-114, "John & Jesus", "Jesus & His Disciples", and "Jesus & His Opponents")。ただし，次のものは第二，第三区分をQ11:13/Q11:14ではなくQ10:22/Q10:23で区切る。cf. Jacobson, *The First Gospel*, 77-183; Kirk, *Composition*, 309-403.
3) Sato, *Prophetie*, 16-65.
4) Jacobson (*The First Gospel*, 184-250) と Kirk (*Composition*, 289-308) は，Q12:2-22:30を区分せずに (cf. Manson, *Sayings of Jesus*, 114-147, "Future")，前者は全体を「共同体のために」とし後者は「終末の教説」というタイトルで多様な内容を一括りする。

それに対して，Fleddermannは (*Q*, 115-119)，Q13:21/Q13:24で区切って前半を「現在の神の国」，後半を「将来の神の国」と二つに分けるが，必ずしも「現在」と「将来」にきっちりと分けられるものではない。HoffmannとHeilは (*Q*, 75-113)，「人の子を待つ弟子たち」(Q12:2-13:21)，「イスラエルの危機」(Q13:24-14:23)，「イエスに従う弟子たち」(Q14:26-17:21)，「終末」(17:23-22:30) を内容で分けているが，前半と比べてアンバランスなほどに細分化している。

5. 「思い煩いに関する説教」(Q12:22-31) の 修辞学的分析　　379

「思い煩いに関する説教」は，その中で比喩として「空の鳥，野の花」が言及されることから，「空の鳥，野の花」あるいは「野の百合，空の鳥」[5]としてもよく知られている。しかし，ここではQ文書後半部の前半である第四ブロックに位置づけて，その中での「思い煩いに関する説教」はどのような構造をしているのか分析してみたい。

5.2. 研究史瞥見

(1) 資料研究

ハルナックは，Q資料のオリジナル版を探求してそのQ資料の性格の一つに「説教」があることを指摘し，「洗礼者ヨハネの説教」「宣教開始の説教（山上の説教・野の説教）」「弟子派遣の説教」などとともに，「思い煩いに関する説教」はQ資料の中でも重要な13の説教断片からなる10の説教の一つとして位置づけた[6]。

また，T. W. マンソンは，「思い煩いに関する説教」の中で，Q12:12:24, 27-28の「カラス」と「野の花」への比喩的な表現は，詩的な「対に組み合わされた並行法」(compound parallelism) が用いられていることを指摘した[7]。

(2) 様式史・編集史研究

ブルトマンは，この箇所ではQ12:25が独立した語録であるばかりでなく，

　しかしここでは，内容とキー・ワードによるテーマの議論と論理の展開から「真の共同体のために」(Q12:2-13:35) と「弟子の生活」(Q14:11-22:30) の二つに分ける。

5)　例えば，キルケゴールの哲学的省察「野の百合，空の鳥」『キルケゴール著作集』第18巻，白水社，1995年参照。

6)　Harnack, *Sayings of Jesus*, 4-8, 165. しかし，それはさらに「洗礼者ヨハネに関する説教」「宣教開始の説教」「弟子派遣の説教（と祈り）」「思い煩いに関する説教」「終末に関する説教」の五説教と説教に準じた「ファリサイ派非難の言葉」にまとめられる。

7)　Manson, *Sayings of Jesus*, 110-113.

Q12:22-23, Q12:24, Q12:26-28 も独立した語録であったと考え, Q12:29-31 は二次的に付加されたものであり, 全体は知恵の言葉に属すると考えた[8]。

これに対してシュルツは, ブルトマン同様に Q12:22-31 は二段階で構成されたと考えたが, 連続して一続きの説教としてまとめられていることを指摘した。Q12:22, 28 に見られる「私はあなたがたに言う」[9] などは,「預言の言葉」の導入であり, また「神の国」への言及は, 終末論的言辞であり, Q文書の基調は終末論的な「預言の言葉」であることを強調した[10]。

ブルトマンを補足するかのように, ツェラーは, Q12:22, 25 が史的イエスに遡り, Q12:22 が伝承の基礎にあり,「思い煩うな」が伝承の「繋ぎ言葉」(Stichworte) [11] となって。Q12:22b-23, 24, 27-29 の伝承に Q12:25, 26 を繋ぎ, 最後にユダヤ人キリスト教の伝承である Q12:30-31 が付加され, 三段階で構成されたと考えた。また, Q12:24, 26-28 に見られるように日常の自然界の観察に基づいて勧めるのは, 旧約聖書の「知恵の言葉」(箴言 6:6-8 など) の伝統であり, その上に「神の国」をテーマとする「預言の言葉」が追加されたと見做した[12]。

他方, パイパーは,「思い煩いに関する説教」での,「思い煩うな」(Q12:22, 25, 26, 29) というテーマに着目して, 伝承が四部で構成されていることを指摘した。すなわち, 第一に,「思い煩うな」というテーマの提示部 (Q12:22), 第二に,「食べ物」と「着物」への「思い煩い」というテーマを「命」と「体」という並行したテーマの展開部 (Q12:23), 第三に, 自然の観察から得た「知恵の言葉」を用いて「自然の小さな者よりもはるかに優っている」という「小より大」の論理と修辞疑問ならびに「ソロモンの知恵」との「比較」を用い

---

8) Bultmann, *Tradition*, 81, 88 (= *Geschichte*, 84, 92).
9) Sato, *Prophetie*, 226-247.
10) Schulz, *Q*, 149-157.
11) H. Schürmann, "Das Zeugnis der Redenquelle für die Basileia-Verkündigung Jesu," *Logia*, 121-200. そこでは Q12:29-31 が「根源語」(Grundworte) であり, そこから Q12:22-28 が二次的に派生したと考えられていたことに対して。
12) Zeller, *Mahnsprüche*, 82-93.

5.「思い煩いに関する説教」(Q12:22-31) の 修辞学的分析 381

た議論の展開部 (Q12:24-28),最後に,「食べ物」「着物」への「思い煩い」から「神の国を求める」ことに飛躍する結論部 (Q12:29-31) で,基本的には「知恵の言葉」の伝承に位置づけた[13]。

クロッペンボルグは,Q12:22b-24, 26-28 の「思い煩うな」と Q12:29-31 の「神の国を求めよ」とは異なる状況で生じた伝承で,前者はイエスに派遣された弟子たちに語られた言葉であり,後者は共同体に向けて語られた言葉であることを示唆する。それに編集作業で,別の伝承である Q12:25 が加わったと考えた。また,シュルツの指摘する「私はあなたがたに言う」などの表現は「預言の言葉」に特徴的な表現に限らず,ブルトマンやツェラーが指摘するように「知恵の言葉」が伝承の古層 (Q^1) であり,その上に「預言の言葉」の新しい層の伝承が加わり (Q^2) が加わり,最後に編集作業 (Q^{23}) がなされたと考えた[14]。

それに対して一方でホフマンは,Q12:33-34 は,最初は Q12:22-31 の前にあったもので,冒頭の「天に宝を蓄える譬え」の Q12:33-34 に対応して「神の国を求める」ことを勧める Q12:31 が末尾に追加されたと考えた。こうして,ガリラヤの貧しい農民層を念頭に置いた原初の Q12:22-29 のメッセージは,編集段階で「神の国」に関する言葉で枠取られて,神の国を宣教する弟子たちへのメッセージに作り変えられたとした[15]。

他方でタケットは,Q12:22, 24, 26-28 の「カラス」と「百合」の伝承が核心であり,それに「思い煩うな」というモティーフで Q12:23 と Q12:25 の多少異なった伝承が後から加わり,最後に Q12:30-31 の「食物や着物を求める異邦人」と「神の国を求める信者」の伝承が加わったと考えた。その上,「思い煩い」はキャッチポールが指摘したように[16]「神の国の遅れ」による終末

---

13) Piper, *Wisdom*, 24-36.
14) Kloppenborg, *Formation*, 216-221; idem, *Excavating*, 140-143, 154-163.
15) P. Hoffmann, "Die Sprüche vom Sorgen in der vorsynoptischen Überlieferung," H. Hierdeis & H. S. Rosenbusch (eds.) *Artikulation der Wirklichkeit: Festschrift für S. Oppolzer zum 60. Geburtstag*, Frankfurt: Lang, 1989, 73-94 = *Tradition*, 88-106.
16) Catchpole, *Quest*, 1993, 31-39.

論的な背景によるもので,「知恵の言葉」によるものではなく,むしろ「神の国」を祈り求める「主の祈り」(Q11:2-4) や「執拗に祈り求めること」(Q11:9-13) と連続性があることを指摘した[17]。

以上のように,資料批評の研究に基づいた伝承史的方法での分析では,「思い煩いに関する説教」が一様ではなく,それが二段階であるか,三段階であるかにかかわらず,いくつもの伝承の断片が折り重なって一つの伝承にまとまったとする。そして,その古層が「預言の言葉」か「知恵の言葉」かが論争されてきたが,20世紀の前半から中盤では,「預言の言葉」の議論が強かったが,20世紀の後半から「知恵の言葉」の立場が強くなってきた。また,ヨーロッパの研究者は「預言の言葉」の影響が強く,北アメリカの研究者は「知恵の言葉」の影響が強く見られる傾向がある。

しかし,Q文書では「預言の言葉」の要素が「知恵の言葉」の要素が混じりあっているのが現実で,どちらが古層かと一刀両断に割り切ることができない。伝承史的方法は,伝承の形成の由来を明らかにしようとする点に関心があり,その断片そのものがどのように構成されているかについては,ほとんど関心がなく,説教の構造分析や構成について分析するには限界がある。

(3) 修辞学的研究

修辞学的研究はまだ多くはなく現時点では3例しかない。第一に,ディロンはQ12:22-31の構造を修辞学的視点で次のように分析した[18]。

　　12:22:命題「思い煩うな」
　　12:23-24:第一議論
　　　　23:大から小へ「命は食べ物より,体は着物より大切ではないか」
　　　　24:小から大へ「あなたがたは鳥よりも大切ではないか」

---

17) Tuckett, *Q and History*, 149-155.
18) R. J. Dillon, "Ravens, Lilies, and the Kingdom of God (Matthew 6:25-33/ Luke 12:22-31)," *CBQ* 53 (1991), 605-627.

12:25-28：第二議論
　25-26：大から小へ「思い煩って命を延ばすことができようか」
　27-28：小から大へ「神はあなたがたによりよくしてくださらないか」
12:29-31：結論

ディロンの分析では「小から大」の類比を正しく指摘しているが，その直前の「カラス」と「野の花」と言う具体的な「範例」が抜け落ちている。また「思い煩うな」というテーマ（命題）が何度も繰り返されたり，変形して展開されたりしていることが分析されていない。

第二に，カークはQ12:22-31の構造を修辞学視点で以下のように分析した。

12:22：全体テーマの勧告
12:23：その動機と理由
12:24：範例
12:25：中央の格言
12:26-28：範例
12:29：結びの勧告
12:30：その動機
12:31：勧告と約束

カークによれば，「勧告」と「範例」を繰り返して用いる説教は，「イエスの宣教開始説教」（Q6:27-35, 37-42）にも，「祈りと勧め」（Q11:2-13），「ベルゼブル論争」（Q11:14-23），「霊のしるし」（Q11:29-35）にも見られるが，Q12:30-31 は他には見られないという。

また，「格言」と「勧告」の交差，「修辞疑問」や「小から大へ」の類比などは，聖書内外の「知恵の言葉」の特徴であると指摘した[19]。

---

19) Kirk, *Composition*, 215-227.

第三に，フレッダーマンは「思い煩いに関する説教」の構造を以下のように分析した。

  A 12:22-23：導入のテーマのアピール
   B 12:24：範例1（カラス）
    C 12:25-26：テーマの展開
   B′ 12:27-28：範例2（百合）
  A′ 12:29-31：結びのテーマのアピール

テーマのアピールと展開で，「思い煩い」というキー・ワードが繰り返され（Q12:22, 25, 26, 29），二つの範例は似たような構造をもち，その中で「小から大へ」の類比（Q12:24, 28）を用い，全体でも「修辞疑問」（Q12:23, 24, 25, 26, 28, 29）を多用し，「命」「体」「食べ物」「着物」などのキー・ワードが繰り返されて，前のペリコーペとの繋がりを強めて全体を一つにまとめていることを指摘した。

以上のフッレダーマンの分析は，「思い煩いに関する説教」の修辞学的構造と文彩を多少なりとも解明してはいるが，修辞学の概念と用語を用いて徹底的に分析しているとは言えない。

5.3.　Q文書第四ブロックのマクロ構造

「思い煩いに関する説教」が置かれた，Q文書の第四ブロックは以下のような構造をしている。

  A 告白と聖霊の助けについて（Q12:2-9, 10-12）
  B 思い煩いに関する説教（Q12:22-31）
  B′ 地の国についての譬え（Q12:33-34, 39-40, 42-46）
  C 分裂と和解について（Q12:49-53, 54-56, 58-59）
  B″ 神の国についての譬え（Q13:18-20, 23-27, 28-29, 30）

A′　エルサレムに対する非難の言葉（Q13:34-35）

　序論である導入の「告白と聖霊の助けについて（格言）」と結論である結びの「エルサレムに対する非難の言葉」の間に，本論の「思い煩いに関する説教」で地上の物に対する思い煩いと神の国に対する思い煩いからの解放を述べ，「地の国についての譬え」と「神の国についての譬え」の中間に，両者の間での「分裂と和解について（格言）」が語られる。全体としては「キアスム的シンメトリー構造」（ABCBA など）を保っている。

　以下では「思い煩いに関する説教」についての修辞学的分析を進めていく。

5.4.　「思い煩いに関する説教」のミクロ構造

(1)　「序論」（exordium）（12:22a）・「命題」（propositio）：「思い煩うな」（12:22bc）

　「私はあなたがたに言う」という導入句は，「預言の言葉」であるか否かが論じられてきたが，しばしば預言者の特徴的な表現として用いられてきたばかりでなく，それ以外の言葉にも見られることは既に指摘されたとおりである。それは Q 文書にも見られる。Q 文書では，主として議論の結論に用いられるが（7:9, 26, 28, 10:12, 11:51,［12:44］, 13:35, 15:7, 17:34），この場合のように議論の始めに導入句として用いられることもある（11:9）。その意味では，「洗礼者ヨハネの説教」の導入句（3:7），「宣教開始の説教」の導入句（6:20），「弟子派遣の説教」の導入句（10:2）と同じ役割を果たすものである。ここには導入句以外に具体的な「序論」はない。

　議論の主題を提示する「命題」に入り，初めに「思い煩うな」（μὴ μεριμνᾶτε）[20] という倫理的「命題」を導入する。次に「思い煩い」という「一般

---

20)「思い煩いに関する説教」の一つ前のペリコーペでは，会堂に連れて行かれた時に「何をどう言おうかと思い煩わないように」（Q12:11）と述べ，「思い煩うな」という説教の主題（命

論」（命題，thesis）を「命」と「体」に「対置」した二つの「具体論」（仮説，hypothesis）に分け，「命のことで何を食べようか」「体のことで何を着ようか」と二つの「間接疑問」を「並置」する。

(2) 「確証」(probatio)：
「命と体の方が大切である」(12:23)

日常的に「思い煩い」の対象となっている「食べ物」と「着物」から本質的な事柄である「命」と「体」の問題に目を転じさせる。その際に，「命は食べ物よりも大切であり（ではないか），体は着物よりも大切ではないか」と「並置」された格言的表現を「修辞疑問」を用いて，聴衆や読者に対して説得的に議論を導く。

(3) 「例証」(exemplum)：「カラスについて」(12:24)

さらに「カラスのことをよく考えてみなさい」(24a)と自然界に目を転じさせ，大自然の中で最も小さな存在で人間に忌み嫌われがちな「カラス」[21]を例に挙げる。「種も蒔かず，刈り取りもせず，倉に集めもしない」(24bc)と三つの動詞で連ねる「トリコーロン」を用いて，農夫の労働と「比較」し，大自然の恵みの中で「神はそれらを養ってくださる」(24d)ことを指摘する。

そして「あなたがたは鳥たちよりもはるかに優っているではないか」(24e)と「小から大へ」の類比を「修辞疑問」を用いて，人間に対する神の配慮を説得的に「例証」する。

題）は，前のペリコーペとの連続性を示している。
21) マタイ版「空の鳥」ではなくルカ版「カラス」がオリジナルである点は，ハルナックの資料批評以来，一致している。「思い煩いに関する説教」の二つ前のペリコーペでは，小さな存在として「雀」が例に挙げられている（Q12:6）。

(4)「反論」(refutatio)：
「思い煩っても命を延ばすことができない」(12:25)

「思い煩うな」というテーマを展開していく。「思い煩う」ことに対して「誰が……自分の寿命に日を加えることができようか」と日常の論理の「思い煩うと寿命が縮む」とは「逆説」(アイロニー)した格言を用いて，「修辞疑問」形で「反論」する。

(5)「命題」(propositio)：「着物で思い煩うな」(12:26)

「思い煩うな」という「命題」を繰り返して「重複」する。「具体論」(仮説)の前半の「命」については既に述べたので，後半の「体」について「着物についてなぜ思い煩うのか」と「修辞疑問」を繰り返す。

(6)「例証」(exemplum)：「野の花について」(12:27-28)

次に大自然の中で「空の鳥」ではなく，「野の花」[22]に目を (27a)。「働きもせず，紡ぎもしない」(27b) と動詞を二つ重ねて，農夫の妻の労働と「比較」する。

続いて，「あなたがたに言う」という導入句を再び繰り返して「重複」し (27c)，第一に，神の「栄光」を反映した野の花の美しさを最も繁栄した時代の「ソロモンの栄華」を「比較」して，それに優っていることを指摘する (27de)。

第二に，「今日は野にあって」(28a) 美しく咲き，「明日は炉に投げ入れられる」(28b) はかない存在である「野の草でさえ」神は配慮してくださるの

---

[22] 最近の解釈では「百合」に限定しないで「野の花」と訳す。野の草花のなかで，小さな存在であり，「ソロモンの栄華」と比較され，王の衣装の紫色ないしは緋色の花で (士師記 8:26，マルコ 15:17，マタイ 27:28，ヨハネ 19:2)，枯れて焚き付けなどの炉にくべられるパレスティナの花としては，百合よりはアネモネ，グラジオラス，ショウブ，アザミなどが考えられる。人が忌み嫌う「カラス」に対応するのは「アザミ」(創世記 3:18) かも知れない。

と「比較」して,「あなたがたははるかに優れているではないか」(28d) と二重の「比較」の上に「小より大へ」の類比と「修辞疑問」を再び用いて,人間に対する神の配慮を説得的に「例証」する。

(7)「結論」(peroratio):
「思い煩わずに,神の国を求めよ」(12:29-31)

第一に,以上の議論をまとめて「何を食べようか,何を飲もうか,何を装おうか」(28b) と「直接疑問」を三つ重ねる「トリコーロン」を用いて「思い煩うな」という主題をもう一度繰り返して想起させる。

第二に,「これらのものを異邦人たちが切に求める」に「対置」して「あなたがたは神の国を探し求めよ」と「思い煩い」から解放されて,「神の国」を求めることを勧める[23]。

5.5. 結びに

以上の議論を要約して,説教の構造と議論の要点を示すと次のようになる。

(1)「序論」(exordium)「命題」(propositio):「思い煩うな」(12:22)　　A
(2)「確証」(probatio):「命と体の方が大切である」(12:23)　　B
(3)「例証」(exemplum):「カラスについて」(12:24)　　C
(4)「反論」(refutatio):「思い煩っても命を延ばせない」(12:25)　　B′
(5)「命題」(propositio):「着物で思い煩うな」(12:26)　　A′
(6)「例証」(exemplum):「野の花について」(12:27-28)　　C′
(7)「結論」(peroratio):「思い煩わずに,神の国を求めよ」(12:29-31)　A″

(a) 説教全体はバラバラな部分が次第に寄せ集められていって構成された

---

23) このテーマは Q13:18-21, 24-27, 28-29, 30 で展開される。

5. 「思い煩いに関する説教」(Q12:22–31) の修辞学的分析

集合ではなく，最初から一つにまとまった説教であり，修辞学的に巧みに構成された統一体である。

(b) 導入句を別にすると，説教の根幹は，「思い煩うな」という「命題」(A, A′) と「カラスのことをよく考えてみなさい」「花がどのように育つかよく見てみなさい」で導入される「例証」(C, C′) を繰り返して構成される (AC, A′C′)。

(c) 説教全体は，「序論・命題」と「結論」で「包摂」する構造で (A, A″)，基本的には「キアスム的シンメトリー構造」(ACA′C′A″) をしている。

(d) それに対して，第一の「例証」(C) の前後に，「論証」(B) と「反論」(B″) の肯定と否定の相反する議論を加えて「包摂」し (BCB′)，説得性を高めている。また，第一の「例証」の中で，大自然の中で小さな存在である「カラス」とそれより大きな存在である人間とを「比較」して「小から大へ」の類比を用い，大自然の中での人間に対する神の配慮を説得的に述べる。

(e) それとは対照的に，第二の「例証」では，「ソロモンの栄華」と「野の花」の「比較」の上に「野の草」と人間を二重に「比較」し，「小から大へ」の類比を用いて，鮮やかに印象づける。

(f) 既に「修辞疑問」(23b, 24e, 25b, 26, 28d) と「小から大へ」(24e, 28d) の類比が用いられていることが，さまざまな研究で指摘されてきた。しかし，説得的に議論を展開し，論点を明確にして，議論を印象づけるために，その他にも「一般論（命題）」と「具体論（仮説）」，「並置」と「対置」，テーマや導入句の「重複」，「比較」「逆説（アイロニー）」「格言」，「修辞疑問」ばかりでなく「間接疑問」(22bc) と「直接疑問」(29b) などの修辞学的概念や文彩が用いられている。

6. 「終末に関する説教」の修辞学的分析

6.1. はじめに

これまでQ文書の「説教」の部分について的を絞って，主として修辞学的視点から分析してきたが，第五ブロックの最後に置かれた「終末に関する説教」は，どのような構造をしているのであろうか，今まで見てきた「洗礼者ヨハネに関する説教」，イエスの「宣教開始の説教」，「弟子派遣の説教」，「思い煩いに関する説教」の構造や文彩の用法と類似点が見られるのであろうか。相違点があるとしたら，どのような点が違うのであろうか。また，「終末に関する説教」は，Q文書全体の中でどのような位置を占めるのであろうか。このような視点で「終末に関する説教」の分析を試みてみたい。その後で，Q文書における説教について，修辞学的視点で簡潔にまとめることにする。

6.2. 研究史瞥見

(1) 資料研究

ハルナックは，マタイ福音書とルカ福音書を素材にしてQのテキストを探求して再現した後で，その形式的な特徴を指摘する中で，文体に基づいてQを「物語」「譬え話と直喩」「長い語り（説教）と短い語り」の3種類に大きく分けた。その中で「終末に関する説教」（Q17:23-24, 37, 26-27, 34-35）は，Q最後に位置する「長い語り」である「説教」に分類された[1]。

---

1) A. Harnack, *Sayings of Jesus*, 163-167.「説教」に関して，第3部第3章注7, 第5章注6参照。

T. W. マンソンは，Q 文書を四つのブロックに分けて，第四ブロック「将来」の最後に「人の子の日」（Q17:22-37）を位置づけた。それを三つに分けて，序論の「待望と偽メシアへの警告」（Q17:22-25）では偽メシアの到来が預言されるがそれを拒むこと，本論の「終末論的詩」（Q17:26-30）では詩の形式で終末の到来が書かれ，結論の「結びの言葉」（Q17:31-37）では勧めの言葉が述べられていることを指摘した[2]。

(2) 様式史研究

ブルトマンは，「終末に関する説教」はそれぞれ別々な三つの断片で構成されていると分析した。すなわち「パルーシア（再臨）への警告」（Q17:26-27,［28-30］,34-35），「しるしを拒む」（Q17:20-21），「人の子の突然の到来」（Q17:23-24）という三つの断片に分かれ，それぞれ断片は「預言的・黙示的言辞」に分類されることを指摘した。さらに最初の断片は，「パルーシア（再臨）の突然の到来」（Q17:26-27,［28-30］）とそれに伴い「分裂が起こる」（Q17:34-35）という違った内容の伝承が一つになって，二つの警告を促しているとした[3]。

コンツェルマンは，様式史研究では「終末に関する説教」がこのように「イエスの言葉集」（ロギア）で構成されていることが明らかにされたことから，Q17:20-35 を「ロギア黙示録」と呼んだ[4]。

(3) 編集史研究

シュルツは「ロギア黙示録」を「Q 黙示録」と呼んで，それを「終末の遅延」という神学的文脈の中に置き，Q17:23-24, 37, 26-27, 30, 34-35 で構成されていることを指摘した。それは，Q17:23 に「なぜならば」と理由を表す

---

2) Manson, *Sayings of Jesus*, 141-147.
3) Bultmann, *Tradition*, 117, 121-122.
4) H. Conzelmann, *Grundriß der Theologie des Neuen Testaments*, München, 1967, 155.

Q17:24 が対応し[5]，Q17:24 の結びとして Q17:37 が対応し，Q17:28-29 はマタイに欠けていて根拠が弱いので退け[6]，「私はあなたがたに言う」という預言者的言辞で導入された Q17:34-35 が結びとなることを正しく指摘した[7]。

クロッペンボルグは，「ロギア黙示録」が Q17:23 で始まり，それに対応して Q17:24, 37b, 26-27,（28-30）と続き，二重の隠喩を用いた黙示的威嚇の Q17:34-35 で結ばれていると分析した[8]。具体的には，Q17:23, 24, 37b と Q17:26-27, 28-30, 34-35 という三つの言葉で構成された2組の語録集が別々に流布していたが，それが一つとなって Q 文書に収められたと推定した[9]。

（4） 修辞学的研究

「終末に関する説教」の修辞学的分析はまだあまり進んでいないが，断片的な言葉集と見るのではなく，一つの説教を修辞学の視点で構造を分析する点は共通している。カークは「人の子の日」（Q17:23-37）と題して「終末に関する説教」の修辞学的構造を以下のように分析した[10]。

17:23	序論	(exordium)
17:24	理由	(causa)
17:26-30	範例	(exemplum)
17:34-35	範例	(exemplum)
17:37b	結論	(peroratio)

---

5) Q17:24 から始まるとした，Lührmann, *Redaktion*, 71-75 に対して。
6) Catchpole, *Quest*, 247-255 も「ノア」と「ロト」の対比から Q17:28-29 が Q 文書に存在することを主張するが根拠が弱い。
7) Schulz, *Q*, 277-287.
8) Kloppenborg, *Formation*, 159-165.
9) Kloppenborg, "Symbolic Eschatology and the Apocalypticism of Q," *HTR* 80 (1987), 287-306, esp. 302-306 = *Problems*, 157-178, esp. 171-175.
10) Kirk, *Composition*, 255-268, esp. 256-257.

それに対して，フレッダーマンは，「黙示的説教」（Q17:23-35）というタイトルで以下のように修辞学的構造を分析した[11]。

17:23	うわさ	A
17:24-30	範例	B
	自然より（24, 37）	
	歴史より（26-27, 30）	
17:34-35	2人の男と2人の女	A'

フレッダーマンが分析で用いている言葉は，「範例」を除くと修辞学の用語ではなく，「うわさ」という日常語を用いたり，議論の内容を表現したりしている。全体の議論には「輪構造」（ABA'）があることを指摘しているが，それは修辞学的表現を用いた「キアスム的シンメトリー」に相当する。

以上の「研究史瞥見」で見てきた「終末に関する説教」のテキストでは，ブルトマンを除いてQ17:20-21はQに含まれないとする見解を紹介してきた。だが，本書ではQ7:20-21はQに含まれるという立場を取る。

Q17:20-21はIQP版では削除されていたが，Q批評版では確実ではないがQに属するとされている。Q17:20-21がQ文書に含まれるとする根拠は，それと並行する伝承や類似の伝承が，トマス福音書3:1-3, 113, オクシリュンコス・パピルス654に存在するからである。

6.3. Q文書第五ブロックのマクロ構造

Q文書の結びである第五ブロック「弟子の生活」（Q14:11-22:30）は次のようなマクロ構造をしている。第五ブロックの内容は，第四ブロック「真の

---

11) Fleddermann, *Q*, 809-837, esp. 830-831.

共同体について」と，弟子の「共同体」と弟子の「個人の生活と信仰」という内容においても，「譬え」「教え」「説教」という表現形式においても連続性があり，またそれを展開している。

  A 弟子についての教えと譬え（Q14:11 = 18:14b, 14:16-17, 21, 23, 26-27, 17:33, 14:34-35, 15:4, 5a, 7）
  A′ 弟子の生活と信仰の教え（Q16:13, 16, 17, 18, 17:1-2, 3b-4, 6b）
  B 「終末に関する説教」（Q17:20-21, 23-24, 37, 26-27, 30, 34-35, 19:12-13, 15-24, 26, 22:28-30）

6.4.　「終末に関する説教」のミクロ構造

（1）「序論」（exordium）：「神の国はいつ来るのか」（17:20a）

　この説教全体は「問い」と「答え」により議論を進めていく「ディアトリベー」という文体で書かれている。説教全体は「神の国はいつ来るのか」とイエスに「尋ねる」間接法による「修辞疑問」から始まる。
　ここに至るまでQ文書では，一方では「神の国の到来」（6:20, 10:9, 11:20, 52, 16:16）が告げられ，他方では「神の国の到来」が「祈られ」「求められ」（11:2, 12:31），それがどのようなところなのかが比喩や譬えで語られてきた（7:28, 13:18-19, 20, 28）。しかし，ここでは「いつ来るのか」と問う。

（2）「命題」（propositio）：
「見える形で来ない」「あなたがたの中にある」（17:20b-21）

　「尋ねる」という動詞に「対置」してイエスが「答えて言う」という動詞に導かれて，「神の国は見える形で来るのではない」（20b）という第一の「命題」が導入される。「見よ（ここにある，あるいは……〔そこにある〕）」（21a）「見よ（神の国は……にある）」という文頭に同じ言葉を重ねる「語頭畳用」

を用いて，「なぜならば」以下で「見える形で来るのではない」「理由」を示す。すなわち「神の国はあなたがたの中に（只中に）あるからである」(21b)という第二の「命題」が提示される。「神の国」は既に到来しているのではあるが，それは目に「見える形で来るのではなく」，目に見えない霊的な「神の国」を指しているのである。

(3)「反論」(refutatio)：「出て行くな，後を追うな」(17:23-24, 37)

「見える形で来る」と主張する偽メシア運動の人々に対する「反論」が，「もしも彼らが……あなたがたに言うならば」以下で導入される。

「ここにある〔そこにある〕」(21a) という「一般論」に対して「荒野にある」「室内にある」と「具体論」に置き換えて，重文の前文で「見よ，荒野にある」「見よ，室内にある」(23ab) と「語頭畳用」を用い「荒野」と「室内」を「対置」して，重文の後文で「出て行くな」「後を追うな」とほぼ同じ意味の動詞を「重複」して「並置」する (23ab)。

その「理由」が「なぜならば」以下で「稲妻」を「直喩」として用いて語られる。すなわち「出て来る」「きらめき渡る」という動詞と「東から」「西まで」という前置詞句を「並置」して (24ab)，「神の国」が「目に見える形で来る」時には，「稲妻」のように一瞬にして大空を「きらめき渡る」からである。「神の国の到来」を告げる「人の子」と称されるメシアが出現する「その日（終末の日）には」，「人の子も」稲妻がきらめき渡るのと「同じようになるであろう」(24c)。

偽メシア運動に対する「反論」の結びに，「死体がある所に，はげ鷹が集まってくるであろう」(37) という「格言」を「隠喩」として用いてまとめる。そこには「(神の国が) 来る」「(稲妻が東から) 出て来る」「(はげ鷹が) 集まって来る」という「来る」という動詞の派生語が「反復」されている。

(4)「確証」(probatio):
「ノアの日々のように」(17:26-27, 30)

「反論」で相手の議論を崩した後で,「論証」で自分の議論を説得的に論じる。ここでは人口に膾炙した「ノアの日々」(直訳)と「人の子の日」を「比較」する。すなわち,「ノアの日々(時)に起こったように」(26a)と「人の子の日にもこのようになるであろう」(26b)と「並置」する。それは同時に,「その日には人の子も同じようになるであろう」(24c)を多少変形してリフレインのように「反復」した文である。

「なぜならば」(27a)以下で,「ノアの日々(時)」と「その日(終末の日)」が同じである「理由」が示される。「ノアが箱舟に入る日まで」(27c)の「日々」が「食べたり飲んだり」と類似の動詞を「並置」し「娶ったり娶られたり」と能動態と受動態を「対置」して動詞を四つ「滞留」して表現される(27b)。その最中に「洪水が来て」一瞬にして「すべてが流されたのである」(27d)。すなわち,「稲妻」の比喩も「ノアの日々」の比喩も,一瞬にして突如やって来る「裁き」を表現しているのである。こうして「人の子が現れる日には同じようになる」が「論証」の冒頭と末尾で繰り返されて(26b, 30),「論証」を「包摂」する。

(5)「結論」(peroratio):
「1人は取り上げられ,1人は残される」(17:34-35)

「私はあなたがたに言う」(34a)という「結論」の導入で,もう一度「序論」の導入の「ディアトリベー」の対話法に戻る。こうして対話法が「終末に関する説教」全体を「包摂」する。

「畑」と「粉挽き小屋」という二つの「対置」的な場所で労働をしている最中に,2人がいると,「1人は取り上げられ,1人は残される」という「格言」のような文が2回繰り返される(34c, 35b)。一方の「畑」では男性形で書かれ,他方の「粉挽き小屋」では女性形で書かれ,「畑」で働く「農夫」と「粉挽き小屋」で働く「農婦」が「対置」的に描写される。すなわち,「人の子」

6. 「終末に関する説教」(Q17:20–22:30) の修辞学的分析

の出現による「目に見える形」での「神の国の到来」により，一方は「取り上げられ」て，救われ，他方は「残され」て，裁きを受ける。

以上で狭義の意味での「終末に関する説教」は終わるが，それに後から「ムナの譬え話」(Q19:12-13, 15-24, 26) と「イスラエルに対する裁き」(Q22:28, 30) が追加されたと考えられる[12]。これらは広義の意味での「終末に関する説教」の結びの部分を構成する[13]。また，それぞれ「終末に関する説教」を「実践する人」(取り上げられる人) と「実践しない人」(残される人) を「譬え話」(parabola) を用いて「範例」(exemplum) として示し (Q19:12-26)，「実践する人」(10 ムナを得た人) に対する報酬の約束を「結語」(conclusio) で示す (22:28, 30)。

(6) 「範例」(exemplum)：
「ムナの譬え話」(Q19:12-13, 15-24, 26) [14]

① 「序論」(exordium)：「僕にムナを預け，清算する主人」(Q19:12-13, 15)

「クレイア」の形式を用いて，「譬え話」を導入する。主人が「旅に出ようとして」(12)「僕らに 10 ムナを与えて」(13a) 出かけ，戻って来て「清算をした」(15b) というエピソードを紹介し，一つの動詞「商売をしなさい」(13b) で主人を特徴づける。

---

12) 「人の子の日」の到来 (Q17:23-24, 26, 30, 34-35) は，ムナの譬え話の中で説明される (Q19:12-13, 15-24, 26)。Cf. C. Heil, "Beobachtungen zur theologischen Dimension der Gleichnisrede Jesu in Q," *Q and the Historical Jesus*, 649-659, esp. 651; idem, "Was erzählt die Parabel vom anvertrauten Geld?: Sozio-historische und theologische Aspekte vom Q19,12-26," *Metaphor*, 339-370, esp. 370.

13) Cf. Kloppenborg, "Jesus and the Parables," 298-300 = *Problems*, 534-536, idem, "Social History," 94 = *Problems*, 255; Kirk, *Composition*, 297-300; Tuckett, "Q22:28-30," 255; Fleddermann, *Q*, 837.

14) テキストの再構成に関しては，cf. A. Demaux, "The Parable of the Talents/Pounds (Q19:12-26): A Reconstruction of the Q Text,", *Q and the Historical Jesus*, 429-460. 社会史的・神学的背景に関しては, cf. C. Heil, "Was erzählt die Parabel vom anvertrauten Geld?," (n. 12).

②「称賛」(laus)：「最初の僕と第二の僕」(Q19:16-17, 18-19)

　最初の僕が「主よ，あなたの1ムナを10ムナに増やしました」(16b) と報告すると，主人は「よくやった，善い僕よ」と「称賛」し，その理由として「僅かのものに忠実であったので，多くのものを任せよう」(17b) と「対置」的表現を用いて報償を与えて「称賛」する。

　第二の僕は「10ムナ」を「5ムナ」に入れ替えて，第一の僕の報告を「反復」し (18b)，主人も「10ムナ」を「5ムナ」に入れ替えて「反復」して「称賛」する (19b)。

　こうして第一の僕と第二の僕に対する主人の「称賛」の応答は「並置」される。

③「非難」(vituperatio)：「第三の僕」(Q19:20-21, 22-23)

　第三の僕は，主人を「あなたは蒔かない所から刈り取り」「散らさない所から集める」(20cd) という主人の「厳しい」(20b) 人柄を「対置」的に表現して，「恐ろしくなって」「地面の中に隠しました」(21b) と言う。

　それに対して主人は，「悪い僕よ」と「非難」して，主人の本質が「蒔かない所から刈り取り，散らさない所から集める」(20cd) という僕の「対置」的表現を「反復」した上で，「銀行に預けておかなければならなかった」(23b) と僕の怠慢を「非難」する。

　こうして，第三の僕と主人の応答は，第一と第二の僕と主人の応答に「対置」する。

④「結論」(peroratio)：「持っている人に与えられる」(Q19:24, 26)

　以上の第一，第二の僕に対する「称賛」と第三の僕に対する「非難」の結果，「具体論」(hypothesis) として，第三の僕の「彼から1ムナを取り上げて，10ムナ持っている人に与えなさい」(24ab) という「対置」した結論に至る。

　さらに，「一般論」(thesis) として，「持っている人にすべて与えられるであろう。持っていない人は，彼が持っているものさえも取り上げられるであろう」という「対置」的表現をその「理由」(causa) として挙げる。

こうして，終末が「目に見える形で来た」と告げる偽メシア運動に惑わされることなく「終末の遅延」の間に仕事を放棄して「非難」されることなく，仕事を続けて「称賛」されることを勧める。

　さらに，「イスラエルに対する裁き」（Q22:28, 30）は，恐らく「ムナの譬え話」（Q19:12-26）の続きとして最初からQ文書に存在し，その報酬の約束としての機能を果たしていたと推定される[15]。

(7)「結語」(conclusio)：「イスラエルに対する裁き」（Q22:28, 30）

　「イスラエルに対する裁き」は，「ムナの譬え話」の「結語」となるばかりでなく，広い意味での「終末に関する説教」の「結語」ともなり，また冒頭の「洗礼者ヨハネに関する説教」と末尾の「終末に関する説教」によってQ文書を「包摂」する「裁き」のモティーフ[16]に対する「結語」ともなって，Q文書全体を結ぶ。

　最後に，「あなたがた，私に従った人々は」と主語を弟子にして，直接弟子に向かって用いて呼びかける（28）。「座する」と「裁く」という二つの動詞を用いて約束する。すなわち，「あなたがたのものである」（Q6:20）と約束された「神の国」で，「王座に座る」という報いを受けることが未来形で約束される。その目的は「神の国の中で最も小さい人も彼（洗礼者ヨハネ）より大きい」（Q7:28）と「一般論」として言われたことが，「イスラエルの12部族を裁く」こととして「具体論」として示される。

---

15) Cf. Kloppenborg, "Jesus and the Parables," 298-300 = *Problems*, 534-536, idem, "Social History," 94 = *Problems*, 255; Kirk, *Composition*, 297-298, 299; Tuckett, "Q22:28-30," 263; Fleddermann, *Q*, 869.

16)「裁きについての教え」（Q6:37-42,「裁く」6:37,「裁き」6:37〔2回〕），「ガリラヤに対する災いの言葉」（Q10:13-15,「裁き」10:14），「南の女王とニネベの人々」（Q11:31-32,「裁く」11:31, 32,「裁き」11:31, 32),「ファリサイ派に対する非難の言葉」（Q11:39-44,「裁き」11:42）参照。

6.5. 結びに

広義の「終末に関する説教」の修辞学的構造を簡潔に示すと，次の通りである。

 (1)「序論」(exordium)：「神の国はいつ来るのか」(17:20a)　　　　A
 (2)「命題」(propositio)：「見える形で来ない」「あなたがたの中にある」
   (17:20b-21)　　　　　　　　　　　　　　　　　　　　　　B
 (3)「反論」(refutatio)：「出て行くな，後を追うな」(17:23-24, 37)　C
 (4)「確証」(probatio)：「ノアの日々のように」(17:26-27, 30)　　C′
 (5)「結論」(peroratio)：「1人は取り上げられ，1人は残される」(17:34-35)
                     A′
 (6)「範例」(exemplum)：「ムナの譬え話」(19:12-26)　　　　　B′
  ①「序論」(exordium)：「僕にムナを預け，清算する主人」(12-13, 15)
  ②「称賛」(laus)：「最初の僕と第二の僕」(16-17, 18-19)
  ③「非難」(vituperatio)：「第三の僕」(20-21, 22-23)
  ④「結論」(peroratio)：「持っている人に与えられる」(24, 26)
 (7)「結語」(conclusio)：「イスラエルに対する裁き」(22:28, 30)　A″

以下にその要点を列挙する。
 (a) 狭義の「終末に関する説教」は「クレイア」の対話法で進められている (17:20, 34)。同様に，それに付加された「ムナの譬え話」も対話法で書かれ (19:12-13, 16-17, 18-19, 20-21, 22-23, 24-26)，「イスラエルに対する裁き」(22:28, 30) も連続した対話法の中に位置づけられる。
 (b) 広義の「終末に関する説教」は，「序論」「命題」「反論」「確証」「結論」という「助言的弁論（勧奨）」の形式で構成され，結論部はさらに，「範例」となる「ムナの譬え話」を狭義の「終末に関する説教」の「結論」と全体の「結語」が「包摂」する。さらに「ムナの譬え話」は「序論」「称賛の言葉」「非難の言葉」「結論」という「演示弁論」の形式で構成されている。

(c) 議論の中では,「対置」「並置」「語頭畳用」「包摂」などの配置的表現,「重複」「反復」「滞留」などの繰り返し表現,「直喩」「隠喩」「格言」「例え話」などの比喩的表現,「一般論」「具体論」などの概念や命題の表現方法,「称賛」や「非難」などの演示的要素などの文彩を効果的に用いている。

6.6. Q文書における「説教」の特徴

今まで「洗礼者ヨハネに関する説教」[17]「宣教開始の説教」[18]「弟子派遣の説教」[19]「思い煩いに関する説教」[20] さらにここでは「終末に関する説教」を修辞学的視点で分析してきた。それらに見られる特徴をここで列挙して,まとめてみることにする。

(a) Q文書は「何の脈絡も形式もない単なる言葉や演説の羅列ではなく」(ハルナック),マクロ構造においてもミクロ構造においても,極めて巧みに構想され,配列され,多様な文彩を用いて書かれた,修辞的な文書である。

(b) その「説教」部分は,「説教」に準じた「ファリサイ派・律法学者に対する非難の言葉」を含めると,大きく分けられた五ブロックの中で,それぞれの主要な箇所である「始め」,「中」,「終わり」のどこかに置かれている。

(c) それぞれの「説教」の基本形は,「序論」「命題(論題・仮説)」「議論・論証」「結論」という「助言的弁明(議会弁論)」(勧奨・阻止)と,「序論」「命題」「確証(例証を含む)」「反論」「結論」という「法廷弁論」(告発・弁明)の構成要素をほぼ保持している。中には「序論」や「結論」などで「演示弁論」の「称賛」と「非難」の要素を含むものもある。

(d)「洗礼者ヨハネに関する説教」と「弟子派遣の説教」は,「助言的弁論」のスタイルで書かれ,「宣教開始の説教」と「思い煩いの説教」と「終末に

---

[17] 本書第3部第2章参照。
[18] 本書第3部第3章参照。
[19] 本書第3部第4章参照。
[20] 本書第3部第5章参照。

関する説教」は，「法廷弁論」のスタイルで書かれている。

　(e)「説教」全体は「序論」から始まり「結論」に至るが，その間に説教全体で，あるいは一部で，しばしば「キアスム的シンメトリー」構造（AB B′A′など）が見られる。とりわけ冒頭の第一ブロックでは，その三つの説教のいずれにも「キアスム的シンメトリー」構造が用いられている。

　(f)「序論」で短い状況設定の後で「……は言った」という導入句を用いて「クレイア」のスタイルで本論に入る。しばしば「結論」では「隠喩」「格言」「譬え（話）」「比較」を用いて効果的に印象づける。「序論」「論証」「反論」などでは「修辞疑問」「範例」「類比」などを用い，議論の根拠として「格言」や「旧約聖書引用集」などが用いられる，その他，議論の中では多くの文彩が用いられている。

補 遺

他文書との関連箇所一覧

旧約聖書引用箇所一覧

	Q文書	旧約聖書
1	Q4:4b	申命記 8:3b
2	Q4:8b	申命記 6:13
3	Q4:10-11	詩編 91:11a, 12（＝LXX90:11a, 12）
4	Q4:12b	申命記 6:16
5	Q7:22c	イザヤ 29:18, 35:5, 42:7, 18, 61:1; 35:6
6	Q7:22d	イザヤ 29:18, 35:5, 42:18
7	Q7:22e	イザヤ 26:19; 29:19, 61:1
8	Q7:27b	出エジプト記 23:20
9	Q7:27c	マラキ 3:1
10	Q10:15b	イザヤ 14:15
11	Q12:53	ミカ 7:6a
12	Q13:19d	ダニエル 4:9, 18, 詩編 104:12a（＝LXX103:12a）
13	Q13:27b	詩編 6:9
14	Q13:35c	詩編 118:26（＝LXX117:26）

ユダヤ・キリスト教文書関連箇所一覧

	Q文書	ユダヤ・キリスト教文書
1	Q3:16c	詩編 118:26（＝LXX117:26）
2	Q6:22a	Ⅰペトロ 4:14
3	Q6:28-29, 30, 32	ディダケー 1:3bc, 4cd, 5a
4	Q6:31	トビト記 4:14, ディダケー 1:2
5	Q6:37	ローマ 2:1
6	Q6:44	ヤコブ 3:21
7	Q6:46	エジャトン・パピルス 2.2
8	Q6:47-49	ミシュナ「アボート」3:17
9	Q7:1-9	ヨハネ 4:46b-53
10	Q10:7c	Ⅰテモテ 5:18
11	Q10:16	ヨハネ 5:23, 12:44, 12:30, Ⅰテサロニケ 4:8
12	Q11:2b	パレスティナ版 18 の祈願①
13	Q11:2cd	カディッシュの祈り, パレスティナ版 18 の祈願③
14	Q11:4ab	パレスティナ版 18 の祈願⑥
15	Q11:23	オクシュリュンコス・パピルス 1224
16	Q11:34	救い主の対話 8
17	Q12:22-31	オクシュリュンコス・パピルス 655
18	Q12:40	Ⅰテサロニケ 5:2, Ⅱペトロ 3:10, 黙示録 3:3, 16:15
19	Q17:3-4	ナザレ人福音書 15
20	Q17:33	ヨハネ 12:25
21	Q22:28, 30	知恵の書 3:8, シラ書 4:15

マルコ福音書重複箇所一覧

	Q文書	マルコ福音書		Q文書	マルコ福音書
1	Q3:2b-3a, 7a, 8a	1:4-5	21	Q12:33	10:21b
2	Q3:16b	1:7b-8	22	Q12:39	13:35
3	Q4:1-2. 13	1:12-13	23	Q12:46	13:36
4	Q6:38	4:24	24	Q12:51, 53	13:12
5	Q7:27bc	1:2	25	Q13:18-19	4:30-32
6	Q10:2	6:7	26	Q13:30	10:31
7	Q10:4	6:8-9	27	Q13:35c	11:9bc
8	Q10:5-7a	6:10b	28	Q14:26	10:29cd
9	Q10:9	1:14b-15	29	Q14:27	8:34
10	Q10:10-12	6:11	30	Q14:34-35	9:49-50
11	Q10:16	9:37	31	Q16:17	13:30-31
12	Q11:14-15, 17-20	3:22-26	32	Q16:18	10:11-12
13	Q11:16, 29	8:11-12	33	Q17:1-2	9:42
14	Q11:23	9:40	34	Q17:6	11:22-23
15	Q11:33	4:21bc	35	Q17:23	13:21
16	Q11:43	12:38b-40	36	Q17:33	8:35
17	Q12:2	4:22	37	Q17:34-35	13:15-16
18	Q12:8-9	8:38	38	Q19:12-13	13:34
19	Q12:10	3:28-29	39	Q19:26	4:25
20	Q12:11-12	13:(9-)11			

トマス福音書重複箇所一覧

	Q文書	トマス福音書		Q文書	トマス福音書
1	Q6:20b	54	22	Q12:3	33:1（＝P. Oxy. 1）
2	Q6:21a	69:2	23	Q12:10	44
3	Q6:22	68:1, 69:1a	24	Q12:22-31	36（＝P. Oxy. 655）
4	Q6:30	95	25	Q12:33	76:2
5	Q6:31	6:1（＝P. Oxy. 654）	26	Q12:39	21:2, 103
6	Q6:39	34	27	Q12:49	10
7	Q6:41-42	26	28	Q12:51, 53	16
8	Q6:44-45	45	29	Q12:56	91
9	Q7:24-25	78	30	Q13:18-19	20
10	Q7:28	46	31	Q13:20-21	96
11	Q9:58	86	32	Q13:30	4（＝P. Oxy. 654）
12	Q10:2	73	33	Q14:16-17, 21, 23	64
13	Q10:7-9	14:2	34	Q14:26,	55, 101
14	Q10:22	61:2	35	Q14:27	55
15	Q10:24	38:1	36	Q15:4-5, 7	107
16	Q11:9-10	92, 94, 2（＝P. Oxy. 654）	37	Q16:13	47:1-2
17	Q11:33	33:2-3	38	Q16:17	11.1
18	Q11:34	24（＝P. Oxy. 655）	39	Q17:6	48
19	Q11:39, 41	89	40	Q17:20-21	3（＝P. Oxy. 654），113
20	Q11:52	39:1（＝P. Oxy. 655）	41	Q17:34-35	61:1
21	Q12:2	5, 6:2（＝P. Oxy. 654）	42	Q19:26	41

Q文書コンコーダンス（分野別）

【神／悪魔に関する言葉】

神　3:8, 4:8, 12, 11:20, 12:24, 28, 16:13

神の国　6:20, 7:28, 10:9, 11:2, 20, 52, 12:31, 13:18, 20, 28, 16:16, 17:20（2回）, 21

「神の子」　4:3, 9

「来たるべき方」　3:16, 7:19, 13:35

「主」　4:8, 12, 6:46（2回）, 7:6, 9:59, 10:2, 21, 13:35

「人の子」　6:22, 7:34, 9:58, 11:30, 12:8, 10, 40, 17:24, 26, 30

「父の子」　6:35

「御子」　10:22（2回）

父（神）　6:35, 36, 10:21（2回）, 22（3回）, 11:2, 13, 12:6, 12:30

御怒り（神の怒り）　3:7

御心（神の心）　10:21

御名（神の名）　11:2, 13:35

霊（聖なる）　3:16, 4:1, 11:24, 26, 12:10, 12

悪魔　4:2, 3, 5, 9, 13

悪霊　7:33, 11:14（2回）, 15（2回）, 19, 20

汚れた霊　11:24

ゲヘナ　12:5

サタン　11:18

ベルゼブル　11:15, 19

ハデス　10:15

マモン　16:13

【固有名詞】

アブラハム　3:8（2回）, 13:28

アベル　11:51

イエス　4:1, 4, 8, 12, 7:9, 9:58

イサク／ヤコブ　13:28

イスラエル　7:9, 22:30

エルサレム　4:9, 13:34（2回）

カファルナウム　7:1, 10:15

ゼカルヤ　11:51

ソドム　10:12

ソロモン　11:31（2回）, 12:27

ツロ／シドン　10:13, 14

ニネベの人　11:30, 32

ノア　17:26, 27

ファリサイ派の人々　11:39, 42, 43, 44

ベツサイダ／コラジン　10:13

ヨナ　11:29, 30, 32（2回）

ヨハネ（洗礼者）　3;2, 7:18, 22, 24, 28, 33, 16:16

ヨルダン川　3:3

【普通名詞・人】

ある人・ある人々　9:52, 57, 11:15, 16, 49, 14:16, 19:12

家の主人　12:39, 13:25, 14:21

家の者たち　12:24

異邦人　6:34, 12:30

生まれた人　7:28

王　7:25, 10:24

幼い人　10:21

おし／耳しい　7:22, 11:14（2回）

男　　11:32
女　　7:28, 13:21, 16:18
偽善者　　6:42
教師　　6:40（2回）
兄弟　　6:41, 42（3回）, 17:3
群衆　　3:7, 7:24, 11:14
子（奴隷の使い）　　7:3, 7
子（子供たち）　　7:32
　息子　　11:11
子ら・子孫　　3:8, 7:35, 11:13, 11:48, 13:34
裁判官／下役　　12:58（2回）
裁く人　　11:19
死者　　7:22, 9:50（2回）
支配者　　11:15
僕（奴隷）　　7:8, 12:42, 43, 45（2回）, 46, 14:17, 21（2回）, 19:13, 15, 17, 19, 20, 22
主人　　12;34, 42, 43, 45, 46, 13:25, 14:2（2回）, 16:13, 19:15, 16, 18, 20
女王　　11:31
末裔　　3:7
善人／悪人　　6:36
大食漢／大酒飲み　　7:34
知恵ある人　　11:49
力を尽くす人　　16:16
知性ある人　　10:21
父（人間）　　9:59, 12:53, 14:26
父（複数形）＝父祖　　3:8, 11:47, 48
徴税人　　6:32, 7:34
罪人　　7:34
使い　　7:27
敵　　6:27
弟子　　6:20, 40（2回）, 7:18, 10:2, 14:26（2回）, 27
天使　　12:8, 9

友　　7:34
仲間の僕（奴隷）　　12:45
盗人　　12:33, 39
働き人　　10:2（2回）, 7
母／娘　　12:53, 14:26
人・人間　　4:4, 6:45（2回）, 48, 7:8, 25, 11:24, 26, 46, 52, 12:8, 9, 19:21
人々・人　　6:20, 21（2回）, 22, 28, 36, 7:9, 23, 32, 10:9, 11:10（3回）, 13, 11:13, 44, 52, 12:4, 8, 9, 10（2回）, 12:42, 13:34, 14:17, 21, 26（2回）, 27, 33（2回）, (35), 16:18（2回）, 17:1, 19:24, 26（2回）, 22:28
1人・1日, 他　　12:6, 12, 25, 27, 15:4, 7, 16:17, 17:2, 4, 34（2回）, 35（2回）, 19:20
百人隊長　　7:3, 6
負債ある人　　11:4
部族　　22:30
2人　　16:13, 17:34, 35
兵士　　7:8
盲人　　6:39（2回）, 7:22
預言者　　6:23, 7:26（2回）, 10:24, 11:47, 49, 50, 13:34, 16:16
嫁／姑　　12:53
らい病人　　7:22
律法学者　　11:46, 52
両者　　6:39

【普通名詞・自然界】
(動物)
狼　　10:3
カラス　　12:24
狐　　9:58
魚　　11:12
雀　　12:6, 7

鳥　　　9:58, 12:24, 13:19
はげ鷹　　　17:37
ひな　　　13:34
羊　　　10:3, 15:4
蛇　　　11:12
まむし　　　3:7
虫（蛾）／サビ　　　12:33
めん鳥　　　13:34

(植物)
アザミ　　　6:44 →野の花　　　12:27
葦　　　7:24
いちじく　　　6:44
茨　　　6:44
枝　　　13:19
からし種　　　13:19, 17:6
木・樹木　　　3:9（2回）, 6:43（2回）, 44, 13:19
草　　　12:28
桑の木　　　17:6
穀物（小麦）　　　3:17
根　　　3:9
ぶどう　　　6:44
実　　　3:8, 9, 6:43（2回）, 44
ミント／イノンド／クミン　　　11:42

(天候)
悪天候（冬のように）　　　12:55
雨　　　6:48, 49
稲妻　　　17:24
風　　　6:48, 49, 7:24
洪水　　　17:27
好天　　　12:54
太陽　　　6:35
光　　　11:35, 12:3

(自然・地形・方位)
穴，巣穴　　　6:39, 9:58
荒野　　　4:1, 7:24, 17:23
石　　　3:8, 4:3, 11, 11:11
岩　　　6:48（2回）
川　　　6:48, 49
砂　　　6:49
地・地面　　　10:21, 11:31, 12:6, 49, 51, 14:35, 16:17, 19:21
天・空　　　6:23, 9:58, 10:15, 21, 11:13, 12:33, 54, 55, 56, 13:19, 16:17
西　　　13:29, 17:24
畑・野　　　12:28, 14:18, 17:34
東　　　13:29, 17:24
果て（地の）　　　11:31
湖　　　17:2, 6
水　　　3:16
南　　　11:31

【単位】
アサリオン　　　12:6
クァドランス　　　12:59
サトン　　　13:21
ムナ　　　19:13, 16（2回）, 15（2回）, 21, 24（2回）

【普通名詞・一般】
挨拶　　　11:43
明け方　　　12:55
足　　　4:11, 10:11
足萎え　　　7:22
明日　　　12:28
頭　　　9:58, 12:7
溢れ出ること　　　6:45
荒布／灰　　　10:13
憐れみ　　　11:42

家（家庭）　　6:48（2回），49（2回），
　　10:5, 10:7（3回），11:17, 11:33
家（建物）　　7:25, 10:5, 11:24, 51,
　　12:39, 13:35, 14:23
イースト菌（パン種）　　13:21
頂（神殿の）　　4:9
一点，一画　　16:17
内側／外側　　11:39, 41, 13:28
受ける分　　12:46
宴会　　11:43, 14:16, 17
王座　　22:30
お金　　19:23
贈り物　　11:13
斧　　3:9
重荷　　11:46
思惑　　11:17
会堂　　11:43, 12:11
隠れた所　　11:33
髪の毛　　12:7
上座　　11:43
着物　　12;23, 26
今日　　11:3, 12:28, 55
体　　11:34（3回），12:4, 5, 22, 23
銀行　　19:23
悔い改め　　3:8
口　　6:45
国・国々　　4:5, 11:17, 18
首　　17:2
倉　　3:17, 12:24
暗闇　　12:3
権威・権力　　7:8
豪奢な服　　7:25（2回）
心　　6:45, 12:34, 35
試み　　11:4
言葉　　6:47, 49, 7:1, 7, 12:10
粉挽き小屋　　17:35

ごみ捨て場　　14:35
小麦粉　　13:21
祭壇　　11:51
財布　　10:4
杯／皿　　11:39, 41
裁き　　6:37, 10:14, 11:31, 32, 42
塩　　14:34（2回）
時間　　19:15
時刻　　12:12, 40, 46, 14:17
死体　　17:37
時代　　7:31, 11:29（2回），30, 31, 32,
　　50, 51
下着／上着　　6:29
収穫　　10:2
十字架　　14:27
周辺地方　　3:3
寿命　　12:25
瞬時・時刻　　12:42, 56
しるし　　11:16, 29（3回），30
信仰　　7:9, 11:42, 17:6
上席　　11:43
神殿　　4:9
巣　　9:58
頭陀袋　　10:4
世界　　4:5, 11:50
宣教　　11:32
全体　　11:34（2回），13:21
創造　　11:50
備え・準備　　12:40, 14:17
倒れ方　　6:49
宝（宝石）　　6:45, 12:33, 34
脱穀の熊手　　3:17
脱穀場　　3:17
食べ物・食事　　12:23, 12:42
魂・命　　12:4, 5, 22, 23, 14:33（2回）
血　　11:50（2回），51（2回）

知恵　　7:35, 11:31, 49
力ある業（奇跡）　10:13
塵／梁　　6:41, 42（2回）
杖　　10:4
努め　　12:58
翼　　13:34
躓き　　17:1
貪欲　　11:39
手　　3:17, 4:11
庭　　13:19
箱舟　　17:27
墓　　11:44, 47
秤　　6:38
履物（サンダル）　3:16, 10:4
場所　　11:24
パン　　4:3, 4, 11:3, 11
繁栄・栄華　　4:5, 12:27
火　　3:9, 16, 17, 12:49
日　　4:2, 10:12, 46, 17:4, 24, 26, 27, 30
挽き臼　　17:2
広い通り　　13:26
広場　　7:32, 11:43
負債　　11:4
不法　　13:27
分裂　　12:51
平和　　10:5, 6（3回）, 12:51（2回）
放縦　　11:39
頬　　6:29（2回）
埃　　10:11
町（都市）　10:8, 10（2回）, 12
道　　7:27, 10:4, 12:58, 14:23
報い　　6:23, 32, 34, 10:7
目・眼　　6:20, 41（2回）, 42（4回）, 10:23, 11:34（3回）
面（顔）・（空）模様　　7:27, 12:56
もみ殻　　3:17

門　　13:24, 25（2回）
休む所　　11:24
山　　4:5
屋根　　7:6, 12:3
やり方（方法）　13:34
夕方　　12:54
指　　11:20, 46
ランプ　　11:33, 34
ランプ台　　11:33
利子　　19:23
律法　　16:16, 17
炉　　12:28

【動詞】
挨拶する　　10:4
愛する　　6:27, 32（2回）, 16:13
遭う・導き入れる　　11:4, 12:11
証する　　11:48
挙げられる・高くする／低くする
　　10:15, 14:11（2回）
上げる（目を）　　6:20
値する　　3:16, 7:6
与える　　4:6, 6:30, 11:3, 9, 13（2回）,
　　29, 12:42, 19:13, 24, 26
集める　　3:17, 6:44（2回）, 11:23,
　　12:24, 13:34, 17:33, 19:20, 22
穴を掘る　　12:33, 39
歩き回る　　7:22
現す・現れる・露わになる　　10:21,
　　22, 12:2, 17:30
荒れ果てる　　11:17
言う　　3:8（2回）, 6:20, 42, 46, 7:3（2回）, 8（3回）, 9, 7:24, 26, 28, 32, 33, 34, 10:2, 5, 9, 12, 24, 11:2, 9, 24, 51, 12:3, 22, 27, 29, 44, 54, 59, 13:25（2回）, 26, 27, 35, 15:7, 17:6, 34,

19:16, 18, 20, 22
怒る　14:21
行き巡る　12:24
生きる　4:4
行く　7:8（2回）, 22, 10:3, 11:26, 15:4
石打ちの刑にする　13:34
イースト菌で膨らます　13:21
言った　3:7, 4:3（2回）, 6, 8, 9, 12,
　　6:22, 7:6, 7, 9, 19, 22, 9:57, 58, 59,
　　60, 10:21, 11:15, 17, 29, 49, 12:3, 10
　　（2回）, 11, 12, 45, 13:25, 14:17, 21,
　　17:20, 23（2回）, 19:13, 17, 19
移動し回る　10:7
祈る　6:28, 11:2
癒す　7:7, 10:9
上に置く　11:46
飢える　4:2, 6:21
植える　17:2
受け入れる　10:8, 10, 16（4回）
動かす　11:46
打ち当たる（風が）　6:48
打つ・打ちつける（風が）　4:11,
　　6:49
奪い取る　16:16
売る　12:6
負う　11:46, 14:27
覆う　12:2
置く・仕分ける　3:9, 11:33（2回）,
　　12:46
送る　7:18
遅れて来る　12:45
起こす・甦る・立ち上がる　3:8,
　　7:22, 11:31, 13:25
教える　12:12, 13:26
恐れる　12:4, 5, 7, 19:21
踊る　7:32

驚く　7:9, 11:14
思い煩う　12:11, 22, 25, 26, 29
思う　3:8, 12:40, 51
返してもらう　6:30
書く　4:4, 8, 10, 12, 7:12
隠す　10:21, 19:21
貸す　6:34
数える　12:7
語る・しゃべる　6:45, 11:14
刈り取る　12:24, 19:20, 22
姦淫する　16:18（2回）
感謝する・讃め称える　10:21
管理を委ねる・任せる　12:42, 44,
　　19:17, 19
着飾る　7:25, 12:28
聞き従う　17:6
聞く　6:47, 49, 7:9, 18, 22（3回）,
　　10:24（3回）, 11:31, 12:3
気づく・よく考える　6:41, 12:24
厳しく罰する　12:46
清める　7:22, 11:39, 11:41
きらめき渡る　17:24
切り倒す　3:9
着る　12:22
悔い改める　10:13, 11:32, 17:3
朽ち果てる　12:33
隈なく掃き清める　3:17
暗くなる（空が）　12:55
来る・出掛ける・行く　3:7, 6:48,
　　49, 7:3, 8（2回）, 33, 34, 10:6（2回）,
　　11:2, 24, 26, 31, 12:39, 40, 43, 49,
　　51（2回）, 53, 14:17, 17:1, 20（2回）,
　　27, 19:13, 15, 16, 18, 20, 23
加える　12:25, 31
軽蔑する　16:13
消す・消える　3:17

Q 文書コンコーダンス（分野別）

結婚する・娶る　16:18（2回），17:27（2回）
告白する　12:8（2回）
試みる　4:2
答える　4:4, 8, 12, 7:6, 22, 13:25, 17:20
粉を引く　17:35
好む　11:43
殺す　11:47, 49, 12:4（2回），13:34
探し求める　11:9, 10, 11:16, 24, 29, 12:31, 13:24,
探しに出る　15:4
酒飲む　12:45
差し迫る　3:7
させる　12:30
裁く　6:37（4回），11:31, 32 , 22:30
塩気を失くす　14:34
塩味を取り戻す　14:34
従う　7:9, 9:57, 60, 14:27, 22:28
して欲しいと望む　6:31
支払う　12:5
示す　3:7
閉める・閉ざす　11:52, 13:52
10分の1を献げる　11:42
祝福する　13:35
商売する　19:13
食卓につく　13:28
知る　6:44, 10:22（2回），11:13, 17, 44, 12:2, 30, 39（2回），12:46, 56, 13:25, 27, 35, 19:20, 22
過ぎ去る　16:17
住まう　11:26
座る　7:32, 22:30
巣をつくる　13:19
清算する　19:15
聖とする　11:2

整頓する　12:25
洗礼を授ける／受ける　3:7, 16（2回）
育つ・成育する　12:27, 13:19
備える　7:27
対立させる　12:53
倒れる・落ちる　6:39, 48, 49, 12:6
出す　10:8
叩く　11:9, 10
正しいと認める　7:35
立ち去る　7:24, 9:57, 9:59
立つ・立ちゆく　4:9, 11:17, 18, 13:25
建てる（家など）　6:48, 49, 11:47
譬える　7:31, 13:18, 20
種を蒔く・蒔く　12:24, 19:20, 22
食べる／飲む　7:33, 34, 10:7, 8, 12:22, 29, 45, 13:26, 17:27
旅に出る　19:12
近づく　10:9
力を尽くして入る　16:16
忠誠を尽くす　16:13
散らす　19:20, 22
仕える　16:13（2回）
伝える　7:22
躓く　7:23, 17:2
罪を犯す　17:3, 4
紡ぐ　12:17
連れて行く・連れて来る・取り上げる　4:5, 9, 11:26, 17:34, 35
出て行く・出て来る　7:24, 25, 26, 10:10, 11:24（2回），12:59, 14:23, 17:23, 24
手引きする　6:39
照らし出す　11:33
到来する　11:20
土台を据える　6:48

留まる　　10:7
灯す　　　11:33
取り出す・送り出す・追い出す
　　6:42（3回），45（2回），10:2, 11:14（2回），15, 19（2回），20, 13:28
取る　　6:29, 11:10, 13:19, 21
眺める　　7:24
流れる　　11:50
泣く　　7:32
慰める　　6:21
嘆き悲しむ　　6:21
投げる・投じる・投げ入れる・投げ棄てる　　3:9, 4:9, 12:28, 51, 58, 14:35
投げ込む　　17:2
成る・成す・起こる・起きる　　4:3, 6:35, 36, 40, 10:13（2回），21, 11:26, 12:40, 54, 13:19, 17:29
憎む　　14:26（2回），16:13
盗み出す　　12:33
願い求める　　10:2
根を引き抜く　　17:6
罵る　　6:22
宣べ伝える　　12:3
逃れる　　3:7
昇る（太陽が）　　6:35
拝する　　4:8
入る・入って行く・入り込む・入って来る　　7:1, 6, 10:5, 8, 10, 11:26, 52（2回），13:24（2回），17:27
歯噛みする　　13:28
量る　　6:38（2回）
迫害する　　6:22, 23, 28, 11:49
派遣する　　7:27, 10:3, 16, 11:49, 13:34, 14:17
始める　　7:24, 12:45, 13:25, 26

激しく泣く　　13:28
働く　　12:27, 13:27
はっきりと見る　　6:42
話す　　7:1
離れる　　13:27
払い落とす　　10:11
払い戻す　　19:23
反対する　　12:58（2回）
引き上げる・取り上げる　　4:11, 19:24, 26
引き渡す・委ねる　　10:22, 12:58
跪く　　4:7, 8
否定する　　12:9（2回）
開く　　11:9, 10, 13:25
平手で叩く　　6:29
火を灯す　　12:49
笛を吹く　　7:32
福音を聞く　　7:22
復活する　　11:32
増やす　　19:16
振り向く・振り向ける　　6:29
降る（雨が）・落とされる　　6:48, 49, 10:15
分裂する　　11:17（2回），18
滅ぼす・見失う・失う　　11:51, 12:5, 15:4（2回），17:33（2回）
埋葬する　　9:59, 60
巻きつける　　17:2
混ぜる（隠す）　　13:21
待つ・予期する　　7:19, 12:46
纏う　　7:25
迷う　　15:7
見出す・見つける　　7:9, 11:9, 10, 24, 25, 12:43, 14:23, 15:5, 17:33（2回）
見せる　　4:5
満ち足りる・満ちる・満たす　　6:21,

11:39, 14:23
導く　　4:1
見よ　　6:42, 7:25, 27, 34, 10:3, 11:31,
　　32, 13:35, 17:21（2回）, 23（2回）
見る　　6:41, 7:22, 25, 26, 10:23（2回）,
　　24（3回）, 13:35
見分ける　　12:56
命じる　　4:10
目が開かれる　　7:22
持ち運ぶ・持っていく　　3:17, 10:4
持つ・いる・ある・憑かれる・飼う
　　3:8, 6:32, 7:3, 8, 33, 9:58（2回）,
　　15:4, 17:6, 19:21, 24, 26（3回）
求める・切に求める　　6:30, 11:9, 10,
　　11, 12, 13, 50, 51, 12:30
戻る・戻って来る　　9:59, 10:6, 11:24
喪に服す（哀悼の歌を歌う）　　7:32
役に立つ　　14:35
焼ける（空が）　　12:54, 55
養う　　12:24
やって来る　　12:46, 13:29, 35
病む　　10:9
委ねる・引き渡す　　10:22, 12:58
赦す・許す・残す・離れる・見捨てる・
　　疎んじる　　4:13, 6:42, 11:4（2回）,
　　42（2回）, 52, 12:10（2回）, 13:35,
　　15:4, 17:3, 4, 34, 35
横にする　　9:58
装う　　12:27, 29
呼ぶ・招く　　6:46, 14:16, 17, 21, 19:13
呼びかける　　7:32
喜ぶ　　6:23, 15:7
歓ぶ　　6:23
離婚する　　16:18（2回）
和解する　　7:22

【形容詞・副詞・他】
悪・悪い　　6:22, 35, 45（3回）, 11:13,
　　26（2回）, 29, 34, 19:22
憐れみ深い　　6:36（2回）
一方・他方　　16:13（2回）
大きい・ひどい　　6:49, 7:28（2回）,
　　11:31, 32, 14:16
輝いて　　11:34
隠された　　12:2
賢い　　10:21, 12:42
消えることのない　　3:17
気づかない　　11:44
厳しい　　19;21
清い　　11:41
極めて高い　　4:5
朽ちた　　6:43（2回）
暗い・暗さ　　11:35（2回）, 13:28
ここ　　11:31, 32, 17:21
最後・最後に・最後の　　11:26,
　　12:59, 13:30（2回）
最初・最初に・最初の　　6:42, 9:59,
　　11:26, 13:30（2回）
幸いな　　6:20, 21（2回）, 22, 7:23,
　　10:23, 12:43
避けられない　　17:1
しかし　　10:22, 12:6, 24
しかしながら　　10:14, 11:29, 17:1
下に　　4:9, 7:6, 8（2回）, 13:34
しなければならない　　11:42, 19:23
十分な　　6:40
信仰の薄い　　12:28
聖なる　　3:16, 12:10, 12
少ない・僅か　　10:2, 13:24, 19:17, 19
すぐに　　6:49
健やかな　　11:34
既に　　3:9, 12:49, 14:17

すべて・あらゆる　3:3, 9, 4:6, 6:22, 47, 49, 7:18, 10:22, 11:10, 30（2回）, 33, 50, 12:7, 8, 27, 30（2回）, 31, 44, 16:18, 17:27, 19:26
狭い　13:24
外へ・外に　10:10, 13:25, 14:35
そうだ・そうです　7:36, 10:21, 11:51
そこで・そこから　10:6, 11:26, 12:33, 59, 13:28
耐えられる　10:12, 14
正しい／正しくない　6:35
只中に　10:3
他の　7:19, 32, 9:59, 11:26
小さい　7:28, 17:2
忠実な　12:42, 19:17, 19
強い　3:16
できる　3:8, 6:39, 12:4, 5, 25, 56, 56（2回）, 27, 16:13（2回）
どう・どうして・どのように　6:42, 11:18, 12:11, 27
とうの昔　10:13
どれほど　11:13, 35
何度も　13:34
似ている　6:48, 49, 7:31, 32, 13:18, 19, 21
のみ　4:4, 8

はるかに　11:13, 12:24, 28, 15:7
必要な（日毎に）・必要とする　11:3, 12:30
ふさわしい　3:8, 10:7
再び　6:43, 13:20
不忠実な　12:46
別の　16:18
貧しい　6:20, 7:22
まことに　12:44
優る　12:7, 24
ましである　17:2
水のない　11:24
むしろ・そうでなければ　7:7, 25, 26, 12:51
もう一方の　6:29, 7:8
闇のように暗い　11:34
揺らぐ　7:24
善い　6:45（3回）, 11:13（2回）, 19:17, 19
良い　3:9, 6:43（2回）, 14:34
容易な　16:17
よくやった　19:17, 19
より悪い　11:26
より優れた　7:26
災いな　10:13（2回）, 11:39, 42, 43, 44, 46, 52, 17:1

修辞学用語集（第3版）

1. 修辞学の構成（ῥητορικῆς μέρη; rhetorices partes）

「構想（発想）」（εὕρεσις; inventio）
　いつ，どこで，誰に対して，何を演説するか，あるいは著作するかを「構想」すること。その場合に重要なのは，状況にふさわしく議論する「適切さ」（τὸ πρέπον）である。

「配列」（τάξις; dispositio）
　「構想（発想）」が固まると，「序論」「本論（陳述・命題・論証・反論）」「結論」で，何をどのような順序で語るかという「配列」を考えること。

「修辞（措辞）」（λέξις; elocutio）
　「配列」の後で，さまざまな論理表現，文彩表現，修辞法，転義法を駆使し，説得的な議論の表現方法を工夫して，演説の原稿を書くこと。

「記憶」（μνήμη; memoria）
　記憶術などを用いて，演説の原稿を暗記すること。

「発話」（ὑπόκρισις; pronuntiatio, actio）
　発声法や身振りなどを用いて，暗記した原稿をその場にふさわしく説得的に語ること。

2. 説得の方法（πίστεις ἐντέχνη; artificialis）

「人柄」（ἦθος; ethos）
　論者の「人柄」に訴える説得方法。主として「陳述」「論証」などで用いる。

「感情」（πάθος; pathos）
　聴衆の「感情」に訴える説得方法。主として議論の「序論」「結論」で用いる。

「言論」（λόγος; ratio）
　議論の「論理」に訴える説得方法。主として「論証」などで用いる。

3. 弁論の種類（ῥητορικῆς γένη; rhetorices genera）

「法廷弁論」（δικανικόν, iudiciale）
　過去の出来事について，法廷で裁判官や陪審員に向けてなされる「告発」（κατηγορία; accusatio）と，それに対する「弁明」（ἀπολογία; defensio）に分かれる。

「議会弁論（助言的弁論）」（συμβουλευτικόν, deliberativum）
　将来の政策や助言を議会などで議員などの特定の聴衆に向けて勧める「勧

奨」(προτροπή; suasio) とその反対の「阻止」(ἀποτροπή; dissuasio) に分かれる。
「演示弁論」(ἐπιδεικτικόν, demonstrativum)
　　現在の神・人物・都市・自然などについて，葬儀や祭典などの特別な機会に不特定多数の聴衆に向けてなされる「称賛」(ἔπαινος; laus) とその反対の「非難」(ψόγος; vituperatio) に分かれる。ギリシア時代からの「王称賛演説」「葬礼演説」「祭典演説」に加えて，ローマ時代には「到着（就任）演説」「送別（離任）演説」「婚礼演説」「誕生日演説」「慰めの演説」「招待演説」「出立演説」などが発達した。

4. 弁論の部分 (μέρη τοῦ λόγου; orationis partes)
「序論」(προοίμιον; exordium)
　　聴衆や読者に事柄を「明瞭にし」(docilem facere),「注意を引き」(attentum facere),「好意を得て」(benevolum facere), 心の「準備」をさせる議論の導入部。聴衆の態度に応じて「直接的導入」(principium) と「間接的導入」(insinuatio) がある。
「予めの要約」(προέκθεσις)
　　「序論」の中で，議論を受け容れ易くするために，時折前もって予告される議論の「要約」。
「陳述」(διήγησις; narratio)
　　「序論」の後で，議論の争点になっている問題の経緯を簡潔に述べる本論の導入部。事実に基づいて述べるもの (τὰ πράγματα) と人物に基づいて述べるもの (τὰ πρόσωπα) がある。
「要約」(πρόθεσις; prothesis)
　　「陳述」の核心部分。演示弁論で，法廷弁論や議会弁論の「命題」(θέσις) に相当する。
「命題」(θέσις; propositio)
　　「陳述」の前後に，しばしば議論を明確にするために「命題」が置かれる。「命題」では，議論の争点の時間と人物を限定しない不特定の論点である普遍的な「一般論」を取り扱う。複雑な議論では，複数の論点が「列挙」(partitio) されることがある。
「仮説」(ὑπόθεσις; hypothesis)
　　「仮説」では「命題」と対比的に，時間と人物を限定する特定の論点である個別的な「具体論」を取り扱う。
「反対命題」(παράδοξος; paradoxum)
　　「命題」に対して立てられた正反対の「命題」。ストア派の議論に由来する。

「論証」（πίστεις; argumentatio）
　　通常の議論では，「陳述」ないしは「命題」の後に，本論の核心である「論証」が続く。それは「確証」と「反論」に分かれる。
「確証」（πίστις, ἀπόδειξις; probatio, confirmatio）
　　「確証」では，論拠や証拠に基づいて自分の主張の正しさを主張して，聴衆や読者に「確信」を与える。
「反論」（λύσις, ἀνασκευή; refutatio, confutatio）
　　「法廷弁論」では（「議会弁論」でもしばしば）自分の主張の「確証」の後に，論拠や証拠に基づいて相手の主張を論駁する「反論」が続く。
「結論」（ἐπίλογος; peroratio, conclusio）
　　「確証」や「反論」の後に，「結論」で結ぶ。そこでは主として議論を「要約」（recapitulatio）し，「感情への訴え」（adfectus）で行動を起こさせる。
「逸脱」（παρέκβασις; digressio）
　　主として「陳述」「確証」「反論」などで議論が「逸脱」することがある。また，長い「逸脱」の後では，議論を「再開」（repetitio）することがある。
「移行」（μετάβασις; transitio）
　　それまでの議論とは全く異なる事柄を導入する部分。理性的な「命題」の形式を取るものと，感情な「逸脱」の形式を取るものがある。

5. 弁論の基本的「構成要素」（στοιχεια; elementa）
　　「陳述」「論証」「反論」などでの議論は，基本的には「誰が」という「人」（πρόσωπον; persona），「何を」という「事柄」（πρᾶγμα; factum, actum），「いつ」という「時間」（χρόνος; tempus），「どこで」という「場所」（τόπος; locus），「どのように」という「方法」（τρόπος; modus），「なぜ」という「原因・理由」（αἰτία; causa）などで構成される。

6. 準備教育（προγυμνάσματα; praeexercitamina, praeexercitamenta）
a. 導入教育
「音読」（ἀνάγνωσις）
　　文学的テキストの一部を大きな声に出して読むこと。
「聴取」（ἀκρόασις）
　　音読された文学的テキストの一部を聞き取って書くこと。
「敷衍」（παράφρασις）
　　文学的テキストの一部を別の表現に書き換えて書くこと。
「補充」（ἐξεργασία）
　　文学的テキストに登場人物の思想や描写表現を補って書くこと。

「矛盾の指摘（反対命題）」（ἀντίρρησις）
　命題，議論，法律などの矛盾点を指摘すること。矛盾点を克服してそれを補うこと。
b.　準備教育
「寓話」（μῦθος; fabula）
　動物などを主人公にした短い創作を書くこと（例：イソップ「蟻とキリギリス」）。
「叙述」（διήγημα; narratio）
　ツキディデスの歴史書などに従い，ある具体的な歴史的テーマなどを描写すること。
「逸話」（χρεία; chria）
　ある人物のエピソードや教えなどについて，短い導入・対話・特徴的言葉などを用いて書くこと。
「格言」（γνώμη; sententia）
　「寓話」や「逸話」の結びなどに適切な格言を入れる練習をすること（例：『イソップ物語』）。
「反論」（ἀνασκευή; refutatio）
　相手の主張を論拠や証拠に基づいて反論する論述を書くこと。
「論証」（κατασκευή; comfirmatio）
　自分の主張を論拠や証拠に基づいて主張する論述を書くこと。
「共通論題」（κοινὸς τόπος; locus communis）
　具体的なテーマについて反対したり，賛成したりする議論を書くこと。
「称賛」（ἐγκώμιον; laus）
　著名な人物や業績などを称える文章を書くこと。
「非難」（ψόγος; vituperatio）
　著名な人物や出来事などを非難する文章を書くこと。
「比較」（σύγκρισις; comparatio）
　人物や物事やその善悪などを対比的に描くこと（例：プルタルコス『対比列伝』）。
「人物描写」（προσωποποιία; sermocinatio）
　登場人物に適切な場面でふさわしい演説を挿入して適切な性格描写をすること。
「記述」（ἔκφρασις; descriptio）
　人物や事物などを詳細に生き生きと描くこと。
「論題」（θέσις; thesis, positio）
　「世界は神によって支配されているか」「人は結婚すべきか」などの一般論を

述べること。
「法律」(νόμου εἰσφορά; legis latio)
　　具体的な法を制定することについて賛否を論じて書くこと。

7.　模擬弁論　(μελέτη; declamatio)
「法廷模擬弁論」(controversia)
　　法廷で行う被疑者の「告発」と「弁明」を練習するための弁論。
「議会模擬弁論」(suasoria)
　　議会で行う政策の「勧奨」と「阻止」を練習するための弁論。

8.　論証方法　(πίστεις; argumentationes)
「証拠」(σημεῖον; signum)
　　「論証」や「反論」などの議論の根拠として用いる事物や法律や証言などの言葉。
「説得推論」(ἐνθύμημα; enthymeme)
　　「論証」や「反論」などの議論で，三段論法などの「論理的推論」(συλλογισμός) とは異なり，「証拠」や「蓋然性」(εἰ κότα) などから組み立てる推論。
「例証(範例)」(παράδειγμα; exemplum)
　　「論証」や「反論」などの議論で，具体的な「範例」を挙げて論じる論証方法。
「比較」(σύγκρισις; comparatio, conlatio)
　　ある事物や人物とは対照的な事物や人物を挙げて論じる論証方法。
「類比」(ἀναλογία; analogia)
　　ある事物や人物と象徴的に類似した事物や人物を挙げて論じる論証方法。
「小より大へ」(τόπος ἀπὸ τοῦ ἐλάττονος; locus a minore ad maius)
　　ある事物や人物の小さな「類比」から大きな「類比」を推測する方法。
「パラドックス(逆説)」(παράδοξον λόγος; paradoxum)
　　逆説的な称賛の論理。「名誉な称賛」(ἐγκώκιον ἔνδοξον)，「不名誉な称賛」(ἐγκώκιον ἄδοξον)，「逆説的な称賛」(ἐγκώκιον παράδοξον) = 狭義の「パラドックス」，「二律背反的な称賛」(ἐγκώκιον ἀμφίδοξον) がある。
「スタシス」(στάσις; status)
　　スタシス理論によれば法廷弁論は，①議論の対象の行為が事実であるか否かを争う議論 (coniecturalis)，②議論対象の行為がどの法的解釈に相当するかを争う法的議論 (legitima)，③議論の対象の行為の善悪という価値判断を争う議論 (iuridicalis) に分かれる。

9. 思考の文彩表現 (διανοίας σχήματα; sensus figurae, sententiarum figurae)
「暗示的看過法」(παράλειψις; preteritio)
　　取り上げた内容について「ここでは触れない」と述べて逆に強調すること。
「言い直し」(μεταβολή)
　　一度あることを言って，後悔したかのように言い直すこと。
「生き生きとした描写」(ἐνάργεια; evidentia)，「鮮明な描写」(ἐργασία, ἐξεργασία; operatio)
　　眼前に彷彿と情景を描き出す描写法。
「迂言法」(περίφρασις; periphrasis)
　　直接述べる代わりに別の言葉に置き換えて間接的に遠まわしに言うこと（例：「牛乳」を「養いの泉」と婉曲的に言う）。
「婉曲語法」(εὐφημισμός; euphemismus)
　　タブーなどで禁じられていることや口に出しにくいことを別の表現で言うこと。
「ほのめかし」(ἔμφασις; emphasis)
　　あることを言うのに，直接それと言わないで別の表現を用いて暗示すること。
「拡大法」(αὔξησις; amplificatio)
　　①語や句を次第に力強く印象づけるように重ねる表現（漸層法に類似），②不釣り合いに大きいものに関連づける表現（誇張法に類似），③話題を拡大する（現在のあるテーマを話題にして過去の例を出すこと）。
「擬人法」(προσωποποιία; fictio personae)
　　忠告，非難，不満，称賛などの言葉をふさわしい人物の口から語らせること。
「誇張法」(ὑπερβολή; hyperbole)
　　内容にふさわしい表現を誇張的な表現に置き換えること。
「接続詞省略」(ἀσύνδετον; asyndeton)
　　接続詞を省略して，急ぐ調子，つのる感情，壮大さなどを生み出す。
「頓絶法」(ἀποσιώπησις; interruptio)
　　思考の連続を突然中断し，襲ってきた感情などを表現する修辞法。
「比較」(σύγκρισις; comparatio)
　　一般的には，広く自然や人間生活などから取られた類似性を持つ比喩。「範例」(παράδειγμα) とは対概念。
「アイロニー（皮肉）」(εἰρωνεία; ironia)
　　物事をそれとは言わないで，反対の表現で述べる修辞法。しばしば侮蔑，嘲笑，冗談などで使われる。
「オキシモロン」(ὀξύμωρον; oxymoron)
　　正反対に対立する概念を統一的に表現する修辞法（例：「私は弱い時にこそ

強い」)。
「修辞疑問」(ἐπερώτησις, ἐρώτημα; interrogatio)
　肯定文を用いて直接主張するのではなく，疑問文で始めて関心を引き，改めて肯定文や否定文で主張する修辞法。しばしば「ディアトリベー」(διατριβή) という対話的文体の始めに置かれる。

10. 表記の文彩表現 (λέξεως σχήματα; elocutionis figurae, verborum figurae)
「対置」(ἀντίθεσις; antitheton)
　対照的な内容や表現を対に並べた修辞法。ゴルギアス風文彩の三つのうちの一つ。
「並置」(ἰσόκωλον, παρίσωσις, πάρισον; isocolon, parisosis)
　等しい長さの類似の構造をもつ似た響きの修辞法。ゴルギアス風文彩の三つのうちの一つ。
「押韻」(παρομοίωσις, παρόμοια, ὁμοίωσις; paromoeosis)
　並列されたな長さの等しい語句の対応箇所に同じ音節が置かれて響きが対応する形式。行頭であれば頭韻，行末であれば脚韻となる。ゴルギアス風文彩の三つのうちの一つ。
「重複」(ἐπανάληψις; repetitio, conduplicatio)
　同じ言葉や語句を繰り返す修辞法。
「滞留」(ἐπιμονή; commoratio)
　同一の語句や同一の内容を繰り返す修辞法。「反復」とも言う。
「同語異義」(ἀνάκλασις; reflexio)
　同じ言葉を繰り返して，違う意味で用いる修辞法。
「洗練」(expolitio)
　同じ言葉を繰り返さずに，別の類似の言葉を用いる修辞法。
「配分」(μερισμός; distributio)
　同じ言葉を繰り返さずに，属性に分けて言葉を用いる修辞法。
「類音」(παρονομασία; annominatio)
　意味は異なるが，音が似た言葉を並べる修辞法。
「キアスム（交差配列）」(χιασμός; chiasumus)
　同じ言葉や表現の順序を逆にして繰り返す修辞法 (X ... Y ..., Y ... X ...)。
「隔語反復」(ἐπανάληψις; redditio)
　文頭に出てきた接続詞や連辞を文末で繰り返して強調する修辞法 (X ... X)。
「語頭畳用」(ἐπαναφορά, ἀναφορά; repetitio, relatio)
　文節や句の始めに同じ語を繰り返して強調する修辞法 (X ..., X ...)。

「語尾音反復」（ὁμοιοτέλευτον, ἐπιφορά; homoeoteleuton, epiphora）
　同じ語や類似した音をもつ語を文末で繰り返して強調する修辞法（... X, ... X）。

「前辞反復」（ἀναδίπλωσις; reduplicatio）
　文や文節の末尾にある語を次の文頭や文節の始めに繰り返して強調する修辞法（... X, X ...）。

「漸層法」（κλῖμαξ; gradatio）
　前辞反復を連続して展開して語調を高めていく修辞法（... X/X ... Y/Y ... Z/Z ...）。

「トリコーロン」（τρίκωλον; tricolon）
　類似の語句を三つ並べて，次第に調子を高める修辞法。"veni, vidi, vici"（来た，見た，勝った）。

「包摂」（προσαπόδοσις; inclusio）
　ある段落の冒頭で挙げた語句や文章を段落の末尾で繰り返して強調する方法。（X, ..., ..., X）

11. 転義法（τρόποι; tropi）

「隠喩」（μεταφορά; translatio）
　本来の意味に代えて，「……のような」などを用いないで，別の意味をもつ用法。(Aristotle, *Rhet*. 3.4.1406b; Quintilian, 8.6.4-18)。

「直喩」（εἰκασία; similitudo）
　本来の意味に代えて，「……のような」などを用いて，別の意味をもつ用法。

「活喩」（ἐνάργεια; evidentia）
　無生物を生物に喩える比喩（Aristotle, *Rhet*. 3.11.2-4）。

「換喩」（ὑπαλλαγή; demoninatio）
　あるものをその属性や最も関係のあるもので表す比喩（例：穀物を表すのに穀物の神「ケレー」Quintilian, 8.6.23）。「メトーミュニアー」（μετωνυμία; metomynia）とも言う。

「寓喩」（ἀλληγορία; inversio）
　隠喩が二重の意味をもつ言葉の用法であるのに対して，物語全体あるいは一文以上にわたって二重の意味をもつ用法（例：『イソップ物語』）。

「濫喩」（κατάχρησις; abusio）
　元になる表現を欠くため，類似の表現を借りた比喩（例：「山の裾」「テーブルの脚」）。

「転喩」（μετάληψις; transumptio）
　ある文脈で用いた言葉が，別の文脈ではその同義語となる用法。

「譬え話」(παραβολή ; parabola)
　道徳や教訓のために，自然や人間生活などからしばしば採られた二つの本質的に異なるものの間に，類似の関係を見出して喩える比喩。しばしば「ディアトリベー」や「クレイア」の形式を用いて物語的要素を含む。

　　この修辞学用語集は，修辞学で用いられる主要な用語集であり，拙著『フィロンと新約聖書の修辞学』（新教出版社，2012 年），337-345 頁所収の「修辞学用語集」（第 1 版）と，廣石望他著『新約聖書解釈の手引き』（日本キリスト教団出版局，2016 年），167-172 頁所収の「修辞学批評用語集」（第 2 版）を若干改訂した第 3 版である。

省略記号・略語表

1. 省略記号

BETL	Bibliotheca Ephemeridum Theologicarum Lovaniensium
BJRL	*Bulletin of the John Rylands Library*
BZ	*Biblische Zeitschrift*
BZNT	Beihefte zur Zeitschrift für die neutestamentliche Wissenschaft
CBQ	*Catholic Biblical Quarterly*
ET	English Translation
ETL	*Ephemerides Theologicae Lovanienses*
EvTh	*Evangelische Theologie*
ExpTim	*Expository Times*
FS	Festschrift
HTR	*Harvard Theological Review*
JBL	*Journal of Biblical Literature*
JSNTSup	Journal for the Study of the New Testament Supplement
JTS	*Journal of Theological Studies*
LXX	Septuaginta（七十人訳聖書）
NTS	*New Testament Studies*
NovT	*Novum Testamentum*
NovTSup	Novum Testamentum Supplement
P. Oxy.	Papyrus Oxyrhynchus（オクシリュンコス・パピルス）
SBFLA	*Studii Biblici Franciscani Liber Annuus*
SBL	Society of Biblical Literature
SBLSP	*Society of Biblical Literature Seminar Papers*
SNTU	*Studien zum Neuen Testament und seiner Umwelt*
TTZ	*Triere Theologische Zeitschrift*
VC	*Vigilia Christianae*
ZTK	*Zeitschrift für Theologie und Kirche*
ZNW	*Zeitschrift für die neutestamentliche Wissenschaft*

2. 略語表

Bultmann, *Tradition* = 『伝承』：
    R. Bultmann, *Die Geschichte der synoptischen Tradition*（2. Aufl.）, Göttingen: Vanden-

hoeck & Ruprecht, 1931（1921）= ET, *The History of the Synoptic Tradition*, Oxford: Basil Blackwell, 1968（1963）= 加山宏路・加山久夫訳『共観福音書伝承史Ⅰ, Ⅱ』新教出版社, 1983 年, 1987 年。

Behind：
R. A. Piper（ed.）, *The Gospel behind the Gospels: Current Studies on Q*, Leiden: E. J. Brill, 1995.

Catchpole, *Quest*：
D. Catchpole, *The Quest for Q*, Edinburgh: T & T Clark, 1993.

Conflict：
J. S. Kloppenborg（ed.）, *Conflict and Invention: Literary, Rhetorical, and Social Studies on the Sayings Gospel Q*, Valley Forge: Trinity Press International, 1995.

Early Christianity：
J. S. Kloppenborg & L. E. Vaage（eds.）, *Early Christianity, Q and Jesus*（Semeia 55）, Atlanta: Scholars Press, 1991.

Fleddermann, *Q*：
H. T. Fleddermann, *Q: A Reconstruction and Commentary*, Leuven: Leuven University/ Peeters, 2005.

Four Gospels：
F. van Segbroeck *et al.*（eds.）, *The Four Gospels 1992: FS F. Neirynck*（BETL 100）, vol. 1, Leuven: Leuven University Press, 1992.

Future：
B. A. Pearson（ed.）, *The Future of Early Christianity: Essays in Honor of Helmut Koester*, Minneapolis: Fortress Press, 1981.

Gospel Origins：
J. E. Goehring *et al.*（eds.）, *Gospel Origins & Christian Beginnings in Honor of James M. Robinson*, Sonoma: Polebridge Press, 1990.

Handbook：
T. Holmén & S. E. Porter, *Handbook for the Study of the Historical Jesus, vol. 4: Individual Studies*, Leiden & Boston: Brill, 2011.

Harnack, *Sayings of Jesus*：
A. von Harnack, ET, *The Sayings of Jesus*, London: Williams & Norgate/New York: G. P. Putnam's and Sons, 1908 = *Sprüche und Reden Jesu*, Leipzig: J. C. Hinricks, 1907.

Hoffmann, *Studien*：
P. Hoffmann, *Studien zur Theologie der Logienquelle*, Münster: Aschendorff, 1972.

Hoffmann, *Tradition*：
P. Hoffmann, *Tradition und Situation: Studien zur Jesusüberlieferung in der Logienquelle*

und den synoptischen Evangelien（NTAb 28）, Münster: Aschendorff Verlag, 1995.
Jesus und Menschensohn：
　　R. Pesch & R. Schnackenburg (eds.), *Jesus und Menschensohn: Für Anton Vögtle*, Freiburg: Herder, 1975.
Jacobson, *The First Gospel*：
　　A. D. Jacobson, *The First Gospel: An Introduction*, Somona: Polebridge, 1992.
Kirk, *Composition*：
　　A. Kirk, *The Composition of the Saying Source: Genre, Synchrony, and Wisdom Redaktion in Q*, Leiden: Brill, 1998.
Kloppenborg, *Formation*：
　　J. S. Kloppenborg, *The Formation of Q: Trajectories in Ancient Wisdom Collections*, Philadelphia: Fortress Press, 1987.
Kloppenborg, *Excavating*：
　　J. S. Kloppenborg Verbin, *Excavating Q: The History and Setting of the Sayings Gospel*, Minneapolis: Fortress Press, 2000.
Kloppenborg, *Problems*：
　　J. S. Kloppenborg, *Synoptic Problems: Collected Essays*, Tübingen: Mohr Siebeck, 2014.
Laufen, *Doppelüberlieferungen*：
　　R. Laufen, *Die Doppelüberlieferungen der Logienquelle und des Markusevangeliums*, Bonn: Hanstein, 1980.
Logia：
　　J. Delobel (ed.), *Logia: Les Paroles de Jésus—The Sayings of Jesus Mémorial Josef Coppens*（BETL 59）, Leuven: Leuven University Press, 1982.
Lührmann, *Redaktion*：
　　D. Lührmann, *Die Redaktion der Logienquelle*, Neukirchen-Vluyn: Neukirchener Verlag, 1969.
Mack, *The Lost Gospel*：
　　B. L. Mack, *The Lost Gospel Q: The Book of Q and Christian Origins*, San Francisco: HarperCollins, 1993＝秦剛平訳『失われた福音書――Ｑ資料と新しいイエス像』青土社，1994年。
Manson, *Sayings of Jesus*：
　　T. W. Manson, *The Sayings of Jesus*, London: SCM Press, 1949＝idem, *The Mission and Message of Jesus, Part II*, London: SCM Press, 1937＝菅生昌利訳『主の言葉』（私家版），2002年。
Metaphor：
　　D. T. Roth et al. (eds.), *Metaphor, Narrative, and Parables in Q*, Tübingen: Mohr

Siebeck, 2014.
Polag, *Christologie*：
    A. P. Polag, *Die Christologie der Logienquelle*, Neukirchen-Vluyn: Neukirchener Verlag, 1977.
Q and the Historical Jesus：
    A. Lindemann (ed.), *The Sayings Source Q and the Historical Jesus* (BETL 158), Lindemann, Leuven: Leuven University Press, 2001.
Robinson, *Trajectories* = 『軌跡』：
    J. M. Robinson & H. Koester, *Trajectories Through Early Christianity*, Philadelphia: Fortress Press, 1971 = 加山久夫訳『初期キリスト教の思想的軌跡』新教出版社, 1975 年。
Sato, *Prophetie*：
    M. Sato, *Q und Prophetie: Studien zur Gattungs- und Traditionsgeschichte der Quelle Q*, Tübingen: J. C. B. Mohr, 1988.
Schultz, *Q*：
    S. Schultz, *Q: Die Sprüchequelle der Evangelisten*, Zürich: Theologischer Verlag, 1972.
Symbols：
    R. Uro (ed.), *Symbols and Strata: Essays on the Sayings Gospel Q*, Göttingen: Vandenhoeck & Ruprecht, 1996.
Synoptic Gospels：
    C. Focant (ed.), *The Synoptic Gospels: Source Criticism and the New Literary Criticism*, Leuven: Leuven University Press/Peeters, 1993.
Taylor, *Formation*：
    V. Taylor, *Formation of the Gospel Tradition*, London: Macmillan & Co., 1945.
Tuckett, *From the Sayings*：
    C. Tuckett, *From the Sayings to the Gospels*, Tübingen: Mohr Siebeck, 2014.
Tuckett, *Q and History*：
    C. Tuckett, *Q and the History of Early Christianity: Studies on Q*, Edinburgh: T & T Clark, 1996.
Zeller, *Kommentar* = ツェラー『注解』：
    D. Zeller, *Die Kommentar zur Logienquelle*, Stuttgart: Verlag Katholisches Bibelwerk, 1984 = 今井誠二訳『Q 資料注解』教文館, 2002 年。
Zeller, *Mahnsprüche*：
    D. Zeller, *Die weisheitlichen Mahnsprüche bei den Synoptikern* (2. Aufl.), Würzburg: Echter Verlag, 1983 (1. Aufl. 1977).

Q 文献一覧

0.　Q 文献表
（1）文献表
F. Neirynck & F. Van Segbroeck, "Q Bibliography," *Logia*, 561-586.
F. Neirynck, J. Verheyden & R. Corstjens, *The Gospel of Matthew and the Sayings Source Q: A Cumulative Bibliography 1950-1995* (BETL 140A, 140B), Leuven: Leuven University Press/Peeters, 1998.
D. M. Scholer, "Q Bibliography: 1981-1986," *SBLSP* 25 (1986), 27-36.
idem, "Q Bibliography: 1981-1988," *SBLSP* 27 (1988), 483-495.
idem, "Q Bibliography: 1981-1989," *SBLSP* 28 (1989), 23-37.
idem, "Q Bibliography Supplement I 1990," *SBLSP* 29 (1990), 11-13.
idem, "Q Bibliography Supplement II 1991," *SBLSP* 30 (1991), 1-7.
idem, "Q Bibliography Supplement III 1992," *SBLSP* 31 (1992), 1-4.
idem, "Q Bibliography Supplement IV 1993," *SBLSP* 32 (1993), 1-5.
idem, "Q Bibliography Supplement V 1994," *SBLSP* 33 (1994), 1-8.
idem, "Q Bibliography Supplement VI 1995," *SBLSP* 34 (1995), 1-5.
idem, "Q Bibliography Supplement VII 1996," *SBLSP* 35 (1996), 1-7.
idem, "Q Bibliography Supplement VIII 1997," *SBLSP* 36 (1997), 750-756.
idem, "Q Bibliography Supplement IX 1998," *SBLSP* 37 (1998), 1005-1012.
idem, in T. R. W. Longstaff & P. A. Thomas, *The Synoptic Problem: A Bibliography, 1716-1988*, Macon & Leuven, 1988.

1.　研究史・方法論
（1）研究史
J. M. Robinson, "The Q Trajectory: Between John and Matthew via Jesus," *Future*, 173-194.
idem, "The Critical Edition of Q and the Study of Jesus," *Q and the Historical Jesus*, 27-52.
F. Neirynck, "Recent Developments in the Study of Q," *Logia*, 29-75.
idem, "Literary Criticism, Old and New," *Synoptic Gospels*, 11-38.
J. S. Kloppenborg & L. E. Vaage, "Early Christianity, Q and Jesus: The Sayings Gospel and Method in the Study of Christian Origins," *Early Christianity*, 1-13.
A. D. Jacobson, *First Gospel*, 19-60.
J. S. Kloppenborg, "Conflict and Invention: Recent Studies on Q," *Conflict*, 1-14.
idem, "The Sayings Gospel Q: Literary and Stratigraphic Problems," *Symbols*, 1-66.
idem, "Discursive Practices in the Sayings Gospel Q and the Quest of the Historical Jesus,"

Q and the Historical Jesus, 149-190.

R. A. Piper, "In Quest of Q: The Direction of Q Studies," *Behind*, 1-18.

C. Tuckett, "'Redaction Criticism' and Q," *Q*, 41-82.

A. Lindemann, "Die Logienquelle Q: Fragen an eine gut begründete Hypothese," *Q and the Historical Jesus*, 3-26.

(2) 方法論

D. Zeller, "Redakitionprozesse und wechselnder «Sitz im Leben» beim Q-Material," *Logia*, 395-409.

H. Schürmann, "Zur Kompositionsgeschichte der Redenquelle Beobachtungen an der lukanischen Q-Vorlage," C. Bussmann & W. Radl (eds.), *Der Treue Gottes trauen: Beiträge zum Werk des Lukas: Für G. Schneider*, Freiburg: Herder, 1991, 325-342.

J. S. Kloppenborg & L. E. Vaage, "Early Christianity, Q and Jesus: The Sayings Gospel and Method in the Study of Christian Origins," *Early Christianity*, 1-14.

(3) 「二資料説」

F. Watson, "Q as Hypothesis: A Study in Methodology," *NTS* 55 (2009), 397-415.

A. Garrow, "Streeter's 'Other' Synoptic Solution: The Matthew Conflation Hypothesis," *NTS* 62 (2016), 207-226.

2. Qの存在

(1) Q否定論

A. M. Farrer, "On Dispensing with Q," D. E. Nineham (ed.), *Studies in the Gospels: Essays in Memory of R. H. Lightfoot*, Oxford: Blackwell, 1957, 55-88.

W. R. Farmer, *The Synoptic Problem: A Critical Analysis*, New York: Macmillan, 1964.

idem, "A Fresh Approach to Q," J. Neusner (ed.), *Christianity, Judaism and Other Greco-Roman Cults: Studies for Morton Smith at Sixty, Part 1*, Leiden: E. J. Brill, 1975, 39-50.

idem, "The Two Gospel Hypothesis," D. L. Dungan (ed.), *The Interrelations of the Gospels* (BETL 95), 2001.

M. D. Goulder, "On Putting Q to the Test," *NTS* 24 (1978), 218-234.

idem, "Is Q a Juggernaut?" *JBL* 115 (1996), 667-681.

D. L. Dungan, *A History of the Synoptic Problem*, New York: Doubleday, 1999.

M. Goodcare, *The Case against Q: Studies in Markan Priority and the Synoptic Problem*, Harrisburg: Trinity Press, 2002.

(2) Q存在論

F. Neirynck, *The Minor Agreements of Matthew and Luke against Mark with a Cumulative List* (BETL 37), Leuven-Gembloux: Peeters, 1974.

idem, *The Minor Agreements in a Horizontal-line Synopsis* (SNTA 15), Leuven: Leuven

University Press, 1991.

idem, "The Minor Agreements and Q," *Behind*, 49-72.

G. Strecker (ed.), *The Minor Agreements: Symposium in Göttingen 1991*, Göttingen: Vandenhoeck & Ruprecht, 1993.

D. Catchpole, *Quest*, 1-59.

C. Tuckett, "The Existence of Q," *Behind*, 19-47 = *From the Sayings*, 51-76.

idem, *Q and History*, 1-39.

J. S. Kloppenborg, *Excavating*, 11-54.

idem, "On Dispensing with Q?: Goodcare on the Relation of Luke to Matthew," *NTS* 49 (2003), 210-236 = *Problems*, 62-90.

idem, "Variation in the Reproduction of the Double Tradition and an Oral Q?" *ETL* 83 (2007), 49-79 = *Problems*, 91-119.

P. Foster, "Is it possible to Dispense with Q?" *NovT* 45 (2003), 313-337.

F. Watson, "Q as Hypothesis: A Study in Methodology," *NTS* 55 (2009), 397-415.

D. L. Mealand, "Is there Stylometeric Evidence for Q?" *NTS* 57 (2011), 483-507.

3. 伝承形態
(1) 「口頭伝承」説

W. H. Kelber, *The Oral and Written Gospel: The Hermeneutics of Speaking and Writing in the Synoptic Tradition, Mark, Paul and Q*, Philadelphia: Fortress Press, 1983.

K. E. Bailey, "Informal Controlled Oral Tradition and the Synoptic Gospels," *Asian Journal of Theology* 5 (1991), 34-54.

J. Halverson, "Oral and Written Gospel: A Critique of W. Kelber," *NTS* 40 (1994), 180-195.

J. D. G. Dunn, "Jesus in Oral Memory: The Initial Stages of the Jesus Tradition," *SBLSP* 39 (2000), 287-326.

idem, "Altering the Default Settings: Re-envisioning the Early Transmission of the Jesus Tradition," *NTS* 49 (2003), 139-175.

idem, *Jesus Remembered*, Grand Rapids: Eerdmans, 2003, 192-254.

idem, "Q^1 as Oral Tradition," M. Bockmuehl & D. A. Hagner (eds.), *The Written Gospel*, Cambridge: Cambridge University Press, 2005, 45-69.

T. C. Mournet, *Oral Tradition and Literary Dependency: Variability and Stability in the Synoptic Tradition and Q*, Tübingen: Mohr Siebeck, 2005.

A. D. Baum, *Der mündliche Faktor und seine Bedeutung für die synoptische Frage*, Tübingen: Franke, 2008.

A. Kirk, "Orality, Writing, and Phantom Sources: Appeals to Ancient Media in Some Recent Challenges to the Two Document Hypothesis," *NTS* 58 (2012), 1-22.

(2)「資料」説

A. Lindemann (ed.), *Q and the Historical Jesus*.

D. Burkett, *Rethinking the Gospel Sources, Volume 2: The Unity and Plurality of Q*, Atlanta: Society of Biblical Literature, 2009.

(3)「福音書」説

J. M. Robinson, "The Sayings Gospel Q," *Four Gospels*, 361–388.

Kloppenborg, "The Sayings Gospel Q: Literary and Stratigraphic Problems," *Symbols*, 1–66 = *Problems*, 266–321.

Jacobson, *The First Gospel*.

Mack, *The Lost Gospel*.

4. Qの言語（アラム語説）

F. Bussby, "Is Q an Aramaic Document?" *ExpTim* 65 (1954), 272–275.

H. O. Guenther, "The Sayings Gospel Q and the Quest for Aramaic Sources: Rethinking Christian Origins," *Early Christianity*, 41–76.

M. Casey, *An Aramaic Approach to Q: Sources for the Gospels of Matthew and Luke*, Cambridge: Cambridge University Press, 2002.

C. Tuckett, "Q, Jesus and Aramaic: Some Methodological Reflections," *Proceedings of the Irish Biblical Association* 26 (2003), 29–45 = *From the Sayings*, 290–305.

5. テキストの復元

A. von Harnack, *Sprüche und Reden Jesu: Die zweite Quelle des Matthäus und Lukas*, Leipzig, J. C. Hendricks, 1907.

J. Schmid, *Matthäus und Lukas: Eine Untersuchung des Verhältnisses ihrer Evangelien* (Biblische Studien 23/4-4), Freiburg: Herder, 1930.

T. W. Manson, *Sayings of Jesus*, London: SCM Press, 1949.

S. Schulz, *Q*.

A. Polag, *Fragmenta Q: Textheft zur Logienquelle*, Neukirchen-Vluyn: Neukirchener Verlag, 1979 = ET, I. Havener, *Q: The Sayings of Jesus*, Wilmington: Michael Glazier, 1987.

W. Schenk, *Synopse zur Redequelle der Evangelien: Q-Synopse und Redeconstruction in deutscher Übersetzung*, Düsseldorf: Patmos Verlag, 1981.

F. Neirynck, *Q-Synopsis: The Double Tradition Passages in Greek*, Leuven: Leuven University Press, 1988.

J. S. Kloppenborg, *Q Parallels: Synopsis, Critical Notes and Concordance*, Sonoma: Polebridge Press, 1988.

J. S. Kloppenborg, M. W. Meyer *et al.*, *Q-Thomas Reader*, Sonoma: Polebridge Press,

1990＝新免貢訳『Q資料・トマス福音書──本文と解説』日本基督教団出版局，1996年。

International Q Project,"International Q Project Session," *JBL* 109 (1990), 499-501; *JBL* 110 (1991), 494-498; *JBL* 111 (1992), 500-508; *JBL* 112 (1993), 500-506; *JBL* 113 (1994), 495-499; *JBL* 114 (1995), 475-485; *JBL* 116 (1997), 521-525.

J. M. Robinson, P. Hoffmann & J. S. Kloppenborg, *The Critical Edition of Q: Synopsis Including the Gospels of Matthew and Luke, Mark and Thomas, with English, German and French Translations of Q and Thomas*, Leuven: Peeters / Minneapolis: Fortress Press, 2000.

F. Neirynck, "The Reconstruction of Q and IQP/CritEd Parallels," *Q and Historical Jesus*, 53-147.

P. Hoffmann & C. Heil, *Die Spruchquelle Q: Studienausgabe Griechisch und Deutsch*, Darmstadt: Wissenschaftliche Buchgesellschaft / Leuven: Peeters, 2002.

6. 注解書

T. W. Manson, *Sayings of Jesus*.

S. Schulz, *Q*.

D. Zeller, *Kommentar* ＝ ツェラー『注解』。

H. T. Fleddermann, *Q*.

7. Qと史的イエス

R. A. Horsley, "Q and Jesus:Assumptions, Approaches, and Analysis," *Early Christianiry*, 175-209.

J. S. Kloppenborg, "Discursive Practices in the Sayings Gospel Q and the Quest of the Historical Jesus," *Q and the Historical Jesus*, 149-190 ＝ *Problems*, 366-406.

D. Lührmann, "Die Logienquelle und die Leben-Jesu-Forschung," *Q and the Historical Jesus*, 191-206.

J. Schörter, "Die Frage nach dem historischen Jesus und der Charakter historischer Erkenntnis," *Q and the Historical Jesus*, 207-254.

C. Tuckett, "Q and the Historical Jesus," J. Schörter & R. Brucker (eds.), *Der historische Jesus: Tendenzen und Perspektiven der gegenwärtigen Forschung* (BZNT 114), Berlin: De Gruyter, 2002, 213-241 ＝ *From the Sayings*, 447-471.

8. Qと旧約聖書・律法・出エジプト

D. Catchpole, "The Law and the Prophets," G. F. Hawthorne & O. Betz (eds.), *Tradition and Interpretation in the New Testament: FS for E. E. Ellis*, Grand Rapids: Eerdmans,

1987, 95-109 = *Quest*, 229-255.

J. S. Kloppenborg, "*Nomos* and *Ethos* in Q," *Gospel Origins*, 35-48 = *Problems*, 204-221.

C. Tuckett, "Scripture and Q," C. Tuckett (ed.), *The Scriptures in the Gospels* (BETL 131), Leuven: Leuven University Press/Peeters, 1997, 3-26 = *From the Sayings*, 196-218.

C. Heil, "Die Rezeption von Micha 7, 6 LXX in Q und Lukas," *ZNW* 88 (1997), 211-222.

D. C. Allison, "Q's New Exodus and the Historical Jesus," *Q and the Historical Jesus*, 395-428.

9. Q とマルコ福音書

E. P. Sanders, "Mark-Q Overlaps and the Synoptic Problem," *NTS* 19 (1972-73), 453-465.

W. Schenk, "Die Einfluss der Logienquelle auf das Markusevangelium," *ZNW* 70 (1979), 141-165.

R. Laufen, *Doppelüberlieferungen*.

J. Dupont, "La transmission des paroles de Jésus sur la lampe et la mesure dans Marc 4, 21-25 et dans la tradition Q," *Logia*, 201-236.

J. Lambrecht, "Q-Influence on Mark 8, 34-9, 1," *Logia*, 277-304.

idem, "The Great Commandment Pericope and Q," *Behind*, 73-96.

D. Lührmann, "The Gospel of Mark and the Sayings Collection Q," *JBL* 108 (1989), 51-71.

B. Mack, "Q and the Gospel of Mark: Revisiting Christian Origins," *Early Christianity*, 15-39.

J. Schüling, *Studien zum Verhältnis von Logienquelle und Markusevangelium*, Würzburg: Echter, 1991.

M. E. Boring, "The Synoptic Problem, 'Minor' Agreements and the Beelzebul Pericope," *Four Gospels*, 587-619.

T. A. Friedrichsen, "'Minor' and 'Major' Matthew-Luke Agreements against Mk 4, 30-32," *Four Gospels*, 649-676.

C. Tuckett, "Mark and Q," *Synoptic Gospels*, 149-175 = Tuckett, *From the Sayings*, 23-50.

I. Dunderberg, "Q and the Beginning of Mark," *NTS* 41 (1995), 501-511.

H. T. Fleddermann, *Mark and Q: A Study of the Overlap Texts*, With Assessment by Frans Neirynck, Leuven: Leuven University Press/Peeters, 1995.

P. Vassiliadis, *ΛΟΓΟΙ ΙΗΣΟΥ: Studies in Q*, Atlanta: Scholars Press, 1999, 71-84.

H. M. Humphrey, *From Q to "Secret" Mark: A Composition History of the Earliest Narrative Theology*, New York/London : T & T Clark Internatinal, 2006.

大石健一「Qにおける終末論的語録集（Q17:23-37）とマルコ13章における黙示文学的説話との比較」『新約学研究』第37号（2009年）, 23-42頁。

10. Qとマタイ福音書

J. P. Brown, "The Form of 'Q' Known to Matthew," *NTS* 8 (1961-62), 27-42.

H. D. Betz, "The Sermon on the Mount in Matthew's Interpretation," *Future*, 258-275.

R. A. Edwards, "Matthew's Use of Q in Chapter 11," *Logia*, 257-275.

E. Schweizer, "Aufnahme und Gestaltung von Q bei Matthäus," L. Oberlinner & P. Fiedler (eds.), *Salz der Erde, Licht der Welt: Exegetische Studien zum Matthäusevangelium, FS für A. Vögtle 80. Geburtstag*, Stuttgart: Verlag Katholisches Bibelwerk, 1991, 111-130.

R. A. J. Gagnon, "The Shape of Matthew's Q Text of the Centurion at Capernaum: Did It Mention Delegations?" *NTS* 40 (1994), 133-142.

11. Qとルカ福音書

M. Miyoshi, *Der Anfang des Reiseberichts: Lk 9, 51-10, 24*, Rome: Biblical Institute Press, 1974.

C. Tuckett, "Luke 4, 16-30, Isaiah and Q," *Logia*, 343-354.

J. A. Sanders, "The Ethic of Election in Luke's Great Banquet Parable," C. A. Evans & J. A. Sanders, *Luke and the Scripture: The Function of Sacred Tradition in Luke-Acts*, Minneapolis: Fortress Press, 1993, 106-120.

J. Lambrecht, "The Great Commandment Pericope and Q," *Behind*, 73-96.

A. Denaux, "The Parable of the King-Judge (Lk 19, 12-28) and its Relation to the Entry Story (Lk 19, 29-44)," *ZNW* 93 (2002), 35-57.

C. Heil, *Lukas und Q: Studien zur lukanischen Redaktion des Spruchevangeliums Q*, Berlin/New York: Walter de Gruyter, 2003.

12. Qとトマス福音書

R. Doran, "The Divinization of Disorder: The Trajectory of Matt 8:20//Luke 9:58//Gos. Thom. 86," *Future*, 210-219.

B. Dehandschutter, "L'Evangile de Thomas comme collection de paraboles de Jésus," *Logia*, 507-515.

C. Tuckett, *Nag Hammadi and the Gospel Tradition*, Edinburgh: T & T Clark, 1986.

idem, "Thomas and the Synoptics," *NovT* 30 (1988), 132-157 = *From the Sayings*, 23-50.

idem, "Q and Thomas: Evidence of a Primitive 'Wisdom Gospel'?" *ETL* 67 (1991), 346-360.

J. H. Sieber, "The Gospel of Thomas and the New Testament," *Gospel Origins*, 64-73.

H. M. Schenke, "On the Compositional History of the Gospel of Thomas," *Forum* 10/1-2

(1994), 9-30 = *Occasional Papers, Institute for Antiquity and Christianity* (Claremont Graduate School), vol. 40 (2000).

B. H. McLean, "On the Gospel of Thomas and Q," *Behind*, 321-345.

J.-M. Sevrin, "Thomas, Q et le Jésus de l'histoire," *Q and the Historical Jesus*, 461-476.

A. D. Deconick, "The Original Gospel of Thomas," *VC* 56 (2002), 167-199.

13. Qとパウロ書簡

C. Tuckett. "Synoptic Tradition in 1 Thessalonians," R. F. Collins (ed.), *The Thessalonian Correspondence* (BETL 87), Leuven: Leuven University Press/Peeters, 1990, 160-182 = *From the Sayings*, 316-339.

idem, "Paul and Jesus Tradition: The Evidence of 1 Corinthians 2:9 and Gospel of Thomas 17," J. K. Elliot & T. J. Burke (eds.), *Paul and the Corinthians: Studies on a Community in Conflict: Essays in Honour of M. Thrall*, Leiden: Brill, 2003, 55-73 = *From the Sayings*, 340-356.

C.-P. März, "Das Gleichnis vom Dieb: Überlegungen zur Verbindung von Lk 12, 39 par. Mt 24, 43 und 1 Thess 5, 2-4," *Four Gospels*, 633-648.

Lindemann, "Die Funktion der Herrenworte in der ethischen Argumentation des Paulus im Erster Korintherbrief," *Four Gospels*, 677-688.

14. Qと他の文書
(1) オクシリュンコス・パピルス

T. C. Skeat, "The Lilies of the Field," *ZNW* 37 (1938), 211-214.

J. M. Robinson, "The Pre-Q Text of the (Ravens and) Lilies: Q12:22-31 and P. Oxy. 655 (Gos. Thom. 36)," S. Maser & E. Schlarb (eds.), *Text und Geschichite: Facetten theologischen Arbeitens aus dem Freundes- und Schülerkreis: Dieter Lührmann zum 60. Geburtstag*, Marburg: Elwett, 1999, 143-180.

idem, "A Written Greek Sayings Cluster Older than Q: A Vestige," *HTR* 92 (1999), 61-77.

idem & C. Heil, "Zeugnisse eines schriftlichen, griechischen vorkanonischen Textes: Mt6, 28b ℵ *, P. Oxy. 655 I,1-17 (EvTh 36) and Q12:27," *ZNW* 89 (1998), 30-44.

idem & C. Heil, "Noch einmal: Der Schreibfehler in Q12, 27," *ZNW* 92 (2001), 113-122.

idem & C. Heil, "The Lilies of the Field: Sayings 36 of the *Gospel of Thomas* and Secondary Accretions in Q12.22b-31," *NTS* 47 (2001), 1-25.

idem & C. Heil, "P. Oxy. 655 and Q: Zum Diskussionsbeitrag von Stanley E. Porter," H.-G. Bethge *et al.* (eds.), *For the Children, Perfect Instruction: Studies in Honor of Hans-Martin Schenke on the Occasion of the Berliner Arbeitskreis für koptisch-gnostische schriften's Thirtieth Year*, Leiden: Brill, 2002, 411-423.

J. Schröter, "Vorsynoptische Überlieferung auf P. Oxy. 655?: Kritische Bemerkungen zu einer erneuerten These," *ZNW* 90 (1999), 265-272.

S. E. Porter, "P. Oxy. 655 and James Robinson's Proposal for Q: Brief Points of Clarification," *JTS* 52 (2001), 84-92.

(2) ヤコブ書

J. P. Hartin, *James and the Q Sayings of Jesus*, Sheffield: Sheffield Academic Press, 1991.

J. S. Kloppenborg, "The Emulation of the Jesus Tradition in the Letter of James," R. L. Webb & J. S. Kloppenborg (eds.), *Readings James in the New Eyes: Methodological Reassesments of the Letter of James*, London/New York: T & T Clark International, 2007, 121-150.

(3) ディダケーと使徒教父文書

A. Denaux, "Der Spruch von den zwei Wegen im Rahmen des Epilogs der Bergpredigt (Mt 7, 13-14 par. Lk 13, 23-24): Tradition und Redaktion," *Logia*, 305-335.

T. Baarda, "2 Clem 12 and the Sayings of Jesus," *Logia*, 529-556.

C. Tuckett, "Synoptic Tradition in the *Didache*," J.-M. Sevrin (ed.), *The New Testament in Early Christianity: La réception des écrits néotestamentaires dans le christiasme primitif* (BETL86), Leuven: Peeters, 1989, 197-230 = J. A. Draper (ed.), *The Didache in Modern Research*, Leiden; Brill, 1996, 92-128.

J. S. Kloppenborg, "The Use of the Synoptics or Q in Did. 1:3b-2:1," H. van de Sandt (ed), *Mattthew and the Didache: Two Documents from the Same Jewish Christian Milieu?*, Assen: Royal Van Gorcum/Minneapolis: Fortress Press, 2005, 105-129.

K. Syreeni, "The Sermon on the Mount and the Two Ways of the Didache," H. van de Sandt (ed), Mattthew and the Didache: Two Documents from the Same Jewish Christian Milieu?, Assen: Royal Van Gorcum/Minneapolis: Fortress Press, 2005, 87-103.

A. Garrow, "An Extant Instance of 'Q'," *NTS* 62 (2016), 398-417.

15. 伝承層，構成，順序，複数性

(1) 伝承層

A. Jacobson, "Wisdom Christology in Q," Claremont University Ph. D. Thesis, 1978.

idem, "Literary Unity of Q," *JBL* 101 (1982), 356-389.

idem, *The First Gospel*.

J. M. Robinson, "Early Collections of Jesus' Sayings," *Logia*, 389-394.

J. S. Kloppenborg, *Formation*.

idem, *Excavating*.

R. A. Horsley, "Questions about Reductional Strata and the Social Relations Reflected in Q," *SBLSP* 28 (1989), 286-203, 204-215.

C. Tuckett, "On the Stratification of Q: A Response," *Early Christianity*, 213-232 = *From the Sayings*, 143-152; idem, *Q*, 52-82.

W. Cotter, "Prestige, Protection and Promise: A Proposal for the Apologetics of Q^2," *Behind*, 117-138.

D. C. Allison, *The Jesus Tradition in Q*, Harrisburg: Trinity Press, 1997, 1-40

R. A. Horsley & J. A. Draper, *Whoever Hears You Hears Me: Prophets, Performance, and Tradition in Q*, Harrisburg: Trinity Press, 1999.

P. Hoffmann, "Mutmassungen über Q: Zum Problem der literarischen Genese von Q," *Q and the Historical Jesus*, 255-288.

（2）構成

J. M. Robinson, "The Sayings Gospel Q," *Four Gospels*, 361-388.

（3）順序

V. Taylor, "The Order of Q," *JTS* 4 (1953), 27-31.

idem, "The Original Order of Q," A. J. B. Higgins (ed.), *New Testament Essays: Studies in Memory of T. W. Manson*, Manchester: Manchester University Press, 1959, 95-118.

P. Vassiliadis, "The Original Order of Q: Some Residual Cases," *Logia*, 379-387.

（4）複数性

C. J. A. Hickling, "The Plurality of «Q»," *Logia*, 425-429.

P. Hoffmann, "Betz and Q," *ZNW* 83 (1997), 197-210.

16. 文学類型

（1）預言書

R. Horsley, "Logoi Prophētōn?: Reflections on the Genre of Q," *Future*, 195-209.

M. E. Boring, *Sayings of the Risen Jesus: Christian Prophecy in the Synoptic Tradition*, Cambridge: Cambridge University Press, 1982, "Christian Prophecy in Q," 137-182.

M. Sato, *Q und Prophetie: Studien zur Gattungs- und Traditionsgeschichte der Quelle Q*, Tübingen: Mohr Siebeck, 1988.

idem, "Q: Prophetie oder Weisheit?: Ein Gespräch mit J. M. Robinson," *EvTh* 53 (1993), 389-404.

idem, "Wisdom Statements in the Sphere of Prophecy," *Behind*, 139-158.

（2）知恵文学

J. M. Robinson, "LOGOI SOPHON: Zur Gattung der Spruchquelle Q," E. Dinkler (ed.), *Zeit und Geshichite: FS für R. Bultmann*, Tübingen: Mohr Siebeck, 1964, 77-96; idem, "LOGOI SOPHON: On the Gattung of Q," Robinson, *Trajectories*, 71-113 = 『軌跡』104-173 頁。

idem, "Jesus as Sophos and Sophia," R. L. Wilken (ed.), *Aspects of Judaism and Early*

Christianity, Notre Dame: University of Notre Dame Press, 1975, 1-16.

idem, "Die Logienquelle, Weisheit oder Prophetie?: Anfragen an Migaku Sato, *Q und Prophetie*," *EvTh* 53 (1993), 367-389.

H. Koester, "One Jesus and Four Gospels," *Trajectories*, 158-204 =『軌跡』236-302頁。

idem, "Apocriphal and Canonical Gospels," *HTR* 73 (1980), 105-130.

idem, "Q and its Relatives," *Gospel Origins*, 49-63.

idem, *Ancient Christian Gospels: Their History and Development*, London: SCM Press/Philadelphia: Trinity Press International, 1990.

D. Zeller, *Die weisheitlichen Mahnsprüche bei den Synoptikern*, Würzburg: Ecker, 1977.

R. A. Piper, *Wisdom in the Q-Tradition: The Aphoristic Teaching of Jesus*, Cambridge: Cambridge University Press, 1989.

J. S. Kloppenborg, *Formation*.

idem, *Excavating*.

B. Mack, "Lord of the Logia: Savior or Sage," *Gospel Origins*, 3-18.

A. Jacobson, "Apocalyptic and the Synoptic Sayings Source Q," *Four Gospels*, 403-419.

D. Lührmann, "Q: Sayings of Jesus or Logia?" *Behind*, 97-116.

A. Kirk, "Some Compositional Conventions of Hellenistic Wisdom Text and the Juxtaposition of 4:1-13; 6:20b-49; and 7:1-10 in Q," *JBL* 116 (1997), 235-257.

idem, "Crossing the Boundary: Liminality and Transformative Wisdom in Q," *NTS* 45 (1999), 1-18.

17. ユダヤ教とヘレニズム文化の影響
(1) ユダヤ教（黙示文学）

J. S. Kloppenborg, "Symbolic Eschatology and the Aocalypticism of Q," *HTR* 80 (1987), 287-306 = *Problems*, 157-178.

A. D. Jacobson, "Apocalyptic and Synoptic Sayings Source Q," *Four Gospels*, 403-419.

R. Uro, "Apocalyptic Symbolism and Social Identity in Q," *Symbols*, 67-118.

L. Schottroff, "Itinerant Prophetesse: Feminist Analysis of the Sayings Source Q," *Behind*, 347-360.

(2) ヘレニズム文化（犬儒主義）

F. G. Downing, "Quite Like Q: A Genre for 'Q'," *Biblica* 69 (1988), 196-225.

idem, "On Avoiding Bothersome Busyness: Q/Luke 12:22-31 in its Greco-Roman Context," *Handbook*, 3245-3268.

C. Tuckett, "A Cynic Q?" *Biblica* 70 (1989), 349-376 = *From the Sayings*, 119-142.

J. D. Crossan, *The Historical Jesus: The Life of a Mediterranean Peasant*, San Francisco: Harper & Raw, 1991.

L. E. Vaage, *Galilean Upstarts: Jesus' First Followers according to Q*, Valley Forge: Trinity Press, 1994.

idem, "Q and Cynicism," *Behind*, 199-229.

idem, "Jewish Scripture, Q and the Historical Jesus: A Cynic Way with the World," *Q and the Historical Jesus*, 479-495.

J. M. Robinson, "The History and Religious Taxonomy of Q: The Cynic Hypothesis," H. Preisser & H. Seiwert (eds.), *Gnosisforschung und Religionsgeschichte: FS für K. Rudolph zum 65 Geburtstag*, Marburg: Diagonal-Verlag, 1994, 247-265.

idem, "Galilean Upstarts: A Sot's Cynical Disciples," W. L. Petersen & H. I. de Jonge (eds.), *Sayings of Jesus: Canonical and Non-Canonical Essays in Honour of T. Baarda*, Leiden: E. J. Brill, 1997, 223-249.

P. R. Eddy, "Jesus as Diogenes?: Reflections on the Cynic Jesus Thesis," *JBL* 115 (1996), 449-469.

J. S. Kloppenborg, "A Dog among the Pigeons: The 'Cynic Hypothesis' as a Theological Problem," J. Asgeirsson, K. de Troyer & M. W. Meyer (eds.), *From Quest to Quelle: FS J. M. Robinson* (BETL 146), 1999, 73-117 = *Problems*, 322-365.

18. 終末論

(1)「神の国」

H. Schürmann, "Das Zeugnis der Redequelle für die Basileia-Verkündigung Jesu," *Logia*, 121-200.

J. M. Robinson, "Jesus' 'Rhetoric': The Rise and Fall of 'The Kingdom of God'," *Handbook*, 3201-3220.

(2)「人の子」

A. J. B. Higgins, "The Son of Man: *Forschung*, Since 'The Teaching of Jesus," A. J. B. Higgins (ed.), *New Testament Essays: Studies in Memory of Thomas Walter Manson 1893-1958*, Manchester: Manchester University Press, 1958, 119-135.

idem, "„Menschensohn" oder „Ich" in Q: Lk 12, 8-9/Mt 10, 32-33?" *Jesus und Menschensohn*, 117-123.

idem, *The Son of Man in the Teaching of Jesus*, Cambridge: Cambridge University Press, 1980.

H. E. Tödt, *Der Menschensohn in der synoptischen Überlieferung*, Gütersloh: Mohn, 1959 = ET *The Son of Man in the Synoptic Tradition*, London: SCM Press/Philadelphia: Westminster, 1965.

P. Hoffmann, *Studien*, 81-233.

idem, "Jesus versus Menschensohn Matthäus 10, 32f. und die synoptische Menschensohn

Überlieferung," L. Oberlinner & P. Fiedler (eds.), *Salz der Erde — Licht der Welt: Exegetesche Studien zum Matthäusevangelium: FS für A. Vögtle 80. Geburtstag*, Stuttgart: Katholisches Bibelwerk, 1991, 165-202 = *Tradition*, 208-242.

idem, "QR und der Menschensohn: Eine vorläufige Skizze," *Four Gospels*, 421-456 = *Tradition*, 243-278 = ET "The Redaction of Q and the Son of Man: A Preliminary Sketch," *Behind*, 159-198.

H. Schürmann, "Beobachtungen zum Menschensohn-Titel in der Redequelle: Sein Vorkommen in Abschluß- und Einleitungswendungen," *Jesus und Menschensohn*, 124-147.

A. Y. Collins, "The Apocalyptic Son of Man Sayings," *Future*, 220-228.

A. Vögtle, "Bezeugt die Logienquelle: Die authentische Redeweise Jesu vom «Menschensohn»?" *Logia*, 77-99.

L. E. Vaage, "The Son of Man Sayings in Q: Stratigraphical Location and Significance," *Early Christianity*, 103-129.

C. Tuckett, "The Son of Man and Daniel 7: Q and Jesus," *Q and the Historical Jesus*, 371-394 = *From the Sayings*, 266-289.

19. キリスト論

A. P. Polag, "Zu den Studien der Christologie in Q," *Studia Evangelica* 4 (1968), 72-74.

idem, *Christologie*.

G. N. Stanton, "On the Christology of Q," B. Linders & S. S. Smalley (eds.), *Christ and Spirit in the New Testament: Studies in honour of C. F. D. Moule*, Cambridge: Cambridge University Press, 1973, 25-40.

H. von Lips, "Christus als Sophia?" C. Breytenbach & H. Paulsen (eds.), *Anfäng der Christologie: FS für F. Hahn zum 65. Geburtstag*, Göttingen: Vandenhoeck & Ruprecht, 1991, 75-95.

D. A. Carson, "Matthew 11:19b/Luke 7:35: A Test Case for the Bearing of Q Christology on the Synoptic Problem," J. B. Green & M. Turner (eds.), *Jesus of Nazareth: Lord and Christ: Essays on the Historical Jesus and New Testament Christology*, Grand Rapids, Eerdmans, 1994, 128-146.

J. Schlosser, "Q et La christologie implicite," *Q and the Historical Jesus*, 289-316.

J. Schröter, *Jesus und die Anfänge der Christologie: methodologische und exegetische Studien zu den Ursprüngen des christlichen Glaubens*, Neukirchen-Vluyn: Neukirchener Verlag, 2001.

S. J. Joseph, "'Blessed is Whoever is Not Offended by Me': The Subversive Appropriation of (Royal) Messianic Ideology in Q 3-7," *NTS* 57 (2011), 307-324.

20. 共同体論

C. Tuckett, "Q and the 'Church': The Role of the Christian Community within Judaism according to Q," M. Bocjmuehl & M. Thompson (eds.), *A Vision for the Church: Studies in Early Christian Ecclesiology: FS J. Sweet*, Edinburgh: T & T Clark, 1997, 65-77 = *From the Sayings*, 219-249.

B. A. Pearson, "A Q Communiry in Galillee?" *NTS* 50 (2004), 476-494.

21. 社会史

J. S. Kloppenborg, "Literary Conventions, Self-Evidence, and Social History of the Q People," *Early Christianity*, 77-102 = *Problems*, 237-265.

M. Myllykoski, "The Social History of Q and the Jewish War," *Symbols*, 143-199.

J. Reed, "The Social Map of Q," *Conflict*, 17-36.

R. Horsley, "Social Conflict in the Synoptic Sayings Source Q," *Conflict*, 37-52.

R. A. Piper, "The Language of Violence and the Aphoristic Sayings in Q: A Study of Q6:27-36," *Conflict*, 53-72.

M. Frenschkowski, "Galiläa oder Jerusalem?" *Q and the Historical Jesus*, 535-539.

M. C. Moreland, "Q and the Economics of Early Roman Galilee," *Q and the Historical Jesus*, 561-575.

J.-P. Michaud, "Quelle(s) Communeuté(s) Derriére la Source Q," *Q and the Historical Jesus*, 577-606.

C. Marucci, "Sprachliche Merkmale der Q-Quelle als Hilfe für deren geschichtliche Einordung," *Q and the Historical Jesus*, 607-615.

22. ジェンダー論

W. E. Arnal, "Gendered Couplets in Q and Legal Formulations: From Rhetoric to Social History, *JBL* 116 (1997), 75-94.

L. A. Johnson & R. Tannehill, "Lilies Do Not Spin: A Challenge to Female Social Norms," *NTS* 56 (2010), 475-490.

23. Qの「始め」

H. Fleddermann, "The Beginning of Q," *SBLSP* 24 (1985), 153-159.

J. S. Kloppenborg, "City and Wasteland: Narrative World and the Beginning of the Sayings Gospel Q," *How Gospels Begin* (Semeia 52), Atlanta: Scholars Press, 1990, 145-160 = *Problems*, 222-236.

D. Catchpole, "The Beginning of Q: A Proposal," *NTS* 38 (1992), 205-221 = *Quest*, 60-78.

J. Lambrecht, "John the Baptist and Jesus in Mark 1, 1-15: Markan Redaction of Q," *NTS*

38 (1992), 357-384.
N. Walter, "Mk 1, 1-8 und die »Agreements« von Mt 3 und Lk 3: Stand die Predigt Johannes des Täufers in Q," *Four Gospels*, 657-487.
E. Bammel, "Der Anfang des Spruchbuchs," *Synoptic Gospels*, 467-475.

24. 洗礼者ヨハネとイエス
P. Hoffmann, *Studien*, 13-79.
H. Fleddermann, "John and the Coming One: Matt 3:11-12//Luke 3:16-17," *SBLSP* 23 (1984), 377-384.
R. Cameron, "'What Have You Come Out to See?': Characterization of John and Jesus in the Gospels," *Apocriphal Jesus and Christian Origins* (Semeia 49), Atlanta: Scholars Press, 1990, 35-69.
R. Uro, "John the Baptist and the Jesus Movement: What Does Q Tell Us?" *Behind*, 231-255.
W. Cotter, "'Yes, I Tell You, and More Than a Prophet': The Function of John in Q," *Conflict*, 135-150.
P. J. Hartin, "'Yet Wisdom Is Justified by Her Children' (Q7:35): A Rhetorical and Compositional Analysis of Divine Sophia in Q," *Conflict*, 151-164.
W. Arnal, "Redactional Fabrication and Group Legitimation: The Baptist's Preaching in Q3:7-9, 16-17," *Conflict*, 165-180.
L. E. Vaage, "More Than a Prophet, and Demon-Possessed: Q and the 'Historical' John," *Conflict*, 181-202.

25. 「誘惑物語」
A. W. Argyle, "The Accounts of the Temptation of Jesus in Relation to the Q-Hypothesis," *ExpTim* 64 (1952-53), 382.
P. Hoffmann, "Die Versuchungsgeschichte in der Logienquelle," *BZ* 13 (1969), 207-223 = *Tradition*, 193-207.
P. Pokorný, "The Temptation Story and Their Intention," *NTS* 20 (1973/74), 115-127.
H. Mahnke, *Die Versucungsgeschichte im Rahmen der synoptischen Evangelien*, Frankfurt: Peter Lang, 1978
D. Zeller, "Versuchungen Jesu in der Logienquelle," *TTZ* 89 (1980), 61-73.
A. Fuchs, "Versuchung," *SNTU* 9 (1984), 95-159.
B. Gerhardsson, "The 'Shema' in Early Christianity," *Four Gospels*, 275-293.
C. Tuckett, "The Temptation Narrative in Q," *Four Gospels*, 479-507 = *From the Sayings*, 153-181

26.「宣教開始の説教」(野の説教・山上の説教)
H. Schürmann, "Die Warnung des Lukas vor der Falschlehre in der „Predigt am Berge" idem, *Traditionsgeschtliche Untersuchungen zu den synoptischen Evangelien*, Düsseldorf: Patmos-Verlag, 1968, 290-309.

D. Lührmann, "Liebet eure Feinde"(Lk 6, 27-36/Mt 5, 39-48," *ZThK* 69 (1972), 412-438.

G. Schneider, "Christusbekenntnis und christliches Handeln: Lk 6, 46 und Mt 7, 21 im Kontext der Evangelien," R. Schnackenburg, J. Ernst & J. Wanke, *Die Kirche des Anfangs: FS für H. Schürmann zum 65.Geburtstag*, Leipzig: St. Benno-Verlag, 1977, 9-24.

G. Theissen, "Gewaltverzicht und Feindesliebe (Mt 5, 38-48/Lk 6, 27-38) und deren sozialgeschichtlicher Hintergrund," idem, *Studien zur Soziologie des Urchristentums*, Tübingen: Mohr Siebeck, 1983 (2.Auf.), 160-197.

P. Hoffmann, "Tradition und Situation: Zur „Verbindlichkeit" des Feindesliebe in der synoptischen Überlieferung und in der gegenwärtigen Friedensdiskussion," K. Kertelge (ed.), *Ethik im Neuen Testament*, Freiburg: Herder, 1984, 50-114 = *Tradition*, 3-61.

D. Catchpole, "The Inaugural Discourse," *BJRL* 68 (1986), 296-316 = *Quest*, 79-134.

H. D. Betz, "The Sermon on the Mount and Q," *Gospel Origins*, 19-34.

J. A. Fitzmyer, "A Palestinian Collection of Beatitudes," *Four Gospels*, 509-515.

T. Bergmann, Q auf dem Prüfstand: Die Zuordnung des Mt/Lk-Stoffes zu Q am Beispiel der Bergpredicht, Göttingen: Vandenhoeck & Ruprecht, 1993.

L. E. Vaage, "Ethics: 'Love Your Enemies': Strategies of Resistance (6:27-35)," idem, *Gallilean Upstarts: Jesus' First Followers According to Q*, Valley Forge: Trinity Press International, 1994, 40-54.

idem, "Composite Texts and Oral Mythology: The Case of the 'Sermon' in Q (6:20-49)," *Conflict*, 75-97.

S. Carruth, "Strategies of Authority: A Rhetorical Study of the Character of the Speaker in Q6:20-49," *Conflict*, 98-115.

C. Douglas, "'Love Your Enemies': Rhetoric, Tradents, and Ethos," *Conflict*, 116-131.

A. P. I Tàrrech, "Une parabole à l'image antithétique: Q6, 46-49," *Q and the Historical Jesus*, 681-693.

A. Kirk, "'Love Your Enemies,' the Golden Rule, and Ancient Reciprocity (Luke 6:27-35)," *JBL* 122 (2003), 667-686.

J. S. Kloppenborg, "Verbal Continuity and Conceptual Discontinuity in Jesus' Discourse: The Case of the Measure-for-Measure Aphorism," T. Holmén (ed.), *Jesus in Continuum*, Tübingen: Mohr Siebeck, 2012, 243-264.

idem, "Agrarian Discourse in the Sayings of Jesus," B. Longnecker & K. Liebengood (eds.), *Engaging Economics: New Testament Scenarios and Early Christian Interpretation*,

Grand Rapids: Eerdmans, 2010, 104-128 = *Problems*, 490-511.

27. 「百人隊長の子の癒し物語」
U. Wagner, *Der Hauptmann von Kafarnaum (Mt 7, 28a; 8, 5-10. 13 par Lk 7, 1-10): Ein Beitrag zur Q-Forschung*, Tübingen: Mohr Siebeck, 1985.
Catchpole, "The Centurion's Faith and its Function in Q," *Four Gospels*, 517-540 = *Quest*, 280-308.
R. A. Piper, "Jesus and the Conflict of Powers in Q: Two Q Miracle Stories," *Q and the Historical Jesus*, 317-349, esp. 322-328.
D. B. Gowler, "Text, Culture, and Ideology in Luke 7:1-10: A Dialogue Reading," D. B. Gowler, L. G. Bloomquist & D. F. Watson, *Fabrics of Discourse: Essays in Honor of Vernon K. Robbins*, Harrisburg: Trinity Press International, A Continuum Imprint, 2003, 89-125.
D. Dormeyer, "Q7:1, 3, 6b-9.? 10? Der Hauptmann von Kafarnaum: Narrative Strategie mit Chrie, Wundergeschichte und Gleichnis," *Metaphor*, 189-206.

28. 「弟子たること」
R. Doran, "The Divinization of Disorder: The Trajectory of Matt 8:20//Luke 9:58//Gos. Thom. 86," *Future*, 210-219.
H. Fleddermann, "The Demands of Discipleship Matt 8, 19-22 par. Luke 9, 57-62," *Four Gospels*, 541-561.

29. 「弟子派遣の説教」
A. O'Hagan, "Greet No One On the Way (Lk. 10.4b)," *SBFLA* 16 (1965/66), 69-84.
P. D. Meyer, "The Gentile Mission of Q," *JBL* 89 (1970), 405-417.
Hoffmann, *Studien*, 235-334.
G. Theissen, "Wanderradikalismus: Literatursoziologische Aspekte der Überlieferung von Worte Jesu im Urchristentum," *ZTK* 70 (1973), 245-271 (= idem, *Studien zur Soziologie des Urchristentums*, Tübingen: Mohr Siebeck, 1983 (2. Aufl.), 79-105.
W. Klassen, "'Child of Peace' (Lk. 10.6) in First Century Context," *NST* 27 (1981), 488-506.
M. Sabbe, "Can Mt 11, 25-27 and Lc 10, 22 Be Called a Johannine Logion?" *Logia*, 363-371.
A. D. Jacobson, "The Literary Unity of Q: Lc 10, 2-16 and Parallels as a Test Case," *Logia*, 419-423.
R. Uro, *Sheep Among the Wolves: A Study on the Mission Instructions of Q*, Helsinki:

Suomalainen Tiedekatemia, 1987.

D. Catchpole, "The Mission Charge," *Early Christianity*, 147–174 = *Quest*, 151–188.

W. Schwenk, "Die Verwünschung der Küstenorte Q10, 13–15: Fur Funktion der konkreten Otrsangaben und zur Loklisierung von Q," *Synoptic Gospels*, 477–490.

M. Tiwald, "Der Wanderradikalismus als Brücke zum historischen Jesus," *Q and the Historical Jesus*, 523–534.

H.-W. Kuhn, "Did Jesus Stay at Bethsaida: Arguments from Ancient Texts and Archaelogy for Bethsaida and Et-tell," *Handook*, 2973–3021.

30. 「主の祈り」

N. Brox, "Suchen und Finden: Zur Nachgechichte von Mt 7, 7b/Lk 11:9b," P. Hoffmann, et al. (eds.), *Orientierung an Jesus: Zur Theologie der Synoptiker: Für Josef Schmid*, Freiburg: Herder, 1973, 17–36.

D. Catchpole, "Prayer and the Kingdom," *JTS* 34 (1983), 407–424 & *JTS* 40 (1989), 377–388 = *Quest*, 201–228.

31. 「悪霊祓い・奇跡物語」

J. M. van Cangh, "«Par l'esprit de Dieu-par le doigt de de Dieu» Mt 12, 28 par. Lc 11, 20," *Logia*, 337–342.

H. Schürmann, "QLk 11, 14–36 kompositionsgeschichitlich befragt," *Four Gospels*, 563–586.

M. E. Boring, "The Synoptic Problem, 'Minor' Agreements and the Beelzebal Pericope," *Four Gospels*, 587–619.

H. Räisänen, "Exorcisms and the Kingdom: Is Q11:20a a Saying of the Historical Jesus?" *Symbols*, 119–142.

R. A. Piper, "Jesus and the Conflict of Powers in Q: Two Q Miracle Stories," *Q and the Historical Jesus*, 317–349.

M. Labahn, "Jesu Exorzismen (Q11, 19–20) und die Erkentnnis der ägyptischen Magier (Ex 8, 15)," *Q and the Historical Jesus*, 617–633.

idem, "The 'Dark Side of Power' — Beelzebul: Manipulated or Manipulator? Reflections on the History of a Conflict in the Traces Left in the Memory of its Narrators," *Handbook*, 2911–2945.

M. Hüneburg, "Jesus als Wundertäter: Zu einem vernachläddigten Aspekt des Jesusbildes von Q," *Q and the Historical Jesus*, 635–648.

32. イスラエルの危機・イスラエルの将来

D. Catchpole, "Tradition and Temple," W. Horbury (ed.), *Templum Amicitiae: Essays on* the Second Temple presented to E. Bammel (JSNTSup 48), Sheffield: JSOT, 1991, 305-329 = *Quest*, 256-279.

D. Zeller, "Jesus, Q und die Zukunft Israels," *Q and the Historical Jesus*, 351-369.

33. 信仰告白と聖霊

R. Pesch, "Über die Authorität Jesu: Eine Rückfrage anhand des Bekenner- und Verleugnerspruchs Lk 12, 8f par," R. Schnackenburg, J. Ernst & J. Wanke, *Die Kirche des Anfangs: FS für H. Schürmann zum 65.Geburtstag*, Leipzig: St. Benno-Verlag, 1977, 25-55.

H. Th. Wrege, "Zur Rolle des Geistwortes in frühchristlichen Traditionen (Lc 12, 10 parr.)," *Logia*, 373-377.

J. Schlosser, "Le Logion de Mt 10, 28 par. Lc 12, 4-5," *Four Gospels*, 621-631.

34. 「思い煩いに関する説教」

P. Hoffmann, "Der Q-Text der Sprüche vom Sorgen Mt 6, 25-33/Lk 12, 22-31," L. Schenke (ed.), *Studien zur Matthausevangeliums*: Stuttgart: Katholisches Bibelwerk, 1988, 127-195 = *Tradition*, 62-87.

idem, "Die Sprüche vom Sorgen in der vorsynoptischen Überlieferung," H. Hierdeis & H. S. Rosenbusch (eds.) *Artikulation der Wirklichkeit: FS für S. Oppolzer zum 60. Geburtstag*, Frankfurt: Lang, 1989, 73-94 = *Tradition*, 88-106.

R. J. Dillon, "Ravens, Lilies, and the Kingdom of God (Matthew 6:25-33//Luke 12:22-31)," *CBQ* 53 (1991), 605-627.

35. 隠喩（メタファー）と直喩

F. Hahn, "Die Worte vom Licht Lk 11, 33-36," P. Hoffmann, *et al.* (eds.), *Orientierung an Jesus: Zur Theologie der Synoptiker: Für Josef Schmid*, Freiburg: Herder, 1973, 107-138.

R. Zimmermann, "Metaphology and Narratology in Q Exegesis: Literary Methodology as Aid to Understanding the Q Text," *Metaphor*, 3-30.

D. A. Smith, "The Construction of a Metaphor: Reading Domestic Space in Q," *Metaphor*, 33-55.

I. Park, "Children and Slaves: The Metaphor of Q," *Metaphor*, 73-91.

S. E. Rollens, "Conceptualizing Justice in Q: Narrative and Context," *Metaphor*, 93-113.

M. Tiwald, "Die protreptische, konnotative und performative Valeur der Gerichts- und Abgrenzungs- metaphorik in der Logienquelle," *Metaphor*, 115-137.

36. 譬え・譬え話
(1) 総論
荒井献「Q資料におけるイエスの譬の特徴」『新約学研究』第6号（1978年）所収＝荒井献『新約聖書とグノーシス主義』岩波書店，1986年所収＝『荒井献著作集』第4巻，2001年，295-307頁．

廣石望「ルカ版Q資料（Qルカ）におけるイエスのたとえ――伝承史的試論」佐藤研編『聖書の思想とその展開――荒井献先生還暦退職記念献呈論文集』教文館，1991年，69-90頁．

D. Catchpole, "The Whole People of God," J. J. Degenhardt (ed.), *Die Freude an Gott: FS für O. B. Knoch zum 65. Geburtstag*, Stuttgart: Katholisches Bibelwerk, 1991, 89-101 = *Quest*, 189-200．

J. S. Kloppenborg, "Jesus and the Parables of Jesus in Q," *Behind*, 275-319 = *Problems*, 515-555.

C. Heil, "Beobachtungen zur theologischen Dimension der Gleichnisrede Jesu in Q," *Q and the Historical Jesus*, 649-659.

P. Foster, "The Q Parables: Their Extent and Function," *Metaphor*, 287-306.

D. T. Roth, "'Master' as Character in the Q Parables," *Metaphor*, 371-396.

(2) 各論
R. A. Edwards, *The Sign of Jonah: In the Theology of the Evangelists and Q*, London: SCM Press, 1971.

J. Ernst, "Gastmahlgespräch: Lk 14:1-24," R. Schnackenburg, J. Ernst & J. Wanke, *Die Kirche des Anfangs: FS für H. Schürmann zum 65.Geburtstag*, Leipzig: St. Benno-Verlag, 1977, 57-91.

荒井献「イエスの諸像と原像――いなくなった羊の譬の伝承史的・編集史的考察」秀村欣二・久保正彰・荒井献編『古典古代における伝承と伝記』岩波書店，1975年所収＝荒井献『新約聖書とグノーシス主義』岩波書店，1986年所収＝『荒井献著作集』第4巻，岩波書店，2001年，267-294頁。

R. Bauckham, "The Parable of the Royal wedding Feast (Matthew 22:1-14) and the Parable of the Lame Man and the Blind Man (Apocryphon of Ezekiel)" *JBL* 115 (1996), 471-488.

A. Denaux, "The Parable of the Talents/Pounds (Q19:12-27): A Reconstruction of the Q Text," *Q and the Historical Jesus*, 429-460.

W. J. C. Weren, "From Q to Matthew 22, 1-14: New Light on the Transmission and Meaning of the Parable of the Guests," *Q and the Historical Jesus*, 661-679.

A. Puig I Tàrrech, "Une parabole à l'image antithétique: Q6, 46-49," *Q and the Historical Jesus*, 681-693.

Jesus, 681-693.
J. S, Kloppenborg, "Ideological Texture in the Parable of the Tenants," D. B. Gowler, L. G. Bloomquist & D. F. Watson (eds.), *Fabrics of Discourse: Essays in Honor of V. K. Robbins*, Harrisburg: Trinity Press International, 2003, 64-88.
idem, "The Parable of the Burglar in Q: Insights from Papyrology," *Metaphor*, 287-306.
E. K. Vearncombe, "Searching for a Lost Coin: Papyrological Backgrounds for Q15:8-10," *Metaphor*, 307-337.
C. Heil, "Was erzählt die Parabel vom anvertrauten Geld?: Sozio-historische und theologische Aspekte vom Q19, 12-26," *Metaphor*, 339-370.

37.　クレイアと物語
J. S. Kloppenborg, "Literary Convention, Self-Evidence and the Social History of the Q People," *Early Christianity*, 77-102, esp. "Chreia and Q," 92-95 = *Problems*, 237-265, esp. 253-257.
D. Dormeyer, "Q7:1, 3, 6b-9.? 10? Der Hauptmann von Kafarnaum: Narrative Strategie mit Chrie, Wundergeschichte und Gleichnis," *Metaphor*, 189-206, esp. "Chrien in Q3-11," 196-199.
H. T. Fleddermann, "The Narrative of Jesus as the Narrative of God in Q," *Metaphor*, 141-163.
M. Labahn, "Was 'Lücken' berichten: Examplarische Beobachtungen zu narrativen 'gaps' in Q," *Metaphor*, 163-188.
R. A. Derrenbacker, Jr., "'The Medium is the Message': What Q's Content Tells us about its Medium," *Metaphor*, 207-219.
M. Frenschkowski, "Nicht wie die Schriftgelehrten: Nichtschriftgelehrte Rezeption alttestamentlich-jüdischer Traditionen in der Logienquelle und im Koran," *Metaphor*, 221-252.
S. Reece, "'Aesop', 'Q' and 'Luke'," *NTS* 62 (2016), 357-377.

38.　「マカリズム」
H. Frankemölle, "Die Makarismen (Mt 5, 1-12, Lk 6, 20-23): Motive und Umfang der redaktionellen Komposition," *BZ* (1971), 52-75.
J. A. Fitzmyer, "A Palestinian Jewish Collection of Beautitude," idem, *The Dead Sea Scrolls and Christian Origins*, Grand Rapids: Eerdmans, 2000, 111-118.
原口尚彰「Q資料におけるマカリズム（幸いの宣言）」『新約学研究』第36号（2008年），4-15頁＝同『幸いなるかな――初期キリスト教のマカリズム（幸いの宣言）』新教出版社，2011年，49-56頁。

39. 家族
A. D. Jacobson, "Divided Families and Christian Origins," *Behind*, 361-380.
C. Tuckett, "Q and Family Ties," *Metaphor*, 57-71.

40. イエスの死と復活
J. S. Kloppenborg, "'Easter Faith' and the Sayings Gospel Q," *Apocriphal Jesus and Christian Origins* (Semeia 49), Atlanta: Scholars Press, 1990, 71-99 = *Problems*, 179-203.
D. Seely, "Blessings and Boundaries: Interpretations of Jesus' Death in Q," *Early Christianity*, 131-146.
idem, "Jesus' Death in Q," *NTS* 38 (1992), 222-234.

41. Qの「結び」
E. Bammel, "Das Ende von Q," O. Böcher & K. Haacher (ed.), *Verborum Veritas: FS for G. Stählin*, Wuppertal: Brockhaus, 1970, 39-50.
I. Broer, "Das Ringen der Gemeinde um Israel: Exegetischer Versuch über Mt 19, 28," *Jesus und der Menschensohn*, 148-165.
C. A. Evans, "The Twelve Thrones of Israel: Scripture and Politics in Luke 22:24-30," C. A. Evans & A. Sanders (eds.), *Luke and Scripture: The Foundation of Sacred Tradition in Luke-Acts*, Minneapolis: Fortress Press, 1993, 154-170.
P. Hoffmann, "Herrscher in order Richter über Israel: Mt 19, 28/Lk 22, 28-30 in der synoptischen Überlieferung," K. Wengst & G. Sass (eds.), *Ja und Nein: christlich Theologie in Angesicht Israels: FS W. Schrage*, Neukirchen-Vluyn: Neukirchener Verlag, 1998, 253-264.
C. Tuckett, "Q22:28-30," D. G. Horrell & C. Tuckett (eds.), *Christology, Controversy and Community: New Testament Essays in Honour of D. R. Catchpole* (NovTSup 99), Leiden: Brill, 2001, 96-116 = *From the Sayings*, 250-265.
J. Verheyden, "The Conclusion of Q: Eschatology in Q22, 28-30," *Q and the Historical Jesus*, 695-718.
D. Zeller, "Jesus, Q und die Zukunft Israels," *Q and the Historical Jesus*, 351-369, esp. 362-365.

19世紀以前の文献は，第3部第1章「Q文書の研究史」の脚注を参照。修辞学関連の文献は，別の拙著を参照。

原題と初出一覧

第1部　Q文書の訳文とテキスト

1. Q文書の復元されたテキストの訳文
   「Q文書（ギリシア語テキスト決定版）の日本語訳（1），（2）」『敬和学園大学研究紀要』第21号（2012年），241-252頁・第22号（2013年），209-221頁の改訂版。
2. Q文書の復元されたテキスト
   初　出

第2部　Q文書の注解

　　初　出

第3部　Q文書の修辞学的研究

1. Q文書の研究史
   「Q文書の研究史」『敬和学園大学研究紀要』第23号（2014年），1-12頁。
2. 「洗礼者ヨハネに関する説教」の修辞学的分析
   「Q文書における洗礼者ヨハネに関する説教の修辞学的分析」，日本聖書学研究所編『聖書的宗教とその周辺――佐藤研教授・月本昭男教授・守屋彰夫教授献呈論文集』リトン，2014年，379-398頁
3. 「宣教開始の説教」の修辞学的分析
   「Q文書における宣教開始説教の修辞学的分析」『敬和学園大学研究紀要』第24号（2015年），1-19頁。
4. 「弟子派遣の説教」の修辞学的分析
   「Q文書における弟子派遣の説教の修辞学的分析」『敬和学園大学研究紀要』第25号（2016年），1-15頁。
   "Rhetorical Analysis of the Mission Charge in Q," *Annual of the Japanese Biblical Institute*, vol. 40 (2014), 65-84.
5. 「思い煩いに関する説教」の修辞学的分析
   「Q文書における思い煩いに関する説教の修辞学的分析」『敬和学園大学研究紀要』第26号（2017年），57-66頁。
6. 「終末に関する説教」の修辞学的分析
   「Q文書における『終末に関する説教』の修辞学的分析」『敬和学園大学研究紀要』第27号（2018年），49-59頁。

◆著者紹介

山田耕太（やまだ・こうた）

1950年，東京に生まれる。千葉大学卒業，国際基督教大学大学院博士前期課程修了（文学修士），ダラム大学大学院博士課程修了（Ph.D.）。
専門は新約聖書学。
現在，敬和学園大学長。日本新約学会理事，日本聖書学研究所所員，日本基督教学会会員。

単 著 書：『ダラム便り』（すぐ書房，1985年），*The Pauline Traditions in the Acts of Apostles*, Godstone (Ph.D. Thesis, University of Durham: Microfilm, 1986)，『新約聖書と修辞学』（キリスト教図書出版社，2004年），『新約聖書の礼拝——シナゴーグから教会へ』（日本キリスト教団出版局，2008年），『フィロンと新約聖書の修辞学』（新教出版社，2012年）。

共 著 書：『現代聖書講座 第2巻』（日本キリスト教団出版局，1996年），*Rhetoric, Scripture & Theology* (Sheffield Academic Press, UK, 1996)，*The Rhetorical Interpretation of Scripture* (Sheffield Academic Press, UK, 1998)，『イエス研究史』（日本キリスト教団出版局，1998年），『新約聖書がわかる』（朝日新聞社，1998年），『新共同訳 新約聖書略解』（日本キリスト教団出版局，2000年），『新版 総説新約聖書』（日本キリスト教団出版局，2003年），『経験としての聖書』（リトン，2009年），*From Rome to Beijing: Symposia for R. Jewett's Commentary on Romans* (Kairos Studies, USA, 2012)，『聖書的宗教とその周辺』（リトン，2014年）。

共同執筆書：『新共同訳聖書事典』（日本キリスト教団出版局，2004年），『聖書学用語辞典』（日本キリスト教団出版局，2008年）他。

訳　　書：J. D. G. ダン『新約学の新しい視点』（すぐ書房，1986年），E. ベスト『現代聖書注解 コリントの信徒への手紙2』（日本キリスト教団出版局，1989年），J. B. グリーン『ルカ福音書の神学』（新教出版社，2012年）他。

論　　文：多数。

Q文書
——訳文とテキスト・注解・修辞学的研究

2018年2月25日　初版発行

著　者　山田耕太
発行者　渡部　満
発行所　株式会社 教　文　館
　　　　〒104-0061　東京都中央区銀座 4-5-1
　　　　電話 03(3561)5549　FAX 03(5250)5107
　　　　URL http://www.kyobunkwan.co.jp/publishing/
印刷所　株式会社 平河工業社
配給元　日キ販
　　　　〒162-0814　東京都新宿区新小川町 9-1
　　　　電話 03(3260)5670　FAX 03(3260)5637

ISBN 978-4-7642-7421-1　　　　　　　　Printed in Japan
© 2018　　　　　落丁・乱丁本はお取り替えいたします。

教文館の本

D. ツェラー　今井誠二訳
Q資料注解
B6判 212頁 2,600円

イエスの語録資料Qとは何かをわかりやすく解説。さらに共観福音書の中のQ資料を相互に対照し検討することによって、イエス伝承がどのように編集されていったかを探る。地上のイエスの元来の意図を追求。

N. ピーターセン　宇都宮秀和訳
新約学と文学批評
B6判 176頁 1,600円

長い間、聖書の学問的研究は歴史＝批評的方法が支配的だったが、近年になってそれとは全く異なる発想に立つ文学批評的方法が注目を浴びてきた。聖書テクストの説話としての姿・詩的機能・文学的手法をさぐる。

橋本滋男
イエスとマタイ福音書
B6判 222頁 2,500円

マタイ福音書を中心に、共観福音書・写本類の記述によって、イエスの行為を厳密に検討。福音書記者たちのイエス理解を探り、イエスの実像を追う。イエスの到来・イエスの治癒活動・異邦人・知恵キリスト論・Q・復活。

小河 陽
イエスの言葉
その編集史的考察
B6判 284頁 1,800円

そもそも「歴史的事実」とは何か？ 信仰や神学は、それにどのように依拠すべきなのか？── 歴史的・批判的な聖書の研究が到達した地点を明らかにしつつ、それらの有効性と問題点を体系的に概観する！

A.-J. レヴァイン／D. C. アリソン Jr.／J. D. クロッサン編
土岐健治／木村和良訳
イエス研究史料集成
A5判 804頁 6,800円

聖書学、ユダヤ学、西洋古典学の分野における国際的に著名な学者たちが、碑文や神話、奇跡物語など、歴史的イエスと福音書を知る上で不可欠の同時代史料を精選し、これに解説を付した史料集。最新の研究成果を反映した必携書！

E. シュヴァイツァー　山内一郎監修　辻 学訳
イエス・神の譬え
イエスの生涯について実際に何を知っているのか
B6判 232頁 2,700円

J. クロッサンやG. リューデマンら新しい「史的イエス」研究に対抗。啓示としてのイエス像を「神の譬え」として追究する。現代の学問的な方法から発見し検証できるイエスと、神の言葉と働きであるキリストの統合を試みる。

佐藤 研編
聖書の思想とその展開
荒井 献先生還暦・退職記念献呈論文集
A5判 464頁 7,282円

マルコと民衆、ルカとイエスのたとえ、福音書の奇跡物語、イエスとパウロ、ヤコブの手紙、オリゲネスの歴史観、マニ教におけるイエスなど、原始キリスト教史上問題となっている今日的課題が論じられる。業績目録つき。

上記価格は本体価格（税別）です。